COMPARISON OF LAND INSTITUTION BETWEEN
CHINA AND FOREIGN COUNTRIES

中外土地制度比较

陈红霞 ◎编著

ZHEJIANG UNIVERSITY PRESS
浙江大学出版社

前　言

　　《中外土地制度比较》是为高等院校土地资源管理及相关专业本科生编写的系统学习中外土地制度的教材,也适合研究生使用。本教材包括九章:前八章主要介绍不同国家的土地制度构成及其现状,国家的选取主要依据为土地制度的完整性及其特色;第九章在介绍我国土地制度的基础上,提出八个国家的土地制度对我国土地制度改革的借鉴意义,以期为我国土地制度的完善提供启示。

　　本教材在编写的过程中广泛查阅了相关研究著述。本教材中所参阅文献的上百位专家学者,为教材的编写提供了非常有价值的学术参考和思想启迪,在此表示诚挚的谢意!撰写中可能会有疏漏的文献,恳请专家学者谅解和包容。同时,也要感谢黄瑾、黎楚鑫等多位硕士研究生的付出。

　　本教材的编写基于作者的思考,囿于认知能力、学术水平和思想智慧的限制,难免存在缺憾。不当之处,敬请指正。

编　者

2020 年 10 月

目 录

第一章 美国土地制度

第一节 土地产权制度及管理机构

一、土地制度的历史沿革

美国位于北美洲中部,总面积约为 937 万平方千米①(其中陆地面积 915.8960 万平方千米,内陆水域面积 20 多万平方千米),约占世界陆地面积的 6.3%,居世界第四位。其中,耕地占 18.0%,草原和牧场占 27.1%,森林占 29.7%,特殊用地(主要是公园和野生动物保护区)和杂地(如苔原和沼泽等)占 22.5%,城市用地占 2.7%。②

美国是一个典型的资本主义私有制国家,土地像其他财产一样属于私人所有。美国原为英国殖民地,独立战争后,美国从英国殖民者手中夺取了 13 块殖民地,并相继占领了原印第安人大片土地和墨西哥的广大领土,又先后从法国、西班牙、俄罗斯手中强购或购买了大片领地,至今已扩张到现在的 937 万平方千米,国土总面积扩大了 l0 多倍。美国的土地政策也随着资本主义经济的不断发展而发生变化。纵观美国 200 多年的土地政策变化历程,大致可分成三个阶段。

(一)土地开发期

美国建国初期,为鼓励土地开发,获取政府财政收入,联邦政府决定出售国有土地。1785 年美国政府颁布了第一个土地法令,明确规定土地必须以 640 英亩③为单位出售,每英亩价格按 1 美元底价拍卖。由于土地价格超出了农民的支付能力,结果使得土地私有化政策受挫。1795 年,国会为解决联邦政府的财政问题,修改了 1785 年的土地法,提出了"整卖兼零售"的调整方案,降低售出单位标准,并将土地价格提高到 2 美元/英亩,但收效甚微。1800 年,国会通过了《哈利逊土地法案》,即将土地的售出单位由 640 英亩降为 320 英亩,并允许购买者在 4 年内偿还全部价款,从而明显地促进了公有土地出售。

1860 年代表资产阶级利益的共和党执政,林肯总统宣布制定自由土地法。1862 年,国会通过《宅地法》,规定一切美国公民,凡是以自耕为目的,只要交纳小额备案费用,都可得到面积为 160 英亩的土地,条件是在该块土地上连续居住 5 年以上。1909 年联邦政府又颁布

---

① 数据来源于中华人民共和国外交部网站(https://www.fmprc.gov.cn/web/)。

② 毕宝德.土地经济学[M].8 版.北京:中国人民大学出版社,2020:226.

③ 1 英亩=4046.86 平方米。

了《扩大宅地法》，将赠送面积扩大到 320 英亩，只要在所得土地上连续耕种 5 年，便可无代价地得到这块土地的所有权。

同期，为配合美国西部土地开发，联邦政府还通过拨赠国有土地的方式鼓励西部交通运输建设。1862 年国会通过了《太平洋铁路法案》，1864 年进一步修改了该法案。按照 1864 年修改法案，特许的铁路公司可无偿得到修路所需土地及土地上的建筑材料，并可得到相应的国家贷款。

美国宪法将土地使用管理权下放给州政府，在 19 世纪 20 年代，各州政府又将土地使用管理权进一步下放给地方政府。这些土地法令鼓励并加速了美国土地开发进程。

（二）土地保护觉醒期

美国土地开发迅速向西部发展，大规模移民开垦、掠夺式的经营，使得西部干旱、半干旱脆弱的生态环境遭受了巨大的破坏，终于酿成 1934 年席卷全国 2/3 土地的"黑风暴"，吹走 3 亿吨表层土壤，无数农田被毁，农作物大量减产。当时的美国总统罗斯福指出："毁自己的土壤的国家，最终必然毁掉自己"，并号召全国保护水土。从此，土地保护和水土保持被列为"仅次于保卫国家的头等大事"。1935 年美国国会通过《土壤保持法》以后，国会相继颁布一系列土地保护法案，内容包括建立土壤保持区、农田保护、土地管理政策、土地利用、小流域规划和管理、洪水防治、控制采伐和自由放牧等等。如 1956 年《农业法》中的"土壤银行计划"，要求农场主把部分土地长期或短期退出耕种，存入土地银行，银行将付给一定的补助，对按计划削减生产的农场主实行农产品价格补贴政策。1960 年森林部门提出《森林多功能利用可持续生产法案》，提出对土地及各类资源实行多功能利用，要求保持对各种用途的最优综合利用。为进一步保持水土，同年还通过了《水土保持基金法》。

自第二次世界大战至 20 世纪 70 年代，美国社会对耕地的保护进行了长期的争论，这些争论使得美国政府与民众进一步认识到对土地资源利用和保护的必要，进而开始广泛注意生态环境问题。

（三）土地保护期

此阶段自 20 世纪 60 年代末开始，以识别并保护战略性农业、自然环境免受开发活动影响和积极的政府行为等为主要特征，主要政策为对农业生产和土壤保护的补贴、环境污染控制和城市化过程中的农地保护等。20 世纪 50 年代，美国城市化进程加快，带来一系列的土地问题。如某些城市化和工业化过程中，大量土地用途发生改变。土地利用的不可逆性使得生物多样性及土地资源生产潜力丧失，而工业化及农业生产带来了一系列的环境危害，促使美国政府开始采取积极的行动来管理土地资源。

自 20 世纪 60 年代末至 70 年代末这 10 年内，美国颁布了一系列资源利用和环境保护政策。1969 年出台《国家环境政策法》，1972 年颁布《联邦环境农药控制法》《联邦水资源控制修正案》，1974 年颁布《森林地和草地牧场可更新资源计划法》，1976—1979 年先后颁布《联邦土地政策和管理法》《国家森林管理法》《水土资源保护法》《露天采矿管理与土地复垦法》《林地和草地牧资源推广法》《国有草场改良法》等一系列法规。

在自然资源环境方面，政策主要涉及环境质量改善、资源保护与恢复、水污染、海岸带管理、有毒物质的控制等。为保护农地资源，联邦政府还颁布《农地保护法》（1981 年）、《食物安全法》（1985 年）等一系列法令，鼓励农民及公共管理部门对农地进行保护。政府实行控制农业生产的政策,对按计划轮作、闲置或自愿放弃导致地力衰竭的作物,改种为保持和恢复地力的作物的农民给予一定的经济补偿,以利于达到恢复地力和水土保护的效果。

此外,政府还通过限制重要资源公有权的出售,购买城市周边地区农地的所有权、土地发展权或开发权的方式来保护农地资源。如向农地所有者支付一定的费用,购买农地变更用途的权力。购买发展权后,农户虽拥有土地所有权,但不得将农用地改变用途,用于非农建设。

二、土地产权制度

(一)土地所有制

1.所有制结构

美国是最发达的资本主义国家,其土地所有制可以说是典型的资本主义私有制,但这种土地私有制并非全部土地都为私人所有,土地以私有制为主,国有土地只占其中一小部分。美国是由移民建立起来的国家,独立前曾经历过长期的殖民统治。美国现有的土地是原殖民地宗主国遗留的和后来美国政府通过战争、购买的途径取自当地土著居民或其他国家,再采取不同的方式转为私人所有或保留在政府手中。美国土地所有制有三种形式:一是私人土地;二是联邦土地;三是州政府土地。美国目前的土地总面积中,60%为私人所有,38%为公有,2%为印第安人保留地(即专门辟给原来美洲土著居民的土地)。私有土地主要是农林牧业用地、居住用地等,公有土地主要是道路用地、军用土地、政府用地、公园、野生动物保护区及森林、草原、沼泽、水域和山地等。在38%的公有土地中,联邦政府所有的为29%,州政府和地方政府所有的为9%。联邦政府所有的土地中,40%位于山区,39%在阿拉斯加州,14%在太平洋地区,还有7%遍布在夏威夷州等地。州政府和地方政府从联邦政府的授予、购买、赠予和归还中获得了不同规模的土地,这些土地的分布比联邦政府的均匀,但仍多集中在西部地区。

美国各州的土地所有权结构不尽相同。美国国家统计局1991年的数据显示,在公有土地比重最大的阿拉斯加州,联邦政府拥有或控制着该州95.8%的土地。在私有土地比重最大的罗得岛州,公有土地仅占不到2%,98.5%的土地为私人所有。按公有和私有土地比重对50个州进行排序,位于中间的佛蒙特州和北卡罗来纳州,公有土地分别占15.8%和14.6%。①

联邦土地是指国家公园、国家野生动物保护区、军事保留地、联邦监狱以及公共区域土地,约占美国总土地面积的30%。② 在联邦政府层面上,美国政府对这些土地拥有所有权,其主要职责之一就是管理和保护这些土地。在联邦政府体制内,具体对这些土地实施管理和保护的部门包括内政部(Department of Interior)、农业部(Department of Agriculture)、国防部(Department of Defenses),以及田纳西流域管理局(Tennessee Valley Authority)及其下属部门。同时,根据土地用途的不同,这些政府机构也各司其职地管理不同的土地。

州政府土地则是指在州一级的范围内所有的土地以及水资源、水库保护区以及印第安原著居民保留地(Indian Lands)等,同理,这些土地的管理主要由州政府负责。由于美国联

---

① 毕宝德.土地经济学[M].8版.北京:中国人民大学出版社,2020:226-227.
② 王玲.城市化与农地非农化关系研究[D].武汉:华中农业大学,2007.

邦制度的特殊性,州政府在土地管理上具有较高的自主权,在管理体制上也与联邦政府不同。地方政府以土地利用区划法规为主要手段,以土地细分规定为辅助手段来开发和保护土地资源。

在公民层面上,美国有 60.2% 的土地属于私人所有,私人土地的管理主要是通过政府的有关部门实施协调管理。[①] 美国法律保护私有土地所有权不受侵犯,各种所有制形式之间的土地可以自由买卖和出租,价格由市场供求关系决定。

2. 所有权形式

由于大部分土地归私人所有,所以美国土地以私有制为主,国有土地只占其中一小部分。美国关于土地所有权内容的规定具有独特性。美国土地所有权分为地下权(包括地下资源开采权)、地面权和地上空间权(包括建筑物大小、形状等),这三部分权益可以分别转让,政府无权任意征用与拆迁。地主愿意让政府在自己的土地上修路以换取开发权,开发区的道路、学校等基础设施费用由政府负担,开发商仅需提供宅基地内的建设费用,取得私有土地权与开发权的代价不高,使得大笔资金注入土地投机与开发,土地供应量大且地价低。[②] 在美国,土地所有者同时也拥有地下的一切财富,因此土地所有者可以自由开采地下资源,或将地下资源单独出售给他人,唯一的条件是必须遵守政府关于环境保护的规定并照章纳税。但一些欧洲国家规定地下资源属于国家,土地所有者开采地下资源要先向政府购买或将出售的收入与政府分成。仅从地下资源的有效利用看,美国的制度更为合理。首先,这种制度使每个土地所有者都关心自己的土地下面有些什么宝藏,为此他会自己花钱请地质学家来考察,有点眉目后再请勘探队来钻探。一旦有所发现,他的土地价格会成倍上涨,否则他的投资将遭受损失,只能自认倒霉。这就从经济上鼓励了资源的发现,不用政府操心。其次,矿藏的采收率(采集到的矿石占储量的比例)成为土地所有者自己关心的事,他必定会在经济合理的范围内尽量将地下资源采集上来,不会发生掠夺性开采。最后,私人拥有地下资源,使所有者有权选择资源的利用方式,包括将土地与资源一起出售,与开采专营企业联营,出租开采权获得资源开采所得分成并监督资源的合理利用,或等待市场价格更高时再进行开采等。他选择的方案必然是代价较小而产出价值最大的方案。但是,这种制度容易引起贫富悬殊,竞争中失败者会陷入风险和破产。选择不同的制度各有其理由,区别在于有的更着重效率,有的更着重公平。[③]

(二)土地使用制

美国法律规定,保护私有土地和公有土地的所有权不受侵犯,允许土地买卖和出租。美国独立后,政府有计划地将国有土地卖给私人。凡私人向联邦政府买地的,都必须提出申请,经法院审批后,由总统专职秘书签署,批准生效。私人土地的买卖,政府一般不予干涉。凡法律承认的私人土地,地方政府都有登记。当买卖双方达成协议后,只需到地方政府办理变更登记,所有权便实现转移。私人土地的买卖价格完全由买卖双方根据土地经济价值进行估价,或由私人估价公司帮助双方达成协议。土地买卖发生争议的,一般通过法律解决。

---

① 何雪琳.城市化背景下的美国农地保护[J].沿海企业与科技,2016(6):37-40.
② 张诗雨.发达国家城市土地产权制度研究——国外城市治理经验研究之六[J].中国发展观察,2015(7):83-36.
③ 毕宝德.土地经济学[M].8版.北京:中国人民大学出版社,2020:227.

美国联邦政府为了国家和社会公益事业,兴建铁路、公路及其他设施,需要占用州政府和地方政府的公有土地或私有土地,也要通过交换或购买的方式取得。通信、输电、输油等管线要通过公有土地的地上或地下,都必须向土地管理局通行处申请批准,并支付租金。美国公有土地的地上权和地下权可以分别出租。如政府在出租地下矿产资源并按矿藏分布面积收取租金后,国家仍有权将地表出租给农民放牧。有的地方,国家还出租通行权(rights of way),如地上线路、地下管道的铺设权。从一块土地的纵断面来看,由于使用资源和部位的不同,会同时出现若干个承租者的情况。联邦政府的公有土地,包括地下矿产、水源的出卖、出租收入,在 2008 年共计 240.8 亿美元,是仅次于税收收入的联邦政府第二大财政收入来源。[①]

三、土地管理机构

在美国,土地的管理、整治和利用没有一个全国统一的机构,它分属于国家有关部门和地方政府管理。联邦政府在土地利用、开发和管理方面主要通过法律和有关部门行使。联邦内政部土地管理局,主要负责占全国 1/3 的联邦政府所有的土地管理,包括地上资源与地下资源及其辅助性业务活动的管理。

(一)美国内政部

美国内政部成立于 1848 年,是管理、保护国土资源的主要部门。美国内政部是美国最早成立的部门之一,每年预算 130 多亿美元,不仅负责美国的国土资源管理,也负责美国的产业管理,每年从能源、矿产、放牧、木材、休闲娱乐、土地出售获得的收入为 80 多亿美元。美国内政部的职能是:(1)有效管理、恢复和保护国有土地、水利、矿产、能源等资源;(2)合理使用和发展联邦管辖的各种资源;(3)保护国家自然和文化遗产;(4)保护各种动植物;(5)负责联邦有关印第安部落和阿拉斯加土著人事务;(6)促进相关研究,提高对自然的认识,提供各种科学信息。

美国内政部设有 8 个专业局,负责业务管理,分别为国家公园局、美国鱼类和野生动物局、印第安事务局、美国地质调查局、复垦局、土地管理局、露天采矿复垦与执行局、矿产管理局。

在内政部,土地和矿产资源管理主要涉及 3 个局,即矿产管理局、土地管理局、露天采矿复垦与执行局。矿产管理局负责联邦海上矿产资源管理;土地管理局负责联邦陆上矿产资源管理;露天采矿复垦与执行局负责联邦土地上煤炭生产管理。此外,土地管理局还负责联邦所有土地和印第安土地管理。事实上,从资源管理角度上说,还应涉及地质调查局,其主要负责矿产资源和土地利用的调查,不在产业上进行管理。[②]

(二)内政部土地管理局

1812 年在联邦政府内成立了土地管理办公室。后来从实际出发,于 1946 年 7 月把原土地管理办公室和放牧局合并,组建了美国联邦内政部土地管理局,主要负责管理占美国土地面积 1/8 的联邦土地,以及约 300 万英亩的地下矿产资源;也负责 388 万英亩荒地大火的管

---

① 毕宝德.土地经济学[M].8 版.北京:中国人民大学出版社,2020:227-228.

② 朱道林.土地管理学[M].2 版.中国农业大学出版社,2016:330-331.

理和控制。管理的土地绝大部分位于美国西部,主要是广阔的草原、森地、高山和沙漠;管理多种资源及其利用,包括能源、矿产、森林、野生动植物及其栖息地、荒地、考古、古生物、历史遗迹和其他文化遗产。现在的土地管理局设正、副局长各一名,正、副局长助理各四名。局内除正、副局长直接管理两个办公室外,下设能源矿产资源、土地与再生资源、辅助业务、行政事务、州办公室五个局以及丹佛联邦中心与联邦防火中心。美国内政部土地管理局对联邦土地实行层层负责的垂直领导,局以下设 25 个处。在全国还设有 13 个区域性土地办公室,58 个地区性土地办公室,143 个资源区办公室。在首都华盛顿总部有雇员 1200 人,总部之外的雇员约 5800 人,分布在全国各地。

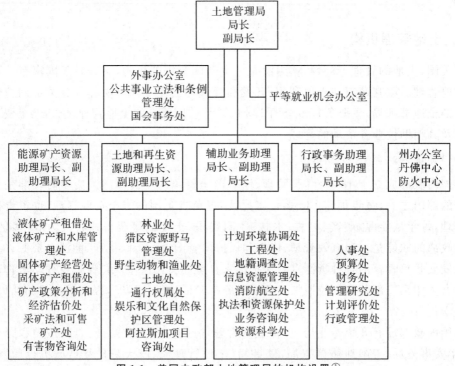

图 1-1　美国内政部土地管理局的机构设置①

(三)主要职能

美国土地管理局的土地管理工作范围较广,其业务管理范围包括三部分:(1)土地和再生资源,包括林业、猎区资源、野马、渔业、娱乐、文化和自然保护区;(2)能源和矿产资源,包括液体矿产和固体矿产;(3)辅助业务,环境、地籍调查、信息资源、消防和资源保护等。1986 年美国国会通过的《土地政策和管理法》明确规定了该局的主要职能,包括:(1)主管地籍档案,负责地籍测量,确认公有土地的境界和界标;(2)负责土地利用规划的编制工作;(3)负责国有土地的出让工作;(4)国家授权依法强制征收私人土地;(5)负责开矿占地特许证的签发;(6)依法在国有土地上授予使用权;(7)依法管理规定的特殊地区;(8)负责法律规定的与土地管理有关的业务。此外,该局还对各州政府所有土地和私有土地进行协调工作。

---

① 毕宝德.土地经济学[M].8 版.北京:中国人民大学出版社,2020:229.

土地管理局管理土地的目标是：

（1）维持土地最佳利用状态，从长远角度考虑土地在自然、科学、文化和风景等方面的价值，充分照顾人们对可再生资源和不可再生资源的需求。

（2）对可再生资源的管理，要适应全国粮食、纤维、木材等国内资源高产、稳产和野生动物繁殖环境的需要，并利用公共土地资源为地方经济发展服务。

（3）对矿产资源的管理，主要是提供安全的国内能源资源及有重要战略意义的非能源矿产资源，使联邦政府能够有计划、及时地开发这些矿产，以获取相应的合理收入，在土地管理中，既注重开发资源，又注重环境保护。

美国土地管理工作，实际上是一种分层次、按类别进行管理的类型，即其他联邦政府机构也参与土地的管理工作。

四、其他土地管理相关机构[①]

（一）矿产管理局

1982年，内政部矿产管理局（MMS）正式成立，其主要任务和职责为：一是及时收取、说明、分配和核查从联邦及印第安土地上获取的矿产收益；二是管理外大陆架矿产资源，包括政策制定、安全生产、环境保护等。

矿产管理局有两个经常性工作项目：权利金管理项目（royalty management program，RMP）和海上矿产管理项目（offshore minerals management program，OMM）。权利金管理项目负责收取、核查和分配从联邦陆上和印第安土地上的矿产租约中（土地管理局所管）和联邦海上矿产租约中（矿产管理局所管）所产生的矿产收益。权利金管理项目所收取的矿产收益（包括权利金、租金和红利）是联邦政府最大的非税收入来源之一，每年收入可达几十亿美元（平均60亿美元左右）。在分配矿产收益方面，权利金管理项目每月将矿产收益分配上交给相关机构，包括美国财政部、水土保持基金会、复垦基金会、国家历史保护基金会、相关各州和印第安托管基金管理办公室。自1982年以来，矿产管理局将638亿美元上交了美国财政部，占总收益数目的60.2%，245亿美元分配给了水土保持基金会、国家历史保护基金会和复垦基金，占总收益数目的23.8%；115亿美元分配给了38州，占总收益数目的11.2%，28亿美元分配给了部管印第安基金办公室，占总收益数目的2.8%。

海上矿产管理项目主要负责外大陆架矿产资源（主要是石油和天然气资源）的寻找、开发和环境保护平衡，依据的管理法律是《外大陆架土地法1953》。海上矿产管理项目的管理职能为：一是确保安全的外大陆架矿产开发；二是确保环境可靠的外大陆架矿产开发；三是确保矿产开发为美国人民产生公正的市场价值。

在海上环境保护和安全生产方面，矿乡管理局认为，制定的规章必须要实施，并通过给予警告、关闭和处罚来促进遵守规章，对引起伤害、死亡、环境损害，或对生命或环境构成威胁的违规者给予民事刑罚调查。

矿产管理局认识到美国对石油、天然气需求的长期性，将继续进行价格监督、生产预测、趋势分析，并进行正确决策，以保护美国人民利益。

---

① 朱道林.土地管理学[M].2版.北京：中国农业大学出版社，2016：333-334.

（二）露天采矿复垦与执行局

1977年前，有25个州管理地表煤炭生产，但没有一个项目能满足《露天采矿法》规定的要求，大量还未进行复垦的煤炭生产矿山和废弃矿山对环境和土地利用产生了巨大的破坏和影响。1977年8月3日，当时的卡特总统将公共法《露天采矿法》签署成法律。为加强管理，内政部也于同日成立了露天采矿复垦与执行局，专责煤炭生产安全、环境保护和土地复垦，并对过去煤炭开采过程中遗留的废弃矿山土地进行恢复。

露天采矿复垦与执行局执行的主要法律是《采矿管理与复垦法》。其职能主要有两项：一是保护煤矿生产和复垦过程中的公民安全与环境；二是开垦、改造1977年前的废弃煤矿山。在联邦土地、印第安保护区和还没有建立管理条例的煤炭生产州（田纳西和华盛顿州），露天采矿复垦与执行局发放煤矿开采许可证，进行生产和安全监督，并执行实施责任。

（三）农业部水土保持局

农业部水土保持局成立于1935年，是美国负责土壤保护工作的最高机构，下设州水土保持局、地区水土保持局和现场办公室。三者之间的分工明确，自上而下垂直领导，形成一个完整的管理系统。

水土保持局总部设在华盛顿，主要是领导全国的土壤调查，向国家有关机构和地方政府提供基本的水土资源的资料，负责小流域多目标的综合开发治理。为地方土壤保持区提供技术指导和咨询，培养技术人员，推广水土保持新技术和新措施等。州水土保持局是总局在各州的派出机构，负责该州的水土保持和农田水利工作。每个州按其面积、自然条件和水土保持区任务，划分成若干地区水土保持站，负责管理和指导现场办公室的工作。现场办公室是整个水土保持系统中的基层工作单位，直接为各土壤保持区服务，其管辖范围相当于县一级行政区。美国整个水土保持机构的工作员约1.5万人，除总局集中约400人外，其余分散在各下属机构。

此外，内政部印第安人事务管理局负责印第安人居留地的土地管理工作；农业部林务局负责国有林地的管理工作；国防部负责部分特殊用地的管理。总之，美国这种分层次、按类别进行管理的方式，在统计和数据调用上不如统一管理便利。

五、土地管理的原则与特点

（一）土地管理原则

美国土地管理局从维护国家的长远利益，保证土地最佳综合利用和保持地力出发，对联邦土地进行宏观管理。宏观管理通过制定政策，制订计划、规划，以及采取必要的经济手段实施。美国土地管理所遵循的原则是：(1)维持土地最佳利用状态，从长远角度考虑土地在自然、科学、文化和风景等方面的价值，充分照顾人们对可更新资源和不可更新资源的需求。(2)对可更新资源的管理，要求适应全国粮食、纤维、木材等国内资源高产、稳定和野生动物繁殖环境的需要，并利用公共土地资源为地方经济的发展服务。(3)对矿产资源的管理，主要是提供安全的国内能源资源及有重要战略意义的非能源矿产，使联邦政府能够有计划地、及时地开发这些矿产，以获得相应的合理收入。在土地管理过程中，既注重开发资源，又注重环境保护。(4)保证美国人民通信、娱乐、生态、科学和其他非消费活动，以及对联邦土地的使用和享受机会。[①]

（二）土地管理的主要特点

1. 政府重视、依法管理

美国土地资源利用、开发和保护之所以比较合理，是和联邦及州政府重视法律的作用、人民有高度的守法精神分不开的。此外，法律的执行往往与经济手段相结合，使管理更有实效。如对农用土地采取差别税率的办法以及制定《露天开矿管理和开垦法》，都是一些比较好的经济与法律相结合的例证。对保护土地资源，政府大量投资，采取有效的经济鼓励政策。直接鼓励措施有财政、技术上的具体援助；间接鼓励措施包括优惠税率、贷款、保险及签订租赁合同等。

2. 地上、地下资源统一由土地管理局管理

在美国内政部土地管理局设有能源和矿产资源管理机构，负责联邦公有土地上矿产资源的管理工作。私人或企业要在联邦公有土地上采矿，应向内政部土地管理局申请租地，由内政部地表采矿局审定开采技术和方式，向内政部矿产局交纳土地资金和矿产资源费。以开采石油为例，如土地管理局已探明藏量和矿藏分布面积，则按此计算每年土地租金，并交纳矿产销售收入25%的矿产资源费。如未探明藏量，则每年每公顷交土地租金5美无，如能出油，按销售收入12.5%交资源费。出租地下矿产资源，虽按矿藏分布面积计算土地资金，但地表国家仍有权出租给农民放牧牛羊。以蒙他那州为例，每头牛每月收取1.87美元的费用。有的地方，国家还可以出租通行权。如果把土地切出两个横断面，就可以看出，在同一块地上，由于所用资源和部位不同，同时有几个承租者。

3. 所有土地都实行有偿使用

美国法律规定土地可以买卖和出租。联邦政府为了国家和社会公益事业兴建铁路、公路及其他设施，需要占用州属公有土地或私人土地，也要通过交换或购买程序。通信、输电、输油等管线要通过公有土地的地上或地下，都必须向土地管理局通行权处申请批准，并支付租金。据美国内政部土地管理局介绍，联邦公有土地，包括地下矿产、水资源的出卖、出租收入，是仅次于税收收入的联邦政府第二大财政来源。

4. 全面评价土地资源，合理规划利用土地

在全国土壤普查的基础上，美国建立了很有实用价值的土地潜力分级标准，用以表示土地适宜耕种和限制利用的程度。分级标准是根据土壤特性、坡度、侵蚀程度和侵蚀类型为标志的地面状况，气温、降水等气候条件，以及其他因素确定的。土地潜力被划分为8级，用罗马数字Ⅰ－Ⅷ表示，随数字增大，土地利用限制增加，实际利用的选择余地变小。美国全国及各农业企业都以此分级作为规划利用土地的依据，做到宜农则农，宜林则林，各得其所。

5. 重视科学研究，采用先进技术

美国农业部农业研究局、水土保持局，分布在全国和各州的农业研究、试验机构以及全国农业大专院校均把保护土地、保持地力、防止水土流失等作为重要研究课题。重视土地各因素的相关性，进行定量分析。

1980年起，美国土地管理局采用先进技术建立土地管理系统，已在20多个州和县进行

---

① 朱道林.土地管理学［M］.2版.北京：中国农业大学出版社，2016：332.

试验。现行的土地管理情报系统由缩微存贮和数字化存贮两部分组成。它把各种土地档案、地籍图件,经缩微照相保存在缩微平片上,使用时可通过阅读机光学放大,了解每块土地的情况。这种贮存方法简便易行,成本较低,工作方便,已用于县级土地管理办公室的日常工作;数字化存贮技术先进,在专用软件支持下,它可以对图形、图像、特殊数据进行三维立体分析,把多种信息进行多层重叠,具有人机对话数据输入功能、编辑功能、联网功能、三维立体分析功能和自动检索五个方面的功能。[①]

第二节　土地规划制度

一、概述

美国作为联邦制国家,联邦政府并没有正式的土地利用规划权,土地利用规划权是州政府的权力,县市政府通过州政府的授权来获得规划和管理土地的职能。联邦政府主要通过制定相关的法律法规、政策来约束、引导、影响地方的土地利用及规划管理。同时,美国也没有专门的土地规划管理机构,他们的土地规划管理基本上是通过交通规划、森林保护规划、水质规划、海岸带规划甚至国防军事管理规划等来实现的,各方面机构组成一个互为补充、协同作业的错综复杂的管理机构,机构的性质分为官方、半官方(如协会)和非官方。规划的层级也包括了区域级、州级、亚区域级、县级、市级等多个层次,分别由不同的主体来制订和实施。因此美国的土地利用规划在制订和管理的过程当中,协调和沟通处于一个非常重要的位置。

美国虽然没有独立的土地利用规划体系,但其土地利用规划都是其各层次总体规划的一部分,是公共规划和社会控制的一个重要方面。美国土地利用规划与空间规划、城市规划和乡村规划等是融为一体的,土地规划的综合性强、刚性强,土地管理的指向简单。近年来,美国土地利用规划主要表现为土地利用分区规划,由州政府或其授权的县市政府(一般是市政府),对其区域内的土地进行分区,并规定土地的用途,主要包括商业用地、工业用地、居住用地、农业用地等等,并对容积率、建筑密度、建筑高度、退缩距离等指标进行控制。美国在制订分区规划时,基本上是不违反现状的,对那些已建成地块基本不调整;即便有所调整,也是在充分征询所有者和整个社区居民意见的基础上进行的,调整的方向也会尽量采取以提高土地价值为前提的向上调整的方式,如工业改商业等,在很大程度上降低了规划实现的难度,缓解了与所有者权益的冲突。

美国在制订规划时大都采取自下而上的办法。一般的路径是基层社区—市—县—州,逐级汇总。在这个过程当中,土地规划部门主要是负责提供仪器、数据、档案资料、技术指导、成果分析等方面的支持。基层社区根据掌握的统计数据、分析成果以及事先向社区居民征询的规划意见等制订出初步的社区规划方案,通过公告、召开听证会等形式,让社区公众、专家、学者参与反复的讨论协商,尽量平衡和统一各方面的意见,一般都要经过半数以上的

---

① 朱道林.土地管理学[M].2 版.北京:中国农业大学出版社,2016:334-335.

民众讨论同意才能通过,最后交由议会通过,具备法律效力。

无论是社区基层规划方案还是更大辖区的规划方案,都是在广泛深入地征询各方面意见,特别是辖区居民意见的基础上做出的。这种自下而上的逐级汇总制度和深层次的民众参与制度是美国土地规划与管理的核心。土地管理最严格的俄勒冈州,在 1973 年该州议会上通过了第 100 号法案,决定成立州土地保护和发展委员会,对全州的土地实施规划管理,要求各地方政府的土地规划都必须满足州的要求,否则将由州政府接管。各地方规划首先由当地自行制订,再由州审查是否符合相关的要求。①

二、土地规划体系与内容

美国的土地利用规划体系大致分为总体规划、专项规划和用地增长管理规划 3 类以及区域级、州级、亚区域级、县级、市级 5 个层次。目前还没有制订统一的全美土地利用总体规划,专项规划指某一领域规划,如水质规划、加利福尼亚州海岸带规划等。区域级规划是跨州的土地利用规划,范围可大可小。州级规划主要控制州内土地利用,制定政策对土地资源进行开发和保护。州土地利用规划是近年来为了实施城市成长管理政策而逐步发展起来的。它本身并不具有法律效力,但是一种具有指导性的政策性文件。州政府通过规划制定政策目标,要求所属下级政府在制订本级土地利用规划时将州政府所要求的管制策略纳入进来。否则,它将会被上级政府及法院宣布为无效,地方政府也会因此失去州政府的财政援助。亚区域级规划包括一个州范围内的几个县,一般按自然界限来规定范围;县级规划和市级规划是对辖区内的土地利用在数量和空间布置上起到控制作用。

美国的土地规划管理系统表面上是分散的,国家对规划不进行集中统一的管理,也不强求各级政府必须制订土地利用规划。土地利用规划的绝大部分权利集中在地方政府手中,管理也是由地方政府负责。联邦政府主要通过制定相关的法律法规、政策来约束、引导、影响地方的土地利用及规划管理,其核心与实质在于:宏观控制、科学开发、集约利用土地资源,确保社会、经济的可持续发展与国家安全。

美国土地利用规划的目标是促进土地资源的可持续利用和开发,以尽量减少由于土地私有制而引起的土地利用中的矛盾,鼓励土地资源的合理利用,使社会福利达到最优化。虽然不存在独立的土地利用规划体系,但美国土地利用规划都是其各层次总体规划的一部分,把土地规划视为公共规划和社会控制的一个方面,是其社会和经济计划中最重要的规划。

由各城市决定其土地未来的开发和利用是更为经济和有效的方式,与民众有最直接的关系,也是最重要的是地方性规划,并且土地利用规划与空间规划、国土规划、区域规划、城市规划及乡村规划等融为一体,不是独立的,而是需要协调衔接的规划,土地利用规划已成为空间规划的核心,也是其他各种规划的落脚点。这是形成系统完善的规划立法体系的基础。②

美国地方的土地利用规划包括以下几方面内容。

---

① 吴志伟.民众参与程度高,法律效力刚性强——美国土地利用规划的特点与启示[J].资源导刊,2015(11):54-55.

② 李茂.美国土地利用规划特点及其对我国的借鉴意义[J].国土资源情报,2009(3):38-42.

（一）总体规划

总体规划的主要内容包括：土地开发的区位、基础设施的服务水平、人口和就业的长期趋势预测、公共设施的预留空间及开放空间的保护等。总体规划通常由本地方规划管理委员会制订，在其被地方管理机构通过以后，具有法律效力。州政府一般通过立法方式授权或者要求地方政府以地方立法方式通过和实施总体规划，但并非所有的州都把制订总体规划作为土地使用管制法规的前提条件。任何一个涉及未来土地开发的总体规划都需要定期修订，修订总体规划与通过总体规划一样必须经过特定程序。

（二）官方地图

官方地图是用来标明已经存在的或者规划中的街道、公园、下水道、水管及其他一些公共设施，也通常为规划中的街道以及拓宽现存的街道规定退缩线。与总体规划不同，官方地图详细地标出街道、公园等公共设施的位置，并且是由地方管理机构通过的，具有法律效力。土地所有者如果在规划的区域内进行建设，必须取得地方政府颁布的建设许可证，地方政府实际上掌握着对预留区域内的土地进行开发管制的权力。

（三）分区规划

分区规划是指将一定范围内的土地划分成为不同的土地使用分区，并以土地使用分区图来界定分区的范围及区位，同时规定不同的土地使用规则。分区规划一般包括农村区划、城市区域和综合区划等。分区规划是城市规划中的一个主要方法，也是美国土地利用计划的一个主要手段。地方政府所享有的制订分区规划的权力也是由州政府授予的，并且经过特定的程序。这种程序是，先制订总体规划，总体规划再按照总体规划的需要制订分区规划，经过听证和公开程度，再通过分区规划。美国土地使用分区规划做得非常详细，城市范围每一块土地几乎都是经过分区规划的，每一地块的分区规划资料都可向公众公开，供用地者查询。[①]

（四）用地增长管理

美国在第二次世界大战后，经历了 20 多年的经济增长和都市快速发展，相应地产生许多的外部效应，如空气污染、交通拥挤不畅、公共设施不足及重要土地资源浪费等。传统的分区管制是以静态方式来管理土地，它无法消除因外部环境发展变化而带来的外部效应，因此用地增长管理规划就此而不断发展，成为当前城市土地管理的主要手段之一，也称为成长管理。

美国有 13 个州实施城市用地增长管理规划，3 个州实施城市增长边界管理，其中俄勒冈州是做得比较好的。俄勒冈州在关于土地规划管理的第 100 号法案通过以后，为了更好地保护森林和农田特别是基本农田，实施了城市增长边界管理，40 多年来，波特兰都会区人口增长超过 60%，城市区域的土地仅增长了 10%左右。

该区域城市增长边界管理能够成功的主要原因：一是居民有保护土地的共同理念；二是强有力的监督，包括媒体、学校、非营利性机构的监督；三是城市增长边界管理纳入了城乡规划的框架；四是各级政府和相关单位都严格按照边界实施相应的规划；五是边界不能被频繁

---

① 魏莉华. 美国土地用途管制及其借鉴[J]. 中国土地科学，1998(3)：42-46.

地修改,只能依照相应的政策和标准进行适当的调整,而且不能依据个别项目就进行修改;六是工作的重心放在边界内土地的有效再开发上。①

1. 管理目标

用地增长管理主要是以一种"平衡成长"的政策理念,整合经济发展、公共设施、平价住房、环境保护及生活品质等方面的需求,旨在引导都市发展,减缓城市成长压力,控制土地开发的区位、速度与公共设施服务水平的平衡,以达到维护生活品质与城市景观的目的。可见用地增长管理是一个多目标综合发展策略。

(1)一致性。一般而言,州政府为了追求较高的行政效率及有效执行,一般要求各地方政府订立的土地发展计划与州土地发展计划的政策目标一致,以减少地方建设的盲目性。

(2)同时性。同时性是一种重要的土地使用管制措施,用以控制土地开发的时序及人口成长。其目标是确定进行土地开发的同时,能有足够适当的公共设施服务新开发区的居民。反之,政府对那些限制开发地区或未到开发时序的地区,以拒绝提供公共设施的方式来限制开发,达到成长管制的目的。

(3)紧密性。利用都市成长管制线的方法,引导都市发展方向,鼓励土地开发于管制线内适当地区进行,使得公共设施的投资能协调土地开发行为,集中于适当地区,以发挥最大的使用效益。

(4)控制房价。城市发展可能导致城市地价和房价上涨,因此,许多州政府采取增加平价住房的方式来缓解因发展而带来的房价上涨及相关的社会问题。

(5)经济发展。经济发展是现代城市增长管理与早期城市增长管理目标的主要差异,城市成长管理是因经济发展而产生,但不能因此而成为阻碍经济增长的障碍。因此,在应用上,多以刺激经济增长及带动地方发展作为成长管理的主要目标。

(6)资源保护。成长管理起源于资源的保护,不论是早期还是现代城市成长管理,其主要目标都是保护土地资源尤其是保护农地资源。

因各地有不同的需要与问题,因此用地增长管理目标也不尽一样。但各州几乎都把资源保护和经济发展作为用地增长管理的主要目标,这也说明,用地增长管理不会成为地方经济的发展阻力,反而是追求经济增长的重要工具,用地增长管理的要旨在于形成一个资源保护、经济增长和人居环境和谐发展的多赢局面。

2. 用地增长管理的主要政策措施

由于各个城市用地增长管理的目标不一样,所以采取的政策措施也大相径庭。总的来看,共性的政策措施主要包括以下几个方面。

(1)要求提供足够的公共设施。要想获得开发许可,除非公共设施服务水平达到足以提供新开发地区的要求。即政府有关部门在审查过程中,必须将开发许可建立在有足够多的公共设施承受能力上。在认为没有必要开发的地区,政府也可通过拒绝提供公共设施的方式来限制土地的开发。

(2)划定城市发展的边界线。即州政府要求地方政府在规划中根据本地区的经济发展状况和土地利用现状,划定城市成长边界线。在边界线以内地区,政府通过提供公共设施等

---

① 吴志伟.民众参与程度高,法律效力刚性强——美国土地利用规划的特点与启示[J].资源导刊,2015(11):54-55.

方式引导开发。而在边界线以外地区则限制开发,以达到提高投资效率、保护土地资源的目的。

(3)分期分区发展。州政府通过规划要求地方政府为未来的土地开发规定开发区位与时序。一般各地方政府在充分考虑开发区公共设施水平后,来确定开发区位和时序,避免不成熟的土地开发行为。如马里兰州的乔治王子郡将全郡划分为优先发展区、经济发展潜力区、限制发展区、延续发展区等,为土地开发确定了发展区位和时序。

(4)总量管制。即在一定的时限内,地方政府对城市的建筑许可总量实行配额制,以控制城市开发的总量水平。总量管制的目的是控制地方城市成长速度,减缓人口增长,从而避免公共设施的需求威胁地方财政。

三、土地规划手段

美国土地利用规划的目标是协调各土地所有者的利益,促进土地资源的可持续利用和开发,以达到社会福利的最大化。美国实施规划的手段也是多元的。

(一)法律手段

美国的土地利用规划具有法律效力,一旦出现违反规划使用土地的情况,任何人和任何部门都可举报或起诉违规者,法院会据此做出处罚裁定,通常是高额的罚款。有一些政府或准政府部门也有开罚单进行类似行政处罚的权力,但这只限于小额处罚的情况;对稍微严重的违法行为都要通过诉讼解决。

美国各层次规划的核心是法律法规和政府制定的各类规范和标准,联邦政府主要通过制定相关的法律法规、政策来约束、引导、影响地方的土地利用及规划管理。例如1933年制定了针对特定区域的国土开发整治规划法《田纳西河流开发法》,并设立了田纳西河流域管理局,制订了流域综合开发整治规划;1974年美国议会通过了《森林和牧场可更新资源规划法》,其中包括国家森林系统土地和资源管理规划条例,对土地规划的部分内容、程序做了规定;另外,美国有关土地资源规划的制度,虽未制定专门的规划法,但制定了《联邦土地政策和管理法》,规定内政部土地管理局在公众参与下,为公共土地利用制订规划,并遵循多项基本原则。

根据美国环境资源规划法律、法规和条例的有关规定,土地规划编制过程分为调查、预测、形成规划方案、交付公众讨论、听证、地方议会批准等步骤。土地规划编制过程一般需要几年时间,一经议会批准,规划便以法案形式出台,具有法律效力,不需要上级政府的批准。在规划实施过程中出现的纠纷,则由法院依据该规划做出判决。

(二)激励机制

20世纪30年代中期,美国西部沙尘暴爆发后,联邦政府即开始通过立法划定自然保护区和土壤保护区。20世纪60年代后,人口增长与郊区化趋势加剧,导致大面积农业用地转为城市和其他建设用地,引发了反对城市过度扩张和保护基本农田的运动,多数州政府都制定了基本农田保护法规,县、市则开展了较为广泛的划定基本农田区的活动,耕地、牧场、果园都受到很好的保护。为了鼓励土地所有者按规划要求使用土地,政府补贴保护耕地特别是基本农田,由政府投入基础设施建设并提供技术支持,并对耕地减免土地税、遗产税。美国还建立了购买开发权和地役权制度、可交易开发权制度,土地所有者通过让渡土地开发权,保留耕地开发权,可以获得经济补偿,取得了非常好的效果。为了更好地保护生态环境,美国还形成了独具特色的保护缓冲带：或在河湖、溪流、沟谷岸边、城市外围设置防护林带，或在田园边保留草地化汇流区，或构成农林复合耕作体系。这样既能为野生动物提供栖息保护地，也符合景观农业、生态农业的要求。

美国对农地和生态的保护充分表现在土地利用规划中。例如，圣荷塞市目前的土地利用规划是该市 2020 年总体规划极其重要的核心部分，所有建设项目均要通过土地利用规划审查后才能取得建设许可证。审查首先就要看是否突破规划图上的 5 条绿线：城市增长边界、城市服务边界、山边绿带、农业保护区、海湾土地保护区。城市增长边界和城市服务边界大部分是重合的，个别地方增长边界超出了服务边界，这两条线主要是控制城市的外延扩张。山边绿带主要是保护山景不受破坏，对建设有着严格的要求。而农业保护区和海湾土地保护区则禁止建设用地，仅限于农业生产和生态保护。

随着人口的增加和城市的扩张，土地利用规划对自然和生态的保护作用越来越受到重视和关注，有些学者、管理人员已注意到单纯由地方编制规划的局限性。美国前内务部长贝比特就在他的《野地里的城市》一书中指出：为了防止自然、文化景观和水域的不断消失，有必要强化联邦对土地利用规划的领导权，创建"联邦土地利用规划"也许令人奇怪，但那种认为土地仅仅就是地方事务的观点已经过时。

（三）多元主体共同参与

美国联邦政府本身拥有全国 32% 的土地，州及地方政府拥有 10% 的土地，各级政府对自己拥有的土地实行严格的规划管理，如制定了《联邦土地政策和管理法》，对联邦政府所有的土地进行规范管理。另外，美国的各种非政府组织从保护生态和农田等角度，也积极参与到规划管理当中来，取得了良好的效果。

更重要的是，美国土地利用规划编制是自下而上、在公众参与下完成的。从基层的社区、城区做起，逐步向上归并。主要通过公告、召开听证会等形式，让专家、学者、社区公众参与反复讨论协商，尽量达成一个多方都能接受的方案。方案主要考虑公众利益和可持续发展的需要，不一定人人满意，但一般要经过半数以上民众讨论同意才可通过。通过法律对公众参与加以明确规定，公民有权参与和决定土地利用规划，在规划过程中，必须多次举行公众听证会，并根据听证意见及时修改规划。市政府在规划交付批准或颁布时，再次召开公开听证会，给公众一个审查和发表意见的机会，也为规划制订者回答仍然存在的批评意见提供途径。在充分接纳公众意见后，规划交由专家审议机构进行审议，最后由议会通过，具备法律效应。规划付诸实施后，公民还可以提出修改意见。

（四）科学的编制和管理系统

美国在现代土地利用规划过程中，大量采用地理信息系统、遥感和全球定位系统等现代科技手段。地理信息系统是在计算机软硬件支持下，把各种地理信息按照空间分布，以一定的格式输入、存储、检索、更新、显示、制图和综合分析的计算机技术系统。通过对诸多因素的综合分析，可以迅速地获取满足应用需要的信息，并能以地图、图形或数据的形式显示处理的结果。将空间图形数据、属性数据完整结合，保证了图形数据的一体化，满足了土地利用规划和管理的需要。[1]

---

[1] 李茂. 美国土地利用规划特点及其对我国的借鉴意义[J]. 国土资源情报，2009(3):38-42.

四、土地使用分区管制制度

过去一个世纪以来,土地使用分区管制是美国地方执行土地利用规划与政策的主要工具。土地使用分区管制制度,也叫土地用途管制制度,是指通过编制土地利用规划,将一定范围内的土地划分成不同使用分区,并以使用分区来界定每一分区范围及区位,在同一分区中有相同或相近的使用规则。不同历史时期,土地使用分区管制内容也不尽相同,如初期强调住宅环境应有充足的光线与空气提供,后来逐步强调住宅类型与建筑景观,现在则进一步重视住宅密度、公共设施及建筑物之间的相互影响。土地使用分区的内容大致包括以下几个方面。

（一）土地使用分区

一般将土地及其建筑物分成住宅、商业、工业和农业等四大类用地,使用分区划分后,土地按"分类使用"的原则规定其具体的允许用途。住宅区为居民住宅而规划,原则上只建设住宅和与住宅相关的配套设施,其他建设不得有碍居民居住条件的宁静、安全和卫生;农业区上的建筑只得用于农业生产或与农业生产相关的设施建设;商业和工业区的使用也遵循相同的使用原则。土地使用分区的目的在于控制及引导土地的利用和开发,以避免土地利用中相互之间的不利影响。

（二）土地使用强度管制

土地使用强度管制的内容主要包括建筑许可总量、人口密度、容积率、建蔽率、建筑高度和建筑基地的最小面积等方面的管制。它也是控制城市规模的重要手段。

1. 建筑许可总量

这是管制城市发展规模的措施,通过"量"的配置,限制建设用地的开发,以达到保护土地资源并限制城市人口的目的。例如,1976 年,美国科罗拉多州的博德市,市民投票通过的规划书中,限定五年内该市政府平均每年只能批准 450 个建筑项目,以达到年人口增长率不超过 2% 的目的。

2. 人口密度

人口密度直接关系到公共设施供需与环境质量品质,因此,有必要对人口密度加以限制。如在住宅区内,规定一定面积的土地所允许容纳的人口数,而在工业或商业分区内规定一定面积容纳的员工或工人数。

3. 容积率

容积率是指土地上建筑总面积与建筑基地面积的比率,它是衡量土地使用密度的重要指标。容积率过高,会对周围环境造成影响。因此,为避免土地使用过分拥挤,增加类型区内的开放空间,有必要对容积率进行限制。土地使用者可在低于容积率限制下使用,不能超过限制标准。

4. 建蔽率

建蔽率是指建筑物的水平投影面积与基地面积的比率。建蔽率同容积率一样,是衡量土地使用强度的主要指标之一,因此建蔽率管制与容积率管制的作用相似,都在确保建筑物使用者能有舒适、便利、安全的生存环境。

5. 宗地面积限制

宗地最小或最大面积限制,应依某地区所规范的是高密度还是低密度面积确定。以住宅区宗地面积限制为例,独户区住宅所在分区多以低密度发展为主,所以多有最小面积的限制。

(三)容积及其他管制

1.容积管制

容积管制包含有土地使用强制的功能,主要内容包括最小前院、后院、侧院、空地宽度的限制、建筑高度管制、最小面积规定等。这些管制内容多具有强制性,主要目的在于确保适当的采光、通风、日照以及建筑景观。

2.其他管制

除以上主要的土地使用分区和管制的政策以外,美国的土地使用管制还有以下手段。如停车空间、装卸空间、广告招牌等管制等。这些管制项目多从建筑景观、空间使用、外部环境、排他使用等方面对土地使用加以限制。

(四)保护农业用地

保护农业用地是土地使用分区管制的核心。(1)划定最好的农地,确定保护的范围。美国农业部将最好的农地定义为:"土壤、坡度和排水情况最适合种植粮食、饲料和油料作物的土地。"当然除了土壤的质量以外,也考虑土地的其他因素,如田块的大小,距离交通要道的远近,有无供、排水系统等。美国有关部门根据这些因素,认定值得保护的土地,然后在规划中确定保护的范围和先后次序。(2)税款优惠与减免方案。该方案通过给农民以刺激、奖励来阻止农地改变用途,包括优惠征税、递延征税和限制性协议三种形式。获准优惠征税的条件较低,只要保证土地供农业使用即可;递延征税也是以农业用地使用价值评价为基础,规定土地所有者若将土地改作他用,应向地方政府交纳部分或全部增值的收益;限制性协议是指土地所有者与地方政府签订协议,保证他们的土地在规定的时期内用于农业,以此来获得税款减免资格,这样可在特定时期内,在指定地区阻止土地转为他用。(3)制订农业区划。农业区划是使用最广泛的保护措施,它把农业用地同工业用地、其他用地一样严格划分,在农业用地区域内,只准进行农业生产或者与农业生产有关的活动,严禁修改住宅和发展其他城市基础设施。农业区划还在最好的农地周围划定缓冲区,缓冲区包括湿地、排水区、溪岸和森林等。(4)购买或转让土地发展权。购买发展权是指政府或政府的某个部门购买农业用地的发展权,是农民把土地的发展权卖给政府,农民从政府支付的价金中得到补偿,农民对土地仍然拥有除发展权外的一切权利,农民可继续耕种其土地,保证土地的农业用途,同时,农民可用出卖土地发展权得来的钱改良土壤,提高农地质量,使其产量更高。转让土地发展权是指农民出售其发展权,以便其发展权可以在临近的另一块土地上得到利用。通过发展权转让这一方式,可以把农业用地的发展权转移到离城市较近、适于耕种的土地上。

第三节　土地发展权制度

一、土地发展权的内涵

土地权利制度的发展与国家经济水平成正相关关系。第一次世界大战后,美国通过扩大外贸等措施,从世界边缘走向世界中心,成为世界经济强国。由于吸引了大批海外移民,迫使城市规模不断扩张,进而导致大量的农村土地被占用,耕地面积不断缩小,自然环境遭到破坏,不可再生资源迅猛减少,工业污染覆盖范围不断扩大等现象。针对这些社会问题,美国联邦政府首先借鉴德国先进的土地治理方案,采用土地用途管控制度。通过行政强制的方式,干预私人自由使用土地权利,控制土地用途转变方向,限制城市建筑面积。由于植入行政强制手段,严重侵犯了土地所有者的利益,且政府不采取任何补偿措施,致使政府行政规划难以执行,地下违法交易市场滋生且屡禁不止。

通过近几十年来的实践,美国联邦政府意识到根据德国土地用途管控制度制定的相关法律规范并不能有效解决农村土地减少、自然资源锐减、环境污染加剧等问题,甚至导致违法犯罪率上升,不利于国家的和谐稳定。究其缘由,主要是缺乏配套的补偿机制。美国联邦政府的土地用途管控制度侵犯了公民的私有财产,且不采取任何激励机制,农地所有者怨声载道。自1960年起,美国开始反思国家土地管控制度,并逐渐学习借鉴英国土地发展权制度,从本国实际情况出发,借鉴和吸收英国土地发展权制度、德国土地用途管控制度之精髓,将之与本国实践相结合,制定了具有本土特点的美国土地发展权制度。①

土地发展权即土地改变用途的权力。在美国,土地发展权(development rights)是土地所有权的一部分,但可以从所有权中分离出来。与英国土地发展权制度不同,美国将土地发展权分为两种——土地发展权征购(purchase of development rights,PDR)和土地发展权转移(transfer of development rights,TDR)。为防范土地发展权的滥用,在保障土地发展权私人权利的同时,加强了国家对土地发展权的管控力度,并建立了相应的土地发展权征购制度和土地发展权转移制度。当私人目标与社会目标相冲突时,政府可以通过转移发展权的方式将私有土地纳为公用,而私人土地所有者的发展权则被转移到另一片土地上。举例来说,为了保护耕地,防止城市对郊区的蚕食,对需要保护耕地的城市郊区,政府向拥有耕地的农民购买发展权。农民出售发展权后可以继续耕种该块土地,但是不能改变用途,如不能建造住宅、工厂、商店等,因为开发这块土地的权利已经出售给了政府,不再为农民所有。如果城市规划已确定改变这块土地的用途,则要么是农民从政府那里赎回发展权,自己开发或将土地出售给开发商;要么是政府购买这块土地的所有权,使其成为政府的土地,这样政府就可以自由处置该块土地了。开发商也可以从土地所有者手中购买发展权,而当地的房地产和土地市场状况往往会对发展权的价格有很大影响。随着社会经济的不断进步和可持续发展理念的深入人心,土地发展权的转移和征购制度已经不再仅仅局限于保护耕地,它的社会用途已经扩展到诸如保护生态环境、历史遗迹、风景资源等范围。土地发展权转移概念首次在1968年美国纽约市《界标保护法》中提出,之后美国各州县逐步采用这一制度,随着《土地发展权转移法令》等法案的相继颁布,为弥补土地征收等土地保护政策的弊病而产生的土地发展权转移制度逐步在全美推广。虽然在美国联邦体制下并没有制定统一的有关土地发展权的法律,各州乃至各地区都会根据本地情况建立土地发展权的相关计划。目标设计的多样性和多元化使相关制度在美国遍地开花,截至2003年12月,在美国已经有160个区域建立了土地发展权的相关制度。②

① 刘国臻.论美国的土地发展权制度及其对我国的启示[J].法学评论,2007(3):140-146.
② 王大鹏,杨佳妮.美国土地发展权法律制度的历史演进[J].世界农业,2019(4):38-41.

二、土地发展权制度体系

美国土地发展权制度是一种为避免私人利益最大化的土地配置行为选择损害公众整体福利的土地价值再分配手段。[①] 美国土地发展权制度根据土地使用需要将土地划分为两类——土地发展权转让区和土地发展权受让区。其中转让区的土地所有者有享有两种权利：一是按照批准的土地用途继续使用；二是在不改变土地耕作用途的情况下放弃土地所有权，并获得相应补偿。受让区的土地所有者所享有的权利是充分利用土地价值进行商业开发。同时，为保障土地发展权转移制度的有效实施，保护转让区和受让区的合法权益，美国政府在全境设立了十多个土地发展权转移银行。实践证明，土地发展权转移银行对于实施土地发展转移项目具有重要作用，建立运行了25年历史的美国新泽西州土地发展权转移银行就是一个成功的典范。

（一）土地发展权征购

土地发展权征购是指美国政府（主要是州政府和地方政府）用公共资金从土地所有者手中购买发展权。对那些容易被占有的土地，为保留其农业利用而只对其发展权进行收购。与购买所有权相比，购买发展权既可让减轻政府保护农地的财政负担，又可让农民保有农业耕种权力，使农场主在农业生产上作长期投资生产，减少因不确定性带来的短期掠夺式经营。政府购买发展权后，获得了土地改变用途的权力，除非经投票表决，否则不得出售与转让。土地持有者再以通过与政府谈判决定是否把其土地发展权卖给政府，只要土地还用作农业，政府也不强制收购。

出让发展权的土地只能维持原有土地用途，可以耕种但不能进行开发，而获得土地发展权的地方政府事实上也不会单独开发。这样做的首要目的在于保护农地等原有土地的使用形态。相比严格的分区管制，土地发展权的单独剥离不仅更符合美国土地私有制的传统，而且就保护农地而言，土地发展权的购买相当于政府对土地所有权人因土地管制而受限发展所给予的一种补偿。这无形中激励了土地所有权人对农地保护的积极性，并在一定程度上回应了土地用途管制事实上构成征收的理论争议。土地发展权征购的资金来源主要是政府的公共资金，包括联邦政府和州政府的基金，如国家的"农地保护基金"、密歇根州的"农业基金"，还包括财政拨款和地方税收等。一些非营利性组织或者个人也会提供捐助，因为政府所提供的资金支持并不足以全额补偿土地所有权人的土地发展权。另外，向来尊重市场规律的美国政府也不会过多地参与土地发展权的征购，而让位于土地发展权的转移。当然这并不意味着成本高昂的土地发展权征购制度一无是处并遭淘汰，相反，它依旧是美国保护农田的重要手段之一，是土地发展权转移不可或缺的补充。其一般程序是：第一步，由土地所有者提出申请，政府对申请者的征购条件进行审查；第二步，政府对出售土地发展进行全方位的评估，确定市场价格；第三步，政府与土地发展权出售者进行谈判、协商、签约，明确征购双方的权利义务；第四步，农业部门对生效的约据进行备案，对被征购方进行监督，确保土地发展权转让者按照约定使用土地。[②]

① 柴铎,董藩.美国土地发展权制度对中国征地补偿改革的启示——基于福利经济学的研究[J].经济地理,2014(2):148-153.

② 翁晓宇.英美两国土地发展权制度的实践与借鉴[J].农业经济,2018(12):81-83.

(二)土地发展权转移

相比土地发展权征购而言,土地发展权移转制度更加注重市场调节,相对而言选择度更高、更灵活。关于它的基本内涵目前已经趋于一致:土地发展权的移转是一种财产利用性质权利的交换,它被设计为发展权从发送区的地块上分离出来,移转至接受区的另一块土地上获得更多的开发强度,而原来的发送区的土地将会受到严格的开发限制。1968 年纽约市颁布《城市界标保护法》(The City's Landmarks Preservation Law),第一次建立了土地发展权转移制度。1978 年美国最高法院在对宾夕法尼亚州中央运输公司诉纽约市政府案(Penncent. Transp. Co. v. New York City)的判决中肯定了市政府的《城市界标保护法》,并认为保护具有重要历史文化意义的建筑物是政府的职能。同时,最高法院宣称政府的行为并不构成"征收",即使所有权人遭受了一定的负担,但 TDR 的机制完全可以让所有权人获得补偿。自此之后,美国大部分州启动了土地发展权移转计划。在土地发展权转移计划中,发送区的土地规划抑制了土地所有者的开发行为,发送区的土地有两种选择:一是保留土地发展权,留待规划的修改;二是转让土地发展权,获取经济收益。如果选择转让土地发展权,原土地所有人将按照协定不能继续发展,其土地使用范围已经明确,即使将来规划分区变动,也无法进一步开发,除非回购土地发展权。[①] 相比而言,受让区的限制更严格,因为如果受让区接受或购买了发送区的土地发展权,将获得在原有开发强度上的进一步发展,这对原有的城市基础建设、城市空间承载能力和城市分区筹划都将会是一种考验。因此,各州及各地政府都会对此做出一定的限制,不仅限定可供购买土地发展权的上限,而且调整后的受让区发展规划必须符合地区整体利用规划和经济发展趋势。对发送区和受让区可供转让土地发展权数量的限定以及土地利用规划对不同使用用途的规定,与市场供需关系、基础设施数量等共同成为影响土地发展移转价格的主要因素。

为了更方便快捷地实现土地发展权的流转,地方政府仅会在政策法律上提供支持,一般不会进行干预。除此之外,有的州、市还会有成熟的中介商进行买卖,并实现土地发展权的证券化。不少地方也成立了发展权银行、交易所等,以提供更完备细致的发展权交易。

第四节 土地保护制度

美国的土地保护主要分为以下几个方面:

一、土地环境保护

随着对环境保护重视程度的不断加深,美国政府对环境质量的要求越来越高。例如,1970 年佛蒙特州和缅因州相继通过了全州性的土地利用管制条令,1972 年佛罗里达州通过了一项新的全州性的土地利用法令,随后有几个州也纷纷效仿,以不同的形式授权政府对关键区域的土地利用实施管制。到 1975 年,已经有 23 个州颁布法令保护湿地和滨水区的土

---

① 臧俊梅,张文方,李明月,等.土地发展权制度国际比较及对我国的借鉴[J].农村经济,2010(1):125-129.

地。不同于 20 世纪 90 年代在土地方面的管理以绩效高低为主要标准，人们在对土地进行规划时会将诸如陆地、河流等外部环境因素的生态保护纳入政策制定的考虑范围内。但是由于外部环境因素不具备实际可测量、可量化的必要条件，比如一片土地中野生动物栖息地所占比重以及范围如何具体确定、土地之间关于生态的连接性如何保持不被破坏，这些棘手的问题都使关于重视土地生态保护在政策实践过程中仍存在着较大空白。①

二、农业土地保护

美国农地保护开始于 20 世纪 30 年代，1935 年制定了《水土保护和国内生产配给法》，实行农业和农地保护。1956 年开始，采用休耕方式保护农地；1958 年对需保护土地清查。20 世纪六七十年代，联邦政府及州政府制定了一系列农地保护法规，1965 年加州出台《土地保护法》，1974 年密歇根颁布《农地和开敞空间保护法》，1964 年新泽西《评价法》等。1967 年对需保护农地再清查，到 20 世纪 70 年代对城市边缘地农地保护，1976 年提出对基本农田的保护。美国经济的迅速发展不仅使美国的城镇化从城市边缘地带向周围农村扩散，也使远郊住宅项目扩展到农村地区的大型房屋，这些不可逆转的非农化现象都对农业用地产生了极坏的影响。20 世纪 80 年代起，美国的农田非农化现象越发严重，针对此类现象，美国农业部等相关部门颁布了一系列针对农业用地的管理和保护政策和措施。在立法上的成果有《农业用地保护政策法案》(Farmland Protection Policy Act)、《NRSC 储备计划》(NRSC Conservation Program)、《密西西比河盆地健康流域题提案》(Mississippi River Basin Healthy Watersheds Initiative)、《五大湖区恢复提案》(Great Lakes Restoration Initiative)、《资源储备技术支持项目和活动》(Conservation Technical Assistance Program and Activities)等。所有这些法案、提案都有极广的覆盖面，对政府的农地非农化行为进行了限制或禁止，同时强调对土地、森林和河流等自然资源的保护和利用，并且需要在规定的时限内重新审查确认。

其中《农业用地保护政策法案》(Farmland Protection Policy Act)因其提出将联邦政府与非联邦在土地管理上完全分割而具有的民主和公平性为人所熟知。该法案旨在减少联邦政府项目对非必要和不可逆转的农田非农化的影响。法案的保护对象包括基本农田(prime farmland)、特种农田(unique farmland)、州重要农田(farmland of state importance)和地方重要农田(farmland of local importance)。此外，该法案保护的不仅是农作物耕种田，还包括森林用地、牧场用地或其他农业用途。该法案对联邦政府的土地使用约束如下：如果某联邦政府资助或协助项目(比如修建高速公路、扩建机场、电力设施建设等)需要将农田转化为非农业用途，并且这种转化是不可逆的，那么美国自然资源保护局(NRSC)将根据土地评估标准以及土地评价与立地分析方法(LESA)来评估该项目对农田的负面影响是否超过了一定的标准水平。如果项目对农田的负面影响超过标准水平，那么该联邦项目就不能进行相应的农田转化活动。②

---

① 马丁·贾菲，于洋. 20 世纪以来美国土地用途管制发展历程的回顾与展望[J].国际城市规划,2017(1):30-34.

② 何雪琳.城市化背景下的美国农地保护[J].沿海企业与科技,2016(6):37-40.

（一）重要农地资源清查

美国农地保护不是采用绝对"零增长"政策,它支持城市工业以紧凑、高效的方式增长,保护农业和城市土地资源。据此原则,由政府决定哪些土地是保护对象,在什么条件下可为非农化利用,并以此确定农业保护区。为了帮助州和地方政府制定农地保护区,美国土壤保持局与其他机构合作,进行了重要农地清查工作。它把重要农地分成基本农地、特种农地、州重要农地和地方重要农地四种。

1.基本农地

基本农地是指现行农业生产方式和管理水平下,最适宜于生长粮食、饲草、纤维和油料作物,并以少量能量和资金投入,极小的环境代价便可形成高产的土地。当然,重要农地并不单纯是根据土壤理化性质,还包括所处的时间阶段和空间区位。

2.特种农地

特种农地是生产特定高价值粮食、纤维和特种作物的土地。它常常不是上等的土地,但仍是非常重要的,对特定作物具有高度适宜性的土地。如种植柑橘、橄榄等水果的土地以及一些蔬菜地。

3.州重要农地

州重要农地十分广泛,除土地利用能力分级中的所有农地,也包括那些不满足基本农地条件的土地。

4.地方重要农地

地方重要农地是指那些有很好的利用和环境效益,而被继续用于农业生产的其他土地。

（二）农业区划制度

农业区划把农业用地同工业用地一样严格划片,确定农业生产区。在农业生产区内只准进行农业生产或者与生产相关的活动。严禁修建住宅和发展其他城市基础设施。

在美国,农业区划分专一性和非专一性两类,根据非专一性农业区划法令,允许土地转为非农用途,但农业用途优先。为实施非专一性农业区划法令,一个社区需要许多块符合最低限度面积要求的土地,并只能有条件地使用这些土地。而专一性农业区划禁止在农业区内将土地转用于任何非农业项目。

美国在农业区划中,还在优良农田周围划定缓冲区,缓冲区包括湿地、排水区、溪岸和森林等。

（三）农地保护计划

1985年修订的《农业法》,给予了农地保护计划的法律依据,对于即将容易发生土壤侵蚀的耕地,休耕10年或退耕还林还草。美国政府对参加农地保护计划的农户支付地租,实行补助;对退草种树、种草的农户还无偿补助种树、种草费用的一半。农地保护计划的目的是:(1)在容易发生土壤侵蚀的耕地,通过退耕还林、还草或休耕,使其减少土地侵蚀;(2)从长远的出发,保护和维持美国关于食品、天然纤维的持久的生产能力;(3)改善水质;(4)保护野生动物、植物;(5)抑制处于生产过剩状态的农产品产量的增长;(6)促进农户收入持续稳定提高。

在被列入农地保护计划区域内的农户,可以通过向各地的"农业稳定化经营及农地保护服务所"申报,登记加入农地保护计划。农户在申报时,必须向政府申明保护农地计划、保护方式与保护面积等。事务所要核对农户的登记与总体的农地保护计划的规划是否相符、农户需多少租金等。

美国联邦政府农业部与农户个人签署的合同达 30 余万件,农地保护计划实施面积达 4500 万英亩,联邦农业部对纳入农地保护计划的农地,即因退耕而向农户平均每年每英亩支付 49 美元的地租,连续支付 10 年,而在退耕后的土地上,以养地、保持水土防止土壤侵蚀为目的退耕种草、种树的农户发放造林、种草一次性补助金,该补助金为每英亩 37 美元。地租和造林种草补助金的确定,由联邦政府委托大学和研究所的有关专家调查、测算得出。除上述中央财政补助外,地方也给实施农地保护计划的农户一定的补助。

三、土地保护模式

美国的土地保护模式主要为土地信托模式。土地保护型信托模式是基于公共资源保护的目的,以公众利益为发展要义的土地信托模式。[①] 在土地保护型信托模式中,由公益性的全国、区域或地方土地信托组织,通过接受捐赠,或直接购买的途径,获得尚未被开发的自然生态资源,同时对信托土地的用途进行严格的监管,以此方式实现对土地原生态化的保护。信托组织通常会选择尽可能合适的中介机构或规模更大的国家保护组织,将所获经营管理权的土地转让给上述机构。土地保护型信托模式的特点在于其并非以营利为目的,而是以保护土地的自然生态为目的进行的土地信托,因而通常由全国性、区域性或地方性公益组织担任管理机构,其资金更多来源于各方捐赠,以公众作为其受益人。[②]

四、土地权益保护

美国土地权益分为地下权、地上权和空间权,这三层权益可以分别转让。1784 年土地法令规定,将西部土地划分若干区,移民移入后可获得自治权,给予移民者基本的土地生存权与发展权;1787 年西北土地法令,详细规定俄亥俄河流域以北土地的处理办法,保障了人民基本权利。除法规条例中,美国农民土地权益保护机制价值层内容更多散见于美国土地权益纠纷判例,并在美国土地交易的实践中得到充分体现。

在美国土地立法和土地交易实践中,逐渐形成了美国农民土地权益保护价值层。美国农民土地权益保护机制价值层指的是在美国农民土地权益保护的理论与实践中形成并指导农民土地权益保护实践活动的系列价值观念,包括法治化与市场化、组织化与社区化、安全化与效率化、生存权与发展权平等。法治化与市场化是美国农民土地权益保护的手段,美国土地权益保护方面的法律沿用了英国的土地法体系,包括土地占有方面的权益和土地非占有方面的权益,体系烦琐的土地法律体系是美国农民土地权益的重要屏障。市场化保障美国农场主在土地征收和流转过程中获得市场化标准的经济补偿,保障农场主的经济利益;组织化与社区化是美国农民土地权益保护的基础,组织化与社区化使得美国农场主联合起来,集中力量捍卫自身利益。美国有数量众多的涉农正式组织和非正式组织,如农场局是由美国众多农场主形成的,在保护农民土地权益方面发挥着关键性作用。安全化与效率化是美国农民土地权益保护的目标,美国土地征收和流转过程中兼顾效率和安全,追求效率与安全

---

① 岑剑.美国土地信托的制度起源、基本架构及现实思考[J].世界农业,2014(8):119-122,139.
② 耿传辉.中国农村土地金融改革与发展研究[D].长春:吉林大学,2016.

的统一;生存权与发展权平等是美国农民土地权益保护的核心,保护农民土地权益不仅是保护农场主最基本的土地生存权,更要保障农场主土地发展权。[①]

第五节　土地征收制度

在征地方面,世界各国根据自己的实际情况制定适合自己的行政赔偿制度,形成各自不同的"适当""公平""公正""合理"等补偿原则。美国虽然建国时间不长,但是经过不断地完善和矫正,目前的征地补偿制度也较为完善和发达。美国是以土地私有制为基础的国家。目前美国的土地政策最大的特点是已经完全商品化了。根据美国宪法的规定:只有为了公共目的,而且必须要给予土地所有者合理的补偿,政府及有关机构才能行使征地权。为了杜绝违规征地的现象,还规定被征收人如果可以证明某征地行为不符合公共利益目的,即可提请法院裁决该征地行为无效。此外,美国联邦宪法还规定:美国的土地分属联邦和州政府管理,联邦、州、县3级政府都有土地征收权。由于进行完全的商品化,所以美国的土地征收实际上就是对土地的购买,是一种完全的市场行为。美国是按征用时市场上的公平价值补偿原则,这种市场价值,不仅包括征用时的使用价值,而且包括被征用财产的最佳使用价值,即财产因其开发潜力所具有的"开发价值",体现了对私有财产利益的保护。同时,为了防止土地资源浪费和违规,美国规定了非常严格的土地征收程序,根据宪法:只有通过公证的法律程序后,土地才能被征收,且政府需要出示公告。在没有出示公告时,要召开听证会,采取司法或类似司法的程序。[②]

一、土地征收基本要件

征收权是美国成功实行对社会有好处的项目所必不可少的权力。征收权可以强迫私人业主将自己的权属转让给政府,且私人业主或相关人士不可以对其进行破坏阻拦。有效的土地征收机制会使对社会有益的项目顺利进行,因此社会需要确保政府合理使用征收权。美国土地征收法的一个核心思想是对多数人可能侵犯少数群体利益的可能性提供保护。一个典型的例子是一个公众群体联合起来征用一个私人的财产,以供他们的社区享受。这样的征用在法律上被认为是不公平的。为了满足小部分群体的需要,通过牺牲土地所有人的利益来侵占一块土地在某种方面上是不可取的。基于每个人都是"经济人"的假设,政府官员有可能将广大群众的利益置于个人利益之下,在行使权力的时候将公众的最佳利益抛掷一旁。因此,为了加强政府官员征收权的合理使用,必须使土地征收制度能有效地限制政府官员的行为,使之在工作范围内理性做事,从而在实现个人利益的同时也保全社会利益。[③]

在美国,土地征收并非将私人土地转为联邦或州政府所有的唯一方式,通常只是作为政府对私人土地进行市场购买但无法协商一致时的最后手段。土地征收须具备三个基本要

①　张伟,李长健.美国农民土地权益保护机制及评价启示[J].中国土地科学,2016(1):47-52,96.
②　张元庆,邱爱莲.英国、德国和美国征地补偿制度对比研究[J].世界农业,2013(6):54-57,70.
③　翁雯.论美国土地征收补偿制度中的公正补偿[J].信阳农林学院学报,2018(2):14-17,21.

件：征收目的必须是公共使用、正当程序和公平补偿。

（一）公共使用

只有在公共使用的条件下，国家才可动用征收权。"公共使用"（public use）有三种定义：一是指政府拥有，如修建和运营高速公路、修建军事基地或学校；二是指开放公众使用，如修建铁路或市政公用设施，也就是说无论是公有还是私有，有机会让公众来使用；三是解释为"公共利益"（public interest）。对于前两种定义，现在没有什么反对意见，但对第三种定义争议非常大。这一定义最早起源于 20 世纪 40 年代，此后被更多人接受。"公共利益"是不确定法律概念，州法院往往更倾向于尊重和维护政治机关所做出的决定，也就是最后还是由议会来决定到底什么叫作公共利益。例如著名的美国钉子户案柯罗诉新伦敦案，2005 年春季由联邦最高法院做出最终判决，5 票对 4 票认为符合公共使用性质，引起轩然大波。从没有一个联邦最高法院的判决引起如此大的反对：超过 90% 的美国人认为判决是错误的，包括美国国会在内，42 个州的州议会通过了法案，要对征收权加以一定的限制。各州法官由选举产生，往往会更多照顾公众意见，也倾向于在以后的案件中对征收权予以一定的限制。[①] 由此看出，实践中，对于发展经济是否属于公共利益范围仍存在较多争议。当被征收人对政府征收土地用途的公益性质有异议时，可上诉法院裁定。

（二）正当程序

程序合法在美国法律体系中非常重要。如果政府征地程序不合法，将可能直接导致法院判决其征地无效。尽管联邦和州政府在具体程序上不尽相同，但大体上包含以下环节：一是满足时限要求的预先通告；二是政府评估被征收土地，向被征收人送交评估报告，提出补偿金额；三是政府召开听证会，阐述征收必要性和合理性，如被征收人有异议，可进行司法挑战，迫使政府放弃征收；四是如在补偿金额上无法达成一致，通常由政府上诉至法院处理；五是法院通常要求双方分别聘请评估师进行评估，并进行最后一次平等协商；六是如双方仍不能达成一致，则由普通公民组成的民事陪审团确定补偿金额，最后由法院判决生效。

（三）公平补偿

美国法律确立了土地征收的"公平补偿"原则，即土地征收补偿标准应是被征收时的公平市场价值。公平市场价值不仅包括被征收土地的补偿价款，还包括对被征收人因征收导致其他土地、生活就业等受到影响的损害赔偿金；不仅要补偿被征收土地的现有价值，还要兼顾考虑补偿土地可预期的未来价值。以市场评估价值为基础，通过协商谈判或司法程序来确定补偿标准，基本上保障了大多数土地征收实践的公平补偿。[②]

二、土地征收制度的主要内容

（一）征收范围

公共利益是土地征收的先决条件，也是决定土地征收适用范围的重要因素。但在世界各国，公共利益都难以准确界定，尤其是当征收对一部分人（非大多数）有利时，往往引发激烈争论，界定结果也不尽相同。在美国，经济发展是否属于公共利益一直没有定论，法院裁

---

① 王静.中美土地征收和土地纠纷解决机制研讨会综述[J].行政法学研究.2008(4)：132-135.
② 沈飞,赵久田,李文谦.中美土地征收制度比较研究[J].中国土地,2015(6)：32-33.

定也只能是具体问题具体分析。近年来,法院判决逐步倾向于不支持经济发展作为公共利益,且政府通过征收手段将某私人土地再转给其他私人的做法也受到很大限制。

（二）征收形式

美国征用土地主要分两种形式。第一种是强制征收（或无偿征收）,指的是政府为了保护公众健康、安全、伦理以及福利而无偿对所有人的财产施以限制乃至剥夺的行为。该形式主要是通过督察权来实现,督察权包括土地区划、建筑和健康法规、让移要求、土地分割、污染以及出租管制等。督察权准许政府规划私人土地,而不需要支付补偿。这种征用的方式适用的场合非常有限,并受相关法律严格制约。第二种是有偿征用,指政府依法有偿取得财产所有人财产的行为。美国联邦宪法第五条修正案规定了关于有偿征用的三个要件:正当的法律程序、公平补偿以及公共使用。在有偿征用中,同样有相当严格的步骤需要遵守。美国地产市场十分发达,制度健全,所有的土地都实行有偿使用,在政策规定许可的范围内,土地可以自由买卖、出租和抵押。政府对私人土地的管理主要是通过登记收费和规划引导。私有土地买卖完全是私人之间的事,手续十分简单,在双方自愿签订协议之后,只需向政府缴足规定的税金,进行注册登记即可。土地买卖价格,则由买卖双方根据当时土地的市场价值进行估计,完全由买卖双方协商,也可由私人估价公司帮助双方达成协议,并完成交易。

美国土地征收制度中还存在另一种形式——管制征收,即政府如果对私人土地采取过多管制或限制,导致私人土地无法使用或获得经济收益,所有权虽未转移,也视为征收并给予公平补偿。这种法律认定机制避免了美国各级政府以管理措施之名行土地征收之实,从而保护私人产权及收益。[1]

（三）征收程序

防止政府滥用征收权侵犯公民的私人土地,美国土地征收分两个阶段进行,第一阶段是有关部门做出征收决定,并依法举行公众听证会。第二阶段,土地权利人可以对征地的合法性或者补偿问题寻求救济。[2]

《美国统一搬迁和不动产收购法案》于1970年由美国国会通过,旨在为由于联邦政府拨款的高速公路建设进行不动产购买和征收而产生的居民和企业搬迁问题进行更好的规划和安置,内容也涉及对征收项目和不动产评估的管理。基于该法案,以拨款建设高速公路项目中购买和收购土地为例,其一般过程包括以下步骤:第一,公众参与和环境评估。第二,通知。通过专人送达或者挂号信投递,将不动产收购的情况和财产所有者享有的各种权利以及收购的具体过程告知每一个财产所有者。第三,评估。评估师评估时,财产所有者有权陪同参加。初步评估后,第二名评估师对第一名评估师的工作质量进行复核或再评估。第四,协议购买。政府提出书面报价,并提供一份有关评估报告的小结,介绍评估价格的计算方法。如果谈判顺利,双方签署购买协议。第五,征收诉讼。如果双方谈判失败,政府动用征收权必须向法院提起诉讼,通过司法程序完成征收。由法院裁判政府是否有权征收、征收的补偿数额是多少。一旦进入司法程序,政府就必须首先把补偿款足额预存到法院或者支付给不动产所有者。第六,搬迁。必须先告知被搬迁人搬迁前有至少90天的时间,被搬迁人

---

① 沈飞,赵久田,李文谦.中美土地征收制度比较研究[J].中国土地,2015(6):32-33.
② 王伟.域外土地征收纠纷解决机制及启示[J].法制与社会,2016(11):27-28.

有申诉的权利和接受政府援助的权利。然后是提供咨询服务,这也是搬迁中最关键的部分,要确保居民可以有一个条件相当的替代住所,即替代住所必须是体面、安全、卫生的,也要足够大,住得下被搬迁的一家人,而且不超过居民的承受能力,否则不能强制搬迁。但是如果不能找到的话,法律也规定政府可以采取极端的措施为搬迁人提供住所,称之为"最后手段"。第七,纠纷解决的行政途径。被搬迁人如果对补偿金额不满意,可以有 60 天的期限申诉,也有权查阅政府所存有的与案件相关的记录和档案。行政复审结束之后,政府机构必须以书面形式做出决定。如果被搬迁人仍然对行政机关裁决的补偿金额不满意,可以诉至法院。[1]

三、土地征收补偿制度

(一)补偿原则

1.公正补偿

在一个没有公正补偿的世界里,政客们可以利用手中的职权任意地行使征收权,无论公众的需要如何,他们都能获得个人利益。在这样的环境下,他们可以与开发商进行各种交易,以牺牲大众的利益来满足自己的私欲。这样下去必然导致腐败猖獗,财产权削弱。公正的强制性补偿大大地降低了政客们从征收中获得的利润。因此,它是遏制政客将征收权用于私人目的的手段。著名学者弗兰克·米歇尔曼在他的多篇文章中,在财产、效用和公正方面做出了对"公正补偿"伦理基础的评论。米歇尔曼在分析正义问题时提出,征收补偿应该是公平的,因为它代表了公民在无知的面纱背后选择的补偿要求。米歇尔曼声称,公民知道政府有权行使土地征收权,即使不知道权力具体是如何运作的,但有一个共同的观念,就是理想的"公平"补偿范围。米歇尔曼还提出,正是由于这种共同的概念,"公正"补偿的共同意义应作为判断补偿是否公正的基线。

土地征收的公正补偿权不仅可有效地防止政府滥用征收权力,而且可以确保只用于促进市民利益的目的。美国土地征收授予了州和联邦政府为了公共用途而剥夺私有财产的权力。例如在密歇根州,司法库利定义了土地征收:在每一个主权中,控制和规管与其公民有关的公共性质的权利,并为了公共安全、必要、方便和福利方面的需要,适当地为了公共利益而征收个人财产。"公正补偿"和"公共必需品"这两个概念很大程度上限制了密歇根州的土地征收。美国宪法第五修正案以及绝大多数州的宪法都提出了公正补偿的概念,即国家在破坏或重大损害使用私人财产时,该所有人必须得到合理的补偿。然而,这些规定并不是补偿要求的依据。相反,土地征收权产生于自然法。因此,早期的州法院裁定,公正的补偿要求"独立存在于书面宪法之外",密歇根州在其领土内也承认这个概念。"基本公正"是美国补偿财产所有者最直观的理由。在阿姆斯特朗诉美国法院案中,最高法院在公正补偿的要求中写道:美国第五项修正案保证的是私人财产不经公正补偿而不被公开使用,目的是禁止政府强迫某些人承担公共负担,在所有公平和公正的情况下,市民让利于公共使用。当公共利益及其权利与个人之间发生冲突时,后者必须屈服。

2.最高最优使用原则

美国政府在进行土地征收补偿时,法院会考虑该土地未来是否有升值的可能,并不局限

---

① 王静.中美土地征收和土地纠纷解决机制研讨会综述[J].行政法学研究.2008(4):132-135.

于当前的价值。除此之外,还对土地的用途进行合法且又合理的评估。政府在递交征收土地陈述状的同时还应提交对该土地价值的评估结果,法院将对评估价格做出公正的裁决。政府在征收私人土地时也会考虑到有关人口就业和其他相关因素,并选择以最低成本提供最大满意度的土地用途。社会的基本原则是资源和用途的最佳分配是私人的,是满足个人的意愿,因此在大多数情况下,选择最有效和最经济的用途也将促进健康、安全、便利和一般福利。

3. 额外补偿原则

美国土地征收对象的主体为财产所有人、相关收益人及房地产承租人。客体为取得补偿对象,不仅包括地产本身,还包括地产附加物。除了公平的市场价值外,美国的土地征收补偿还考虑土地所有人和土地的特殊关系,如人们一般对住宅有着特殊的感情。政府应该支付额外的费用,在公平正义的基础上体现了合情合理性。在某些州或地方政府征收的情况下,补偿数额可能比根据联邦法律更接近公正补偿。虽然大多数州一般都遵循联邦的补偿办法,但有几个州通过立法、司法意见抑或是宪法规定执行更公正的补偿计划。例如,在某种程度上,商誉损失、关注价值或是利润损失,土地所有人都应得到相应的补偿。

商誉损失的补偿问题一直以来处于争议的中心。首先,美国最高法院认为征收的只是土地,而不是土地上的商业业务。其次,商业损失,特别是利润损失,是过于投机和不确定的数额。因此,法院提出,如果损失得到充分证据的支持,在各种其他民事情况下,可以补偿利润损失;如果证据不足,则不允许获得损害赔偿。又如,印第安纳州曾发生过这么一个案例,铁路的修建妨碍了原告大楼的准入,降低了出租价值。法院认为,可赔财产不仅仅是有形财产,而且包括现有的有利可图的用途和该土地的任何部分均未被征收或扣押,但由于无形权利,其公司地役权受到了实质上的干扰。这种干扰造成了相应的损害,即使政府不愿意,法院仍然下令给予一笔可观数量的补偿金。法院提到,纵使没有任何征收,但背后隐含着地役权受到侵犯,虽然只是"干扰"。法院的裁决意味着除了物质实体的征收或扣押,还应当考虑对无形权利的干涉。

在俄勒冈州宪法公约开始前的两年里,印第安纳州最高法院提出不需要实质征收、没有扣押、没有占有性改变但应该得到征收补偿的观点。1857年同一个法院将印第安纳州宪法描述为对私人财产的直接或间接损害予以补偿。

(二)补偿标准

美国土地征收补偿标准的确定首先以市场评估价值为基础,外加协商谈判或司法程序来确定;其次由双方分别聘请独立的资产评估师提出评估报告,如果报告相差较为悬殊,则由法庭组建陪审团来判定。为了尽可能避免侵害土地所有者的利益,美国征地补偿中不仅考虑被征土地的现值,还会考虑补偿该被征收土地的可预期的未来价值;同时还会补偿因为征地而导致的相邻土地所有者、经营者的损失,充分保障了土地所有者的利益。还会给被征收者一定的税收优惠政策,而私自出售土地将被课以高额税收,这使得土地所有者更愿意自己的土地被征收而不是在市场上私自出售。

(三)评估方法

一般而言,可通过使用三种估价方法确定某一不动产的市场价值。

一是"可比较销售"或"市场数据"方法。收集可比较对象(大小、地点和时间)的销售价格,以达到主体的价值估计。查询同一地段最近发生的不动产自愿出售的成交价格是较为常用且被认为最为合理的方法。

二是"收入资本化"方法。即财产的产生和预计产生的收入数额,将被征收不动产产生现金流、回报的潜力和能力,以及理性的投资者对同样性质的不动产所要求的投资回报率这两个方面综合进行考虑、确定。一般基于过去的历史和合理可预见的未来价值,然后贴现到其现值。

三是复制或替换成本减去折旧或成本的方法。

(四)补偿程序

清晰的产权制度可以降低交易成本,减少对私有土地的侵犯行为以及流转过程中引发的矛盾与纠纷。补偿程序先由政府发出通告,征得土地所有人的同意评估土地;然后召开听证会,听取各方意见及建议后提出一套有效可行的方案;之后由第三方展开调查,做出价格评估,交由征地直接实施机构处理,若双方对此不满可要求法院处理;最后是法院对此做出裁定。

四、土地征收纠纷解决机制

著名学者奥斯华教授曾提出,土地改革法规中没有一项"为土地所有人提供全面的恢复"。相反,在每一个例子中,我们看到立法机构向一些人提供补偿,通常范围相当有限。奥斯华的文章描述了几个州通过的供水法案,如佛罗里达州法规允许在有限的征用情况下恢复所有人的损失;《佛蒙特州规约》允许补偿因公路建设征用而导致土地所有人的商业损失;加利福尼亚州和怀俄明州的法规规定在土地征收中对商誉损失的恢复进行补偿。在讨论了这些改革法规后,奥斯华得出结论:迄今发生的立法改革往往是杂乱无章和软弱的。考虑国家对不公正补偿问题的立法对策时,历史上,主权豁免适用于州政府和地方政府,作为对侵权指控的全面辩护。在1957年和1979年之间,至少有28个州司法废除了主权豁免,至少有6个州立法废除或严重限制了主权豁免。因此,在一些州,诉讼人可以提出侵权理论对抗地方政府,如责任承担、普通法的疏忽、干预经济和商业关系以及法定过失。

美国所确立的解决土地征收纠纷争议的制度框架,主要围绕公益征收和补偿标准而展开。这两种争议的解决途径有所不同,政府征收决定做出后,如果土地权利人对征收行为的合法性,也就是对土地征收的目的,是否是出于公共用途有异议的情况下,可诉至法院,最终可以诉至联邦最高法院。在此情况下,法院审查的重点即是土地征收是否属于公共用途。公共用途包括三种情况:一是政府拥有,如修建高速公路、学校等;二是开放公众使用,如修建市政公用设施等;三是解释为"公共利益"。凡不属于以上三种情况的,法院均可裁决撤销政府的征地决定。法院是解决此类争端的最终机构。

相反,如果土地权利人对土地征收的合法性问题不持异议,仅对土地征收补偿金额存疑,则遵循"由行政机关解决为主导,法院最终裁决"的路径进行化解。"行政机关主导"即美国大量的土地征收补偿纠纷是由行政机关内部的准司法机构解决的,行政机关是化解此类纠纷的主导性力量;"法院最终裁决"则是土地征收补偿纠纷在穷尽所有行政救济之后仍无法得到解决的,只能进入法院诉讼程序,由法院做出最终裁决。"行政机关主导,法院最终裁决"是整个美国纠纷解决体系的重要特点。①

---

① 王伟.域外土地征收纠纷解决机制及启示[J].法制与社会,2016(11):27-28.

第六节　土地金融制度

一、联邦土地银行建立的历史背景及其发展

19世纪,美国农贷资金融通大多源自个人和商业银行等金融机构。专门的农村金融体系并不存在,但随着农业市场化程度的提高,农业快速发展,原来纯粹依靠商业机构与个人提供信贷支持的模式已经无法满足农村经济发展的需要。那时,美国的农业遭遇了瓶颈问题,农产品显著过剩,时常爆发长时间的大型农业危机,这对于农业的破坏力是极大的。美国首次全国农业危机在1920年大规模爆发,并一直持续了20余年。在此危机期间,又被30年代的美国大危机强烈冲击,进而导致美国农业严重滑坡了近30年。这表明,通过市场机制调整农业,应对农业危机,不但缓解不了农业危机,还可能使危机加剧。所以,只凭借单一的市场机制根本无法推动农业发展,只有政府进行适当干预,才能缓解与解决农业危机,将农业发展推入正轨。政府扶持构建全面的农业信贷系统,不失为一种有效的政府干预办法。

在此背景下,1916年美国创设了联邦土地银行,它构成了美国农业信贷系统的核心。全美国一共建成了12个联邦土地银行,这些银行又和各个地区的农民组织成立的合作社互相关联,形成了农村土地金融体系。联邦土地银行是美国政府利用购买国内土地银行股票的形式形成的。它成立的原动力是利用农民自有的土地来获取资金,给农业生产以及农业生产所涉及的各种活动供给长期信贷资金,推动农业健康持久地发展。由于美国设立了农村土地金融体系,其农村资金匮乏问题找到了有效解决的出路,这对积极贯彻美国农业政策作用巨大,也让美国农业因此得到了长足发展。该制度创新的刺激因素也主要来自农民的金融需求,同样具有增加农民信用度的功能。

联邦土地银行的发展大致经历了三个阶段:1916—1933年为初创阶段,在全国12个信贷区建立完善了组织体系,各区联邦土地银行通过独立发行农地抵押债券筹集资金,为农场主提供中长期农地抵押贷款。1933—1987年为快速发展阶段,经过大萧条洗礼,联邦土地银行在政府支持下,与联邦中期信贷银行联合成立了农场信贷系统(FCS),各行在保持经营独立性的基础上,采取互保方式联合发债以降低融资成本,联邦土地银行走上稳健发展之路,1968年偿清政府股金和注资,成为借款者完全所有的合作社银行。得益于1971年《联邦农场贷款法》授权拓宽业务范围并赋予更大贷款灵活性,联邦土地银行业务蓬勃发展,成为推动美国农业实现高度机械化及现代化的重要因素。1987年以来为改革调整阶段。20世纪80年代美国农业经济危机和市场利率的剧烈波动使整个FCS亏损严重。1987年,国会通过《农业信贷法》,对其进行注资改组。次年,联邦土地银行与中间信贷银行合并为农场信贷银行(FCB),统一为农业农场提供长、中、短期信贷及租赁、担保等综合金融服务。2005年,FCS再次偿清政府所有注资。2016年是联邦土地银行成立100周年,截至2015年末,FCS资产总额3050亿美元,贷款余额2359亿美元,在美国农村金融中的市场份额约为40%;其中,土地抵押长期贷款1078亿美元,市场份额约为45%。整个FCS净资产收益率

（ROE）为 9.38％,不良贷款率仅为 0.69％。[①]

二、联邦土地银行的运作

美国专业土地金融机构的上层组织是"联邦土地银行",基层组织为"土地银行合作社"。"联邦土地银行"相当于各"土地银行合作社"的联合社或上层的联合银行,其组织章程中明文规定:联邦土地银行的正当合法股东应为农民所组织的土地银行合作社。在创始初期,美国的联邦政府与地方政府、农业团体及私人等均可以认股。1917 年联邦土地银行 80％以上的股金都是由联邦政府供给的。后来,由于土地银行合作社所认缴的股金逐渐增多,政府所认购的股金不断退出,才使联邦土地银行成为农民合作的土地银行。

美国土地金融体系的基本组织是土地银行合作社。依照联邦农地押款法的规定,凡 10 位以上的自有耕地的农民或欲购买耕地者就可合作组建这样一个合作社,以便向联邦土地银行申请借款。联邦土地银行的放款对象就是这样的合作社,而不是个别农民或地主。农民如不组织土地银行合作社,就不易获得借款。农民借款用途多为购买土地、农地改良和农场的建设。借贷期限短则 3～4 年,长则达 40 年。这种土地金融系统的资金来源有三方面,即股金、公积金及发行土地债券。如果股金与公积金不足以供应放款的需要,则可以依法发行土地债券并出售以换取资金。

土地银行合作社的社员请求借款时,可向合作社提交申请书并附交土地所有权以作为借款的抵押品,经合作社的理事会审核、同意后交该区的联邦土地银行审核、认可。借款人须用借款的 5％缴纳给合作社作股金,合作社还要扣除借款的 1％作为手续费。借款额不能超过抵押土地价格的 65％,在规定期限内分期还本付息。当借款本息全部清偿后,社员就可以收回其抵押的土地,并收回其借款时所缴的股金。如果不再借款,就可退出合作社。美国联邦土地银行的业务大致如下:

(1)发行农地抵押债券,并负责还本付息。

(2)在各行的农业信用区内进行以农地为抵押的长期放款。

(3)为了适应经营上的需要进行财产买卖。

(4)接受借款人的农地以抵偿债务。

(5)接受土地银行合作社的抵押品或存款,但不付息。

以联邦土地银行的建立为标志,美国展开了在农村金融体制上的大规模改革,总的来看属于一种多元复合模式,其基本格局为以私营机构及个人信贷等农村商业金融为基础,农村合作金融为主导,政府农贷等政策性金融为辅助的三种体系共同发展。三者之间相互配合与分工合作,极大地支持了美国农业发展所需资金,体现了美国农村金融在农业经济方面所发挥的支持与导向作用。

通常来说,最主要的农村商业金融机构有保险公司与商业银行,接近九成的美国商行都推出了农贷产品,特别是在很多小型城镇设置了四五千家商行,农贷通常占据了总贷款额度的一半以上。各商行可以在农村地区开办业务,这是因为其比较熟知农村地区状况和农村居民的信用程度,且机构繁多。同时,美国多数农户经营方式大都为农场,他们所有财产数量较大,可以满足各商行审查农民信用的需要。美国农村地区保险机构推出的农业保险可

---

① 王震江.美国联邦土地银行的运营模式[J].中国金融,2017(1):78-80.

谓农村金融中十分重要的环节。美国从 20 世纪 40 年代起便制定了相关法律来保护农作物,相关保险体制也日趋完善。当下美国农险全部是商业保险公司全权代理与经营的,可是政府也会在很多方面给各种农业保险以支持,如补贴保险费与减收经营管理费等。美国农险运行包括三类:首先是风险管理局,即联邦农作物保险公司,其责任是制定国内险种条例、控制风险、给保险公司(私营)提供二次保险保障;其次是具备经营资格的保险公司(私营)和风险管理局共同签署合约,同时承诺遵从风险管理局所制定的规章制度;最后一层为农作物险代理人,他们主要负责具体业务的实施。

从 19 世纪 20 年代初期开始,美国便着手制定各种农贷法律条款,同时在政府带领下设置成立农贷基层部门机构和专业农贷银行,一起构成美国的农村信贷体系。其目的主要是给农业项目或农业有关组织下放贷款,进而扩展农业资金来源,让农民有更好的福利保障与工作生活条件,提升收入水平,推动农业快速发展。当前,美国农村地区的金融系统包括联邦合作社、合作银行、信用银行等,并均被联邦政府指定农贷管理局(NCUA)进行管理。其中最重要的便是联邦信用银行,此体系是美国在 1923 年在 12 个信用区域构建的 12 家联邦中期信用银行共同构成的,职责是化解农民短期、中期贷款的难题。各信用银行都会设置很多信用合作社,并实施股份制。借款的人要具备与借款额度的 5% ~ 10% 相当的股金,也可以具有参与权证。一般来说,贷款期是 1 ~ 7 年。美国农村信用合作社以协作互帮精神为指导,引进社会存款和社员入股。各个信用社把剩下的资金存储于上一级信用社,进而形成了信用社中的储蓄股份,州信用社会把这些资金投资到其他行业,或者投放给有流动资金需求的其他信用社。进而,州信用社又会把剩下的资金储蓄在中央信用社中,并成为该信用社的会员。美国的中央信用社具备商行经营许可证等相关资质,可以用商行身份进入国内票据清算体系,进而使各个信用社有了综合的调控体系与资金清算体系。[①]

第七节　土地登记制度

一、历史沿革

一个土地市场已经发展起来的明显标志是,可以取代当地自然演化出来的单位的、准确而恒定的测量单位的出现。[②] 美国的私有土地产权的获取通过在土地测量和登记基础上的书面形式的交易来实现。这种方式沿袭自英国,并具有时代和社会适应性,作为有保障的产权获取方式很好地实现了产权的可转让性。美国的土地转让在书写凭据上做出了明确规定,对此主要有三个原因:第一,美国具有装备现代测量工具、使用科学数学方法的测量员;第二,相对稀缺的移民人口希望获得可转让权,以防英国的佃农圈地运动的重现;第三,原住民印第安部落并不会经常参与到地块划分中去,这为美国人使用先进测量和登记技术去界

---

①　耿传辉.基于农业供给侧结构性改革视角的农村金融产品创新研究[J].长春金融高等专科学校学报,2017(4):11-15.

②　安德罗·林克雷特.世界土地所有制变迁史[M].上海社会科学院出版社,2016:27.

定土地带来了许多便利。

早期的美国定居者把寻找有保障的确权方式作为第一要务，这一做法有利于开荒所有者获取有保障的土地产权，并由此得到基于信用的抵押贷款和财产价值保护、新受让人有保障地更改等权利。因此，美国通过将土地登记管理规定为政府功能之一，促进了买卖双方对确权的普遍认同，在严格的管理体系下，实现简单易行的土地产权可转让性。

20世纪时，美国的登记与公开程序已经规范化，并且在登记方法上根据区域不同而有所区别，但其核心都是确权检验。具体管理过程包括以下两个方面。一方面，在登记管理程序上强调时间优先，登记信息和格式以便于公开查询，信息保存手段完备。第一步，在地块确权文件中记录登记时间、文件编号、确权案件系列号。其中，最重要的是时间，因为基本上整个美国法律都建立在登记时间优化的优先权基础上。与此同时，还要收取登记费和相关的转让税。第二步，向社会公布必要信息。公开文件依照3类索引：一是收费登记索引，包含的信息包括文件、系列号、收集的登记费和登记地点；二是让与人—受让人索引；三是地带索引，它是用地理上的区域（如街区或者镇区）来进行组织的。每类索引在确权查验的时候都必须被检查。第三步，在文件索引制定好之后，会同时制作一份副本，存放在行政辖区的永久登记处。作为防止损坏的预防措施，每个文件还会微缩胶卷化，并被存放在另一个地方。根据登记辖区的反馈，登记方法分为普通书写或者打字机准备的副本、复印件、胶片、穿孔卡片、磁带等。

另一方面，通过委托代理和保险等机制设计，保障确权检验的可靠性，有利于交易的顺利完成。确权检验主要有代理人、代理人—摘要和确权保险3种方式，都是基于登记体系这一基本的信息来源。它们之间的本质区别在于占优势的特殊职业或者说是"技能"差别。在第一种方式下，买者雇用代理人进行"个人"公共登记（转让代理人可以去雇用专业的确权检验员协助）查询。使用让与人—受让人或者地带索引构造"确权链"，延伸至法令规定的年份，或者回溯到最初授权的年份，同时也要查验文件副本。在检查完资料之后，代理人会准备一份意见书，以确定对于卖者提供的产权信息是否可用于出售。第二种代理人—摘要方式与代理人方式类似，只是信息是由摘要人搜集。摘要本身是所涉及地块的确权历史的总结，通过检查摘要，代理人可以确定这个确权是否适合交易，指出任何存在的缺陷，一般不用回溯到最初的文件。在检验完之后，代理人同样会发布一份意见书。第三种方式是确权保险。1876年，第一家产权保险公司成立，随后直到第二次世界大战之后，确权保险才规范化。在有些地区，确权承保人根据代理人的意见发布保险；在另外一些地方，确权承保人自己在公共记录中检查确权的情况。购买确权保单的目的在于保障所有人、放款人或者双方的公平性，保险费支付后保单立即生效。一旦保单所覆盖的损害发生时，保险无法返还一个有保障的确权，而是以现金形式进行赔偿。

二、地产权的分类

美国法律规定，不动产权利是由土地上的权利以及附着于土地的物（如建筑物、标志牌、栅栏或者树木）上的权利所组成，它包括了地面、地下（含矿藏及地下水）和地面空间上的一定权利。根据所有人对不动产享有时期的不同，不动产权被划分为当前产权（present estate，又称地产权）和未来权益（future interest）。

当前产权是指赋予所有人立即占有不动产的法律权益，未来权益是一种将来可以成为地产权的非占有性权益,这两项权益都只是相对于其他私人关系所有人的基本权利和义务。基于所有人对不动产享有的权利和义务的不同,还可以对地产权做进一步的种类划分。当代美国法院对地产权的种类划分及命名有严格的规定,始终沿用英国封建时代传统的地产权的分类命名法,允许设立的地产权如图1-2所示。

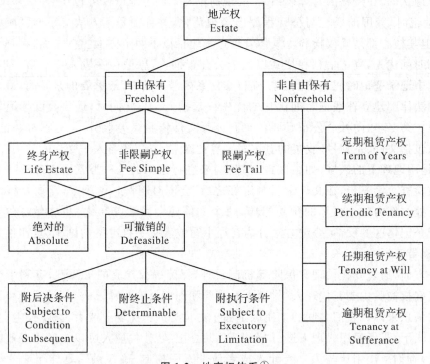

图1-2　地产权体系①

根据所有人对地产权是否享有占有权,可将地产权分为自由保有(视为拥有土地)和非自由保有(视为租赁土地)。自由保有地产权又因拥有期限的不同分为非限嗣产权、限嗣产权和终身产权,而非自由保有地产权又因租赁期限的不同分为定期租赁产权、续期租赁产权、任期租赁产权和逾期租赁产权。

自由保有地产权的三种基本类型如下。

(1)非限嗣产权是一种可以无限期存在的自由保有地产权,给予所有人的是美国法所确认的最大的权利,即单独占有权、永久使用权与收益权、完全转让权。因此,非限嗣产权的设立只能通过一定的法律程序转让获得。在美国,有超过99%的私有土地是以绝对非限嗣权的形式持有。

(2)限嗣产权基本上是一种废弃的自由保有地产权,其期限等于指定之人的直系血亲继承后代的有生之年。与非限嗣产权所有人的权利相比,限嗣产权所有人的权利很受限制,享有该地的有限占有权、有限使用权与收益权(但不能损坏)、有限转让权。限嗣产权在封建时代的英国较为盛行,是为了保证土地所有权一直保留在家族手中,保障土地所有人后代的荣华富贵。为了避免限嗣产权破坏民主制度,200多年以前美国就基本上废除了限嗣产权。

---

① 肖锦成.美国不动产登记制度研究与借鉴[J].中国房地产,2015(12):60-69.

（3）终身产权是一种期限为某一个或者几个特定之人的有生之年的自由保有地产权,是三种自由保有地产权中最小的产权。终身产权人享有土地的有限使用权与收益权(但不能损坏)、有限的转让权(终身产权持续期间的占有权)。终身产权在家族赠予中最常见,一般是以明示转让或者遗赠的形式予以设立。英国于1925年取消了终身产权,美国各州最终也可能逐步取消。

另外,依据自由保有地产权是否设有终止条件,而将其分为绝对的和可撤销的,绝对的地产权是指产权期限只受所属地产权的标准期限的限制,可撤销的地产权受制于一些特殊规定(如果某一事件发生,就会提前终止地产权)。可撤销非限嗣产权有三种,分别是附终止条件非限嗣产权、附后决条件非限嗣产权和附执行条件非限嗣产权。附终止条件非限嗣产权在某一特定的条件成就时自动消灭,立即给予转让人法定占有权;附后决条件非限嗣产权是一种在转让措辞之后附加了有利于转让人的限制条件的非限嗣产权;附执行条件非限嗣产权是一种所指定事件发生时就自动终止而给予受让人占有权的非限嗣产权。同理类推,可撤销终身产权亦分成三种,现实生活中极其罕见,在此不再赘述。

非自由保有地产权(又称租赁地产权)有四种基本类型,如今几乎所有的租赁产权不是定期租赁产权就是续期租赁产权,任期租赁产权非常罕见,逾期租赁产权只有当承租人于其合法占有权终止后还继续违法占有该不动产时发生。其中,定期租赁产权的主要特征是事前规定了其持续期限;续期租赁产权的第一个期限是固定的,而后它可以自动在持续另一个相同的期限,直至承租人或者出租人提前发出终止通知而终止该租赁产权,如按月续租的居住租约;任期租赁产权没有固定的期限,其持续时间取决于承租人和出租人双方的意愿。

三、地产权的登记

美国按县(county,美国的二级行政区)设立政府登记机关,县登记机关实行房地产合一、城乡合一的管理,除了登记房地产权利,还负责人的出生、死亡等登记。美国不动产登记的功能定位为信息公示,为土地买受人提供一个检索途径,以确定是否存在与其自身交易相冲突的在先交易。

不动产登记的对象是产权交易的契据(deeds)。契据是美国不动产交易中必不可少的书面文件,在本质上是出让人将产权转移至受让人的法律文件。一般而言,一份有效的契据必须包括:书面形式、出让人的签字、当事人的身份、转让产权的语句和不动产本身的描述。为了确保契据的真实有效,美国许多州的法律规定契据必须经过公证才能生效,通常是对出让人签字进行公证。还有一些州规定,公证虽不是契据的生效要件,但却是进行不动产登记的必须要求,即没有经过公证的契据不能进行登记。

登记过程一般包括以下几个步骤:

(1)契据原件的报送。A把契据原件递交给相关的县属登记机关的工作人员,并支付数额很小的登记费。

(2)登记日期的标注。工作人员在契据上注明接受日期与准确时间,并标上相应的文号。

(3)契据原件的暂存。工作人员会暂时保留契据原件,而给A一份已签注的契据复印件。

(4)契据副本的归档。而后将契据副本存放于该县的登记档案中并给契据编排索引。

传统的做法是把产权文件插入按照登记顺序装订的活页契据簿(又称登记簿)中,这便形成了越来越多的纸质档案;最新的做法是借助计算机及互联网,把契据副本用电子数据的形式予以存储,并编入计算机化的索引中,这极大地降低了后期产权调查的成本。

(5)契据原件的返还。登记完毕后,登记机关将通过邮递把契据原件退还 A。美国有约75%的登记机关采用转受让人索引(grantor-grantee index),在索引中每一份契据均根据当事人姓名和交易年份按照字母顺序进行编排;有些登记机关采用不动产索引(tract index),即每份文件的信息均根据不动产的法定说明进行编排。索引条目一般列举如下内容:文件类型,如契据、租约或是抵押合同;转让人姓名;受让人姓名;文件编号;登记日期;文件在登记档案中的位置,如登记簿卷号及其页码;不动产法定说明摘要。

美国的不动产登记强调的是对提交资料的形式审查,资料内容的正确与否并非登记的重点。因此,学者们常常将美国的登记机关比作图书馆,登记机关的工作人员比作图书管理员,前来进行产权调查的人员比作学生,而书籍的撰写者正是转受让人。当产权调查人想了解转让人是否拥有不动产的产权时,就得自行查看官方索引,阅读相关契据,独立判断契据的法律效力,此时政府机关对产权状况不作出任何说明。如此看来,美国政府在整个登记的过程中只是一个消极的看护人。

因为美国的登记不具有公信力,如何保证受让人购买到转让人的不动产的产权呢?美国广泛采用三种产权保证(title assurance)方法。

(1)产权保证义务(title covenant),即契据签署时,转让人做出产权状态的允诺。

(2)产权意见书(title opinion)和产权摘要(title abstract),即由律师亲自在调查政府登记档案的基础上提供产权意见书,或者律师先请求专门从事产权调查的非法律人士提供产权摘要,再依据产权摘要撰写产权意见书。

(3)产权保险(title insurance),即由受让人在购买不动产产权时,与保险公司签订赔偿合同,若出现产权的缺陷,保险公司将赔偿受让人的损失。产权保险是美国独有的产权保证方法,于20世纪40年代末兴起,现已成为美国产权保护的主要形式。与另外两种方法相比,产权保险更能保护受让人的权益,因此有不断盛行的趋势。[①]

四、土地地籍调查[②]

美国地籍调查由内政部土地管理局负责全国地籍测量、土地调查和土地信息系统的建设。其调查方法是四角法地籍测量。1785年美国第三任总统杰弗逊设计创立了公共土地测量系统(PIS)即四角法地籍测量。此种方法的具体内容包括:

(1)以州为一个独立地籍测量坐标系,在州内选择一个起始点,作为地籍坐标原点。每个州的原点均不相同,坐标系互不连接。

(2)以地籍坐标原点为起始点,按南北和东西方向测量出正交的直线,把每个州划分成四个部分。南北线叫排列线,东西线称基础线。

(3)沿排列线和基础线进行6英里长度测量,每(6×6)平方英里[③]为一个地籍单元,在每

---

① 肖锦成.美国不动产登记制度研究与借鉴[J].中国房地产,2015(12):60-69.

② 朱道林.土地管理学[M].北京:中国农业大学出版社,2016:332.

③ 1英里=1609.344米,1平方英里=259公顷=2590000平方米。

个地籍单元的四角埋设一个永久性界桩。由于每个州的大小和形状各不相同,所包括地籍单元的数量不等。

(4)一个 36 平方英里的地籍单元,分为 36 个区,每个区为(1×1)平方英里,分别按 1～36 编号。当国家把土地卖给私人时,一定要按方格出卖,当私人买地较少,可以把方格等分四格,出卖其中的 1/4 格。

(5)每个格均有明确的编号。土地出卖时详细记录:地块编号、价格、面积、买卖双方签字和日期等。四角法地籍测量主要在西部 40 多个州使用,由于东部几个州的土地分给私人较早,得克萨斯州属于美国较晚,未受用此种方法。

第二章　英国土地制度

第一节　土地产权制度及管理机构

一、土地制度的历史演进

英国是位于欧洲西部的岛国,由大不列颠岛(包括英格兰、苏格兰、威尔士)、爱尔兰岛东北部和一些小岛组成,总面积 24.41 万平方千米(包括内陆水域)。英国国土面积虽小,但农用地所占比例大,农用土地占国土面积的 77%,其中多为草场和牧场,仅 1/4 用于耕地。2019 年,英国总人口数为 6679.68 万人,4/5 的人口居住在城镇。农业人口人均拥有 70 万平方米土地,是欧盟平均水平的 4 倍。[①]

英国作为一个具有悠久历史的国家,其土地产权制度的建立,具有绵长而又久远的年代积淀。英国的农奴制度在 14 世纪末已经解体,到 15 世纪,自由的自耕农占到英国人口的绝大多数。在封建社会内部,资本主义经济逐渐成长,工场手工业相当繁荣。到 16 世纪,呢绒业的手工工场已经在农村兴起,呢绒制品遍布世界市场。16 世纪中期呢绒输出占英国出口额的 80%,到 17 世纪初增至 90%。随着毛织业的发展,对羊毛的需求不断增加。为发展饲养羊业而进行的圈地运动,在 16 世纪已广泛开展。到 17 世纪,随着工业人口的增加,对粮食等农产品的需求日益增多,这更给圈地运动以新的刺激。17 世纪的前 30 年,小麦价格上涨两倍,地主为了追逐厚利,纷纷在中部、东部和东南部圈地。被圈的土地,不仅包括农村中的公用地,而且包括农民的私有地。对农民土地的剥夺,是直接生产者丧失生产资料并转变为近代无产者这一过程的基础,也是资本原始积累的基础。从 15 世纪最后 30 年开始的圈地运动,一直延续到 19 世纪前半期。在这段长达 300 多年的时间里,一批又一批的农民从田地上被赶出来,从而为资本主义经济的发展提供了广阔的劳动力市场。而封建贵族把掠夺来的土地,或出租给农业资本家,或自己雇工经营,并成为资本主义的农场和牧场。到 19 世纪末期,土地高度集中,近 4000 万人口的英国,只有 32 万人拥有土地。圈地运动不仅改变了土地的所有制,改变了土地的生产关系,而且促进了英国资本主义的发展,使农业实现了资本主义化。这种英国式的土地改革,是资产阶级与新贵族相互勾结、牺牲全体农民利益的结果。由上可知,在英国,农奴解放以后变为无产者;在长期的圈地运动中,独立的小农也变为无产者,农民的小地产被合并为资产阶级化的新贵族大地产。

---

① 数据来源于中华人民共和国外交部网站(https://www.fmprc.gov.cn/web/)。

在英联邦国家和地区,全部的土地从法律上都归英王或国家所有,英王则是唯一的土地所有人。个人、企业和各种机构团体只能拥有土地的使用权。英联邦国家和地区的土地虽然在法律上都属于英王(或国家)所有,但拥有永业权的土地持有人实际上可以视同为该土地的拥有者。要完全理解英国的全部土地在法律上都归英王(或国家)所有,有必要对"英王"做一点说明。英王具有双重资格。政治制度中的英王是一个抽象的职位,与具体的英王个人的生死存亡无关。正是因为英王的这种抽象的法律地位,所以在英国的法律概念中,英王就是国家的代称。英国中央政府即英王政府,中央政府的活动除法律另有规定外,都以英王的名义进行。英国法律中为了区别英王的这两种不同资格,称制度中的英王为王权(crown),英王个人为君主(king,monarch)。就土地而言,英王作为国家的象征对土地的拥有权与英王作为个人所拥有、占用的地产是不一样的。①

二、土地产权的构成

英国的土地产权的设置非常复杂,它们并非只停留在土地的可见物质上,而是将土地上的各种产权进一步细分,同一块土地可由不同产权人分别拥有。英国土地法律认为,土地的产权是由一束权利组成,包括有土地所有权、地表权、经营权、开发权、收益权、发展权、处置权、租赁权和他项权等,这束权利可以以适当的方式分配给不同的当事人。

(一)土地所有权与产业权

土地上最大的土地产权是所有权,英国成文法规定所有权是所有权人拥有的绝对的、没有限制的、可以自由使用和处置的权利,自从1066年以来,英国的全部土地在法律上都归英王或国家所有,英王作为国家象征,是唯一绝对的土地所有人。后来的英国资产阶级革命推翻了封建的土地所有制,但仍然保留着英王国家象征地位和在法律上土地最终属英王的名义。个人、企业和其他机构和团体只拥有土地的使用权或占有权。

由于英国的中央政府即为英王政府,中央政府的活动除法律另有规定外,都以英王的名义进行,因此,在英国的土地产权制度中,土地所有权主体是指国家或英王政府,而不是指作为个体的英王或英国皇室。

英国的土地虽然在法律上属于英王或国家所有,但完全拥有土地权益的土地持有人实际上是该土地的所有者,只要他不违反土地法、土地规划或侵犯他人的利益,就可以随心所欲地利用和处分土地。在英国,土地交易双方对土地所有权归属并不在意,买者也只要求土地持有人的土地权利合法而长期的存在,这种土地的交易与其他西方国家的土地买卖在实质上并无多大区别。

拥有土地使用权者在英国通常被称为土地持有人或租借人。持有土地所受条件限制总称"土地保有条件",土地持有人所保有的有关他的权利总和,就叫产业权。产业权主要有四种:(1)无条件继承的土地产业权:这是一种完整的占有权,可以是对土地实际占有,也可是收取租金或立遗嘱来处分土地。(2)限定继承的土地产业权:与无条件继承土地产业权相比,除在继承问题上不同外,其他都类似。限定继承的土地租借人不得将土地卖掉。只能在其死亡之后由其直系亲属一人依次继承。如果找不到活着的后嗣,限定继承的土地业权便

---

① 毕宝德.土地经济学[M].8版.北京:中国人民大学出版社,2020:223-224.

告终止。(3)终身保有的土地产业权:这种土地产业权不能继承。拥有这种土地产业权的土地租借人虽然有完全排他的占有权,但租借人一旦死亡租期便告结束。(4)限期保有的土地产业权:指租借人在一段固定的或可确定的期限内,拥有土地的排他占有权。前三种属于永业权,最后一种属于租业权。自由保有权为保有权人永久所有,一般以契约或居住、耕作使用等形式为基础确定,在他人土地上居住或使用12年,土地视为使用者保有。另一种是租用保有地产权,也称为租业权,它是有一定期限的地产权,大部分依协议而产生。租用保有权分为125年、40年、20年、10年不等,并通过合同或协议确定土地权利和内容。而且在租赁的期限内,确定的土地权利和内容不能随意去更改,自由保有权人不能随意被外界干涉。最重要的租借地产权是有期限的地产权和定期地产权。① 英国土地产权结构状况如图2-1所示。

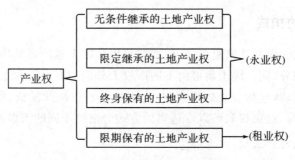

图 2-1 英国土地产权结构

从英国土地所有制结构现况来分析,土地永业权人和租业权人即土地的实际所有权人既可以是个人、企业、机构等,也可以是中央政府或地方政府,还可以是合股所有、比例所有、共同所有等,且不同的产权主体可以相互交易流转。英国民间土地占有土地持有人的主体,私人和法人共占土地总面积的84.6%。但公有土地面积仍占有较大比例,中央和地方政府的土地占全国土地总面积的15.4%。像伦敦这样土地高价值的地区,有25%的土地掌握在政府手中。因此,英国土地经济学家认为,英国的土地所有制度是一种混合的所有制形式。

英国土地产权制度是以私有制为基础,由土地所有权和多种形式的土地保有权和土地他项权利构成,其土地产权结构简单但权利完整。土地所有权名义上是女王的,女王将土地分给功臣和国民,其土地权利称为土地保有权。因此,英国真正的土地权利为不同形式的土地保有权。为确保土地利用效益,不同形式的土地所有权总体上只是年限不同,基本权利是一样的。

1986年颁布的《农业土地所有法案》更倾向于保护土地租用者的权益,如向自由保有权人支付较低租金,保证土地租用者继续租用、使用土地的权利。虽然1995年议会通过了一个法案,加大了保护自由保有权人权益的力度,但只是纠正了一些过于保护土地租用权益的做法。从自由保有权的确定到租用保有权权利较为完整等内容看,可以得出英国土地产权制度的基本属性是:以利用定归属,从归属转向利用,重视保护土地的动态利用,其保护土地权益的次序为租用保有权—自由保有权—土地所有权,即侧重保护使用土地者。这一属性

---

① 张诗雨.发达国家城市土地产权制度研究——国外城市治理经验研究之六[J].中国发展观察,2015(7):83-86.

提高了土地使用效率和经济效益,较好地实现了土地的持续利用。①

(二)永业权

从以上分析可以看出,由于所有权属于国家的象征英王,土地的实际持有者只有永业权,而永业权的交易并不受土地所有权的影响,永业权的权力与其他国家的土地所有权相当。可以说土地上最大的、最完全的权力就是永业权。英国土地永业权包括以下权力:(1)地表权,即土地持有者享有土地现有用途的权力。但地表权使用需受法律的限制,国家为了整体利益或规划需要可以征用地表权。(2)经营权,土地持有者经营该土地并从现有用途中获取利润的权利。(3)开发权,土地持有者拥有的改善其地产或改变其用途的权力。(4)收益权,即土地持有者拥有的从事土地经营或土地开发而获取收益的权力。(5)处置权,土地持有者、出让或赠予等处置其土地的权力。

绝对无限继承永业权,即永业权可以无条件继承,这是比较普遍的形式。可调整的无限继承永业权可细分为:

(1)事务决定的永业权:这种永业权当某些特例发生时,永业权自动结束复归让与者。如某块地 X 有永业权直到他成为律师。这里事件 X 成为律师的时间和事件都是不确定的。

(2)条件决定的永业权:当某些无法确定特殊事例发生时,让与者有权力收回永业权。如果这种权力不实施则永业权继承存在。如 X 有永业权但条件是他不允许把地卖给家庭成员以外的人。

(3)基础继承的永业权:当限定继承地产权受阻时,就产生了基础继承。如 X 有终生地产权,Y 和他的直系继承人有 X 死后的地产权,以后 Z 有永业权。如果 X 活着,Y 的限定继承权受阻,这时就产生了基础继承。这种权力一直持续直到 Y 的直系继承人死了,然后永业权归 Z。

(三)租赁权

英国普通法最初不承认租赁是一种独立的地产权利用,直到 15 世纪末租赁者的权力得到了法律的保护,但理论上仍认为永业权优于租赁者。租赁的这种历史地位引起的第二个结果是租赁权被视为动产,而永业权和其他土地合法权利均是不动产范畴。租赁权的最大特点是必须有明确的期限,租赁期限最长可上千年,而短的可以少于 1 年。

1.租赁权的主要形式

固定期限租赁:租赁的时间是固定的,固定期限在租期届满时自动解除,不需要通知单。

周期性租赁:即租期届满时,必须有通知单且承租人可以要求延长租用期。

意愿租赁:地主和承租人任何一方均有权在任何时间内决定租赁命运,除非各方同意无偿租赁,承租人必须付地主认可的合理的租金。

许可租赁:即当有效租赁期满后,承租人在未经地主表态情况,占有土地并付给合理的地租叫许可租赁。

终生租赁:指租期决定于承租人有生之年或婚姻期。

永久可续租赁:这种租赁合同给予承租人永远可续期的权力。但 1992 年的租赁条例规

---

① 陈书荣.不求所有 但求所用——从英国土地产权制度看我国土地产权制度改革方向[J].南方国土资源,2003(2):12-14.

定时间为 2000 年且需有 10 天之前的通知单。

复归租赁:即出让一个 21 年以后生效的租赁。1925 年租赁条例规定租赁有效期是从合同签订后 21 年开始。

2. 租赁权利与义务

在租赁期,承租人的权力包括:(1)移动某些固定装置的权力。根据合同,承租人有权移走地产上的固定装置,以便利用土地。(2)经营权。承租人有依合同规定,经营承租土地的权利。(3)收获权。承租人有收获所播农作物或林产品的权力。(4)处置权。依承租合同规定,在不损害出租人的利益前提下,承租人可转让或以遗嘱等形式处分其承租权。(5)其他权力。如农作物补偿权。

承租人的义务有:(1)向出租方交纳地租。(2)向政府交纳地产税。(3)维持地产的良好状态。(4)承租人有义务为地主提供维修方便。

作为出租方,土地出租者有如下权利:(1)依合同按时收取地租的权力。(2)依合同规定,到期回收土地的权力。

其义务为:(1)保证承租人享受地产的义务。这意味着地主不得干扰承租人享受地产。(2)不得贬损地产使用价值。即地主不得做或允许别人做使地产不适宜所出让的用途。(3)有维修地产的义务。公共法没有地主必须维修地产适宜用途的一般条款,但下列情况除外:第一种情况是出租有家具的住宅,在租赁开始时地主必须保证合理的人类住宅条件,否则承租人可以视为租赁合同终止而不付租金。第二种情况是出租公寓房,出租公寓房地主必须保证公共空间(如电梯、楼梯间等)的维修。第三种是租赁期少于 7 年的住宅房。第四种是低租金住宅房,根据 1957 年住宅条例,当一个单人房间年租金在伦敦不超过 80 英镑,在其他地区不超过 52 英镑时叫低租金住宅,地主有义务维持低租金房符合人类住宅条件。

3. 租金的形式

(1)高额租金:在新的租赁开始时房地产的市场租金。

(2)基础租金:低于高租金,区别于在它是出让金总价格的资本化。这种租金主要用于有建筑物的地产出租中,每五年重新估价。

(3)胡椒面租金:是一种象征性的基础租金。实际上由于只是一种所有权的象征,所以很少被收取。

(4)实物地租:就是一种非现金地租,它主要用于赔偿中。

(5)完全地租:是矿山或其他可耗性资源租赁时所必须交纳的租金。其中最著名的是矿区使用费和油井使用费。

(6)控制租金:永业权人需交纳的年租金。历史上曾经是永业权人向所有权人支付的租金。现在一般是当土地转移时,永业权人同意永久地或一段时间内交纳控制地租以代替全部或部分购买价格,两年未交控制地租法律规定卖地者有绝对的重新获得地产的权力。

(四)他项权利

英国的土地他项权利设置很具体。他项权利是指为了自己便利需要,在别人土地上通行、通光、排水、架埋管道等设立的权利。具体包括:(1)采光的权利;(2)通气的权利;(3)建筑物投影于他人土地上的权利;(4)相邻建筑物支撑的权利;(5)在规定区域停放汽车的权利；(6)在他人土地上埋设管道的权利；(7)在邻居房子上设置标志的权利等。[①]

三、土地管理机构

英国在中央政府一级没有设立统一的土地管理机构，而是由若干个部委分类管理，如图2-2所示。农业用地，由农渔食品部土地管理局管理，主要负责农业用地的使用、统计、地籍管理和绘制土地分类图。森林和林业用地，由林业委员会管理，主要负责森林的公共管理、保护和促进森林资源的可持续利用。城市用地由环境部管理。此外，除了前述的土地登记局统一管理英国城乡土地权属，英国的地籍测量任务由英国地形测量局完成，它为英格兰、苏格兰和威尔士绘制地图。在北爱尔兰，由北爱尔兰地形测量局负责制图。英国政府的估价事务管理局，设在国家税务局，主要负责由国家税务局管理的、与土地和建筑有关的税收估价工作。

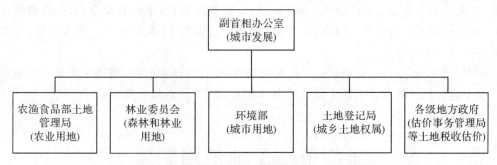

图2-2　英国土地管理机构

英国政府土地登记局是统一管理英国城乡土地权属的机构。它早在1862年便被设立，最初是在自愿的基础上办理登记。1896年一项法令规定，凡土地买卖必须登记，从此土地登记局成为政府统一从事土地所有权的审查、确认、登记、发证以及办理过户换证的部门。土地所有权证书载明土地所有人及其土地的面积、边界等自然状况，具有法律效力。为尊重英格兰人不愿公开私人拥有和利用土地情况的意愿，土地登记局对登记资料保密，不向外透露，在内部也不按登记的人头统计其先后登记土地的总量。但是土地登记局保存归档的土地所有权证书副本等资料，免费供应欲买地或租地者所委托的律师查阅，从而使其能便捷地核实有关土地权属的确凿现状。在土地登记局设立之前，社会上的土地买卖，如果买方不深知卖方的底细，那么往往要寻找和查阅有关土地权属沿革的大量历史资料，才能判断是否确为卖方所有，是否已抵押。这就需要耗费大量的时间和精力，不利于土地交易的有效进行。

土地登记局目前在英格兰、威尔士地区共设有15个处，分片包干承办具体土地登记业务，在2014年6月聘用4390人。土地登记局及其活动有以下特点：

(1)有法可依、循法管理。英国早已制定《土地登记法》《地产管理法》《财产法》(此法界定不动产等财产权利)。法律规定，不论是私地还是公地的买卖都必须到土地登记局过户、登记、换证，否则不受法律保护。土地租赁期在21年以上的，也必须登记，由承租人登记租用权。土地登记局由英国内阁司法大臣领导，局本部及各处都有多名律师，局总登记师、各处负责人必须由取得律师资格的人担任。如果办理登记出现差错致使土地所有人的合法权

① 朱道林.土地管理学[M].2版.北京：中国农业大学出版社，2016：335-337.

益蒙受损失,那么土地登记局要赔偿。

(2)垂直领导,一统到底。各处不属地方政府编制,不受地方政府领导,由土地登记局直接领导和指挥。

(3)房随地走,一并登记。对于承载建筑物的土地,本着"房从属于地、房随地走"的原则,一并登记,但不另行发放单独的房屋产权证书,而是在土地权属证书及所附地籍图中,用文字和图形载明。因此,土地登记局同时是政府唯一的房屋权属管理部门,土地、房屋的产权证是一个证而不是两个证。不论是私房还是公房的买卖、租赁,都必须在土地登记局登记。

(4)该严则严,应宽则宽。对于实质性问题,比如必须有明确的产权人,绝不含糊,为此视公有地产如同私有地产,其产权人也必须落实到具体人头。

(5)不吃"皇粮",自给有余。土地登记局不靠政府财政拨款,一切费用均从登记局中支出,经费来源于土地登记费的收入。2014年登记收费标准:房地产买卖登记,按价格每次收费20英镑至910英镑不等;租赁登记,按年租金每起收费40英镑至910英镑不等,年租金在1英镑以下的免收。[①]

到2012年8月,在土地登记局登记的土地权利达2300多万项,覆盖了英格兰和威尔士80%的土地面积。剩余的土地主要是皇室和大机构拥有的农地和荒地。

第二节　土地使用制度

一、土地开发制度

英国针对城市化发展中内城地价高昂、土地所有权零散等问题,1942年出台了厄斯瓦特(Uthwatt)报告,提出了一个解决方案:由政府向现有的土地业主支付补偿金额后统一征用土地的开发权,补偿金额由政府制订,即所谓的"土地开发权国有化"。这一建议被纳入1947年的城乡规划法中,并延续至今。

土地开发权国有化的规定,涉及了收归国有的方式,英国称之为强制购买(compulsory purchase),与我国的征地相类似。英国现行的《1990年城乡规划法》(Town and Country Planning Act 1990)对强制购买作了以下规定。经由国务大臣许可,地方政府有权在其管辖范围内强制获得以下土地:(1)适合于保护将要进行的开发、再开发或改善的需求用地;(2)为了实现一个地区合理的规划目的而需要的土地。此外,以下类型土地,地方政府也有权强制获得,但仍需经由国务大臣许可:(1)为了促进土地的开发和利用所需的相邻土地;(2)为交换构成公共空间或开放空间所需的任何土地,或划拨为能源及广场绿地开发所需的任何土地。环境国务大臣可以强制获取:(1)公共事务所需的任何土地;(2)为了满足地区合理规划需要的任何土地,以及超越公共事务职能,保障土地得到最有效开发和利用的土地。

2004年的《规划与强制购买法》(The Planning and Compulsory Purchase Act)对地方政

---

① 毕宝德.土地经济学[M].8版.北京:中国人民大学出版社,2020:225-226.

府强制获得土地的基本原则作了调整,规定:"如果地方政府认为对即将进行开发、再开发或改善的土地有益,或者对保护与改善地区的经济、社会和环境的良好状态有贡献,他们就能够获得土地。"[①]

在英国土地权利受法律保护且可以自由交易,然而,土地所有者并不能随意对土地进行开发,这一限制通过土地用途管制来实现。1947 年的《城乡规划法》就规定了一切土地的发展权,即变更土地用途的权利归国家所有。这项法律实质上实行"土地发展权国有化"。任何土地所有人或其他人如欲变更土地用途,必须申请规划许可。

二、土地租赁制度

英国土地出租的方式有四种:第一种是出让制,即土地所有人一次性收取出租期内的地租,这与我国的土地使用权出让相同;第二种是固定地租年租制,即以年为单位计算和收取地租,地租在租赁期内不作调整;第三种是变动地租年租制,即按年计算和收取地租,地租在租赁期内定期调整;第四种是出让年租混合制,即第一、第三种方式的混合,提前收取部分地租,余下部分按年计算和收取,地租在租赁期内定期调整。

过去,英国土地出租以第二种方式为主,土地所有人出租土地后获得的是长期稳定的收益。但随着第二次世界大战后通货膨胀的出现和加剧,现在转为以第三种方式为主,第四种方式为辅。在通货膨胀严重的年代,第二种方式的弊端在于出让金或地租随通货膨胀而贬值,土地资产产生的收益主要为土地承租人所获取,土地所有人的权益受损。而第三和第四种方式保证了土地所有人和承租人都能从土地增值中获益。

20 世纪 50 年代末是英国的土地租赁由第二种方式向第三种方式转化的时期,在此之前以第二种方式批出土地租赁权的土地所有者,除了低价卖掉其地租收益权即土地所有权外,就只有苦等契约到期了。

在英国,土地出租的适用范围很广,主要用于房地产开发。用于出租的房地产开发用地包括商业用地、办公用地、住宅用地和工业用地,可位于城镇中心或郊区。其中,商业用地、办公用地和工业用地多采用变动地租年租制,住宅用地则采用出让年租混合制。住宅用地租赁用在多层住宅开发上,房价已包括了部分地租,其余的地租由购房者每年缴纳。

一般而言,英国用于租赁的土地是地价较高的土地,包括城镇中心商业用地、较大城市的办公用地和住宅用地、交通方便的工业用地。其原因是土地租赁的交易费用较高,对土地所有者来说,地价较低的土地采用租赁的方式并不如出让合算。

英国土地租赁的期限十分灵活。历史上曾有 999 年的租期,这些租约现在还有未到期的。19 世纪和 20 世纪初期广泛使用的期限是 99 年。20 世纪 60 年代以来机构投资者往往对商业、办公用地要求 125 年的期限,以方便投资者在 60 年左右进行建筑物重建。20 世纪 90 年代以来,机构投资者认识到新建筑物的主要设备在 20 到 25 年便要更换,到时候建筑物需大修或重建,为了有效回收建设资金,他们对商业、办公用地要求更长的租期,现在广泛使用的期限为 150 年。其他非机构投资者或用地者对期限的要求各不相同,期限的长短不一。此外,土地租赁的期限也可以根据租赁双方的需要,在租约远未到期时加以调整。

土地租赁的地租是按土地价格来确定的,而土地价格则通过剩余法求出来。对商业和

① 朱怡,杨新海.借鉴英国经验完善中国土地产权流转[J].国际城市规划,2007(2):78-82.

办公用地而言,地租以开发后房地产的租金的一个百分数来表示。该百分数在签约时约定,在房地产首次产生租金时最后确定,确定后在合同有效期内就不再更改。

土地租赁后,土地承租人要按租赁合同的规定进行房地产开发,在开发期间土地所有人对建筑物规划设计有发言权。同时,土地承租人要按租赁合同的规定缴付地租。若土地承租人不能按时缴付地租,在一定的条件下土地所有人可收回土地租赁权。土地承租人可将土地租赁权转让或抵押。转让时,原土地承租人的权利和义务同时转移到新的土地承租人身上,租权期限为原契约的剩余期限。在租期届满时,土地承租人有权再延期50年。延期届满后,如土地所有人和承租人没有新的协议,土地和建筑物无偿归土地所有者所有。

绝大多数情况下,土地承租人可按租赁合同规定出租房地产。一般规定土地所有人对房地产的租金收入享有优先权,如果房地产的租金收入下降,地租不减,如房地产承租人拒付租金,土地承租人也需照付地租。若出现空租期,即没有房地产承租人,土地承租人也需照付地租。由于地租占房地产租金收入的比例不高,土地承租人极少违约不支付地租。因此,英国土地所有人乐意接受土地承租人将房地产出租。①

第三节　土地规划制度

一、土地规划制度概述

1909年,英国建立了土地规划制度。第二次世界大战后,大规模的城市重建和生产建设使大量农地被占用,这给英国的规划发展提供了契机。1947年英国通过的《城乡规划法》提出,城乡规划的目标是国家通过控制土地使用的变化来确保国家所有土地的最佳利用。1947年作了进一步修改,形成了完善的土地利用规划制度。此后,英国又在1951年、1953年、1954年、1959年、1963年对该法进行了多次修改和补充,并制定了大量相关法规,形成了较为完整的规划立法体系。英国的规划控制体系包括三个方面的内容:(1)规划的制订,即为各种用途的土地制定土地使用政策。(2)规划控制(或发展控制的管理),土地使用者在改变用途时,新的用途必须符合规划要求。(3)赋予规划机构规划权力来保证规划顺利实施。

新的规划体系置所有的开发活动于规划控制之上,土地开发必须取得当地规划部门的规划许可证才可进行。如果无规划许可或不按规划许可的附加条件开发,政府部门可能强制开发者拆除已开发的所有项目。英国的土地利用规划体系由中央规划、大区规划、郡规划和市规划四级构成,均具有法律效力。在规划制订上,各级政府部门制订本级土地利用规划。全国自下而上编制规划,上级规划控制下级规划,下级规划与上级规划协调一致。在规划期限上,大区、郡、市的规划期分别为20年、5年和5年,这三级规划均每5年修编一次。

在四级土地利用规划中,市政府对土地利用规划有更多更大的权力,规划的作用也更直接。政府土地利用规划的重点是土地开发,对改变土地用途及改变建筑物本身用途和性质

---

① 曹军建.靠什么历久不衰——英国土地租赁制度的启示[J].中国土地,2001(2):42-47.

的项目开发,必须得到规划许可,而对土地转让、地价、土地使用安全性等,土地利用规划没有作过多地控制和限制。

英国土地利用规划实施中的上诉制度独具特色。当私人开发商的开发项目不被当地政府许可时,可直接向中央政府提出上诉,如确有必要,中央政府可以直接否决地方政府的决定,地方政府必须修改规划。但一般来讲,地方政府是规划的最终裁定者,中央政府只从战略角度参与地方规划的制订,间接影响地方政府的规划修改①。英国土地利用规划制度最鲜明的特点就是规划编制时公众广泛参与,这样就提高了规划的可操作性。土地规划法规的讨论、制定过程中几乎都有法定的公众参与程序,民主监督制度确保了城市土地合理有序利用。②

二、土地利用规划的法律法规

1.英国土地利用规划立法概述

英国虽然是单一制国家,但英格兰、苏格兰、威尔士和北爱尔兰4个行政区域相对独立,因此在规划立法方面并没有统一的规划法,而是针对不同的地区制定有专门的立法。中央政府制定的《1990年城乡规划法》(Town and Country Planning Act 1990)是涉及英格兰和威尔士规划管理的主要法律,与之配套的还有3部法律:(1)1990年《建筑物和保护区域规划法》(Planning (Listed Buildings and Conservation Areas)Act 1990);(2)1990年《有害物质规划法》(Planning (Hazardous Substances)Act 1990);(3)1990年《重要条款规划法》[Planning (Consequential Provisions)Act 1990]。2004年出台的规划和强制购买法对上述法律做了部分修改。

在北爱尔兰规划的基本法律是1991年《规划法》(Planning (Northern Ireland)Order 1991)。苏格兰规划的相关法律是1997年《城乡规划法(苏格兰)》[Town and Country Planning (Scotland)Act 1997]。2006年《苏格兰规划及其他事务法》(Planning and Other Affairs Act of Scotland 2006)对该法进行了较大修改,为其规划变革铺平了道路。

2.规划法的演变

英国作为最早开展城乡规划立法的国家之一,于1909年即颁布了第一部关于城乡规划的法律——《住宅、城市规划及其他事务法》(Housing,Town Planning, etc. Act of 1909),标志着规划成为政府管理职能的开端。为弥补早期法律的不足,英国分别于1919年和1932年,相继出台了1919年《住宅、城镇规划及其他事务法》《城乡规划法》。第二次世界大战结束后,在规划建设战争毁坏地区以及全面建立规划制度以调控发展与开发活动等现实需求的驱动下,英国出台了控制土地开发的新的法律制度。1947年,英国颁布了第一部真正意义上的《城乡规划法》。这部法律重申了之前有关城乡规划的法律规定,为构建英国城乡规划法规体系奠定了基础。在随后的40多年间,英国对1947年《城乡规划法》做过多次修改和完善。目前,英国正在执行的是1990年《城乡规划法》(Town and Country Planning Act 1990)和2004年《规划与强制性购买法》(Planning and Compulsory Purchase Act 2004)。

1990年《城乡规划法》包括规划机构、发展规划(单一发展规划、结构和地方规划)、发展

---

① 马毅.英国土地管理制度介绍与借鉴[J].中国土地,2003(12):38-39.
② 陈美华.中英土地制度的比较及借鉴[J].企业经济,2009(7):139-141.

控制、规划影响的赔偿、一些限制性的补偿、业主要求规划征购的权利、执法、特殊控制、土地征收和分配、公路、法定机构的开发活动、合法性、公有土地、财政保障、其他共 15 部分 337 条。此外,《1990 年城乡规划法》第 106 款引入了规划义务的概念,即规定土地占有者或发展商在取得规划许可的同时,作为附带条件,承担部分基础设施的建设责任。这也可以理解成国家在行使土地发展权,只是明确的收费停止了,取而代之的是土地占有者或发展商在取得土地开发收益的同时,要拿出部分收益对公共利益给予补偿,也可理解成让公众分享由该土地发展所带来的收益。1991 年《规划和补偿法》和 1995 年《城乡规划法令》[Town and Country Planning (General Permitted Development) Order 1995]对 1990 年的规划法做了进一步的修改和补充。

2004 年《规划与强制性购买法》是 2002 年 12 月由国会下议院提出的,2004 年 7 月正式实施,包括 9 部分,分别为区域功能、地方发展、发展(规划和可持续发展)、发展控制、修正、威尔士、皇家申请、强制性购买、其他。其主要内容包括:(1)增加社会参与的效力和质量,并使规划援助得到资金保障;(2)通过提出标准的申请形式、改变规划许可期间、允许地方规划机构通过地方发展条例实现地方允许的发展等改善发展控制过程;(3)通过允许不同方面的调查同时而不是连续地进行来加快主要基础设施项目(比如机场、电力、能源交换网络的功能)的进行过程;(4)去掉皇家在规划过程中的豁免权。总体看来,其规划系统更富有弹性和适应能力,强制性购买体制更简单、公平和快速以支持主要基础设施投资和城市更新的相关政策。新规划法将地区规划由指导性上升为法规性,进一步强化了地区规划的约束力。

3.配套法律体系

除了城乡规划核心法以外,以《城乡规划法》为基础,英国政府先后制定了《用途分类规则》《一般开发规则》等多项附属法规,就规划编制和实施等内容做出了详细规定,同时,还就规划中某些特定问题颁布了《新城法》《国家公园法》《地方政府、规划和土地法》等专项法规。此外,英国政府或议会还不定期颁布有关城乡规划通则、通告、条例、指令等规划指导书,主要形式包括:《城乡规划法令》(Town and Country Planning Orders)、《城乡规划通告》(Town and Country Planning Circulars)、《城乡规划条例》(Town and Country Planning Regulations)、《城乡规划指导》(Town and Country Planning Directions)、《规划政策指南》(Planning Policy Guidance)、《战略规划指南》(Strategic Planning Guidance)。例如《规划政策指南》提出特定地区范围内的土地开发政策和原则,《战略规划指南》则更为具体而详细地阐述了中央政府对某一特定地区的开发政策。

这些附属法规、专项法规,以及相关的通则、通告、条例、指南等与《城乡规划法》及相关法规,共同构成了英国的城乡规划法规体系。

三、土地规划的内容与编制

第二次世界大战后英国的土地利用规划曾采用过 4 种形式:(1)开发规划:指一种对地方规划当局开发土地提出的指导性方针政策的土地开发计划。(2)结构规划:指一种郡级范围内的战略性规划,主要作用是制订所在区域的发展框架与政策设想。结构规划内容包括:①陈述本地区土地使用政策和总体设想。包括形态环境改善的措施和交通管理等,控制结构规划区域范围内具体的发展类型。区域内的开发强度,指明区域内可能的具有重大意义的项目发展活动的场所;②陈述本地区使用与发展政策和总体方案与其他邻近地区发展政策及总体方案之间的关系;③阐述与中央总体开发规划要求及相关问题;④确保结构规划制订的足够透明度;⑤为地方规划提供一个框架。(3)地方规划:指能详细指导某一地区的土地利用的规划。一旦结构规划经中央相关部门批准,地方规划部门就要求按结构规划的框架制订地方规划。地方规划又可划分为 3 种不同类型规划:地区规划、行动规划和专项规划。地区规划是在结构规划区域内的每一个地区上所做的综合性规划。主要阐述该规划分区的长远发展目标、具体规划方案和发展控制标准。行动规划是指 10 年内要进行开发的区域规划。专项规划是在更广阔的地区范围内专门处理某一具体问题的规划。(4)整体开发规划:指用于大都市地区的土地利用规划。

由于开发规划的内容较为单一,不能适应经济社会发展的需要,因此往往不单独出现。目前使用较多的规划是发展规划。

(一)发展规划概述

发展规划由郡、市、区规划部门制订,规定了地方发展和土地利用的政策和计划,是指导地方发展的基本依据。除非有更重要的合理考虑,该规划一经依法批准,规划许可申请和申诉必须符合有关规划要求。发展规划必须与国家规划政策和区域规划指南保持一致。

发展规划往往不是一个单一的规划。目前,大致分为两种情况。一是在大多数非都市地区,发展规划通常由结构规划、地方规划组成。结构规划由郡政府制订,地方规划由区政府制订,单一发展规划由单一政府机构制订。结构规划通常由郡政府制订,主要确定该郡的战略政策以及地方规划框架。地方规划由区议会制订,是指导区域内开发活动的直接依据。地方规划必须符合结构规划。二是在都市地区以及一些非都市单一地区(包括国家公园),发展规划是单一发展规划(UDP)。该规划涵盖了该地区所有的规划政策,并由两部分组成,其中第一部分内容相当于前述的结构规划,明确了地方规划机构关于该地区发展和土地利用的战略政策,第二部分则相当于地方规划,详细规定了土地开发利用的框架和计划。

2004 年《规划和强制购买法》颁布后,英格兰开始引入一个新的规划系统——地方发展框架(local development frameworks,LDF),将逐步取代结构规划和地方规划。

地方规划机构负责制订 LDF,由一系列发展文件组成,这些文件发布了地方规划管理机构关于该地区的土地利用和开发政策。具体文件包括:

(1)一份地方发展计划(local development scheme,LDS),包括计划安排和文件产生的时间表。

(2)发展规划文件(development plan documents,DPDs),是法定发展规划的一部分,并发布空间政策和将来的开发地点,包括一个核心战略文件和一份详细的土地规划情况和相关图件。

(3)辅助规划文件(supplementary planning documents,SPDs),详述 DPDs 的政策。

(4)一份社区联合声明(statement of community involvement,SCI),关于社区如何参与规划制订。

(5)一份年度监督报告(annual monitoring report,AMR),是发展规划文件中政策贯彻程度和地方发展规划执行监督的年度报告。

(6)矿产和废弃物规划,被称为矿产和废弃物发展构架(MWDFs)的地方发展构架,是整个发展规划的一部分,是关于该地区将来矿产供应和废弃物处置方面的规划政策。

该框架包括一个对战略和长期规划目标的简短陈述和更为详细的具体场址和专题的

"行动规划"(action plan)。这些行动规划将处理行政区范围内的专题(如绿带或设计等方面的内容)或者特定区域(如主要的开发或更新地区)。战略目标的核心陈述应当定期进行修订,以避免与政府规划政策(包括 government planning policy,PPGs 和通告 circulars 等)相矛盾。行动规划在条件状况发生变化时就应该进行检讨并替代,例如涉及住房项目或者新的开发或更新政策发生改变时。

(二)发展规划的编制

结构规划和地方规划的编制程序相近,下面以结构规划为例介绍发展规划的编制程序。

结构规划从编制到正式实施要经过 5 个环节。一是,当地规划机构要在规划编制前进行咨询,听取社会各方意见。二是,规划草案提出后,地方规划机构要将其放在公共图书馆等处,供公众查看。这一阶段为期 6 周,在此期间,任何组织和个人都可以就规划纲要提出反对意见和建议。对提出的所有反对意见和建议,地方规划机构必须充分考虑。三是,规划机构就草案中特定问题组织公众测评,届时规划事务大臣授权的审查小组将当面听取意见。四是,审查小组向当地规划机构提出报告和建议。五是,当地规划机构考虑是否根据审查小组的建议调整规划草案,如调整,仍要就调整内容征求 6 周的意见。另外,规划机构还要发表一个书面声明,说明针对每条建议做出处理决定的理由。在经过上述环节后,若规划事务大臣没有不同意见,结构规划将被正式采用。

四、土地规划的组织管理及运行机制

(一)组织管理

英国的土地规划管理是中央与地方政府分权管理,中央政府仅负责英格兰地区的规划事务,威尔士、苏格兰的规划事务由各地区政府自主管理。北爱尔兰环境部的规划服务局负责北爱尔兰的规划管理。

1.中央政府的组织管理

中央政府规划方面的主管部门是社区和地方政府部,负责发布英格兰地区的规划政策和指南,批准区域规划政策,受理对地方规划管理机构的申诉。一些重大开发项目地方规划当局无权决策,由规划事务大臣直接受理,并决定是否批准规划许可。这些重大开发项目主要包括:可能与国家政策发生冲突的项目、对周围产生重大影响的项目、对国家利益有较大争议的项目、引起重大建筑和城市设计问题或涉及国家安全和外国政府利益的项目等。

英格兰设定了 9 个大区,每个大区设一个规划机构,这些机构统称"政府办公室",归口社区和地方政府部管理。"政府办公室"不仅负责各大区层面的城乡规划事务,同时还综合地区和地方、交通、环境、经济发展等中央政府多个部门赋予的职能。该办公室根据中央政府主管部门的授权负责提出各大区的区域规划和政策,主要职责包括:提出综合考虑土地利用、交通、经济发展以及环境问题的战略规划,与经济和其他战略相衔接,规定地方发展规划的框架。其中最重要的职责是制订各区的区域规划指南(RPG),现称作区域空间战略(RSS)。RSS 也是在公众的充分参与下完成的。

2.地方政府的组织管理

在大区之下的各郡、市镇、社(教)区议会及其执行机构负责本地区的城乡规划事务。主要职责包括:编制发展规划(包括 74 个单一单元的规划,40 个结构规划和 288 个社区或教区的规划)和审批规划许可申请。一般由地方议会选举出来的规划委员会负责批准规划许可,或者指定规划部门一位高级官员代表议会进行批准。根据规划法,地方政府可以批准或拒绝规划申请。同时,地方政府还可附加他们认为适宜的有关条件。以伦敦市沃斯旺斯区为例,该区有自己的议会,共有 60 名议员,其中 12 名议员组成了规划委员会,作为该区的规划机构。规划委员会下设执行机构,具体负责有关规划事务。

在各级土地利用规划管理体系中,郡、市政府对土地利用规划有更多更大的权力,规划的作用也更直接。政府土地利用规划的重点是土地开发,对改变土地用途及改变建筑物本身用途和性质的项目开发,必须得到规划许可,而对土地转让、地价、土地使用安全性等,土地利用规划没有做过多的控制和限制。

大多数农村地区有教区或镇议会,但这一级政府无权制订正式的发展规划,也无权决定规划申请,但是可以对规划工作进行评价。

3.其他相关机构的作用

在一些特定地区,政府设立机构,这些机构有权负责一系列规划事务,例如建设国家公园。国家公园有关机构在进行规划时,必须首先考虑保存当地自然风光。城市发展公司(UDC)旨在促进地区发展,同时也有一些规划方面的相关权利。

在某些特殊情况下,规划许可的批准会征求环境、食品和农村事务部,自然英格兰,运动英格兰,环境机构,森林委员会,英国古物古迹办事处等一些国家级机构的意见。这些部门给出相关的咨询意见,但并不具有审批规划许可的权利。

地方规划当局在审批规划许可过程中,也可以向一些地方机构(如城市社团、英国农村保护议会在当地的办事处等)征求相关意见。

(二)运行机制

1.规划制订的监督制度

(1)公众参与政策作为一项法定制度,在英国始于 1968 年,现行的《城乡规划法案》、城乡规划(结构规划和地方规划)条例强调:结构规划在作为正式的法律性文件公布之前,必须按照立法要求与下级规划部门协商并与公众商量。郡规划局在结构规划形成阶段,必须将结构规划的政策条目和开发计划连同结构规划附录部分的备忘录一起公布于众,并展开讨论。参与讨论的是本地区的各阶层市民、民间自发组织委员会、社区组织、群众团体、各区的规划部门,并提交正式意见书。中央环境事务大臣在审核批准结构规划时,必须考虑意见书内的评论意见或建议。

公众审查是另一种公众参与规划制订的政策形式,它与公众讨论不同的是,参与审查的每一个人提出的质疑,必须要提供充足的法律依据,提出质疑的一方,必须以充分的理由说明反对者的意见。公众审查结束后须提交工作报告,最后,环境事务大臣要根据公众审查意见,再次与地方规划局或其他相关人进行协商,做出最后决策。若需进一步修改规划,则结构规划还须通过公众参与方式继续评议讨论。

(2)上级政府监督根据国家法律规定,中央环境部门全面负责城乡规划的立法和执法工作。环境事务大臣有监督地方规划当局工作的权力,以确保地方政府的规划管理工作与中央环境事务大臣的规划政策一致。中央政府对地方政府规划制订的监督主要表现在城市规划管理。城市规划管理包括两个方面内容:一是审核批准各类开发规划。如地方当局结构规划必须经中央环境事务大臣批准。二是有针对性地发布各类规划通告、规划政策方针和矿区规划方针。

2.规划的执行和矛盾的处理

在英国,规划一旦通过便成为具有法律效力的规划文件,必须严格遵照执行。一切相关的开发活动必须依据当地的规划有序开展,即开发活动必须先提出许可申请,经当地规划机构审查,看其是否符合当地规划以确定是否批准许可。申请者在得到当地规划机构颁发的规划许可证后才可开展活动。未经许可进行的开发活动是违法的,当地规划机构有权采取强制措施来保证规划的执行。如果建设内容和结果与当初申请及获得的许可不符,规划部门可以做出处理决定,包括改正和拆除等。具体做法是主要采用先通告后执行的法定程序。地方规划当局在获得详细调查资料,确定开发商有下列违法行为:没有获取规划许可之前就私自开发、拒不执行开发限制条件、未经许可更改建筑物使用类型、在获得开发许可证后4年内没有任何开发活动的,可以发出强制执行通告。强制执行通告的生效期自开发者收到通告起,加上28天的起诉期。在起诉期内,开发商可以向法院或直接向规划事务大臣起诉,如被立案受理,则强制执行通告处于暂停状态。直到起诉过程结束,其结果决定强制通告生效或失效。如诉讼期内未有上诉,或诉讼裁决强制执行成立,则强制执行通告具有法律效力,必须执行,否则视其为犯罪。开发商须承担刑事责任。生效后的强制执行通告,规定违法开发项目的确切场地范围、违法特征,开发商对违法开发行为的补救措施及其实施步骤。如果开发商中止并全部纠正其违法开发行为,则地方规划当局酌情撤回其强制执行通告。

此外,经与地方规划机构商议,规划事务大臣也可以根据法律授权,直接对违法开发活动采取强制措施。

3.规划许可撤销与变更的赔偿

规划许可的获得创造或释放了房地产的价值,业主自然而然地认为这新增的价值是他(她)产权的一部分。不过根据《1990年城乡规划法》97条,地方政府规划部门可以撤销或变更以前颁发的规划许可。同一法律的107条则规定地方政府要对业主因规划许可撤销与变更所产生的开支、损失与损害做出适当的赔偿:(1)因规划许可撤销与变更而作废的已建工程和其他工作的开支;(2)与规划许可撤销与变更直接相关的损失与损害。其中,(1)所指的已建工程和其他工作必须是在获得规划许可后和在接到撤销与变更通知前发生的。在获得规划许可前进行的所有工程和其他工作的开支都不能获得赔偿。不过用于准备规划申请的开支是个特例。这些开支虽然发生在获得规划许可前,但列在赔偿范围内。在接到撤销与变更通知后进行的所有工程和其他工作的开支都不能获得赔偿。

此外,(1)所指的已建工程和其他工作必须是由于规划许可被撤销与变更而作废的。如果没有作废,则不能列入赔偿范围。例如,某项目在获得规划许可后拆除了地块上的旧房子和作了七通一平,那么相关的开支不能列入赔偿范围,因为这些工作并没有因为规划许可被撤销与变更而作废,在获得新的规划许可后仍可起作用。(2)所指的与规划许可撤销与变更直接相关的损失与损害包括潜在利润的损失。潜在利润是指如果没有规划许可的撤销与变更的话必然可获得的利润。例如,有一个采石场的规划许可,即开采权,被撤销了。在规划许可被撤销时,该采石场附近刚好正在建设一条高速公路,需要石料作为路基。采石场业主因此提出潜在利润的损失索赔,获得法院接受。

因此,在因规划许可撤销与变更导致的房地产损失的情形下,业主可获得的赔偿应当包括以下两方面:(1)在获得规划许可后和在接到撤销与变更通知前发生,并因为规划许可撤销与变更而作废的工程和工作的开支,以及为获得规划申请而花费的费用;(2)其他与规划许可撤销与变更直接相关的损失与损害,包括损失利润和丧失的土地或房地产价值。

4.规划管理中的上诉制度

英国土地利用规划实施中的上诉制度独具特色。当开发项目不被当地政府许可时,申请者可直接向中央政府提出上诉,如确有必要,中央政府可以直接否决地方政府的决定,地方政府必须修改规划。但一般来讲,地方政府是规划的最终裁定者,中央政府只从战略角度参与地方规划的制订,间接影响地方政府的规划修改。①

五、开发许可制度

在英国,土地利用规划一旦确定便成为具有法律效力的规划文件。任何土地开发行为须向政府部门申请,获得开发许可或附加条件的开发许可后方可进行开发。土地开发是指在地上、地表或地下从事房屋建筑、采矿等其他工程项目或改变原来土地使用用途。按法律规定,开发者未获土地开发许可或未按土地开发的附加条件开发,政府和地方规划部门将通过一种强迫性的政策措施来完成。

(1)提出申请开发之前,申请人必须向当地规划部门提出开发申请,同时附上足以证明将要开发土地的图、书、开发计划等相关的资料。一般开发者在准备购地或进行进一步的开发时,为了知道是否可取得开发许可,可先申请"纲要许可",以取得地方当局的原则同意,然后,再进一步向地方当局申请"正式许可"。

(2)申请预告开发许可申请者不一定是原土地所有者,因此申请者必须向当地规划部门提出土地将被开发或使用目的的证明材料,这些申请和证明均需被公告。任何申请人故意提供错误或误导性的虚假证明,将受到判刑或罚款的惩罚。

(3)通知及公告任何开发许可之申请,必须通知与申请开发土地有关的土地所有权人及土地承租人。同时,可能影响邻居周边环境的"嫌恶性邻居开发",如公共建筑物、采矿或矿产加工、屠宰场建设等,必须在当地报纸或开发工地上公告。相应的开发申请报告、许可批准相关资料,其他如规划等背景资料也应向民众提供,以备当地居民查阅或取得。

(4)环境影响评估土地开发可能对环境产生巨大的影响,因此,对环境的影响是申请是否能批准的主要因素。英国政府将土地对环境的影响分成二类。对第一类开发者,必须提出环境影响评估报告;而对于第二类开发者,只有当开发设计可能产生巨大影响时,才需要环境评估。环境影响评估内容应包括:主要的、次要的、长期的、短期的、累积的、暂时的、正面的、负面的等影响。若开发对环境有重大不利的影响时,还必须说明采取的避免或减少、改善这些影响的措施。

(5)申请审核开发申请的审核一般在当地规划部门。规划当局依据相关政策、地方规划、环境影响等方面综合考察而做出决定。开发申请的审批一般有3种决定:一是无条件许可;二是附加条件地许可;三是拒绝许可。若当局给开发者以附加条件的许可或拒绝许可时,必须说明全部理由,申请者可就此决定提出异议。中央环境大臣亦可依据法律规定对已经批准的开发申请提出召回,或委托规划调查委员会对开发许可进行审核。

(6)强制执行土地开发违法行为有4类:一是开发者没有获得开发许可;二是开发者未

---

① 宋国明.英国土地规划管理[J].国土资源情报,2010(12):2-6.

按限制性条件开发;三是开发者未经许可将单独的住宅建筑改变成其他用途;四是开发者收到开发许可后4年内没有任何开发行为。对此违法开发行为,当局通过强制通告、终止通告等措施来实施控制。

(7)强制执行起诉土地开发控制中,决策机构主要是当地规划部门。地方规划当局通过审核批准规划许可或对开发现场巡查控制各类开发活动。作为对地方当局的决策限制,开发者可对不合理的决策意见向法院提起诉讼,法院或中央环境部门将依法对此做出法律审核,修正地方当局的决策,保护开发者的利益。

中央环境事务大臣有权终止地方规划当局发布的通告,修改通告内容,提出指导性意见,甚至可以逾越地方当局核发许可证,批准该项目可以继续开发。在英国,中央环境事务大臣对强制执行起诉判决的权力受法院限制,凡属于超越立法规定的权力范围做出的决定、违反法律程序做出的错误决定,或自然裁断原则的判决、滥用裁决权和错误地应用了法律条文都可申请司法审查。

但是法院的权限是有一定范围的,法院中有权撤销判决,但无权做出新的判决或修改环境事务大臣的决定。法律只允许法院完成常规性的审核,对提供的案件从法律角度提出异议,然后将需要修改的内容部分,写上法律的意见后返回给环境事务大臣,环境事务大臣还必须根据法院的决定意见做出新的判决。

第四节　土地征收制度

英国实行土地私有制。公益事业需使用私人土地时,一般由征地机关以协商购买的方式获得土地。若当事人(指被征土地原所有者、占有者、使用者等利益相关者)不愿出售,征地机关将动用征地权"强制"征收土地,即强制征购。在英格兰和威尔士,土地强制征购的法律依据是《强制征购土地法》。[①]

为了实施土地开发权国有化而进行国家强制购买时,政府必须向丧失开发权的土地所有者支付补偿金(compensation)。英国土地征用补偿以买家和卖家的意向价格为基础,实行等价补偿的原则,如对建筑物有损害,以恢复原状为原则进行补偿。土地征用补偿的范围包括:(1)土地(包括建筑物)的补偿;(2)租赁权损失补偿——契约未到期被征用而引起的损失;(3)迁移费、经营损失等额外补偿;(4)其他必要费用支出的补偿(如律师或专家的代理费用、权利维护费用等)。

英国的工党主张开发权属于国家所有,其目的是把土地开发权完全掌握在政府和公共机构手里,以利于正确实施城市规划并收回开发利益,扩充城市公共事业的建设。保守党则重视私人开发制度的恢复,主张城市土地开发利益不能完全归属于政府所有。英国的开发利益回馈制度虽然随工党和保守党的轮流坐庄而大起大落,但城市土地开发收益任何时候都不是完全归私人企业所有,私营开发者承担公共设施修建义务的规定始终没有改变。

英国土地开发者因城市规划而得到的额外利益,也应用于社会公共事业,方式有:(1)修

---

① 张芝年.英国政府怎么征地[J].农村工作通讯,2004(11):52.

建道路、供水、排水等基础设施;(2)提供公园、绿地、游憩、娱乐、体育运动用地,建设体育运动场馆、文化场馆、社区活动站等社会公共设施;(3)从居住用地中迁出工厂;(4)修复有历史价值的名胜古迹;(5)按规划意图满足城市景观方面的特殊设计要求。[①]

因征地而使周边土地(无土地征收情况下)受到的侵害也需补偿,分为两种情况:一是征地及建设中导致临近土地权益的损害,针对征地和建设造成周围土地的损害或贬值,补偿金额为土地价值的减少,估价日期为损害发生之日;二是公共设施运营中对周围土地的侵害[②],针对征地后建成的公共设施在利用中对周边土地造成的有害影响,如噪音、人造光等,侵权日期为初次使用的日期,估价日期为申请补偿之日[③]。

一、征地权力

在英国,实行资本主义的土地私有制,土地产业权大部分被私人或法人占有,土地业主可依法使用、收益和处置其土地。同时,英国法律认为,中央政府、地方政府或政府所属国有公司为了整体利益和规划的要求,在进行法定建设时有征用私有土地的权力。在英国,享有这项权力的主要是政府及公共服务管理等机构,包括中央政府各部、地方政府、高速公路局、城市发展公司,以及自来水和电力公司等。征用土地的目的包括:为了确保开发、再开发或改进,使某土地或某土地所在地区作为一个整体能得到协调发展;为了使某土地所在地区能达到恰当的规划所规定的目的,征用土地是有利的;为了公共利益,将土地与将要开发土地或再开发或改进的土地一起征用是有利的;为了将某地区或其他地区作为一个整体加以开发,为了这些地区能提供更多的工业布局机会或人口分布机会,有必要征用某土地。

由于土地征用是对土地私有权力的限制,为了限制政府或其所属公司对征用权的滥用,英国法律规定了土地征用权力的范围,征用者必须向被征用者提供补偿,若征用双方发生纠纷,征用者可依法提起诉讼。

(1)环境事务大臣为了公共服务的需要可强行征收任何土地,强行征用土地的权力包括通过授予新的权利而获得该土地的通行权或其他权利。

(2)其他事务大臣若确信下列情况能够发生,也可征用或授权地方当局征用土地。

征地权授权原则遵循公益性和补偿性原则。公益性原则具有两大内涵:公益性和法定性,即只有在依据法律、为了公共利益的情况下,议会才能授权相关部门和组织进行征地。[④]

自土地被强行征用终结之日起,该土地上的私人通行权(地役权),在该土地上,土地下或土地上空建设、兴建、延长或保护各种设备的私权即被取消,且所有这些设备均最终为该土地征用的当局所有。若这些设备属于法定管理者的、用于履行管理职责的各种设备,或征用当局与设备所有者达成协议,设备所有权仍归原所有者所有。征用设备与征用土地一样,征用当局也必须给予补偿。

---

① 西宝.城市征用农村土地补偿政策研究[J].价格理论与实践,2003(5):52-53.
② Office of the Deputy Prime Minister:Compulsory purchase and Compensation—Compensation to Residential Owners and Occupiers[EB/OL].(2004-10-05)[2020-10-15].http://www.odpm.gov.uk/index.asp? id=1144816.
③ 徐广才,康慕谊,赵从举,等.英国强制征购土地的补偿制度及其借鉴[J].中国土地科学,2007(1):73-77.
④ 彭錞.英国征地法律制度考察报告——历史、现实与启示[J].行政法论丛,2011(0):101-140.

近些年来,英国有权征收土地的部门为了避免采取强制性手段,更多的是采取同土地所有人合作或商议的形式获得土地。自20世纪70年代以后,英国公共部门对土地的需求量相比第二次世界大战结束初期大大减少了。这主要是因为,由政府进行的贫民区改造、城市综合开发、新城镇建设、交通干线开拓及其他有关项目基本上结束了。而公共利益范畴的用地则由议会决定,并以法律形式加以确定。征地机构在取得强制征用权后须经过一系列严格的步骤并对被征地人做出最合理的补偿。被征地人如对公开质询的结果仍有异议,还可向最高法院上诉,对于收入在一定范围内的被征地人,还在法律费用方面获得经济资助。英国复杂的土地强制购买程序保证了强制购买权的慎重使用,土地征用中的平等协商和合理补偿保障了被征地人的合法权益,完备的争议解决机制有效地缓解了征地纠纷的升级和蔓延。

二、土地征收程序[①]

征地决策程序主要由《1981年土地征收法》(Acquisition of Land Act 1981)规定。2004年的征地守则则为征地机构提供了这方面的程序性指导。在公共法概括授权的基础上征地决策的核心在于强制购买令的制定和审批,即征收机构制定强制购买令,确定具体征地目的和范围,并提交授权公共法规定的具体确认机构(confirming authorities)对强制购买令进行确认。

一般而言,相关中央政府部门的部长负责对非部长征收机构提交的强制购买令进行确认。特殊情况下,仍需要国会的确认。以征收机构的性质为分类标准,介绍非中央政府部长的征地机构征收(acquisition by a non-ministerial authority)和中央政府部长征收(acquisition by a ministerial authority)的决策程序。

英国的土地征收关键程序可分为两个阶段。英国的强制购买首先要获得上级审批,其次才是征收的正式实施。但是鉴于强制购买程序的复杂性,一般政府会首先考虑协议购买的方式,协议购买不成的情况下才会考虑使用强制购买程序。

(一)土地征收预备阶段

首先,拟征收机构要确定因特定目的或计划需征收土地,并准备以强制购买的方式获得。其次,拟征收机构需通过对拟征土地和拟被征财产进行实地考察做出可行性分析并决定征收土地范围和界限。最后,拟征地机构还需进行初步的信息收集。拟征收机构可以直接与土地所有者或占有者进行接触,也可直接与他们对以协议购买的方式进行协商。拟征收机构可以法定权力从土地所有者或占有者手中获取信息,也可以调查为目的的直接进入拟征土地进行必要的调查。

在上述基础上,拟征收机构应当做出正式的征地决议。如果是地方政府部门(以地方政务会为例)制作强制购买令,在拟征收机构完成初步调查并确定强制购买令涉及的土地边界后,政务会执行委员或委员会应该做出建议使用强制购买力的报告并做出正式决定。正式的征地决议应该包括被征地的情况及拟征地用途。若征地决议由诸如电力公司或高速公路局等费地方机构做出时,那么其有必要通知相关的地方政务会。

此后,拟征收机构应在最初进行走访调查的基础上,对土地所有者和占有者的状况进行初步的信息统计和记录。征收机构应寻找并确定对拟征地有任何法定权益的人的信息,这

---

① 张慧慧.英国的土地产权和土地征收补偿制度[D].济南:山东大学,2014.

些人包括自由保有权人、租赁保有权人、租户和其他占有人等。

(二)强制购买令的制作和审批

英国的强制购买实施的第一步必然是强制购买令(compulsory purchase order,CPO)的制作、公布和报请审批,主要作用在于通过该令获得强制购买的授权。由于英国的土地征收分为部长强制购买和地方政府部门强制购买,其通过强制购买令获得授权的程序也并不完全一样。以下分别就两种情况下的土地强制购买令的相关程序进行介绍。

1.征收机构为地方政府部门时的强制购买令

强制购买令应按照规定形式制作,并以地图形式告知强制购买涉及的土地范围。征收机构在将强制购买令提交审批机构(confirming authority)之前,首先应将强制购买土地相关事宜进行通知。征收机构的通知分公开通知和对有关权利人的个人通知。公开的通知需征收机构连续两周在当地流通的一家或多家报纸上以规定形式进行公布。通知应声明强制购买令已经制作完毕将要提请审批,标明征收土地将用于何种用途,指定当地一个可以查询强制购买令的地方,确定相关人员可以对强制购买令提出反对意见的时间(一般在通知首次发布21天以内)和形式。同时,征收机构需将通知送达拟被征收土地上的所有所有者、租户和占有人,但是不包括租期不足一个月的租户,通知的内容与在报纸上公布的内容基本相同。

如果在规定时间内没有人对强制购买提出反对意见或反对意见已经撤销,且审批机构对通知的公布和送达情况满意,只要其认为强制购买是合理的,就可批准强制购买的实施,但是审批机构也有权对强制购买令修改后批准。如果反对意见没有撤销,审批机构可举行一个公开调查,并由审批机构指定一个人听取意见,在考虑反对者的反对意见和听取指定人对听证会的报告之后视情况批准强制购买令或经修改后批准,审批机构也可要求有反对意见的人以书面形式陈述反对理由。一般在进入公开调查或书面申述程序之前,征收机构可与反对者进行协调,只有协调未果的反对意见才可进入下一步。但如果反对意见涉及土地裁判所全权负责的有关补偿问题,则审批机构可在做出决定时忽略该意见,即有关补偿的问题未能达成一致并不影响强制购买令的批准。此外,审批机构也可以授权征收强制购买令未申请强制购买的土地,但须获得各有关权利人的同意。

在强制购买令获得审批机构批准后,征地机构才有权力实施强制购买。征地机构应在被征地当地一家或多家流通的报纸以规定形式发布通知。通知应声明强制购买令已获批准,指定一个地点以方便人们查阅已获批准的强制购买令的副本和查看描述征收土地范围的地图。同时,应将公开通知的内容送达各有关权利人。

2.征收机构为部长时的强制购买令

当征收机构为部长时,强制购买令在正式制作之前要首先以草案的形式提出并附地图以标志土地征收范围。强制购买令的形式以部长决定的为准。部长也应在当地流通的报纸上连续两周发布通知,内容与征收机构为地方政府时的通知内容基本一致,不同的是此情形下通知的强制购买令草案已备好,而不是强制购买令已经制作完成,提出反对意见针对的是草案而不是制作完成的强制购买令。同时,此情形下,也需要将报纸上公布的类似内容通知土地征收的所有有关权利人。若征收土地涉及教会财产,应将通知送达教会委员会(Church Commissioners)。

若有人持反对意见且在部长制作强制购买令之前并没有撤销其意见,则由部长指定相关人员举行地方公开调查,但是若土地征收涉及公路项目,则由相关部长和规划部长(联合举行地方公开调查,且持反对意见者可出席调查。其他内容与征收机构为地方政府时的基本程序和内容一致。在强制购买令获得批准后的通知与征收机构为地方政府时发布的通知基本相同,只是在此情况下通知强制购买令已经制作完成而不是已获审批。

(三)强制购买机构进占土地

获得强制收购令审批的征收机构可以采取多种方式占有(possession)土地:即使已经获得强制购买的审批,依然可以采用协议购买的方式占有土地;向土地原权利人发出附进入通知的征收通知(notice of treat followed by notice of entry);通过一般转移宣告(general vesting declaration)程序;通过处理被征收人发出的损害影响通知。因为第二种方式使用最为广泛,这里主要对第二种进占土地的方式进行介绍。

在强制购买令获得确认之后,进入征收现场之前,征收机构需向所有"经审慎调查可知的所有对土地享有利益或有权出售、转让或让与土地的人"发出征收通知。该通知不得超出强制购买令3年的有效期。每份征收通知必须包括以下内容:(1)拟征收土地的相关信息;(2)请有关权利人申报相关权力和利益;(3)说明征收机构愿意对土地权利丧失和强制收购带来的损失给予补偿。依据征收通知,在征收机构和被征收人之间就建立一种准合同关系(quasi-contract),即只要补偿确定,双方均须无条件完成强制收购,否则构成违约。被征收人收到该通知之后在21天内(实践中可能超出21天)或指定期限内提出补偿要求(claim for compensation),被征收人可对已提交要求进行修改。若超出规定期限未对征收通知做出回应,征收机构将请求土地裁判所对补偿事宜进行仲裁。

强制购买机构在将征收通知之时或之后可发送进入通知(notice of entry),该通知应至少在进入之前14天送达相关权利人。14天之后征收机构可进入并占有土地。但是,在赔偿已经达成尚未支付之前进占,应按财政部的规定支付相应利息。强制购买机构为测量或为测定土质和确定作业路线,可在通知所有人或占有人3天以后、14天以内进入土地,但是因此给所有人或占有人造成的损失应给予赔偿。除非所有人或占有人同意,在就补偿达成一致意见并支付给相关利益者或缴存法庭之前,强制购买机构不得进入任何拟强制购买的土地。如果违反上述规定,强制购买者或其承建商故意进占土地的,除赔偿因进占造成的损害外还应多支付10镑。此处的10镑可按民事债务追偿。如果强制购买机构或其承建商在被罚款之后仍保持非法进占,则处以每天25英镑的罚款。此处的罚款可由所有人向高等法院上诉进行追偿,在该程序进行时,治安法庭不得对强制购买机构的进入权利做出决定性裁决。但是如果强制购买机构在未串通的情况下将补偿款支付给了他们认为正确的但实际上并不合法的产权人,其进占行为不受上述条款限制。若强制购买机构是依法进占土地,但是所有人或占有人拒绝放弃占有或阻碍其进占行为的,强制购买机构可将授权书交予治安官,由治安官将土地的占有转交给授权书上指定的人。在授权书的交付和执行中产生的费用应由所有人或占有人支付,金额可以从强制购买机构应支付的补偿金额中扣除。如果拒绝交付的人不享有补偿或应负责的费用超过其应获得的补偿,则款项或不足款项经要求而得不到支付的,可扣押其物品并诉至治安法官处。扣押的货物或动产的价值超过其应承担的价值的,剩余部分应返还货物或动产的所有人。

土地的进占和转让还应满足以下条件:

在强制购买机构进占土地之前,由土地所有人主张的补偿或评估师判定的补偿金额应以有价证券的形式缴存法院。其中评估师应该由两名治安官以签署的书面文件形式任命,且评估师应该是资质合格的人。

强制购买机构可以债券的形式将补偿金额连同进入之日起到补偿支付完毕前的利息缴存法院。若强制购买机构是公司法人,则债券需加盖公章。债券应由两名有资质的保证人足额保证,在强制购买机构和所有人就保证人无法达成一致时,保证人由两名治安官联合批准。

土地征收在双方就补偿达成一致且进行土地转让之后应到土地登记局办理登记,至此土地强制购买程序基本完成。

用图 2-3 表示基本程序如下:

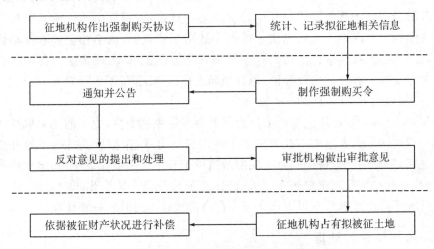

图 2-3　英国土地强制购买的基本程序

三、土地征用补偿

对征收土地补偿的土地征收费,主要根据征收之前的市场价格计算。如果有些土地在征收之前因要转为公共开发地而造成地价上涨,则原则上补偿价格不包括地价上涨部分,但某些合理上涨可以考虑。

英国法律规定,土地征用时,征用当局必须给予土地产业权人适当的补偿。1845 年的土地条款法规定,采取"土地所有权价值"的原则对征用土地进行补偿。该原则被定义为:土地所有权人于其土地被征收之当时,作为一个小心谨慎的人,在同一时刻,无任何强迫时,他本人愿意支付购买该地的价格。但由于依据该原则,在确定该土地价格时是以原土地所有人的判断为标准的。没有客观的标准,可能会导致超额补偿,增加社会税收负担。至 1918 年后,土地征收补偿才改为采用"愿意市场价值"进行补偿。即买者愿意买入、卖者愿意出售的双方共同决定的市场价格作为土地征用补偿的原则。但如果有些土地征用之时,因要转为公有开发地而导致的地价上涨部分,原则上不包括在补偿的范围内。依此原则,土地征用补偿及标准包括以下几个方面:

(1)地价补偿:即被征用土地补偿的价值,就是土地在公开的市场中,土地所有权人愿意出售而可得的市场价格。不得因土地征用而给予经济救济或其他优惠。下列情况下土地价值不得给予补偿:被征收的土地特别适合某种使用目的,而此种使用目的具有征收后才能实现,或没有此种特殊使用目的的市场时,土地增值来自法律禁止或对占有人、公众等有损健康时。

(2)损害补偿:部分土地被征收,导致土地分割或损害的补偿,此项补偿标准以市场价值之贬损为标准。

(3)干扰补偿:由于土地征用可能导致的土地所有权人在经营上的损失。如迁移后经营环境变化导致失去顾客、歇业损失等。此类补偿通常以"所有权人价值"为原则进行补偿。

(4)其他支付:因土地征用而导致产权人的其他损失赔偿。如因土地征用而转移所需的费用,为了征用土地需要,产业权人需要专业人员的咨询顾问、估价等而耗费的费用。

英国土地征用补偿价格以被征用土地的所有者在公开土地市场上能得到的售价为计算标准。计算补偿价格的时间定为征用者进入土地(在取得权利前实际占有)的日期。同时,英国政府还综合考虑了其他因素。其中最重要的一点是,因所征用的土地一旦投入使用而导致当事人所拥有的其他土地的增值。征购土地用于建设后,由于社会采取行动使一些人明显获益,法律规定,社会应该酌情向这些人抽一笔特别税,即为改善金。英国所有的房地产所有者都需支付一种定期的改善税,地方当局定期对纯地产(不包括建筑)进行估价,如果地产增值,则按增值的 75% 征收。

近些年来,英国有权征用土地的部门为了避免采取强制手段,更多的是采取同土地所有者合作或商议的形式获得土地。被征用的土地产权所有者,用其所获得的土地补偿金额购买其他土地时,对其因土地被征收而实现的增值可于其土地被征收 3 年内,向课税机关申请缓收增值税,以使被征收之土地所有权人,能以被征地补偿金购买相同的土地,继续经营时不致财务状况下降。该税收至该土地产权人自愿出售该土地时才一并征收。

四、征用补偿纠纷处理

依照法定程序,对于征收补偿的价值,征收当局可委托政府机关的估价师,按法律规定的估价原则及正常市场价格进行估价。被征收人也可同时委托民间估价师来评估。若双方评估价格存在差异,民间估价师与官方委托的估价师可就估价方法及知识与经验等相互交流,找出估价差异形成的原因,并加以协商调整。当专业估价人员之协商未能成功时,有关征收补偿之争议可移送到土地法庭处理。

土地法庭有主席 1 名,律师 3 名,估价师 3 名。若案件涉及有关土地法律问题则任命有律师资格的成员审理,若问题涉及估价问题,则任命有估价资格的人员审理。若同时涉及法律和估价问题,则主席同时任命有律师资格和估价资格的人员审理。

土地法庭属于高等法院,除非有关法律问题可以继续上诉至上诉法院外,有关土地地价的争议,以土地法庭的判决为准。

第五节 土地税收制度

土地是各种自然资源的主要载体,是人类创造财富的基本源泉。用以调节土地资源的土地税是最古老的租税形式。

一、土地税制概述

英国的土地税制是一个包括许多税种的复杂体系,其中主要包括地方议会税(家庭财产税)、营业房产税、遗产税、印花税,以及所得税、增值税等。上述税种中地方议会税属于地方税,其他均为中央税(营业房产税虽然由地方政府征收,但需要全部上交中央政府处置分配,因此也将其列入中央税)。总的来说,土地税制是以土地为课税对象的税收制度。土地包括农业用地、住宅用地、经营用地、林地等。英国的土地税制主要包括两个方面的内容:土地保有课税、土地有偿转移和增值课税。

由于土地是一种主要的不动产,英国的土地税是合并在不动产税内征收的。居民买了房屋就同时买了土地,所以计税时也把房屋建筑物等不动产包括在内。因此,英国土地及相关不动产税的税基包括两个部分:一部分是土地,另一部分是建筑物和其他不动产。该类税收是目前英国税收体系中的一个重要组成部分,具有增加财政收入、促进土地有效利用、调节土地级差收入等重要作用。

中央政府的税务主管部门是国税与海关局(HMRC)。在英格兰、威尔士和北爱尔兰,中央政府负责收集房地产的数据及对纳税房地产进行评估;在苏格兰,这些是地方政府的一项职能。

在英国的各郡、市、区等地方政府也设有相应的税务机构,负责本地的地方税的征管工作。地方政府有地方税的征收权并且相应的收入归地方所有,但地方税种的开征、税率的提高和征税范围的扩大等,必须由中央政府决定并通过相应的立法程序进行。

二、主要税种设置与管理

(一)地方议会税(家庭财产税)

英国地方议会税属于地方税,是目前英国与土地有关的主要税种之一。地方议会税的课税对象为居住房屋,包括自用住宅和租用住宅。纳税人为年满18周岁的住房所有者或承租者(含地方政府自有房屋租客),包括永久地契居住人、租约居住人、固定居住人、业主、特许居住人等。该税实行累退税制,对较贵的物业征收的税额虽然增加,但税率却是降低的。税率由英国各地方政府自行确定。具体做法是,将辖区内所有住宅依其价值进行分类,统计出各价值等级内应税住宅的数量,地方议会根据当地政府收支情况和应税住宅数决定该税的税率税额。英格兰地区将所有房产根据评估价值分为8个级次,每个级次规定了应纳税额的比例(见表2-1)。

表 2-1　英格兰地方议会税评估级次

级次	价值区域(英镑)	比率	百分比(%)	2006 年平均税额(英镑)
A	0~40000	6/9	67	845
B	40001~52000	7/9	78	986
C	52001~68000	8/9	89	1127
D	68001~88000	9/9	100	1268
E	88001~120000	11/9	122	1550
F	120001~160000	13/9	144	1832
G	160001~320000	15/9	167	2113
H	320001 及以上部分	18/9	200	2536

资料来源:宋国明.英国土地税收制度特征与启示[J].国土资源情报,2010(7):2-8,25.

地方议会税税额具体的确定方法是,先确定地方政府各项支出的总额,再减去中央政府按一定标准计算确定的转移支付金额、营业财产税返还金额以及地方其他收费的预计金额,其余额就是应通过地方议会税征收的税额。再根据掌握的地方财产情况确定 D 级的应征税额,然后按照规定的比率计算出其他级次的应征税额。各地区财产和收支情况不同,确定的 D 级税额也有明显差异。2008 年英格兰中等级别税额最低的旺兹沃思市为 676.16 英镑,最高的里士满为 1490.60 英镑,高低相差 1 倍多。苏格兰差距较小,2009/2010 年度中等级别税额最低的是西部群岛区的 1024 英镑,最高的是阿伯丁市的 1230 英镑,差距仅为 20.1%。同一级次的住宅课征相同的税额。对于不同级次房产的纳税额,以中等级别为课税标准,乘以一定比率系数来决定。英格兰的中等级别税额呈稳定增长趋势,除个别年份,每年的增长率为 4%~7%。①

在地方议会税的征管方面,首先由纳税人向税务机关申报,并提供与住宅有关的资料;税务机关将对住宅进行评估,最后在每年的 4 月 1 日向纳税人发出税单,通知纳税人应缴纳的税额,并且允许纳税人在 10 个月内分期支付。苏格兰和威尔士情况类似,只是细节有所不同。

(二)营业房产税(business rates)

营业房产税是 1990 年依据 1988 年《地方政府金融法》(Local Government Finance Act 1988)在英格兰和威尔士引入的新税种,也称非家庭财产税(non-domestic rates),以取代之前的普通地方税(general rate),英国其他地区后来也相继引入该税种。

营业房产税的课税对象为不用于住宅的房屋,包括法人营业用房和自然人营业用房,如商店、写字楼、仓库、工厂等。英国营业房产税的纳税人为非住宅用房屋的所有者,包括自然人和法人。

英国营业房产税的课税依据为房屋租金收益。房屋租金收益由国税与海关局(HMRC)下属的评估办公室负责,每 5 年评估一次,评估标准是房产出租的市场价格。为了减少新评估对纳税人的负担造成较大影响,英国政府规定了一个缓冲期税率变化的过渡性措施,以缓解税负增长过快。

在税收征管方面,地方政府税务机构会按照评估价值,在每年三四月份将纳税通知单寄给纳税人,纳税人按税务机构寄来的纳税通知单缴纳税款,按年纳税,一年缴纳一次。营业房产税实行全国统一的税率,由财政部逐年核定和变更。税率因房屋使用用途不同而有所差别,如工业用房所适用的税率就不同于商业用房的税率,但税率提高幅度不得超过全国通货膨胀指数。

营业房产税虽然由地方政府征收,但地方政府无权直接处置,征收的税款全额上交中央政府,中央政府再根据各地人口等情况按一定标准返还给地方,这部分税收返还也是地方政府的一项重要收入来源,如伦敦市布罗姆雷区的营业财产税占到该区总收入的近 20%。

(三)遗产税

英国遗产税的课税对象是财产所有人死亡后遗留的财产总额以及亡者生前规定时间内(7 年内)的赠予资产。遗产税的纳税人为遗嘱执行人、遗产管理人和赠予人。遗产处理上

---

① 朱道林.土地管理学[M].2 版.北京:中国农业大学出版社,2016:340-342.

"先税后分",征收不考虑继承人的负担能力。该税种实行40%的单一比例税率,但若作为礼物转让或赠予的时限超过3年,征税将逐渐减少。遗产税是英国政府的一项重要税收,但由于起征点较高(2008/2009年度起征点为31.2万英镑),避税的方法比较简单,遗产税仅占政府收入的0.8%。近年来由于房地产价格上升,政府征收的遗产税也增加了不少。

(四)土地印花税

土地印花税是针对土地及相关不动产转让、典卖、分割、租赁等事务征收的税种,税基是涉及的不动产价值和租金额,住宅和非住宅用地及房屋税率有所差异。购买住宅用地及不动产的土地印花税的起征点为25万英镑(2010年起),需缴纳税率为5%的累进税率(2011年4月起)。非住宅用地及资产或混用资产(商店、办公楼、农业用地、森林用地、其他非住宅用地或资产、一次交易中购买的6处或6处以上的住宅资产)土地印花税的起征点为15万英镑。

土地印花税是根据2003年金融法引入的一项新税。与以前印花税的不同之处是,典型的土地交易如住宅的买卖等,交易者只需要向国税和海关局提交纳税申报单,不再需要印花税实物票据。不管是否已经交税,国税与海关局要求土地交易者在交易实施后的4周内提交纳税申报单,否则将给予处罚。提交申报单后,提交者将得到国税与海关局开出的证明。没有这一证明,新的土地所有者将无法过户。

三、土地税收制度的主要特征及管理特点

(一)高度集中的税收分税体制

英国在土地税收上实行高度集中的分税体制,中央与地方政府对土地税收分权管理,中央政府侧重于土地及资产转移和增值课税,如所得税、增值税、土地印花税、遗产税;地方政府侧重于土地保有课税,如地方议会税、经营房产税。但在整个税制管理中,英国中央政府具有较大的权力,包括相关立法和政策的制定,甚至是税率的确定。例如地方政府有地方税的征收权并且相应的收入归地方所有,但地方税种的开征、税率的提高和征税范围的扩大等,必须由中央政府决定并通过相应的立法程序进行。以营业房产税为例,虽然该税种属于地方税,也由地方政府征收,但其税率由中央政府统一确定,地方政府征收的税额不能自行直接处理,必须先上交中央政府,中央政府再根据各地人口等情况按一定标准返还给地方政府。

另外中央政府还有权对地方政府的征税活动进行适当干预,包括规定某种税收的增长限额。例如近几年来,英国地方议会税的税额每年不断上涨,而且上涨幅度超过通货膨胀率,主要原因是占地方政府收入大头的中央政府返还数额增长较少,满足不了地方政府提高服务质量所需要的资金。中央政府为了防止地方税过快增长,对地方议会税实行封顶干预,即规定地方议会税的增长限额,如规定某个年度增幅为5%。2005—2006财政年度,中央政府就对英格兰8个地方的地方议会税实行了封顶。如果地方政府不服中央政府的封顶,可向副首相办公室上诉,副首相办公室审议后提交下议院决定是否实行。

(二)完善的税收立法制度及申诉程序

英国与土地有关的主要税种都由法令做出规定。议会法典确定税收的基本规则。法院负责法典释义并规定税制的大部分细节。国税与海关局通过发表各种相关声明和通知文件来解释如何具体实施这些税法,包括主要制定税法实施说明、税法例外的税收减让办法、对

具体税种制发一系列解释性的通知和宣传单、对预算报告的相关解释以及征管手册等。税务部门的绝大多数信息都在自己的网站上发表。税收立法和执法主体分设，有利于各司其职，形成监督约束机制。

与土地有关的税收是中央和地方政府税收的重要来源，也是政府调控经济的重要工具之一，政府会根据经济的发展、政府的财政收支情况适时调整税率，必要的话对税法进行修改，或制定新的税法。英国是一个强调法治的国家，各项税种的设置通常都有相应的法律依据。该国的税收立法除了遵循一般意义上的原则，诸如法律面前人人平等、法律条款简洁明了以及根据社会财富拥有比例的不同确定相应的税收负担等以外，还特别强调要求保持税法的严肃性，避免随意性。税法的任何变动和修改，都要经过严格的程序。一般情况下，先由国税与海关局根据经济发展情况和税收征管业务中出现的问题，提出税收提案，在征求纳税人（特别是大企业纳税人）和税务中介机构的意见后，形成提案报财政部审定。财政部结合国际国内经济形势和政府预算情况，向国会提出次年的税收政策，经批准后作为财政法议案，提交国会并由下院进行第一次审议，修改后送专门委员会第二次审议，再送上院第三次审议（上院只有修改权，没有否决权），然后重返下院第四次审议，表决通过后由女王签署颁布。除税收法律外，法庭的判决（案例法）也起补充解释性作用。在具体操作中形成的由税务机关发布的对税法不清楚或存有疑惑之处的书面解释或说明，对征纳双方也都有约束力。

英国的税收申诉程序同样十分严密。纳税人对税务机关的行政行为如有不服的，可向税务监察员或直接向税务局长提出，一般由征纳双方协商解决，协商不成，由税务调解员出面调解，调解不成，纳税人可向高等法院申诉，然后依次可上诉到申诉法院、议会上院、欧洲法院、欧洲人权法院。值得注意的是，征纳双方的分歧，90%以上都是通过协商或调解解决的。因为，要通过法院裁决来解决，既费时又昂贵，而法庭的判决也往往倾向于保护纳税人的利益。

（三）土地税收是地方政府收入的重要来源和调节经济的重要手段

土地保有环节税收是地方税收收入的主要来源，2006年地方议会税收入为220.33亿英镑，占地方税收收入（不包括中央政府返还的营业房产税）的99.3%。地方议会税也是英国地方政府的重要收入来源之一，约占地方政府收入的25%，如伦敦面积最大的布罗姆雷区，地方议会税占其2005/2006财政年度收入预算的21.5%，加上中央政府返还的营业房产税，不动产税收可占其财政年度收入预算的40%以上。

地方议会税和营业房产税主要用于以下3个方面：①支付教育、社会服务、房屋修缮、娱乐设施、交通设施、公共卫生设施的支出；②改善居住环境、提供警察和消防服务；③地区长远规划和发展。地方议会税充分调动了地方政府的积极性，是居民和地方市政建设唯一的财政连接纽带，也是地方政府可以调整支出的主要手段。因此，市政税是地方民主自治和履行地方政府义务的关键条件之一。

（四）利用土地税收杠杆调节国民收入差距

英国政府利用土地税收杠杆调节国民收入的差距，遗产税是其中一个重要手段。通过对富人遗产的征税（31.2万英镑以下免征遗产税），以调节社会收入的差距。另外，按英国现行的遗产税法规定，在一定时期的赠予不动产也包括在遗产税中一起征收。为防止富人通过提前转移财产逃避遗产税，遗产税法规定，继承人除了要对死者遗留的财产缴纳遗产税外,还要对死者7年内赠予的财产,根据赠予及死亡的年限,按不同的税率缴纳赠予税。但很多富人在死亡7年之前就赠送财产,使得这些资产能在家庭内部循环,却永不被征收遗产税。为堵住这一漏洞,2003年12月,英国财政部在公布2004财年预算报告时,提出了一个新方案,政府将对那些打算或已经预先将资产赠予出去、之后仍继续享用这些资产的人,就其部分收益征收一项所得税。

不过,英国的税收规则虽然十分复杂和严格,但许多富人通过雇佣会计师和咨询师,钻税法的空子,想方设法逃避纳税。为此,政府不断制定相关政策,为漏洞打补丁,关于遗产税的新方案就是一例。

近年来,随着英国房价的迅速上升,很多中低收入家庭的资产都超过了遗产税的免征额,遗产税成了这些家庭最大的困扰。为减轻这些家庭的负担,政府逐年调高遗产税零税率适用限额(遗产税的起征点)。2006年的遗产税起征点比2005年提高了3.6个百分点,2007年提高了5.3个百分点,2008年和2009年又分别提高了4.0%和4.16%,分别达到31.2万英镑和32.5万英镑(2008/2009年度执行的是31.2万英镑)。

(五)通过土地税的征收提高土地利用的效率

地方议会税和营业房产税是对土地和房产保有环节征税,这两项税收可以有效地防止土地的低效利用。在英国,只要有土地和房屋,业主一般都会进行经营,使之产生效益,因为业主始终要为拥有的土地和房产缴税。一旦空置,就不能产生效益,业主就不得不从其他收入中转移缴税,增加了经济负担,所以纳税的压力驱使英国人很少空置自己的土地和房屋。因此,英国的土地税收体系有效地防止了低效利用土地。

(六)地方政府土地税收坚持以支定收的原则

地方议会税是税收中以支定收的典型代表。地方议会税税额的确定方法是先确定地方政府各项支出的总额,再减去中央政府按一定标准计算确定的转移支付金额、营业房产税返还金额以及地方其他收费的预计金额,其余额就是应通过地方议会税征收的税额。再根据掌握的地方财产情况确定标准税额D档的应征税额,按照规定比率计算出其他档次的应征税额。税额确定后,地方政府将税单和相关资料一并寄给纳税人,告知纳税人应纳税额、税率税额的确定方法、税收优惠规定、纳税人的权利义务以及地方政府的支出情况和收支增减原因,真正做到收支公开、透明,做到地方税收取之于民、用之于民。

(七)制定优惠政策,保证税收公平

在各项土地税种中政府都制定了一些优惠政策,包括减税和免税,以及制订相关的福利计划,特别是针对伤残人员、低收入者或无收入者等弱势群体,以及慈善机构、宗教组织、教育和社会福利机构给予政策倾斜。尽量保证税收公平。例如英国的地方议会税对学生、学徒、伤残病人的看护者的居住房屋免税;对伤残人住房,可以降低其住房价值应税级次,给予减税照顾;对只有一处住房且居住者中只有一位成年人的,可减征25%的税额等。此外英国地方政府还对低收入家庭发放地方议会税福利,通过实行住房和地方议会税福利计划(Housing and Council Tax Benefit),帮助低收入个人履行地方议会税纳税义务。这种福利计划不是直接从应纳税税额中扣减的,而是根据低收入个人的不同情况向纳税人发放。低收入纳税人根据地方议会税福利规定和自身情况,如实填写地方议会税福利申请表,经地方政府审查批准后,可按周领取地方议会税福利。

地方议会税福利要考虑家庭成员构成和收入情况,计算比较复杂。比如地方政府要考虑不同低收入档次的"非受赡养者减让"金额,还要考虑计算"第二个成人折扣"的收入确定以及家庭标准支出额等等。但正是由于地方政府实施了该项福利,才缓解了地方财产税较强的累退性,减轻了低收入家庭的税收负担,使地方税收的公平性大大增强,因此很受低收入者的欢迎。

(八)激活土地及房产市场,促进经济发展

英国的土地税收制度鼓励土地流动,刺激对土地的投资,促使频繁的土地交易,繁荣了土地市场。从英国土地税种的设计来看,英国"重存轻流",即重视房地产保有环节的征税,而轻视房地产权属转让的税收。在英国,来自房地产保有的不动产税 2006 年高达 412.37 亿英镑,其中营业房产税为 192.04 亿英镑,约占中央财产税(包括直接来自不动产转让环节的税收)的 51.08%,由于不动产转让环节的税收均由中央政府负责,因此英国保有环节的税收远远大于直接来自房地产转让的税收。"重存轻流"的税种结构极大地鼓励了房地产的流动,刺激了土地供给。高额的保有征税促使业主高效利用其房产,刺激了频繁的交易活动。英国的土地交易一般季节都超过 40 万宗,多时可达 55 万宗,每年汇总的地产交易高达 200 多万宗以上,高度繁荣。

(九)用以调控房地产市场,使其健康有序地发展

开征土地印花税、地方议会税、营业房产税之后,中央和地方政府可以在长期发展与短期利益之间取得平衡,在保证其稳定财政收入的同时,力争使房地产的开发与市场需求相一致,防止泡沫经济的出现,从而保证了经济、社会的和谐发展。

近年来为调控房地产市场,政府多次上调土地印花税的起征点,2005 年起征点由 6 万英镑增加到 12 万英镑,2006 年增加到 12.5 万英镑,对一些落后地区起征点提高到 15 万英镑,2008 年 9 月,为激励英国不断走疲的房市,政府将土地印花税的起征点从 12.5 万英镑提高到 17.5 万英镑。2010 年 3 月,英国政府宣布再次提高土地印花税的起征点,从 3 月 24 日午夜开始上调土地印花税起征点,首次购房者土地印花税起征点将调至 25 万英镑,实施期限为两年,此举将在 2010 年底前令大约 35 万首次购房者受益。

(十)精简、高效的管理机构,逐步扩大的社会化管理

英国行政管理采取的是小政府大社会原则,各级政府的规模都很小。征税部门也不例外,无论是中央政府的国税与海关局,还是地方政府的征税机构都很精简,并把效率和成本作为主要考核目标。英国地方税收的征管基础数据比较健全,每处房产情况都有详细准确的记录,因此,征收率很高,平均都在 98% 左右,而征税成本却很低。每年,审计署下属的审计委员会(审计署隶属下议院)还要对地方政府的运作,特别是财政收支情况进行全面绩效审计评估,对地方政府做出评价,并指出存在的问题和改进建议。

为了降低成本和提高管理效率,英国的一些地方政府还将地方税征管任务和地方议会税福利等工作交由私人公司负责(地方政府保留税务稽查职能),如布罗姆雷区的相关工作就承包给了里博雷塔(Liberata)公司。该公司在英国有 24 个业务中心、4000 多名雇员,是英国最大的外包业务服务公司之一,目前与 22 个地方政府和 13 个中央政府部门有合作关系。布罗姆雷区政府从 2002 年开始与它合作,原有征税人员相应划转到该公司。他们每年签订一份合同,规定应收的税款数额和承包费金额。由于里博雷塔有更专业的人才和更优

质的服务,因此双方对合作都很满意,公司赚了钱,地方政府降低了征税成本(每年30多万英镑),税收征收率还逐年提高。①

第六节　土地发展权制度

一、土地发展权制度的缘起

土地发展权制度最早产生于20世纪的英国,主要是对农业用地进行开发再利用的权利。作为一种土地经济权利,其首先是改变土地的使用用途,其次是改动土地的利用强度。土地发展权制度则是通过制定相关法律、法规等规范性文件,来规范土地开发权带来的权益分配与归属,这种制度对于20世纪50年代的英国具有历史性的重要意义。

众所周知,罗马法有"私法之祖"的美誉,其"上至穹顶,下涉万物"的思想对中世纪英国财产法的发展具有重大影响。11世纪中叶,诺曼底贵族威廉一世侵占英国后建立诺曼帝国。其当政期间,将盎格鲁撒克逊法律制度与欧洲大陆法律中有关土地制度的规定有机结合,制定土地保有制度。简单来说,土地保有制是指领主与保有人互为权利义务人,领主有权分得部分保有人使用土地所获得的经济收益,保有人有权获得领主的土地使用权并受其保护。威廉一世将王室土地和征服没收的土地一部分占为己有,剩余土地分封给将领、王室贵族、传教士等使用。按照社会层级划分,直属封臣留有部分自用土地,将剩余土地进行下一层级分封,被分封者成为二级封臣,与直属封臣互为领主和保有人关系,以此类推,逐级分封,呈现金字塔状的位阶体系。英国的土地所有权和使用权是相分离的。国王虽拥有土地所有权,但土地使用权实际掌握在保有者私人手中,私人有权自由使用土地寻求更高的经济效益,当时并不重视土地所有权。因此,英国法学家提出不同于土地本身的概念,即地产权。地产权是一个抽象概念,代表土地各方面的权益。同一土地,具有多种地产权,一人可通过持有一种或多种地产权获得经济收益。土地发展权作为一种土地使用方面的权利,就是地产权的一种权利形态。

土地发展权起源于威廉一世时期的地产权,但当时并未制定相关的法律规范将其归为法学领域。19世纪和20世纪,英国不断加大对土地发展权的探索力度,土地发展权制度的实践可谓"一波三折",主要包括3个阶段:私法限制阶段、公权力管控阶段、土地管控规划实施阶段。

私法限制是英国土地发展权制度实践的初级阶段。这个阶段主要来自财产法、限制性约据、侵权法等传统私法规范的限制。首先,由于同一土地有多种地产权,地产权人分封土地时,有权将土地发展权与其他地产权分离,单独流转,但要限制土地用途,以达到保护土地之目的;其次,根据英国普通法和衡平法多个案件确立的规则,地权人与受让人达成协议,约定限制土地的使用方式、使用时间、使用内容等,且约据随地流转,不受协议相对人的限制。再者,11世纪时,英国通过颁发令状的方式,限制土地的用途,排除对公众的损害。例如,

---

① 宋国明.英国土地税收制度特征与启示[J].国土资源情报,2010(7):2-8.

1855 年英国公布的《排除妨害法》规定,建造房屋不得过于密集,否则应予拆除。自此,英国政府出台一系列法案,或多或少的涉及对土地开发的调控。①

公权力管控是英国土地发展权制度实践的中期阶段。在土地发展权制度实践的初期,土地发展权并未进入公权利领域,属于私权利。19 世纪后,英国工业革命如火如荼地展开,工业的快速发展和国内自然资源的锐减,城市建筑面积的扩大和农村土地的流失是当时的主要矛盾,而这种矛盾并不能通过传统上的私权限制的方式得到有效解决。这时,英国政府颁布了《社会卫生法》《工人住宅法》等法案,以公法形式加强对土地用途的管制,规范土地使用行为,有效缓解了城市化快速发展带来的土地矛盾。

土地管控规划施行是英国土地发展权制度实践的后期阶段。19 世纪英国政府颁布的相关法案仅仅强调管控建筑物面积、房屋间距、建材卫生等建筑本身方面,而忽略了城市规划与农村土地流失之间的矛盾。1909 年以来,英国政府又相继颁布了《住宅、城镇规划诸法》《城市规划法令》《城乡规划法》等法律对城镇建筑、损害赔偿做出了明确规划,进而推行土地发展权国有化,土地发展权制度最终确立。②

二、土地发展权制度的价值③

(一)理论价值

土地发展权制度的建立,推进了土地权利体系法制建设。土地权利的种类和内容是随着人类社会的发展和需要而不断丰富的。土地权利体系的发展史表明,20 世纪之前,土地权利设置的重心在于静态土地权利的规范。罗马法规定了 6 种土地权利:(1)土地所有权;(2)地役权;(3)永佃权;(4)地上权;(5)典当权;(6)抵押权。这 6 种土地权利中土地所有权属自物权,其余 5 种属于他物权。罗马法土地权利体系立法对后世影响很大,以至于后来其他国家土地权利体系立法与罗马法"一脉相承"。罗马物权法中的许多原则成为许多国家制定物权法的主要依据。如德意志,15 世纪末叶以后,罗马法渐由意大利传播至德意志。德意志学者致力钻研,法官据以定谳。其结果,德意志近代普通法之内容,除简略掺杂寺院法规以外,罗马法竟占 9/10,而日耳曼法之固有精神反而所存无几。再如,日本土地权利设置虽有 10 种,包括土地所有权、占有权、地上权、永小作权、地役权、留置权、先取特权、质权、抵押权、入会权等,但在基本内容上仍然与罗马物权法相一致。由上可见,无论是罗马法土地权利设置,还是其他国家土地权利设置,虽有所差别,但基本内容一致。

从国外土地权利设置不难看出,20 世纪之前,人类社会立法对土地权利关注的重心在于静态土地权利设置与保护,还没有认识到动态土地权利设置与保护的重要价值。

20 世纪上半叶,随着城市化进程的迅速发展和人口的不断增加,人类认识到动态土地权利设置与保护的重要性,第二世纪大战之后,英国开始研究动态土地权利的配置,土地发展权应运而生。土地发展权的基本观念,是发展土地的权利,是一种可以与土地所有权分离而单独处分的权利。最初,由于土地发展权创设的主要目的在于保护农地,因而土地发展权又称"农地发展权",即农地变更为城市建设用地的权利。创设土地发展权后,其他一切土地

① 张新平.试论英国土地发展权的法律溯源及启示[J].中国土地科学,2014(11):81-88.
② 翁晓宇.英美两国土地发展权制度的实践与借鉴[J].农业经济,2018(12):81-83.
③ 刘国臻.论英国土地发展权制度及其对我国的启示[J].法学评论,2008(4):141-146.

的财产权(所有权)是以目前已经依法取得的权利为限,亦即农地所有权的范围,以已经编定的正常使用的价值为限。至于此后变更农地使用类别的权利则属于发展权。

英国1947年将土地发展权从土地所有权中分离出来,成为一种新的单独处分的权利,打破了20世纪之前土地权利设置重心只关注静态土地权利设置的传统,发展成为在关注静态土地权利设置的同时,亦关注动态土地权利的设置。从理论意义来看,土地发展权制度的建立,丰富了土地权利体系内容,推进了土地权利体系法制建设。

(二)实践价值

土地发展权制度的建立,解决了传统土地权利不能解决的现实问题。随着经济社会的不断发展,土地上发生的关系越来越复杂。这些越来越复杂的关系必须借助于创设多种土地权利来解决。20世纪上半叶,特别是第二次世界大战之后,西方国家由于城市建设、人口或家庭数量增长等原因,城市化速度加快,土地所有权问题发生剧烈变化,呈现出与第二次世界大战前迥然不同的形态。最为典型的问题是,由于城市扩展引发的农地保护问题,由于土地退化引发的土地生态问题,由于土地分配和土地开发引发的土地产权问题,等等。

这些问题相互交织,相互影响,而且因国家的不同,其产生原因和表现形式也不完全一样。从世界范围来看,随着第二次世界大战后经济恢复与初步发展,世界进入一个相对稳定的和平发展时期,各国先后进入了经济恢复、城市重建与发展的现代历史时期。在新的历史条件下,人口数量增加、城市化和工业化是造成优质农地大量流失的重要原因,这种现象在发达国家尤为明显,不仅减少了优质农地的数量,而且危害了农地的生态环境。

上述土地问题,从表面看是农地数量减少和农地生态环境等问题,实质上反映的是在新的历史条件下土地法律关系如何调整的深层次问题,特别是土地权利体系如何健全的问题,因为城市化、工业化和人口(或家庭)增加所牵扯的土地利用问题,反映出土地利用利益的多元化问题。这种多元化的利益表明第二次世界大战后的土地问题较之以前的土地问题更加复杂。现代一切土地问题的基础,莫不从土地所有的社会利益与私利益之对立与调适上予以展开。因此,对如此多样化的现代土地问题,如仅依赖19世纪末叶以来的权利滥用禁止与公共福利理论,或以18、19世纪土地所有权的绝对性理念予以回应,显然将不可能且不具有现实适宜性。

第二次世界大战后,土地所有权的绝对性、独占性和完整性与土地利用的社会性之间的矛盾被激发出来。同时,由于城市化、工业化和人口(家庭)数量增加,使不同土地之间的土地利用产生竞争甚至对立。一方面,土地所有权的绝对性、独占性和完整性,要求土地所有权享有至高无上的地位;另一方面,土地的社会化在相应强化,这对土地所有与利用产生深刻影响。如果仅依赖已有土地权利制度则无法解决现实问题,在这种背景下,英国创设了土地发展权制度,在很大程度上解决了传统土地权利制度不能解决的现实问题。

三、土地发展权制度的确立[①]

第一阶段:1909年英国制定了《住宅、城镇规划诸法》(Housing, Town Planning, etc. Act),首次通过立法方式开始全面的城市规划,并对土地发展进行立法限制。该法第54条规定,地

---

① 张新平.试论英国土地发展权的法律溯源及启示[J].中国土地科学,2014(11):81-88.

方政府可以就正在开发的土地或可能用于建筑目的的土地编制城镇规划方案,以确保该土地及其邻近土地规划和利用达到卫生合格、环境舒适、交通便利的要求。该法还规定,对于违反规划方案的建筑,政府均有权将之迁移、拆除或实施改造,而无论该建筑建于规划方案实施前还是实施以后。城市规划法对土地发展的限制,对土地发展权的权益构成和性质造成了重大影响。在城市规划实施之前,土地发展权的价值主要受到土地自然条件、区位特征等因素的影响,而在规划控制制度下,被允许发展的土地的价值因其他土地的限制发展而得到额外增加,这也就是 1940 年《巴罗报告》和 1942 年《阿斯瓦特报告》中所说的土地发展价值发生了转移,即从被禁止发展的土地转移到了获许开发的土地上。因此,特定土地的发展权价值并非完全源自土地自身属性,而是蕴含了社会整体价值在内,土地发展权已不完全是私人地产权"棒束"中的"木条"。这也是后来英国推行土地发展权国有化的基点之一。

按照 1909 年《住宅、城镇规划诸法》第 58 条的规定,任何人的财产受到规划方案的不利影响,都有权向地方政府请求赔偿。但是,对于在启动编制规划方案到规划正式实施之间的过渡时期内的新建或在建项目,如果与正式规划相悖,开发人无权要求赔偿。这种僵化的规划制度遭到了开发人的反对。为解决这一问题,1922 年制定的《城市规划法令》(Town Planning Order)提出实施过渡时期的开发控制(或称临时开发控制),建立了发展许可制度。这一法令规定,在规划方案编制和审查阶段,当地政府可以给予建设项目发展许可。如果获准开发的项目因与最终施行的规划方案不符而受到不利影响的,则由政府给以相应补偿。简言之,开发者事先取得发展许可,可得到补偿,否则,就得不到补偿。由此,发展许可制度通过事后"迂回"补偿开发者的方式,在一定程度已经将土地发展视为政府赋予开发者的一项权利。但是,未获得发展许可而开发的项目并未被视为非法,开发人也没有义务为开发项目事先取得许可,可以说,土地发展权依然留在私人手中。

第二阶段:1947 年《城乡规划法》坚持发展控制的原则,将土地发展权及其相关利益实现了国有化。英国工党政府通过的《城乡规划法》中规定,私有土地仍然保持私有,但其发展权(即变更土地使用类别的权利)收归国家,实行所谓的"土地发展权国有化"。根据此法,几乎所有的开发项目都被纳入发展控制的范围,没有规划当局的许可,就不能进行开发建设。任何私有土地只享有原有使用类别的占有、使用、收益和处分的权利,而变更原有使用类别的权利则由国家独占。私有土地所有人或其他任何人如想变更(升高)土地的原有使用类别,在实行建筑发展之前,必须先向政府购买土地发展权。基于发展权国有化的原则,因规划所导致的禁止开发不予补偿。如果发展许可被批准,因规划引起的土地升值都将被全额征收为发展权。至此,通过自 19 世纪中叶以来英国土地发展控制的实践,以往依靠私人约束土地使用的方式,在很大程度已被政府的管制所取代,土地发展权被彻底从土地固有权利中剥离出来,成为一项国家公权力。但是,英国土地发展权国有化措施并非彻底的国家独占发展权,而是贯彻了分享发展权益的理念。因为如果遵循严密的逻辑,土地发展价值向国家转移根本就不应当存在赔偿的问题,而英国却建立了一个 3 亿英镑的基金,用于向提出发展申请但被拒绝的土地持有人进行"支付",作为对国有化发展权的一种整体补偿,以确保这一法案的顺利推行。如果政府公布土地使用计划,变更(降低)私有土地原有使用类别,因而降低其土地价值的,则政府应按地价降低所受损失的金额予以补偿。至于土地发展权的价格,应按变更使用类别后的土地自然增值计算。尽管如此,英国土地发展权国有化政策,特别是全额征收发展权的做法还是遭到了各方的强烈反对。

第三阶段：1953 年保守党政府在保留发展许可制度的同时废止发展权,改以"规划利得"(planning gains)附加开发者相应的义务。英国的土地发展权国有化政策未完全成功,1952 年保守党当政后予以废止。废止的理由是：自实行土地发展权国有化后,土地市场几乎陷于停顿。迫切需要使用土地的人除按照黑市地价进行交易外,还须代土地出售人缴付土地发展费(即土地发展权价格)。这无形中抬高了土地市价,使土地市场发生闭销作用,阻碍了土地的正常使用。英国此后在 1967 年和 2010 年针对土地发展价值分别尝试征收改良权和社区基础建设税,并通过引入规划义务的方式,由开发者在取得发展许可的同时,作为附带条件承担公共设施、经济住宅等基础设施的建设义务,从而将部分发展价值回归社会。可见,土地发展权的独立地位和社会分享观念并未发生根本变化,仅仅是在价值分配的比例和方式上与 1947 年《城乡规划法》有所差异而已。但由于英国工党和保守党政策的基本观点不同,该制度几经反复,并有所变化。

第七节　土地登记制度[①]

一、登记类型

(一)产权登记与权属确定

产权登记是 1925 年英国财产法改革所确立的制度。此后经过立法的不断修订,直至 2002 年《土地登记法》(Land Registration Act 2002)的出台,最终得以完善,成为英国不动产登记体系的核心。

产权登记制度必须是"可靠的(reliable)、简单的(simple)、便宜的(cheap)、迅捷的(speedy),并且适合社会需要"。可靠,是指产权登记制度下产权的归属、负担和变动是清楚、明晰的,产权的判断不再需要根据众多的产权链检索审查来进行,也不会存在即便尽到严谨审查义务仍旧不能确定产权归属的情形。所有的不动产权利归属及变动均以登记簿的记载为准,以政府的公信力保障产权的真实性和有效性,为买受人提供了合理信赖的基础。便宜,是指在不动产交易中,土地的每次转让不必再经过复杂、烦琐的产权调查程序,以官方的登记取代了每一次具体交易环节契据的调查审核,减少了调查产权链环节转让文件的必要性,减少了土地买受人寻找专业人员从事上述行为的经济成本,土地交易成为具有一般知识的理性人可以独立为之的法律行为。在此基础上,不动产交易变得更为简单和迅捷。由此,产权的归属不再是一个需要通过复杂检索和证据加以证明的事实,而是一个由登记系统记载和国家予以保障的具有公信力的事实。可以说,英国的产权登记充分而完整地展现了登记作为不动产权属确定的公示方法,同时具有社会公信力的制度功能。

1. 强制初始登记

与产权登记密切相关的一个概念是强制登记。英国 1925 年财产立法全面引入了强制

---

① 刘艳. 英美不动产登记法律制度研究[D]. 济南：山东大学,2014.

登记。根据 1925 年《土地登记法》，强制登记至少包含两个方面的要求：一是该区域被划定为强制登记区；二是在该区域内发生了特定的不动产交易。1997 年《土地登记法》扩大了"特定交易"的范围。《2002 年土地登记法》增加了许多种引起强制登记的原因，进一步扩大了产权登记的范围。

根据 2002 年《土地登记法》，英国采用产权强制登记的类型有以下几种：合格地产权的转让；适用 1985 年《住房法》（第 68 号）第 171A 条（出租人的处分导致一个人不再是有安全保障的承租人）未登记法定地产权的转让，以及源于该项下未登记法定地产权的租赁授予；7 年以上的绝对数年期租赁的授予；将来权利的授予；合格地产权上创设的受保护的第一顺位普通法抵押；大法官命令的强制登记。

2. 自愿初始登记

与强制登记相对应的另一种初始登记为自愿登记。自愿登记是指对于特定类型的未登记的土地权益人，可以自愿向登记机关提出登记申请，自行决定是否将其土地权益进行登记。该登记不具有强制性，由当事人自行选择。如果当事人未提出登记申请，该土地权益就无法记载于登记簿中。

根据 2002 年《土地登记法》，不强制要求未登记的土地权益人登记其土地权益。该法第 3 条规定自愿登记的土地权益类型包括：地产权、地租负担、特许权、概括收益权。尽管上述土地权益可随产权登记在产权登记系统中，但其实际为土地负担，其转让仍需按未登记土地转让的原理进行。

无论是强制的初始登记还是自愿的初始登记，英国产权登记系统中的最初确认程序都是极为严格的。这是因为产权登记的权属确定作用。一旦经过登记，土地登记簿就要像镜子一样如实地反映土地上的权利状况，登记具有如同确认所有权诉讼中终审判决一样的法律效力，具有对世性。

（二）负担登记与产权状态的公示

负担登记是英国不动产登记体系中的一个特别类型。该项登记制度并非 1925 年财产法改革首创，只不过 1925 年《土地负担法》将负担登记的适用范围大幅拓宽。当土地负担进行负担登记后，就获得了对抗未登记土地买受人的效力。该项登记制度也成为英国不动产登记体系中与产权登记并行的有益补充。

负担问题是普通法地产权转让时最为突出的问题。不仅因为产权的转让直接影响到负担的存废，而且因为负担的存废会直接影响土地买受人的利益。负担登记的建立就是通过对产权上负担状态的公示，使得该土地负担能够为买受人查询知晓，为不动产交易中未登记产权的买受人判断提供方便，进而通过实体法律规则协调负担所有人和产权买受人之间的关系。1972 年《土地负担法》对负担登记制度进一步改革，专门规定了未登记土地上负担的规则。1974 年《土地负担规则》（Land Charges Rules 1974）对登记的程序、登记簿的内容与形式等具体问题作出规定。

对于未经过产权登记的不动产交易，要确定土地负担的存废，需要首先确定土地负担的性质。如果是普通法性质的负担，其效力不受产权转让的影响，对土地买受人继续有效；如果是衡平法性质的负担，则存在 3 种不同的法律规则：如果负担可以登记并被正确登记，该负担对土地买受人继续有效；如果负担可以被超越，即使经过负担登记，该负担对土地买受人也不发生效力，负担所有人对土地的权益转化为对出让人因交易所获价款的权益；如果负担既不可被登记也不能被超越,则需按照衡平法中的注意原则来确定其效力。

在英国,对于一宗未经产权登记的土地交易,应根据交易种类决定登记类型。如果是只涉及土地负担的交易,如设定地役权(easement)等,只需进行负担登记,无须进行产权登记。该种负担登记必须是以地产权所有人或是被影响的地产权或土地权益的其他人的名义进行,即采用的是人的编成而非物的编成主义;买受人也会针对权利人的姓名进行负担检索;不存在登记员的调查和保障。该种登记所产生的最主要的问题就是无法发现权源(root of title)之前的土地负担,因为买受人只会针对权源之后的地产权人的姓名进行负担检索。由此会产生产权买受人和负担所有人之间的权利冲突,且有随着时间的推移愈演愈烈之势。无怪乎有人形象地称之为"弗兰克斯泰因怪兽(Frankenstein's monster)"。如果是涉及产权移转的交易,则需要进行产权初始登记,将存在于产权上的土地负担同时记载于产权登记簿之中。未登记产权转化为登记产权,此后发生的不动产交易需按产权登记制度进行。

二、登记范围

英国的土地登记使得人们很容易误解为不动产登记的对象是土地。事实并非如此。在产权登记与负担登记并存的英国,产权登记的对象是土地权益而非土地本身,或者更准确地说,英国产权登记的对象是抽象的地产权益。这些抽象的地产权益依附于特定的土地而存在,使得产权登记区别于负担登记和契据登记。相应地,英国产权登记与负担登记下可登记的权利范围亦有所不同。

(一)可登记的地产权

英国不动产权利体系可以分为 3 个层级:普通法地产权、普通法土地权益和衡平法土地权益。土地登记法以土地权利体系为基础,将权利分为两个层级:可以被登记的权利和不能被登记的权利。根据 2002 年《土地登记法》,某些法定权利(包括普通法地产权和普通法土地权益)能够被登记,这些法定权益统称为"可登记权益";除此之外的其余权益不能被登记。该法第 2 条规定,"本法规定的产权登记——

(a)未登记的法定地产权是指下列任何一种权益——

(ⅰ)地产权,

(ⅱ)地租负担,

(ⅲ)特许权,

(ⅳ)概括收益权,以及

(ⅴ)任何其他的为了某一已登记的地产权益而存在的权益或负担,或者是附加于已登记地产权益上的负担,以及

(ⅵ)因处分一项已登记权益产生的能够在普通法上存在的权益。"

上述法定权利中,(a)(ⅰ)是指 1925 年《财产法》第 1 条规定的法定地产权,包括自主持有地产权和租赁地产权;但 2002 年《土地登记法》规定的租赁地产权是 7 年以上的租赁地产权,少于 7 年的租赁地产权是不可登记的地产权。(a)(ⅱ)—(a)(ⅵ)规定的是土地权益,包括地租、特许、收益等。上述法定权利可以概括为五种,即自主持有地产权、7 年以上的租赁、地租、特许和收益。其中,前两种是可以登记的地产权,能够独立成册,有独立的产权编号;后三种是可以登记在产权登记中的土地权益(负担),不能独立成册,没有独立的产权编号,也被称之为"附属地产权(dependent estates)"。

可登记的地产权可以分为绝对产权(absolute title)、附条件产权(qualified title)和占有性产权(possessory title)3种类型。处于最高层级的是绝对产权,其他类型属于劣级产权,依据1925年《土地登记法》第77条规定,劣级产权可以转化升级为优级产权。这3种类型既可以为自主持有地产权,也可以为7年以上的租赁地产权。此外,还存在移转良好租赁地产权(good leasehold title)的类型,也在可登记产权的范围之内。

绝对产权权利人所享有的权利最为充分,只受到优先利益和已登记的次级利益的限制。若申请人申请将地产权登记为绝对产权,需向登记员证明产权的来源和有效性;对租赁地产权而言,甚至包括对出租人地产权的真实性和有效性进行审查。在这一过程中,登记员的角色就像是一个自愿而且谨慎的买受人。

附条件产权是受到一些限制的产权,如以特定限制为条件、以将来事件的发生为条件,或以待执行的限制为条件等。将一项产权登记为附条件产权,则该产权受到登记之日已经存在的所有土地权益的约束。这种产权本身就意味着风险,对买受人不具有吸引力,非常罕见。只有在登记员发现产权存在瑕疵,申请人同意登记为附条件产权的情况下才会发生。

占有性产权是在申请人不能提供充分的证据证明其拥有自主持有地产权或租赁地产权时,登记员就其申请登记的产权进行的登记。该产权要受到首次登记之前已经存在或登记当日创设的所有不利产权(adverse title)的约束,只对登记之后的产权状况进行保障。因该种类型的产权上存在众多的未披露的土地负担,故而不受欢迎。

良好租赁地产权与绝对产权的品质基本相同,只是要受到影响出租人自主持有地产权或其他更优产权的约束。该种登记只保证租赁关系的真实性,无法保证其有效性。如自主持有地产权人A将不动产出租给B,如果B要申请登记为绝对产权,则B需要证明A的自主持有地产权的真实有效。但如果A的产权未经登记,则B无法向登员证明A的产权真实有效。既然A的产权效力无法确定,自然也无法确定A与B之间租赁关系的有效性,故而无法将B的申请登记为绝对产权。该案例中,除了A是否有权出租无法确定外,A与B之间的租赁契据在其他方面均为有效,故而也无法将B的申请登记为占有性产权。此种情形,B的申请只能被登记为良好租赁地产权。对于已经进行产权登记的土地交易,应当按照产权登记体系运作。首次登记的产权人受其知道的时效取得人权利的约束;地产权的购买人仅受到优先利益和已登记的次级利益的约束。法定产权的有效性取决于登记,而不是像传统财产法一样取决于产权转让的方式。

(二)负担登记下可登记的土地权益

广义而言,可以进行负担登记的土地权益是指所有对土地价值或是享用产权有不利影响的第三方权益。除了后顺位法定抵押(puisne mortgage)之外,这些权益都能被归入商事衡平权益,以区别于可超越的家庭衡平权益。并非所有的衡平权益都是负担登记下可登记的土地权益,根据1972年《土地负担法》,可登记的土地权益被分为五大类别,分别是:待决诉讼(pending actions)、年金享有权(annuities)、影响土地的令状和裁定(writs and orders affecting land)、和解契据(deeds of arrangement)、土地负担(land charges)。该五大类土地权益均构成交易产权的负担,被称之为"产权负担"。

土地负担是负担登记下可登记的最重要的土地权益。根据1972年《土地负担法》第2条规定,可在土地负担登记簿上登记的土地负担类型有6种:

A类:按照议会法案,由土地权益人申请创设的某种法定负担(statutory charges)。这些负担通常与土地相关的公共机构的工作有关不是一个地方土地负担），费用可由所有人支付，或者是议会法案基于完全特定目的给予金钱支付。如由产权人应交的税而产生的对土地的权利。

B 类：由制定法自动产生的某种法定负担。这些负担与 A 类土地负担相似，只不过负担不是由某人向登记员申请创设，而是由相关立法的效力自动产生。如由 1974 年《法律援助法》创设的一项土地上的负担。

C 类：是最重要的土地负担种类，其重要性在于许多土地权益对其存在的土地能够产生深刻影响，许多真正不利于地产权人，如控制土地用益或享有的权利，或是减损土地出售的资本价值。C 类可以被分为 4 个次级分类。一是不为贷款人财产产权契据保证金所保护的法定抵押。债务人未将产权契据交给债权人作为抵押物的普通法上的抵押，因此往往不是第一顺位抵押。二是有限的所有人的负担（a limited owner's charge）。三是一般衡平法上的负担（a general equitable charge），是引起其他地方未提及的特定负担的剩余种类，包括未交出产权契据的衡平法上抵押，以及一些年金享有权。四是地产权合同（estate contracts），是指"地产所有人或是在合同日被授予法定地产权的人订立的合同，目的是转让或者创设一项法定地产权，包括授予明示或者法定默示的有效的购买选择权、优先购买权或任何其他此类权利。"

D 类：可分为 3 个次类。一是国内税收负担，是按照 1984 年《继承税法》与死亡时支付的税金有关的负担。如果产权人死亡时应交的税金没有支付，则自动产生该土地负担。二是 1925 年以后创设的限制性约据，但不包括出租人和承租人之间的租赁约据。三是 1925 年以后创设的土地上的衡平法地役权、权利或特权。

E 类：1926 年之前创设的年金享有权（annuities）。

F 类：按照 1996 年《家庭法》（The Family Law Act 1996）第 30 条产生以及因该法第 31 条作为土地负担可登记的配偶婚姻住所权。

除了上述产权负担登记之外，1975 年《地方土地负担法》（Local Land Charges Act 1975）还确定了一种地方土地负担。与产权负担不同，地方土地负担不是针对普通法地产权人的姓名，而是针对土地进行登记；无论是经过产权登记还是未经过产权登记的土地，都可以进行地方土地负担登记。该种登记方式与行政管理紧密相连，具有公法性质；且是否登记并不会影响地方土地负担的效力，买受人仍要受其约束，只不过对因此而遭受的损失，买受人有权获得补偿。

三、土地登记中的优先利益与次级利益

1925 年财产立法采用优先利益、次级利益的办法，平衡不动产交易中买受人和第三方的利益。2002 年《土地登记法》延续了这一传统。在存在产权登记的情况下，允许特定类型的权利（优先利益）可以不经登记而约束未来的土地买受人；对于除此之外的其他类型的土地权益（次级利益），只有经过登记才能对抗未来的土地买受人；在次级利益中，又存在着无论登记与否，都不能对抗已经支付对价并办理了产权过户登记的普通法地产权买受人的情况（可被超越的土地权益）。

（一）优先利益

优先利益被认为是产权登记"镜像原则"的裂缝，这也是为什么完美登记簿只能永远是

一个神话的主要原因。优先利益虽存在于不动产登记簿之外,却能够对抗产权,优先于土地买受人的权益,具有对世性(bind the world),不论买受人是否知情。

优先利益的存在是一个必须接受的现实。法律不可能期待所有的不动产权益都进行登记,现实生活中总会存在一些未经登记的土地权益,在权益的现实持有人和潜在的土地买受人之间发生权利冲突,需要平衡。法律不可能只承认司法裁决或是登记生效的权利,无视社会公平正义。换而言之,财产法总是在尽量简化交易的同时,寻求着交易安全和权益持有人利益保护之间的平衡。所有土地权益都进行登记,所有登记簿的记载都精准,只是一种理想。为了平衡,英国立法一方面承认优先利益的存在,并明确规定其类型,加以保护;另一方面又尽可能缩减优先利益的范围,以促进土地的可交易性,保护潜在买受人的利益。

1925 年《土地登记法》第 70 条第 1 款明确列举了优先利益,包括六种类型:普通法地役权、收益权、期限不超过 21 年的租赁地产权、地方土地负担、根据取得时效已经取得的权利或正在时效经过期间的权利、土地占有人的权利。2002 年《土地登记法》在保护交易安全方面做了更大努力,不仅缩减了优先利益的类型,而且规定能够优先的权利有两种方式,且并未直接使用"优先利益"的术语。

根据 2002 年《土地登记法》,优先利益的主要类型有:

1.7 年以下(包括 7 年)的租赁地产权

有三种例外情形:购买租赁权、转让时起 3 个月后生效的租赁,以及私人部门出租人设立的租赁。这三种例外情形和 7 年以上的租赁一样,属于可登记的处分。

2.实际占有人的权益

这是最重要的优先利益类型。该项权利可以是普通法性质或衡平法性质的权利,但必须是依土地而存续的权利,且没有他人向占有人进行过调查;该权利应为具有所有性的权利,而非仅为私人权利;该项权利必须不是依土地登记制度获得登记的权利,因为已经登记的权利不再需要通过优先利益获得保护。

3.地役权与先占收益权

地役权是指在他人土地上通行、铺设水管等权利;先占收益权是指进入他人土地捕猎、砍柴等权利。根据 1925 年财产法律规定,似乎只有普通法性质的地役权和收益权才能成为优先利益。2002 年《土地登记法》对此予以修改,将衡平法地役权排除在优先利益以外,这些衡平法地役权只有经过负担登记才能产生公示效力,约束买受人。同时,按照 2002 年《土地登记法》附件 3,并非所有的法定地役权和收益权都能够当然地成为优先利益,只有买受人知道或者应当知道的权利类型才能够成为优先利益。

4.习惯权利、公共权利、地方土地负担、矿藏和矿物

这是延续 1925 年《土地登记法》的传统并在 2002 年《土地登记法》附件 3 中规定的优先利益。习惯权利是特定地方的居民持续合理地享有的古老权利,如牧区居民使用通往牧区教堂的道路等;公共权利是基于公共性质使用土地的权利,如使用公路等;地方土地负担是用以规制土地利用或担保金钱债务支付的权利;矿藏权如煤矿权不必登记即可获得优先利益保护。

5.杂项条款规定的优先利益

2002 年《土地登记法》附件 3 的杂项规定,特许权、采邑权(manorial right)、授予自主持有地产权是被保留给王室的租金权、与堤防、海岸或河堤有关的非法定权利、代替什一税的

支付权,是优先利益,可以对抗初始登记。

此外,还存在一些依据其他法律产生的优先利益。如 1992 年《进入邻地法》(The Access to Neighbouring Land Act 1992)规定的进入权、1995 年《出租人与承租人法》(The Landlord and Tenant Act 1995)规定的优先租赁的权利、1996 年《家庭法》(The Family Law Act 1996)规定的婚姻生活住房的权利等。

(二)次级利益

次级利益是指除可登记的土地权益以及优先利益之外的"任何其他的"土地权益,大多为衡平法的权益。次级利益只有经过登记才能对买受人发生约束力,这是土地登记制度的一项基本原则。潜在的买受人可以通过调查登记簿发现次级利益以防范交易风险。对土地买受人而言,未登记的次级利益是无效的,不能约束买受人,因为买受人给付了对价,这个规则被称为无效规则。在某些情况下,无效规则存在例外,即使次级利益未经登记,也能对抗买受人,如因赠予而获得土地的人、因受遗赠而获得土地的人和因时效取得的占有人。因为,受赠人、受遗赠人、时效占有人不能获得大于其前手的权利,如果买受人受其约束,也与登记无关。如果买受人已经明示同意受未登记的次级利益约束,或是买受人知道该权益依靠无效规则准备欺诈的,则不适用无效规则。因为衡平法不允许法律成为有昧良心或是进行欺诈的工具。在多个次级利益享有人之间,则依成立(而非登记)的时间顺序获得保护,即未登记的次级利益获得保护是因其"时间在先",故而在先的次级利益即使未登记也能约束后来的次级利益人。

次级利益包括衡平法上的租赁权、信托中的受益权、限制性约据等。无论是哪种次级利益,必须通过法定的登记方式,才能获得保护。根据 1925 年《土地登记法》,次级利益以声明、警告、限制、禁止 4 种方式记载于登记簿中获得保护。警告登记和禁止登记已经被 2002 年《土地登记法》所废除。现在,存在于英国法律中的次级利益保护方式仅为声明和限制两种。

1.声明登记

声明登记是指就影响已登记地产权或负担的一项权益负担在登记簿上的登记。其效力在于约束买受人,既可以保护次级利益的优先性,也可以对抗后来的登记处分。可声明登记的次级利益不以排他性负担为限:某些排他性负担是不受声明登记保护的对象,如土地信托或土地授予法中的权益、出租人与承租人之间的限制性约据、共有权、3 年以下(包括 3 年)的租赁、煤矿权益、租赁;某些非排他性个人权利也可以获得声明登记保护,如 1996 年《家庭法》规定的配偶的婚姻住房权利。

声明登记可以是经同意的声明,也可以是单方声明。按照 2003 年《土地登记规则》,经同意的声明登记的权益有:婚姻住房权声明、继承税声明、按照 1992 年《领地进入法》与命令有关的声明、按照 1987 年《出租人与承租人法》第 38 条根据命令或者受影响的租赁变更声明,以及公共权利或习惯权利的声明。这些权益在 3 种情形可登记为经同意的声明:第一,受影响的已登记地产权或负担的权利人为申请人的;第二,受影响的已登记地产权或负担的权利人同意的;第三,即使权利人不同意,登记员认为申请人的请求权是有效的,但申请人应承担举证责任。

2.限制登记

限制登记记载于产权登记簿,建立在已登记地产权或负担的处分基础上,可以使登记产权的权利人限制任何将来的土地交易。该种限制可能是禁止任何处分的发生,也可能是对特定种类处分的限制;可以由登记员登记一项限制,也可以由法院命令登记员登记一项限制。必须进行限制登记的情形有:法律要求一项限制登记,产权人为 2 个以上共有人,或者破产时。如登记权利人宣称自己为已登记地产权的唯一受托人时,其必须申请限制登记。申请限制登记需通知利害关系人,被通知人可提出异议。如若限制登记不当给他人造成损害,限制登记人需向受限制登记损害的人赔偿。限制登记可以撤回。

四、土地登记簿与权利证书

英国存在一个统一的土地登记机构负责土地登记工作,即"HM 土地登记处(Her Majesty's Land Registry)"。土地登记簿是由土地登记处的工作人员对土地的初始权利状况及后来的变动情况进行的书面记载,包括财产登记、权属登记和负担登记 3 个部分。针对不同的登记对象,采用不同的编成方式,进行相应的登记记载。

(一)登记簿的构成

1. 财产登记

主要登记土地上的各项权利,并对地产权的性质进行说明,包括地产权和附属地产权。如自主持有地产权或租赁地产权属地产权;地役权、地租负担、特许权、限制性约款等属附属地产权。每一项产权都有独立的编号和记录,同时标明不动产本身的物理特征,如土地的具体位置、四至、参考图案等,所采用的是"物"的编成模式,以土地为基础进行登记和查询。如登记的是租赁地产权,必须包括能够界定已登记租赁的充分信息,如当事人、起止时间、租期等;如租赁包含一项禁止或限制租赁地产权处分的条款,登记员必须在财产登记簿上注明:因违反禁止和限制而做出的处分中产生的所有地产权、权利、权益、权力和救济,将被排除在登记的效力之外。根据 2002 年《土地登记法》,作为所有人登记于已登记地产权上的附属地产权必须是和已登记地产权相关。

2. 权属登记

主要登记产权人,包括产权人的姓名、住址、产权类型(绝对产权、附条件产权还是占有性产权等),以及与已登记产权相关的声明、限制、积极或损害约据、约据修正等信息。如产权类型为占有性产权时,须载明已登记地产权的第一位产权人的姓名。由于在英国已登记的土地和未登记的土地并存,如果权属登记中采用"fee simple owner"的表达,表明该土地尚未登记;如采用"registered proprietor"的表达,则表明该土地已登记。同理,如果提到"产权契据(title deeds)",表明该土地尚未登记,因为已登记的产权人持有的是一份土地证书,登记机构存有该土地证书的副本。

3. 负担登记

主要登记土地上的权利负担情况,包括地役权、抵押权、限制性约据等。与财产登记不同,负担登记采用的是"人"的编成模式,以不动产权利人为基础进行登记和查询。负担登记须载明对已登记地产权有不利影响的租赁权、土地负担和任何其他土地权益自地产权初始登记之时或创设之后的详细情况,任何相关土地权益、影响优先权、能够被标注于登记簿上的处分,界定已登记负担的充分信息,已登记负担的所有人的姓名、住址,与已登记负担相关的限制、声明及其他影响已登记地产权或已登记负担的情况。

（二）登记簿的查阅

曾经在英国查阅土地登记簿是受到限制的，能够查阅的人只是登记产权人和其授权的人，其他人须经登记产权人同意方可查阅。1988年《土地登记法》才开始对此进行改革，规定登记簿向公众公开，以供公众检索。及至1990年《土地登记规则》生效后，任何人都可以查阅土地登记簿及记载中所提及的任何文据（租赁或负担除外）。到2002年《土地登记法》，规定任何人都有权查阅和复制登记簿的全部或部分信息，包括调查和复制租赁和负担文据、与申请相关的由登记员保管的任何其他文据、对抗初始登记的警告登记簿等。但是，根据2003年《土地登记规则》，如果信息披露或是损害他人的个人利益或商业利益的，则公众无权查阅和复制。

需要注意的是：查阅需由申请人以一定的形式向登记处"合适的办公室"提出。如果是需要自己查阅和复制登记簿及相关文据，以PIC（application for a personal inspection）表格形式申请；如希望取得产权登记簿，或是与之相关的文件及登记员保管的其他文据的官方复件时，则以OC1（application for official copies of register/plan or certificate）或OC2（application for official copies documents only）表格形式申请。

（三）登记簿的原则

英国的产权登记吸收了托伦斯登记的基本原理，登记簿遵循3项原则：镜像原则、幕帘原则和保证原则。

1. 镜像原则

镜像原则是指不动产登记簿像一面镜子，能够准确反映不动产自身及其上的权利状况，使得任何意欲购买土地的人都能够通过查阅登记簿确认产权人、交易土地上的产权负担，以及负担的所有人。这一原则包含有任何潜在的买受人及交易第三方都能够信赖登记簿的记载，并据此获得保护的思想。但在不动产交易的实践中，登记簿成为一个完美的镜像只是一种奢望，法律不可能期待任何与不动产有关的交易和权益都纳入登记，优先利益的存在也使得"镜像原则"出现了裂痕。为了尽可能使登记簿更像一个镜像，2002年《土地登记法》做出了重要努力，那就是尽可能减少优先利益的范围；同时承认权益人有一般的责任去披露未登记的优先于登记的权利。但2002年法案也承认简单地使每件事绝对地让位于明确登记是不可行的；产权登记不是意图替代土地的实地勘察，购买者应该调查登记和土地，并且应该能够发现所有他需要知道的，不排除购买者对交易进程的参与。

2. 幕帘原则

幕帘原则又称为"超越原则"。通常发生于存在信托关系的土地交易中，是指在不动产交易中，只要遵循正确的买卖形式，买受人只需关注出让人持有的法定地产权，而无须考虑隐藏在特定幕帘之后的任何衡平法地产权，因为依据幕帘，衡平法地产权对买受人不发生影响。这一原则包含有使得买受人安全地取得无负担的法定地产权，便利土地交易的思想。该原则的适用有其特定情形：根据1925年《财产法》，所有附着于土地的信托权益均不随所有权转移；2002年《土地登记法》对此未予改变。倘若该原则不能适用，则买受人会面临很大问题，因为存在着一些衡平法权益不能被超越的可能，所以在某些时候可能还需要揭开幕帘。2002年法案规定：假定一个土地的实地调查已经被进行，不能超越的购买人只被那些可以发现的衡平法权益所约束。

3.保险原则

保险原则又称为"赔偿原则",是指国家保证登记簿所载权利的真实有效,并向因信赖登记为不动产交易而遭受损失的人承担赔偿责任。这一原则包含有国家为登记的产权提供担保的思想。如果一个产权被适当地登记,它就被国家所保证。对于遭受损失的购买人而言,由于登记的结论性本质,这一保证为法定赔偿体系所支持。国家保护免受登记不准确或其他错误的损害,一般设立专门的保险基金,由向每笔不动产交易征收的一小部分税构成。1925年《土地登记法》所规定的赔偿范围较窄;1997年《土地登记法》对此予以修订;2002年《土地登记法》具体列举了8种可以要求赔偿的类型。

(四)产权证书与负担证书

不动产权属证书是权利人享有该不动产物权的证明。在实行不动产登记发证制度的国家,登记机关除在登记簿上对不动产及其上的权利状况进行记载外,还会根据不同的权利类型向相关权利人颁发权属证书。该权属证书是私人拥有土地权利的证明,且绝大多数情况下与登记簿记载一致,但并不能决定不动产权利的归属和变动。即便是在颁发权属证书的国家,也都规定当不动产权属证书与不动产登记簿发生冲突时,以不动产登记簿为主,除非有证据证明不动产登记簿错误。

1925年财产立法后英国不动产登记体系的一个特征就是产权证书与负担证书的采用。产权证书作为地产权人拥有产权的证明取代了产权契据,包含产权登记簿的三个构成部分,可以说是登记记录的复制。当事人意欲更改申请不动产登记簿中所载内容时,必须携带产权证书,以确保两者同步更新。同样,如果一个经登记的产权被抵押,该抵押作为负担被登记时,登记处将向抵押权人发放负担证书。负担证书包含有抵押登记和抵押契据的复制件。当申请负担登记时,需向登记处提交产权证书,一旦负担登记完成,则产权证书由登记处收回并保存。

产权证书和负担证书具有某种程度的备忘和证明作用,但不是产权和负担的最终证明,在实践中已经越来越变得无关紧要。在电子登记体系建立后,使用纸质的权属证书似乎变得不合时宜,因而英国的法律委员会建议取消权属证书。2002年《土地登记法》对此未予提及。该法生效之后,所有现存的土地证书都不再具有法律意义,当土地证书或负担证书遗失或毁损时,人们也无须重新申领证书。结果上,证书制度已经被废除了。取而代之的是,一旦处分登记完成,土地登记处即发放一份登记簿的官方产权复件来取代产权证书或负担证书。

五、电子交易与电子登记

电子商务的发展给人类的生活带来了无限的便利,也给法律的发展带来了新的契机,体现在不动产交易领域,就是电子登记制度的引入。不同于传统交易有形的特点,网络交易不具有有形的形式,在便利交易的同时,交易也因虚拟化而产生了极大的风险。然而,经济、高效、便捷和突破传统地域性限制的优势还是使得英国法律委员会为建立不动产交易的电子转让系统做了很多努力,提出了很多建议和措施。

(一)电子交易

根据1985年《财产法(杂项条款)》第2条规定,不动产交易的电子合同包括以下内容:

当事人明示一致的所有条款、合同生效的时间和日期、经授权且经认证的每一方的电子签名。1998年,英国法律委员会提出了一个面向21世纪的登记改革方案,其主要内容之一就是实现产权转让和土地权益创设的全部电子化。2002年《土地登记法》更是奠定了不动产交易电子转让体系的基石。根据该法第91条,任何电子形式的文件必须满足书面及电子签名的形式要件,法律将电子文件视为契据,以电子方式设立的契据可以移转产权或设定土地负担。法律委员会第271号报告在它的公开评论中清楚地阐释:"法案的目的是明显和强烈的,就是创造必需的法律框架,在该框架中登记的转让能以电子的方式进行。"但电子转让没有于该法生效时立即实行,而是至2005年才开始试行。

电子转让系统由土地登记处管理或是其他公司经营的计算机系统所支持。为增强系统的安全性,只有达成网络进入协议才能进入该系统。2002年《土地登记法》附件5规定,非土地登记处的成员只有与登记员协议的方式获得授权后才能进入土地登记网络。由网络进入协议许可的进入权可以终止:该终止可以由进入人以通知登记员的方式进行;当进入人不遵守协议条款或不再符合条件时,也可终止协议。登记员终止协议时应阐明终止理由及终止程序。在电子转让系统中的电子签名通常由财产转让律师代理。如果转让文件授权某人为代理人,则无论何时财产转让律师签署电子文件,都视为书面授权代理人的行为,不论其是否有权作为代理人或授权是否包括执行处分。这个规则与现行体系不同,现行体系中,代理人从事实际授权之外的行为时将因违反授权而承担责任,但不能拘束本人。

(二)电子登记

根据2002年《土地登记法》第92条规定,登记员可以提供或安排其认为与登记或开展交易相适应的电子信息网络,如果该交易涉及登记,且能以电子形式发生效力。该条是关于土地登记网络的规定,以法律形式明确了登记载体可以以电子介质的形式发生,通过计算机网络进行电子化的不动产登记。

与书面纸质的不动产登记簿比较,电子登记无疑在管理和保存上更为便捷、可靠,登记效率也更高,这也是未来不动产登记的发展趋势。但是,电子交易的一个重要问题是交易安全问题,这一问题也是电子登记所关注的主要问题。因为电子登记簿的伪造和篡改不易被发现,电子登记系统也容易被黑客攻击或感染病毒,同样也可能带来个人隐私保护等各种安全问题。为此,英国法律委员会、土地登记处都试图建立一个安全的电子登记系统。

安全的电子登记系统涉及两个方面的问题:一是系统本身的安全性问题;二是登记簿信息的安全性问题。这需要加强对电子登记的规范和管理,不仅要控制和减少数据录入、转换和登记处之外的专业人士进入电子数据库可能发生的错误机会,而且要提高电子登记支持系统、还原纸质系统的安全可靠能力,同时还要防范利用电子交易、电子登记进行电子欺诈的风险。

与电子登记带来的安全性隐患相比,电子登记实施的积极效果更为明显。

首先,电子登记解决了一直以来存在于产权转让与登记之间的登记间隙问题。在传统的产权登记制度下,登记要经过契据的签署和交付、将相关文据提交登记机关和产权登记三个阶段。可登记的处分通过契据交付完成,但只有登记才发生产权移转的效果。转让与登记之间的间隔称为登记间隙,法院花了10年时间来解决其中的难题和争议,典型的如二重转让问题。在电子登记的情况下,转让与登记同步进行,同时生效,因而登记间隙问题随之消失。

其次,电子登记解决了一直以来存在于不动产登记中的公示土地权益与不保证权益的真实有效之间的矛盾。在电子转让系统中,网络进入协议中会包含有这样一个条款,即已知一项优先利益存在的律师必须将该事实告知登记员,登记员必须在登记簿上公示该优先利益。这就突破了传统不动产登记中优先利益的存在不被体现也能约束买受人的限制,利用律师来获取优先利益的存在并加以登记公示。同时,电子登记的范围不限于可登记的处分,根据 2002 年《土地登记法》第 93 条规定,也包括第三方权益(如限制性约据)进行交易的可能,使得该项权益负担只有通过电子登记才能设立或转让。这就能够有效地控制第三方权益的设立和转让。在大多数情况下,这会是一个记录权的问题,是(通过公示)保护权益的优先性,而非权益的有效性,但将未经登记的土地权益带入电子处分的生效要件,无疑会大大地减少登记和记录之间的差别。

目前,英国的产权登记已基本实现电子化。可以预见的是,尽管时间尚不确定,但英国最终会实现强制的电子转让和登记体系。

六、登记程序

不动产登记程序是指不动产登记主体(包括程序参与者即当事人和程序主导者即登记机关)在不动产登记活动中所遵循的法定步骤和采用的相关手续。作为不动产登记制度的重要组成部分,登记程序的设计和构建对实现不动产登记制度的宗旨和意图起着举足轻重的作用。如果说登记申请和完成登记的具体要求只是形式差异,那么登记审查模式的不同则体现了不同登记制度的实质差异,决定了登记的效力和产生的法律后果。对于登记程序研究的核心环节在登记审查程序。

登记机关应当采用什么方式对登记申请的事项进行分析、解读和判断是登记审查模式要解决的问题。对此,向来有形式审查和实质审查之分。所谓形式审查,是指登记机关对于登记申请只需审查申请材料是否完备、关联及形式上是否合法,对于是否与实体法上的权利关系相一致,契据上所载权利事项有无瑕疵等,在所不问。所谓实质审查,是指登记机关不仅要审查申请材料的完备性、关联性及形式上的合法性,而且要审查材料的真实性,是否与实体法上的权利关系相一致,契据上所载权利事项有无瑕疵等。英国不动产登记的特殊之处在于:不仅实行产权登记与负担登记并行的双轨制,且在不同登记体系下的登记审查模式各不相同。

(一)产权登记的实质审查

英国 2002 年《土地登记法》第 6 条规定了"申请产权登记的义务",即"在要求登记的情形,负有登记义务的地产权所有人或其产权继受人,应当在登记期间截止前向登记处申请登记为该可登记地产权的权利人。"按照该条规定,登记申请人为未登记法定地产权的所有人,或因继受而取得未登记法定地产权的人。登记期间为自相关法律事实发生之日起 2 个月内;如因设立首次法定抵押申请登记,则为设立抵押发生之日起的 2 个月内提出;对其他情形,则受让人须自转让之日起的 2 个月内提出。如利害关系人申请延期,登记员认为有正当理由的,可以延期。如果未在 2 个月内申请登记且未申请延期,则设立或转让地产权自始无效。产权登记决定了设立或转让地产权的效力,该效力自初始登记的申请被提交登记时发生,而不是做出登记之日发生。

2003 年《土地登记规则》规定登记申请应采用特定的标准形式。对初始登记而言,应采用"FR1（first registration application）"形式，同时，须提交以下材料：充分详细的土地情况、申请人控制的所有与产权相关的契据和文据、规定格式 DL（list of documents）中所列的文据清单，如果是租赁地产权，且由申请人实际控制，还需提交土地证书副本。

登记员要对当事人的申请进行审查。

第一，审查申请材料是否完全、充分。如果申请材料有缺陷或不充分，登记员可以将其简单地作废，也可以要求申请人在必要的时间内（不少于 20 个工作日）再提交材料；如果申请人仍不能提交相应材料，登记员可取消申请或延长期限。

第二，调查申请人的产权是否真实。在调查初次登记申请所附文件所显示的产权时，登记员会衡量申请之前的产权转让律师的产权调查及转让财产的性质。登记员可以直接调查、询问和通知相关人员，也可以指示申请人进行调查、询问，还可以请合适的专家调查存在于初始登记申请中的任何产权的全部或部分，或者是在登记员看来，就登记前任何程序过程中出现的任何问题或事项，要求合适的专家提供建议。如果认为申请人的产权缺乏证据证明，可以要求申请人提供一个法定声明（声明其占有土地或收取土地的租金和利润）；如果申请人对此解释不清，但能证明其占有土地，则最多只能将其申请登记为占有性产权。如果申请登记的是一项绝对产权的租赁地产权，在完成绝对产权的租赁地产权的登记申请前，登记员必须向已登记的回复权的所有人通知该申请；该规则仅适用于租赁权授予时回复权未登记，或者回复权已登记但租赁权的授予不要求以登记完成时，以及租赁权未被标注在已登记回复权的登记簿上，申请中已登记回复权的所有人同意登记并不显而易见时；一旦租赁地产权的登记完成，登记员必须在已登记回复权的登记簿上登记该租赁权的声明。

第三，注明附属权利的收益权。登记员认为作为一项法定地产权的附属权利如地役权的受益权是为已登记的地产权的受益而存续时，可将该项权益其记入登记簿；如证据不足以证明该项权益，可将该项信息记入登记簿。如一项地产权包括地表以下，登记员须对地下矿藏做出包含或排除的注释。

第四，声明产权负担。登记员对其产权调查中发现的影响已登记地产权的土地负担，须登记声明。主要发生在 4 种情形下：一是在未登记的法定地产权上设立一项引起强制初始登记的受保护的第一法定抵押时；二是处分做出后登记之前，该引起初始登记的处分可作为土地负担声明；三是初始登记时已存在于土地上的不引起地产权强制登记的负担；四是初始登记时，已经设立负担的土地上再次设立的次级负担可登记为声明负担。

此外，土地登记法规定申请人有披露相关权益的义务。相关权益是申请人实际知道的权益和影响申请人地产权的权益。对于 2002 年《土地登记法》附件 1 规定的优先利益，申请人有必须披露的义务；此外的其他权益，申请人没有披露义务。披露信息由申请人通过填写 DI（disclosable overriding interests）表格形式进行。申请人如果不提交其占有的须披露的权益信息材料，将可能构成犯罪。

从产权登记下申请人提出申请和登记员进行审查过程可以看出：英国的产权登记审查是实质审查模式。首先，对申请人而言，其要承担实质证明责任。他需要像向不动产交易的买受人证明产权一样向登记处证明产权的来源和真实有效。其次，对登记处而言，登记员同样像不动产交易中的买受人一样对申请人的产权来源和真实有效进行审慎仔细的审查。第三，在申请登记的产权无法被证明真实有效，不能通过登记员的审查时，该项产权不能被登记为绝对产权，而只能登记为其他类型的产权。实质审查的最终结果是确保产权登记和真实产权状态最大限度的契合,这也是不动产登记所要实现的目标。

(二)负担登记的形式审查

同为依当事人的申请而启动,但是负担登记的程序与产权登记十分不同。对于申请人而言,他所要做的只是填写一张简单的申请表格,并将之提交到(通常采用邮寄方式)登记处即可。不像产权登记的申请人,负担登记的申请人无须提供更多的相关材料,只要在申请表格中写明负担性质、本人情况、相关土地的所有者等信息。对于登记处而言,登记员既不需审查申请人的权利是否真实有效,也不负责登记内容的真实性。登记员所做的就是将申请表格所填写的相关信息记入负担登记。

仅适用于未经产权登记的土地的负担登记,与已经过产权登记的土地不同,不是针对地产权本身进行登记,而是针对地产权被影响的地产权人的姓名进行登记。该地产权人是指申请负担登记时负担将附着于其上的地产所有人,而非设定负担时的地产所有人。例如,A与B之间达成协议,以某一价格将土地出让给B。B决定购买,就产生了一项购买选择权。该项土地权益将对土地所有人A产生约束,负担登记需针对A的姓名进行。

不动产交易中的买受人在购买未经产权登记的土地时,需要针对地产权人的姓名在负担登记簿上进行负担检索,以确定交易产权上是否存在已登记的土地负担。这意味着,买受人必须根据出让人提供的产权契据中所发现的地产权人,按照姓名对交易之前产权链上所有的地产权人进行负担登记检索,以明确交易土地的负担情况。为保证安全性,调查通常由官方进行。登记处的工作人员按照地产权人的名字进行检索,向买受人提供一份检索到的任何负担的详细资料,并制作调查证书。该调查证书具有终局性。对于调查证书中未发现的已登记负担,买受人不受其约束。但负担的所有人将会因为登记处的疏忽而得到补偿,可以向登记处诉请过失侵权。不管怎样,负担登记不会影响土地负担本身的效力,只是不经登记的负担不能对抗不动产交易中的买受人。

由此可见,英国的负担登记审查是形式审查模式。只要当事人提出申请就能够获得负担登记,但该登记是负担的对抗要件而非生效要件。这意味着,一项本身有效的负担不会因未经过负担登记而失效(尽管该负担只在负担所有人和地产权人之间有效);同样地,一项本身无效的负担也不会因经过负担登记而有效。即便负担登记本身存在着固有的、无法克服的缺陷,但是对于未经登记的产权而言,负担登记不失为保护交易安全的一项措施。

第三章　德国土地制度

第一节　土地产权制度及管理机构

一、德国土地基本状况及土地所有制

德国位于欧洲中部,总人口 8312 万(截至 2020 年 9 月),是欧洲人口密度最大的国家之一。[1]国土面积 35.76 万平方千米,其中,农用地占国土面积的 53.5%,森林覆盖率达到 29.5%。[2]

德国现行土地所有制是土地私有制,其土地构成主要有联邦政府所有(国有)土地、州和地方政府所有土地、教堂占有土地、私人所有土地。其中,德国的私人所有土地为主要成分;私有土地虽受政府调节,但主要以市场机制配置为主;国有(政府所有)、公有和私有土地处在动态变化中。[3]

在德国,宪法(《基本法》)明确规定了对私有财产的保护。私有财产主要是指私人所有的土地所有权(含建筑物所有权)。因此,宪法为土地私有制及其保护提供了最根本的法律依据。德国《民法大典》规定,土地上的房屋建筑物是土地的组成部分从属于土地,为土地所有权的拥有者所有。德国所有的土地都实行土地登记,即地籍登记。

关于土地权利的规定主要见于《德国民法典》中的第三篇《物权法》。根据民法典的规定,个人可以在土地上设定土地所有权及相关附属土地权利,土地所有权人也可以转让土地上的权利,进一步的土地所有权人还有权在新设定土地权利基础上设定其他权利,即权利的权利。土地所有权人以外的他人也可以在其土地上设置权利,土地的共同所有权、土地抵押权等就属于这类权利。[4]

二、德国(原联邦德国)的土地管理机构

德国的土地管理分散在许多部门管理,形成各部门的分工合作制度,主要有州测量局、地方法院土地登记局、土地整理司等。州测量局归口州经济技术部,下辖市、县地籍局,主管

---

① 数据来源于中华人民共和国外交部网站(https://www.fmprc.gov.cn/web/)。

② 周同.德国的土地整理模式[J].国土资源导刊,2013(8):59-60.

③ 张诗雨.发达国家城市土地产权制度研究——国外城市治理经验研究之六[J].中国发展观察,2015(7):83-86.

④ 于小丽.德国土地产权与土地征收补偿制度介绍——以勃兰登堡州为例[D].济南:山东大学,2013.

城乡地籍工作。在大多数地籍局设有地产估价委员会,负责地产估价工作。地方法院土地登记局主管土地法律登记工作。税收评价联邦法律规定由国家财政部主管农业用地评价和地产价值评价。联邦、州、县分别设立各级评价委员会。各州、县财政局均设有地产税和土地交易税科,负责组织农地评价和地产价值评价。州发展规划与环保部、地区政府设规划处,主管各级土地利用规划工作。州粮食、农林部的土地整理司、地区的土地整理局主管各级土地整理工作和土地整理评价工作。

德国土地管理重视土地立法,采用先进技术进行管理,重视对土地信息的保存、利用和完善。德国的土地管理,在法规的配套与实施、机构的设置与协调、土地规划、土地评价、土地整理、地籍管理、土地登记等方面形成了一套比较完善、符合实际、和谐有序、稳定有效的工作体系和管理机制。

德国土地管理以地籍管理为核心,联邦基本法规定,地籍管理属州立法。因此,联邦未设统一的土地管理机构,各州的土地管理机构在形式上也不尽相同,在主体上可分3类:一是地籍管理与测量部门;二是土地登记部门;三是土地整理部门。地籍管理与测量部门的设置和隶属不尽相同,主要有3种模式(见图3-1)。土地登记部门是统一在地方法院设立的产权登记局。土地整理部门一般设在粮食农林部门。

I.黑森林模式(三级管理)

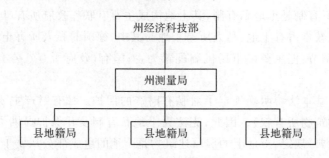

II.下萨克森州模式(三级管理)

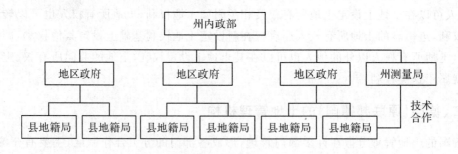

III.部分面积较小州模式(两级管理)

图3-1　德国土地管理机构

各州的土地管理机构设置虽然不同,但有几个共同点:(1)机构网络健全。从州到地区、县,都设置了土地或地籍管理机构。(2)职能分工明确。地籍局、测量局、产权登记局明确分工,各负其责。(3)密切协作配合。地籍局为产权登记局和测量局提供基本数据,产权登记局为地籍局提供登记结果,测量局为地籍局提供基本图件,形成了以地籍局为主体的管理机制。[①]

第二节　土地规划制度

德国的《基本法》明确规定,规划是国家基本任务之一。按照中央和联邦规划法,土地利用总体规划是整个规划系统的有机组成部分。德国的规划系统要求各地政府依法制订土地利用总体规划。全国各级政府都负责规划,但规划的具体技术工作可以部分委托给高等院校或私人公司去做。作为规划发展的指导性文件,它为以后正式或非正式的规划提供依据,以及为当地政府或其他公共团体制订规划提供指导。特别是其法定约束,所有当地的发展规划必须依从土地利用总体规划在该区域的框架意见。土地利用总体规划提出长时期内土地利用分配的方案,它确定城市的哪一部分作为居住区、工业用地或其他城市用途,哪一部分要被留作露天场地。此外,规划中还要标明主要的交通网络、公共服务设施、主要公益设施的定位,并关注全域范围的重要问题。在制订规划的过程中,当地政府还要考虑各业未来的土地需要以及城市发展的目标,其目的是要在区域内,在有限的土地供应下达到公共与私人利益的战略平衡。[②]

一、概述

德国土地利用规划因规划范围和等级的不同,分为项目规划和实施计划两种。联邦政府制订项目规划,地方政府完成项目的实施计划。上一级规划是下一级规划的依据和指导,下一级规划是上一级规划的完善和落实。联邦规划是地方规划的框架,城镇规划是州、地区规划的落实。联邦土地利用规划根据地方发展的需求制定宏观政策,发布指导性战略;地方政府结合微观现状编制规划的实施方案,地方规划是联邦项目的实施基础。地方规划的重点是分解上级项目规划中提出的各类用地规划指标并将其具体落实到地块。德国的整个规划贯穿着双向原则(即从上到下、自下而上的原则)、公开性原则(让大众知道)、法律效力原则(一经会议通过就具有法律效力)。

土地利用规划机构纵向和横向相结合。纵向为从上向下,联邦—州—地区—城镇的一条线,各级政府又有其相应的土地利用立法和规划部门。横向是指行业之间,如农业、工业、交通运输、环境规划、水资源管理等。各部门有各自的总体规划和活动范围。制订规划过程中各部门的规划互有重叠,如土地景观和环境规划、农林业计划和交通运输规划。土地利用

---

① 毕宝德.土地经济学[M].8版.北京:中国人民大学出版社,2020:235.

② 邱鹏飞,何静,郝思特·绍尔.德国柏林市土地利用总体规划政策与目标及动态修编[J].广东土地科学,2003(5):32-36.

总体规划则要把不同空间的方方面面都纳入综合规划之中。

土地利用总体规划的目标是统筹分配各业用地,各级各部门之间相互协调,既能反映各行各业的用地需求,又能结合不同空间的活动和需求,综合考虑社会、经济和生态方面的效益。联邦土地规划调整全国土地利用结构,平衡和协调各地区之间的关系,满足城乡发展对土地的需求。① 规划的目标从上到下是一致的,只是联邦级规划的目标更宏观、更概括,州、地方规划在联邦规划的基础上进一步加深和补充。

《建设法典》是作为城市建设法或者说建设规划法的最主要法律渊源②,是从城市化建设的角度出发为了引导城市空间使用和空间形态而针对土地使用(最主要是开发建设)所做的规制。其包括了一般城市建设法和特别城市建设法。

一般城市建设法建构了 F 规划(土地利用规划)和 B 规划(营建规划)组成的城市规划体系,并且规划体系基础上进一步确定了在一块土地上是否能够建设和如何建设的问题,比如具体用途和规模的建设项目在什么条件下是被允许进行。此外,其还设定了为了实现城市规划的土地法工具,比如征收、土地重划、土地交易的限制等。特别城市建设法则关注解决特别的城市建设难题,比如制定城市更新措施解决城市破败。

土地利用规划权力来源的法律基础是为了维护公共福祉的传统的"警察权"理论,作为公权力的一种行使,在实施过程中必将会影响到人民的利益,会对人民的财产造成一定的损失。基于对财产权的保护,德国《基本法》第 14 条规定了征收只有在相应的补偿条款在法律中被规定的情况下才会变得可能。但是并非所有的对财产权的限制都被定性为征收,而且在德国的法律学说中,因规划造成的财产损害责任,不但和《基本法》第 14 条中规定的因为"征收"决定造成损害而产生的责任没有关系,而且和限制财产权利的相关法规也没有关系。所以《基本法》对于土地所有者的补偿权利没有做出规定,而是由《联邦建筑法》的第 39 条到44 条规定。从 1960 年开始,对于因土地利用规划而导致财产损害所产生的补偿请求权就是联邦德国法律的一部分。唯一重要的一次修改是在 1976 年,此次修改程序非常严格,它增加了补偿请求权的时间限制,但是在修改之前,财产请求权是不存在时间限制的。所以在德国,土地利用规划中而产生的财产损害是坚持补偿的原则。③

二、土地利用规划体系

德国土地发展规划分三级编制,分别是联邦级、州级和市镇级。德国的各级规划一经相应的议会通过就具有法律效力,任何人不得违反。

联邦规划由中央政府制订,负责控制全国总体结构的发展,确保环境良性治理,合理开发自然环境,以维护土地的长期可持续利用,实现更人性化的空间布局。联邦区域规划的目的主要有:(1)能够保证公民的基本生活需要;(2)使公民的工作和居住地分布合理;(3)工作岗位、教育、文化设施分布合理;(4)交通联系方便;(5)顾及环境保护、供应和排污;(6)使自然景观得到保护。州级规划主要根据人口结构、数量、气候变化和城市不同领域的发展,综

---

① 肖北鹰.德国的土地利用规划程序[J].世界农业,2002(7):31-32.
② 李泠烨.土地使用的公共限制研究——以德国城市规划法为考察对象[J].清华法学,2011(1):149-162.
③ 曹斌.德国土地利用规划损失补偿问题研究[D].郑州:郑州大学,2013.

合考虑居民在交通、教育、医疗、娱乐等实施用地布局,保证土地利用的合理性和节约性。[1]

联邦区域规划和州发展规划是指导性的规划,真正具体的规划则是地区、县的区域发展规划。据此,德国的规划把全国分成 74 个规划区,每区 2～3 个县。规划中要确定不同层次的中心,构成不同层次的规划轴线,如大城市慕尼黑为高级规划中心,中等城市如维尔茨堡市为一直主规划中心,类推到乡、镇小中心,中心间的交通线是轴线连接,由低向高,一级比一级粗,表示规划的内容一级比一级广泛。

地方的区域发展规划实际上就是土地利用总体规划。规划制订的步骤是:(1)搜集底图(地籍图),由地籍局长签字认定合法;搜集有关部门的专业规划,由各有关部门首长签字认定合法;(2)规划主管机关拟订规划方案;(3)向有关部门如交通、水利、铁路、教会等部门以书面形式征询对规划方案的意见;(4)张榜或登报告示居民周知;(5)限期请居民提出意见;(6)对搜集的意见进行处理,并写出处理报告;(7)初步方案和意见进行处理,并写出处理的报告送议会批准;(8)政府签字施行,再次张榜公告。

在地区、县区域规划(亦即土地利用规划)指导下,进行小区建设规划,土地整理、村屯改造规划及其实施工作,规划一片、实施一片,把规划真正落到实处。同时年年实施,年年检查,4 年总结一次,并根据实际情况的变化,修改、补充原规划内容。[2]

此处以柏林为例,说明德国的土地利用规划体系。柏林市的土地利用总体规划是在两德和东西柏林重新统一的 5 年后,即 1994 年正式生效的。之后它的主要任务就是随着环境、社会发展目标和区域规划纲要的变化保持现势性。柏林市是德国三大直辖市中最大的直辖市,其四周都与勃兰登堡州比邻。因此,它必须适应勃兰登堡州和柏林市共同规划的需要,同时它也为适应城市局部需要的详细规划和专项规划(诸如住宅规划或交通规划)提供框架。作为补充,景观规划着眼于全市环境和生态重建问题。

(一)联邦规划

联邦范围的城乡规划旨在发展联邦共和国的总体结构,以此达到更人性化的空间,确保保护、治理并开发自然环境,维护土地的长期可持续利用,并保证国家的各个部分都有同等的生活空间。它由联邦中央政府制订,陈述规划的总目标及土地利用要达到的法定效果。它由联邦城市发展房屋交通部负责,另外由规划部长和规划咨询委员会组成的常设会议对它提供帮助。

(二)柏林和勃兰登堡州的地区联合规划

柏林和勃兰登堡州已经就制订这一区域的联合规划达成一致。为此一个联合办事处(GL)正式成立,它的职责包括筹备发展纲要以及为整个地域或地域主要部分规划。同时联合办事处为这两个联邦州制订了一个总体发展纲要,着力为这一区域的中心——柏林市——规划,并规划为这一区域建立一个国际机场(SCHOENEFELD-逊勒费尔德机场)。GL 检查区间规划和当地规划确保它们与总体规划目标保持一致,并把两州的共同需求置于当地需求之上。

---

① 贺超.德国土地管理制度及对我国的启示[J].中国土地,2015(10):35-36.
② 朱道林.土地管理学[M].北京:中国农业大学出版社,2016:343-344.

（三）区间规划和亚区间规划

在柏林还没有一个综合的区间规划机构，但勃兰登堡州已经有5个这样的区间规划机构筹备区间规划，每个都对都市（州府）和郊区负责一部分。在柏林市土地利用总体规划充当了区间规划的角色。为了提高都市和邻居各地政府之间的合作，建立了4个非正式的工作组，成员来自各区和邻居团体，他们定期沟通，就一些规划设想和从事的联合行动计划进行探讨。

（四）土地利用总体规划

联邦法律要求每个当地政府都要制订涵盖整个区域的土地利用总体规划。作为指导性的发展规划，它根据城市发展的战略目标和各业的土地需求，提出长时期内的土地分配计划。这个规划对所有当地的政府和公共团体都有法律约束力，但不对单个的居民。特别是它为当地发展规划提供一个有约束力的框架。在经过综合的咨询程序和公众参与之后，柏林市土地利用总体规划于1994年得到市议会的批准，之后它不断地修改以适应变化的需要。

（五）专项发展规划（STEP）

专项发展规划致力于在某一方面将城市作为一个整体进行考虑，比如房屋、工业、办公、零售业、社会服务业、交通和公共开放场地。主要内容是制订规划的目标、措施以及专业领域的优先顺序。它们常有正式的严格规划层次，并常常关注时新的信息和政策描述。专项发展规划由市规划部门负责，区或其他公共团体在制订过程中提供资讯。

（六）局部规划构想，中间规划（BEP）

局部规划构想主要考虑城市集中变化或有很大发展压力的局部。它们根据建筑的内容和用途、基础设施、交通和环境的需要，主要考虑自己这一块结构、形态和城市三维设计。作为细部规划的工具，中间规划考虑土地利用分配，公共服务设施和便利，以及生态重建和环境保护。它由市下面的各个区筹备和制订。

（七）非正式的规划和发展大纲

非正式规划常与区的小部分相联系，是详细规划项目和建议草案的基础。作为执行的第一步，它们常由私人规划者制订，或者为规划部门，或者为预期的投资者。他们主要给出有关项目的一些设想、外观印象，说明建筑的安排、开放空间、停车场等。常常他们还要处理项目与周围环境的可能性影响。如果是在项目的申报阶段，在当地的发展规划中还应包括必要的文字以说明合法性和必要性。

（八）当地发展规划

当地发展规划包含土地利用的规则和市内相对小区域的建筑密度（比如说城市的一个小区或一个新的居民区）。它们分离建筑用地和公共用地，并决定建筑用地的哪一部分可用于建筑。还可包括建筑的设计、景观或环保的措施等。法定在该区域内的所有建筑计划都要遵循该规划的原则。该规划由当地政府负责制订，在柏林市由区一级负责（只在特殊情况下才由市负责）。[①]

---

① 邱鹏飞，雍国玮，陈红雨，等.德国城市土地利用总体规划体系及其特点——以柏林市土地利用总体规划为例[J].西南农业学报，2003(16):77-79.

三、土地利用规划程序 [①]

土地利用规划的编制和执行是一个动态过程。步骤之间相互联动、互为依存,不可截然分割。

德国的土地利用规划程序为:明确规划目标、规划方案的制订与抉择、规划的实施、规划的检测与再规划。下面以柏林城市娱乐地的规划为例,介绍德国的土地利用规划程序。

(一)明确规划目标

通过对所存在的现实问题进行调查,问题导向来明确规划的目标。1991 年德国统一后,原东柏林居民区要重新进行规划和建设。调查发现该区居民住宅区和休闲活动娱乐场所的需求存在冲突,必须对东柏林土地利用结构进行重新规划。最后,由柏林市政府负责完成该项土地分配和景观计划。

1.分析现状和评价土地

首先收集生态、经济和社会需要方面的数据,找出存在的问题;其次决定发展方向和趋势,即根据柏林的气候、饮用水、后备地下水资源、建筑和交通密度等条件,分析生态和社会学方面存在的问题,调查现有的开阔休闲地状况;最后收集东柏林人口发展状况,明确居住地存在的问题并分析人口移动(移民)趋势。

2.明确具体规划

明确具体的规划目标、规划需求和可能性,明确总体规划方向,以及所要达到的标准。柏林的休闲娱乐地主要有广袤的森林公园和原西柏林已有的娱乐休闲区。因为原东柏林没有这些设施,所以规划的重点放在原东柏林即统一后的柏林东北区。原东柏林区内市中心与周边娱乐区之间没有绿化带连接,因此规划的重点应包括娱乐休闲区间的绿化带建设。明确具体的标准和生态区绿化带大小,为实施后的评估奠定基础。

3.对各种土地需求评估

依据给出的标准在各种可能性中做出选择。分析由此对方方面面带来的影响,把需求和各种可能的选择进行匹配。从柏林市地图可看出,城市的现状对未来土地利用规划的种种限制。柏林东北区是柏林城市地下水保护区,该区内今后不可能发展工业,因此适宜建设休闲娱乐区。

(二)规划方案的制订与抉择

1.规划方案的制订

规划方案的制订强调有关机构和人员的参与,有关政府机构和组织都要参与规划,避免部门间规划和技术相互冲突,尽量满足各部门的需求。在规划制订过程中联邦机构、非政府组织、规划涉及的社团和个人都要充分参与决策,评议规划提出的多种选择方案和观点,以尽可能取得全社会的广泛认可。各方广泛参与有利于选择出最佳规划。

2.规划方案的科学性评估与抉择

最终规划方案的抉择基于各个备选方案中选出最优方案,最优方案的选择要经过科学性评估,评估要从整体性的视角出发,分析规划对生态、经济、社会、文化等方面带来的影响。

[①]　肖北鹰.德国的土地利用规划程序[J].世界农业,2002(7):31-32.

根据评价结果制订计划内容和替代方案,得出最佳方案并完善规划细节。

（三）规划的实施

把获批准的土地利用(具有明确的下一级规划细则)的申请分发给各级土地规划机构和个人。

（四）规划的检测和再规划

对规划实施完成后项目的作用进行评价,检验该规划及其实施是否能适应情况的变化。在规划实施一段时间后,对结果进行评价。土地利用结构调整和土地利用规划一般每十年进行一次。实践中的再规划就是在现有规划基础上重新进行规划,情况变化必然会对规划内容产生影响。必须留有充分的时间使实施中存在的问题暴露出来。地方一级规划的实施,是在项目期内对单个目标的实施状况进行评价。

土地利用规划过程从来都不是一个绝对择优的过程。制订规划是一个比较和匹配的实践过程,是一个进行综合比较而择其较优的过程。规划的备选方案越多,得出的结果就会越好。因此,规划人员应清楚各种选择的客观局限性,使选择的标准既透明又综合。广泛的参与方式在德国的土地利用规划中是一个必不可少的步骤和环节。

四、旧城改造中的土地产权关系调节机制[①]

德国城市规划和建设方面的法规严谨细致,具有很强的实效性。德国的城市规划起源于城建执法事务的发展。尽管德国的土地是私有的,但政府非常重视公共利益以及执法过程中的公平公正。针对旧城改建中的土地产权问题,提供了三个解决方法:土地重划、地界调整和强行征购。

（一）土地重划

通过土地重划调整"特定地区中已建或者未建的建设用地的交通联系和空间形态,以形成符合建设或者其他功能利用要求的、具有恰当规模、形状和位置的建设用地"(《建设法典》第45条第1款)。土地重划法律程序的基本思路是:将所有列入新建设规划中的建设基地组成"用地调整的主体","根据建设规划从这些主体中裁取地区建设需要的交通和绿化用地,并划拨给镇、区或者开发者";余下的用地作为"分配的主体",按照参加土地重划的份额(要么是土地数量的份额,要么是土地价值的份额),重新分配给所有参加土地重划的房地产所有者。镇、区当局负责土地重划,按照公正合理的原则考虑所有参加土地重划的房地产所有者的利益,做出负责任的土地评估,对上述土地重划做出裁决。

（二）地界调整

地界调整更简单一些,主要是由于地界调整的比例关系不像土地重划那么复杂。典型情况是,裁直两个相邻地块之间犬牙交错的边界,或者改变与街道斜向交叉的建设基础边界,使得至少在规划建设用地范围内,建设基础边界能够与街道垂直。

（三）强行征购

作为一种对房地产所有者权益的最终干预手段,强行征购是强迫房地产所有者转让基

---

① 刘剑锋.城市改造中的土地产权问题探讨——德国和中国台湾、香港地区经验借鉴[J].城市规划,2006(2):48-50.

地。根据《建设法典》，强行征购主要是为了使土地利用符合已有的规划法律要求，如作为公共交通用地，或者是为了准备用于建设所需要的用地。强行征购要履行正式的法律程序。对于强行征购造成的权益损失和其他利益损失要予以补偿，补偿金额原则上参考房地产市场的一般市价，可以通过货币，也可以通过土地进行补偿。

五、德国城市土地利用规划的特点[①]

(一)制订详细规划的框架

在德国的规划系统里，按照法律，各地政府被要求制订土地利用总体规划。在柏林它是唯一需要市议会通过并以全市为规划范围的规划工具。作为规划发展的指导性文件，它为以后的正式的或非正式的规划提供依据，以及为由当地政府或其他公共团体制订规划提供指导。特别是其法定约束，所有当地的发展规划必须依从土地利用总体规划在该区域的框架意见。

土地利用总体规划提出长时期内土地利用分配的方案。它确定城市的哪一部分作为居住区、工业用地或其他城市用途，哪一部分要被留做露天场地。此外，它还要标明主要的交通网络、公共服务设施、主要公益设施的定位。它关注全市范围的重要问题。它不强调定位，原则上也不考虑小于 0.03 平方千米的用地。它留下执行和具体定位的空间给下一级的规划。在制订规划的过程中，当地政府要考虑各业未来的土地需求以及城市发展的目标。其目的是要在城市圈内，在有限的土地供应下达到公共与私人利益的战略平衡。

(二)摆在重要位置的环境目标

法律规定土地利用总体规划要致力于保护自然环境，并为城市内的居民提供足够的环境优美的生活空间。规划的重要目标是经济有效的利用土地和其他资源，保护区域生态平衡，保护地下水，减少不必要的交通并鼓励发展环境友好的多种交通形式。平行于土地利用总体规划，采用景观规划纲要以制定详细的全市环境规划政策和目标。

(三)实实在在两阶段的公众参与

在规划的制订过程中，必须伴随着两个阶段的公众参与、集中协调和公共讨论。

土地利用规划的最初规划和修改通过都会和不同的人相关，并常常与集体的或私人的利益相对立。因此，当地的居民、市和区级的政府部门、其他的公共团体和公益单位、法律部门、中央和联邦政府各部门以及邻居单位都被给予机会参与规划过程，在规划做决定的时候，他们的意见都将得到考虑。

通常，每年会有"两块"地集中公众参与。每一块由很多处于第一和第二次公众参与阶段的规划修编组成。提请注意将在公报和公众媒体上公布，详细说明参与的时间、地点、涉及地块的位置和拟修订的大体目标。

在规划中心还将举办一个相关修编的小型展览。规划人员可通过电话给出说明。在发放的活页上留有空间以便提意见，并使以后对批评意见的分析变得容易。

在第一次正式和更多非正式的观众参与阶段，规划草案的第一稿提供公众讨论，说明追

① 邱鹏飞，雍国玮，陈红雨，等.德国城市土地利用总体规划体系及其特点———以柏林市土地利用总体规划为例[J].西南农业学报，2003(16)：77-79.

求的规划目标,如果需要,多种方案会被提供讨论。在公众影响很小的情况下,将省略这一阶段而制定一个简化的程序。第二次公众参与必须要持续一个月,当正式咨询已经结束,而规划草案已经修改提高到第二稿,在这期间将给提批评意见提供更多的机会。而如果主要的修改通不过,被要求继续的话,就会要求第三轮的公众参与咨询。

(四)根据情况保持规划的现势性

作为一个长期的纲要,土地利用总体规划对新的开发和趋势及变化的规划理念和社会发展目标都保持开放的态度。因此规划总是不断被复查,如果需要就进行修改。这些修改都要按照正式的规划程序进行,包括公众参与、政府认可。

城市变化是一个渐进的过程。某种程序上讲,它能被土地利用规划的框架所包容,因为它被认为是一个灵活的规划工具,有足够的伸缩调节的空间。然而,某些情况下的修改要求已经触动了规划最初的土地利用模式。在这种情况下,通过规划的时候,市议会就会对修改的相关背景及规划本身的政策进行监控,并要求提供一个规划报告给市议会,简要说明自1994年规划通过以来的主要发展情况,然后修编进入仲裁阶段。除了规划的总的特性和留给调节及适应的空间外,还需要不断地监控现实的发展并据此作相应的修改。

第三节　土地征收制度

一、概述

在德国,土地征收是实现土地利用规划的重要手段。凡是为了实现地区详细规划以及合理利用土地、保护有价值的建筑物,或为征收而调配土地的需求,都可以采用土地征收。

德国是欧洲最早进行土地征收的国家,德国历史上对土地征收的法律法规大致经历了3个时期:第一,普鲁士时期。在普鲁士王国之前,最早有关于土地征收规定的是德国领土上的黑森大公国,但还不是成文的法律。普鲁士王国时期,颁布了第一部法典《普鲁士法典》,其中包括《普鲁士土地征收法》,这是德国历史上最早的关于土地征收方面的法律。第二,魏玛共和国时期。德国将土地征收规定纳入国家宪法,魏玛共和国颁布了《魏玛宪法》,德国由此成为第一个将土地征收程序纳入宪法的国家。第三,第二次世界大战以后。第二次世界大战以后德国关于土地征收问题,没有再延续以前的传统制定国家范围内统一的征收法。上升到国家意志的关于土地征收的规定,只在德国《基本法》中对土地征收的原则进行了规定,"只有为了增进社会福利的目标才能对土地进行征收"。

关于土地征收程序等的详细规定,主要由两类法律组成,一方面各州制定本州的土地征收法;另一方面关于国土规划等方面的其他法律,会根据具体情况涉及土地征收方面的规定,有《建筑法》《联邦街道法》《空中交通法》《地铁法》《能源经济法》《联邦水运法》以及各州的水法等。各州实际进行土地征收时,根据土地征收的公共目标是什么,涉及哪些国土资源,而适用各州土地征收法,以及相关土地领域的具体法律,比如《建筑法》等。

二、土地征收的实施条件

德国土地征收都是用于公共目的的。例如,在勃兰登堡州,土地征收的目标为:实现对土地资源、水资源、空气资源、气候和地貌资源的保护,基于国土整理规划中对这些地理资源的保护需要,而对土地进行征收;实现公共供暖;清理垃圾的需要;满足原材料或者具有危险性的大规模产品运输的管道铺设需要;保护森林资源的需要;以及如果在某块土地上进行农业、林业或渔业不能实现增进公共福利的需要,那么可以放弃耕种,对土地进行征收,来实现更公益的目标。

对于土地征收的对象,征收法里有明确的规定,经过土地征收,土地上的相关权利要么被剥夺,要么被赋予一定程度的限制。土地上发生的权利及物的变化有:第一,土地所有权可能会被剥夺,或者被赋予限制。第二,如果土地上的楼房、建筑物、家作物、设备或者其他装备,在相关登记中不是作为土地本身的一部分的,而只是按照《民法典执行法》第 231 节第 5 条的规定作为非附属性财产进行登记的,那么土地征收时这些建筑设施等也一并被征收,或者对其使用权利被予以限制。第三,对于土地上的附属物及作为土地本身一部分的物体,"如果因为土地被征收而使得土地主无法实现对其正常经济使用,或者无法对其用其他方式进行测量的,那么可以在土地所有权人提出申请的情况下,将征收扩展到这些从物"(勃兰登堡州《土地征收法》第 7 条第 4 款)。第四,"某块土地,在空间或者经济上相互依存的土地,如果只是征收其一部分而不是全部,剩余的地部分因为其他部分的被征收而无法实现正常建筑或者经济目的,那么征收可以在其土地所有权人提出申请的条件下,扩展到剩余土地部分。"(勃兰登堡州《土地征收法》第 7 条第 3 款)一种情况是,被征土地可能只是其土地所有权人一整块土地的一部分,而因为这部分被征收后,使得土地主无法在其他部分上进行正常的建筑或经济活动,所以土地主可以申请将其他部分也一并征收。另一种情况是,被征土地可能不是属于一个人所有,而这块土地是多个人基于某种空间或经济上相互联系所用土地的一部分,因为这部分被征收,使得这些空间或经济活动无法进行了,那么这些人可以申请将他们有空间或经济联系的其他土地也一并征收;第五,将要在土地上建立的新的权利关系,以及土地上已经存在的其他权利关系,将会因土地的征收而被剥夺,或者予以限制;第六,"对土地的先买权、占有权或对土地的其他使用权,以及对土地的使用进行限制的权利,将被剥夺或者赋予负担"(勃登堡州《征收法》第 3 条第 1 款)土地被征收后,土地上的先买权、占有权、土地上的其他使用权,以及对土地的使用进行限制的权利,将会被剥夺,或者予以限制;第七,土地的征收也可能只是涉及整块土地的一部分,对这部分土地的征收对象、目标等方面的规定与整块土地的征收一样;第八,被征土地上如果已经设有土地抵押、土地债务或定期土地债务,并在土地登记簿中有登记,那么土地被征收时,拥有土地抵押权、土地债务清偿权的权利人有权准确了解这些权利是如何被处置的,土地征收机构要向他们做出相应解释。"土地登记簿中登记注册的土地抵押权、土地债务或定期土地债务的债权人,并拥有抵押证的,以及债权人的权利继承人有权要求土地征收机构就是否已有他人在此土地上拥有抵押权、土地债务、定期土地债务或其他权利,做出说明。已经取得这些权利的人要对此做出解释。"(勃兰登堡州《土地征收法》第 21 条第 4 款)[1]

---

① 于小丽.德国土地产权与土地征收补偿制度介绍——以勃兰登堡州为例[D].济南:山东大学,2013.

三、土地征收的具体程序

德国土地征收程序和补偿标准的法律依据,散见在联邦和州的法律中。《建设法典》第104条规定了为执行建设计划而征收不动产和财产权利的程序。此外,《土地取得法》第28条也详细规定了征收程序和补偿标准。所有州也都制定了规范的土地征收法律。具体来说,土地征收程序包括:

(一)征收申请

一般来说,征收机关通常是大区政府主席。同时,州政府可以通过法令规定,名誉委员可以协助征收机关做出决定。正式程序从关系人的申请开始。关系人是为执行《建设法典》第86条第1款规定的作为征收根据的计划而需要土地的人。申请人主要是行政主体(联邦、州、乡镇),例外情况下也可能是私法主体(在有利于私人的征收案件中)。被申请人是其不动产或某项权利因征收而被剥夺权利的人。[①]

(二)确定征地计划

征地具体进行根据的是征地决议,但是土地征收机构可以在正式征收程序开始之前,制订一个征收程序计划,这个征收程序计划不是征地决议,只是一个征收方面的计划。它不是征地的必然程序,土地征收机构可以自行决定是否制订征收计划。如果土地征收机构决定先制订个征收程序计划,那么要在听取各方对土地规划的提议基础上来制订,确定后要将此征收计划在土地登记簿中进行登记。如果在这个征收程序计划中,做出了:第一,对土地征收意图的同意,第二,对征收意图的实现方式的规定,并且这两项决定不可驳回时,那么这两项决定就要纳入正式的征收法律程序,即纳入征地决议中。

(三)口头审理阶段

口头审理日期的确定即意味着征收的开始。口头审理开始之前首先是准备阶段。为了做好口头审理阶段的准备,土地征收机构等各方要先处理好征地涉及的各方利益关系。对于土地被征收后,给相关当事人所带来的权利、财产损失,土地征收机构可以事先请鉴定委员会或者其他鉴定人对权利损失进行鉴定,以及对财产损失的补偿额度进行商定。如果所征收土地是农业用地而非建筑用地,那么在土地征收之前,征地机构要听取被征地所在州的食品供应管理机构、农业、农地重整管理机构的意见,与这些部门达成一致后,方可对征地进行裁决。相对于土地征收程序重要的个人或物的关系,因为征地会涉及其得益,那么首先要取得其当事人的允许,要在当事人允许自己的个人或物的权利关系可以因为土地征收而做出让步时,才可以进行土地征收,并且将允许以书面或者笔录的形式做出。

口头审理阶段的开始,标志着征地程序的正式开始。首先,土地征收机构要向所有本次土地征收的相关者发出参加口头审理的邀请函。其次,被邀请人接受邀请后,即开始口头审理阶段,征地程序也就正式开始了。各参与者要对征地过程的有关各个问题进行协商,尽量达成一致。征收机关应在口头审理前采取一切必要措施,以使程序尽可能在一个谈判期内结束。征收机关应使所有权人、申请人以及征收对其业务影响重大的单位或个人,有机会发表意见。剥夺土地所有权或应设定地上权的,征收机关在调查事实时,应请地价评估委员做

---

① 毕宝德.土地经济学[M].8版.北京:中国人民大学出版社,2020:230-231.

出鉴定。参与者之间达成的所有一致决定,都自动纳入正式的征地决议中,不可驳回。有关征地决议的确定,很重要的一点是,征地决议就是在参与者之间的这些一致决定基础上来确定的。如果口头审理阶段的各参与者能够就征收的各个问题达成一致,那么征地程序就按照他们达成的一致来进行,无须再另外制定征地决议。如果不能就所有的达成一致,则需要土地征收机构进行裁决,确定征地决议。

如果参与者仅对被征地上土地所有权的转移或者担保权达成一致,而没有对补偿数额达成一致,征地机构同样要将此进行登记记录,并且所达成的一致同样等同于征地决议的效力,不可驳回。参与者没有就补偿达成一致,但是土地征收机构要命令征地受益人先进行补偿费用的预付,否则征地不予进行。另外,位于建设规划地域范围以外的农业用地进行征收土地补偿时,征收机关应听取农业机关的意见。

(四)确定土地征收决议

土地征收机构按照实现公共利益的土地征收原则,以及土地征收申请书标准要求,在口头审理阶段已经达成成果的基础上来对土地征收申请人的征收申请进行裁决。此时的征收申请已经是经过各方协商过的,但是没能就征收的各个问题达成一致,故而没能形成征地决议。如果各方参与者没有就征收程序达成一致,那么土地征收机构要在口头审理的基础上通过决议来确定征收申请、其他申请,以及已发生的异议。

土地征收机构批准了征收申请后,同时要确定土地征收决议。决议的内容应当包括:第一,阐明土地征收的目标、使用期限以及征地过程涉及的相关人。第二,对具体征收标的进行详细说明。第三,说明土地上的权利关系的变化以及权利的重新设定情况。第四,详细说明此次土地征收的补偿问题。第五,其他对征地决议的强制规定。第六,对被征地使用期限的延长。

(五)执行征地决议

在各个要求得到满足的情况下,土地征收机构发布征地决议的执行命令。征地决议执行之前的必要工作,一是对补偿数额进行清偿,二是要有参与者的执行申请。预付清偿可以说关系到征地决议能否执行的关键。预付清偿的期限是两个月,征地受益人都要在这两个月内向补偿受益人进行清偿,才能使征地决议有效。任何补偿受益人都可以在没有得到预付清偿的情况下向土地征收机构提交终止征地决议的申请,如果征地受益人没有如期支付,那么征地机构就要在收到申请的情况下责令征地决议停止执行。总起来说,对于口头审理阶段征地参与者存在的异议首先对其用金钱方式进行了弥补,征地决议才能进行。按照德国对于土地管理的要求,土地上的权利变化都要经过土地登记局登记。土地的征收必然发生权利变化,所以也要在土地登记局进行登记。土地征收机构已经确定征地决议后,就可以向土地登记局发送征收决议以及征地执行命令的认证缮本,请求土地登记局在土地登记簿中就土地权利的变更进行登记,并且将征地机构在正式征地之前制订的征收程序计划进行删除。

四、土地征收的补偿

除了有关征收许可性和征收程序的规定外,征收法律还包括有关补偿的复杂规则。根据《建设法典》,应当补偿:(1)因征收造成的权利损失;(2)因征收造成的其他财产损失。具体补偿方法有权利补偿、赔偿地补偿、货币补偿、相当补偿、分别补偿、役权转移。补偿采取货币方式,但也可以采取调换土地、提供其他权利的方式。要确定征地补偿,首先要有土地所处状态作为依据,即土地上的权利关系、权利人。一般情况下,土地征收机构在对征地申请进行裁决时,土地所处状态就为确定征地补偿的依据。征收土地的补偿价格标准,以政府公布征收决定时土地交易价格为准。在城市再开发地区,为了防止利用预期的公共开发事业进行投机活动,规定凡因预测土地将变为公共用地而引起的价格上涨部分,都不能计算在补偿价格中。

对于不同的情形,适用不同的补偿方式。不管采用哪种补偿方式,一般情况下,首先需要因征地而遭受权利或财产损失的个体进行补偿申请。如果土地所有权被征收,土地所有权人可以做出两种补偿申请,一种为一次性货币补偿,这是通常情况下的补偿方法;另一种为权利补偿方法,征地受益人向其转让自己的土地所有权等,这种补偿方式用得少。对一般土地权利损失的补偿,用土地交易价值来进行补偿,本质上属于货币补偿。在两种情况下,可以采用给予赔偿地方式进行补偿:被征土地的所有权人因土地被征收而丧失工作时;被征土地的所有权人因土地被征收而丧失住所时。土地要满足两个条件才能作为赔偿地:赔偿地是在征地受益人占有和支配下,但不在土地上进行日常工作或其他必要任务,即征地受益人不依赖于土地;土地能够按照土地征收机构的测量标准比较容易的进行测量,才能作为赔偿地。在满足以上两个条件的同时,如果征地参与者一致认为可以完全采用赔偿地方式进行补偿,那么土地所有权人可以申请完全采用赔偿地方式进行补偿,而不再需要前文所述的其他补偿方式。

第四节 土地整理制度

德国土地保护的最大特点是全面实施对所有土地的保护,特别重视对受到破坏土地生态功能的恢复。随着德国工业化进程的发展,在密集人口区和工业集聚区,土地污染问题非常突出,土地特性也出现了一些不良的物理、化学和生物的变化;在德国矿区,土地破坏现象也非常严重;在德国农村,地力恢复、生态功能的维护等问题,也为人们所关注。为了解决好这一问题,就需要大规模的立法措施和财政措施,德国各州为此非常重视。1999 年联邦的土地保护法则正式生效,它为保护和维护土地的生态功能提供了强有力的法律基础。德国的土地整理在制度、理论、技术等方面都具有一定的代表性。特别是在第二次世界大战以后,德国的土地整理在改善农林生产经营条件、改善生态环境和保护景观、促进农村发展等方面都发挥了重要的作用。

一、概述

德国是开展土地整理较早、土地整理制度完备、土地整理理论与技术较发达的国家之一,其土地整理在改善农林业生产条件、维护生态环境和保护景观、促进农村发展和新农村建设等方面发挥了重要作用。

第二次世界大战后的德国分裂为德意志联邦共和国和德意志民主共和国。德意志民主共和国农业生产力低下,为了维持生计,在境内开荒进行农业生产,田块在人为影响下,逐渐零乱、破碎。为了提高粮食产量,政府无偿占用大片森林组织开展农业生产。在缺少相关制度政策的约束下,大量权属纠纷频繁涌现,大批植被被破坏,水土流失现象日趋严重,自然灾害频发,生态环境受到严重威胁。此外,德意志民主共和国的农业人口占全国人口总数比例较小(全国只有5%,被称为农业州的巴伐利亚也只有7.3%),加之欧洲共同体农产品过剩,德国农业面对较大竞争压力。

为有效缓解各类威胁与矛盾,德国合并后政府组织开展土地整理,先后经历了3个阶段。整理的目的从最初的"提高农地生产力,确保国家粮食安全"到"确认土地权属,推进农地集约规模化经营",再到"缩短城乡差距,推进区域化可持续发展"。如今德国的土地整理已经从以小地块并大块、单纯地促进农业生产、保障国民粮食安全成功转型为集农业规模化集中经营、生态环境保护、水资源利用与保护、村镇革新、城镇区域发展等为一体的农村区域整体可持续发展。其土地整理的目的可以概括为:(1)合并、调整地块,改善交通,便于机械化作业,改善农业生产经营条件,提高生产集约水平;(2)改造村屯,美化环境,改善农民居住条件,以稳定居民、吸引旅游者;(3)保护自然景观,促进生态平衡。为此,土地整理的重点是下列地区:地块零碎、分散的,交通不畅的,农民居住条件差的,大型建设工程打乱了地块的,经济发展较慢的,农业生产经营条件不好的,经济发展过速带来不良影响的,以及自然景观保护特别重要的。①

总体来看,德国土地整理大致经历了3个阶段:第一个阶段从中世纪至1900年,社会生产力比较落后,土地整理的目的主要是小块并大块,合并规整零散小块的土地,提高土地的集体效益,以改善农业生产条件;第二个阶段从1930年起,工业化快速推进,社会经济高速发展,土地整理主要用来储备土地,以供高速公路的修建及公共建设事业的发展,同时通过土地整理使被基础设施建设打乱的地块重新规则化;第三个阶段从20世纪70年代起,这一时期欧洲经济发达,社会繁荣昌盛,治安稳定,提高农业产量已不是土地整理的主要目的,人们渴望回归自然的心理极其强烈,土地整理以保护自然环境和景观生态格局为主题,希望通过土地整理来改善居住条件。因而德国土地整理更加注重生态景观的布局设计,在坚持促进现代化农业的发展的同时,也要保护乡村生态面貌和空间布局。

德国土地整理制度能成为典范,得益于有关土地整理方面的法律法规、土地整理机构的完善、土地整理过程中的权属管理、公众的高度参与等。②

二、基本制度③

德国的土地整理是在土地整理官方机构的指导下,按照一定的程序,在地产主、公共利益代表和农业职工代表的共同参与下进行的。土地整理既重视农业利益,又重视自然环境保护和景观保持,它已成为德国城乡政府实施发展计划、实现经济社会发展目标的一个重要的综合性手段。德国的土地整理基本制度有以下几个方面。

①　朱道林.土地管理学[M].2版.北京:中国农业大学出版社,2016:344.
②　田玉福.德国土地整治经验及其对我国土地整治发展的启示[J].国土资源科技管理,2014(1):110-114.
③　贾文涛,桑玲玲,周同.德国土地整理的经验与启示[J].决策探索,2016(6):27.

（一）土地整理理念

一是生态优先理念。德国非常关注生态景观，注重生态景观规划。特别是法律上关于生态占补平衡措施的近乎苛刻的规定，更是将德国生态优先的理念体现得淋漓尽致。德国还要求设立"生态账户"，针对由建筑主体规划引起的对自然和景观的侵犯，乡镇必须采取弥补或替代措施，在空间和时间上都可在对自然和景观的侵犯行为之外单独实施，为此需要的土地可在所谓的生态账户中预留。

二是城乡等值理念。第二次世界大战以后，德国乃至整个欧洲农村问题曾异常突出，大量乡村人口离开故土涌向城市，结果又导致城市不堪重负。在此情形下，巴伐利亚州开始了实施"城乡等值化"的实践探索，主要通过土地整理、村庄革新等措施，促进乡村与城市的均衡发展。

三是公众参与理念。在德国，广大民众积极参与各项事务来维护自身或他人的基本权益。在参与过程中，公众有权提出自身的具体权益要求并通过与自身条件相符的努力据理力争。就土地整理与村庄革新项目而言，德国通过法律规定了公众参与的内容、程序、方式等有关事项，使公众参与得到法律制度保障。

四是文化传承理念。在德国，无论是城市还是村庄的街道上，随处可见一栋栋历经百年风雨仍静静伫立的老房屋。无论是村庄改造还是旧城改造项目，德国都会把民俗文化和历史文化保护放在首要位置，并且在经费资助等方面有明确的支持政策。乡村文化涵盖多个层面，包括居民为了打造其生活空间环境而采取的所有措施，也包括居住文化、饮食文化、工作文化以及口头文化、音乐、歌剧等。

（二）土地整理模式

德国土地整理项目实施一般有三种模式，分别为群众自发式、整村推进式以及政府主导式。群众自发式土地整理规模较小，申请者为土地所有者，通常体现为地块的置换、权属调整。整村推进式的申请者为村镇代表、社会团体、机构等，主要内容包括田块归并、整理，村庄改造，村镇基础设施配套，重点发展方向转变等。政府主导式的申请者为德国联邦政府或州政府，内容主要以大型基础设施建设、国家重点推进、新能源建设、产业调整等项目。

（三）法律保障

德国在土地整理方面有着较为完备的法律保障体系。从结构上看，主要包括欧洲法律、国际惯例和准则、德国联邦法律（国家层面）、东德地区法律法规、城镇层面法律法规等5个层级。在欧洲法律、国际惯例和准则层面主要是由欧盟结合各国推进土地整理、乡村发展实际情况，定期发布《欧盟农村发展指导手册》；在德国联邦国家层面，宪法作为根本大法，在其中对各方基本权利义务进行了规定，并提出土地整理立法要在坚持普治原则的基础上，统筹考虑环保领域、经济领域、社会领域这三大领域的发展，保持各领域平衡发展。与土地整理密切关联的法律有《空间规划法》《土地整理法》《建筑法》。《空间规划法》规定土地用途管制和土地利用方式的规则，《建筑法》规定各项建设活动的行为准则，《土地整理法》是关于土地整理的专项法律，规定了土地整理的主体、程序、各方的责任等。1886年巴伐利亚州颁布了德国第一部土地整理法。《德意志联邦共和国土地整理法》于1953年颁布，为了适应第二次世界大战后土地利用关系的变化，先后进行了两次修订。该法分为13章，共159条，包括：土地整理的法理基础（总则）、土地整理参加者及其权利、重建土地整理项目区（土地整理运营)、重建土地整理项目区(土地整理运营)特别规定、土地整合过程之推动、土地的自愿交换、土地整理过程中推动土地整合与土地自愿交换之组合、土地整理费用、土地整理程序的一般规则、土地整理之诉、土地整理竣工、土地整理竣工后续事宜、附则。《土地整理法》明确规定了土地整理的目的、任务和方法、组织机构及其职能、参加者的权利与义务、土地整理费用、土地估价、权属调整及成果验收等内容。《土地整理法》还规定,每个州的最高行政法院要设立土地整理法庭,负责审议和处理相关的诉讼案件和纠纷。在州一级土地整理局(农村发展局)内部还设有一个独立的争议仲裁机构,专门负责解决土地整理过程中出现的争议。德国与土地整理有关的各项法律都随着社会经济的发展及时修订,以保证法律的实用性和有效性。

(四)整理机构

土地整理是在土地整理官方机构的指导下,按照一定的程序,在地产主、公共利益代表和农业职工代表的共同参与下进行的一种经济活动。根据 1953 年颁布、1976 年修订的《土地整理法》规定,德国土整理的执行机构由各州自行设立。各州在州、地区及基层均设土地整理机构,其中州为最高权力机构,它决定土地整理机构的设置和土地整理范围。基层土地整理机构只负责本行政辖区内的土地整理工作。土地整理官方机构为土地整理局(不同的州其土地整理机构名称不一样,如巴伐利亚州称为农村发展管理局)。土地整理局指导土地整理的含义是指由土地整理局制定有关的规章制度和技术规则并组织其实施。此外,土地整理局还要监督土地整理过程和参加者联合会的活动,并在土地整理过程中承担执行有关法律规定和有效使用土地整理经费的法律责任。土地整理局的职责主要是进行土地整理方面的立法工作,制定土地整理相关的操作细则,在有关的法律框架内对土地整理过程进行全程监督,并承担相应的法律责任。

土地整理的具体执行单位为参加者联合会,由土地整理区域内的全部地产所有者以及土地整理期间的合法建屋权人共同组成。参加者联合会在土地整理立项决定公布以后成立,是一种社会法人团体,属于土地整理区内所有地产主参加的一种自治性质的基层组织。其权利代表是由该组织民主选举出的理事会,通常为 5~7 人,具体负责规划实施、工程施工。理事会主席是官员,一般是地区局区域处一位科长兼任。每个地区又设有土地整理参加者联合会,负责土地整理协会的财务、施工测量等。参加者联合会在土地整理局的指导下开展工作,其主要任务是:组织公用设施的建设和维护;实施必要的土壤改良;负责土地整理的有关经费筹措和使用;完成土地整理局不承担的其他任务。[①]

德国土地整理行业管理主要依托土地整理行业协会。土地整理行业协会是法人单位,非政府组织但受政府监管,经费来源主要是会员缴纳会费。德国注册执业制度与行业自律紧密相连,不同行业协会的注册仅仅是协会工作的一个环节,行业协会更注重对会员执业活动的监督管理、行业信誉和行业利益的维护。

三、监管机制[②]

《德意志联邦共和国土地整理法》中第一章第三条规定由作为专门监管部门的各级土地

---

① 贾文涛,张中帆.德国土地整理借鉴[J].资源产业,2005(2):77-79.
② 赵谦,王霞萍.德国土地整理监管机制及对中国的启示[J].世界农业,2015(4):139-142.

整理机关按照行政区划范围对辖区内土地整理活动进行监管,若土地整理项目区域涉及不同行政区划范围则由其共同上级土地整理机关来实施监管。第一章第四至八条、第二章第一节、第二章第二至三节、第二章第四节、第三章第一至二节、第三章第三节、第三章第四至六节、第三章第七节、第十一至十二章之规定则将土地整理全过程清晰地划分为 9 个环节,基于此而具体实施对诸环节中各种行为与行为结果的全过程监管。

(一)批准立项环节监管

土地整理机关是该环节的专门监管主体,土地规划局、乡镇政府、市县政府是主要的联动监管主体。土地整理权利人、农民联合会等相关个人、组织主要通过提出建议、意见的形式参与该环节监管。最终批准土地整理项目是否立项,确定土地整理项目区的大致界线并予以公告。

(二)认定土地整理权利人环节监管

土地整理机关是该环节的专门监管主体,土地注册处、房地产管理机关是主要的联动监管主体。农民等各类土地整理权利人主要通过申请登记权利、权属诉讼的形式参与该环节监管。最终确认作为土地整理利益相关者的各类自然人和法人拥有同等权利,根据土地登记册确认的权属状况来认定各类土地整理权利人并明晰其权利与义务,并以公告方式敦请无记载的土地整理权利人到土地整理机关申请登记自己的权利。若事实上的土地占有人在土地登记册中无相应记载,可将之视为土地整理权利人。若所有权人存在争议,则通过相应诉讼途径解决纠纷后由土地整理机关依据法院判决做出决定。

(三)组成土地整理参加者联合会和参加者联合会大会环节监管

土地整理机关是该环节的专门监管主体。作为法人团体的土地整理参加者联合会和参加者联合会大会,是农民等各类土地整理权利人参与土地整理及土地整理监管的组织化载体。最终土地整理参加者联合会及参加者联合会大会在土地整理机关的指导下开展工作。参加者联合会及参加者联合会大会签订的有关协议要经土地整理机关审查批准,参加者联合会及参加者联合会大会的理事会决议必须经过土地整理机关批准,理事会成员数目由土地整理机关确定。

(四)土地整理范围内土地价值评估环节监管

土地整理机关是该环节的专门监管主体,上级土地整理机关是主要的联动监管主体。土地整理参加者联合会理事会、农业协会主要通过推荐农业估价师、参加相关听证会的形式参与该环节监管。所有建设用地的价值和建筑工程的价值,以市场交易价值为基础进行评估,并按自然生产条件来估算每块土地的合理交换价值。参加价值评估的土地面积以土地登记册记载数量为准。具体的评估工作由农业估价师承担,估值结果应供农民等各类土地整理权利人查阅并向其解释。

(五)制订土地整理规划并确定相关补偿原则环节监管

土地整理机关是该环节的专门监管主体,上级土地整理机关和农业贸易代表是主要的联动监管主体。土地整理参加者联合会理事会对该环节监管的参与,主要通过协商土地整理规划方案及补偿原则、参加相关听证会的形式进行。最终土地整理机关在起草土地整理规划方案时应与农业贸易代表和参与土地整理的机构、组织充分协商,并召开听证会讨论通过，该规划经上级土地整理机关批准后生效。此外，所有土地整理权利人应予以平等补偿，补偿形式既包括土地实物补偿还包括货币补偿。在尽可能合理利用土地的前提下，还应考虑每个土地整理权利人被占用的土地在用途、性质、土地等级、距离远近等方面的情况。

（六）设计土地整理具体方案环节监管

土地整理机关是该环节的专门监管主体，上级土地整理机关和土地整理项目区所在的相应地方政府、议会是主要的联动监管主体。农民等各类土地整理权利人及参加者联合会理事会主要通过提出合理异议与要求、参加相关听证会的形式参与该环节监管。最终设计的土地整理具体方案必须包括土地整理权利人的权利义务明细与具体补偿事宜，进而可能会影响到土地整理项目区所在乡镇的普通规章制度。基于实施方案的需要，甚至可以经相应程序改变乡镇、市县、行政区甚至州的边界。

（七）实施土地整理方案环节监管

土地整理机关是该环节的专门监管主体，上级土地整理机关、当地乡镇政府和法院是主要的联动监管主体。农民等各类土地整理权利人及参加者联合会理事会主要通过查阅方案图件和资料、提起相关诉讼、参加相关听证会的形式参与该环节监管。在土地整理方案实施前，可以根据实际情况调整土地占用关系，包括新地块的经营权和使用权。土地占用决定和移交通知要进行公告，并于当地乡镇政府。

四、土地整理制度的特点

（一）土地整理与农村经济社会发展相结合，重视生态环境保护

在德国土地整理初期也曾单纯追求增加土地面积和作物产量，进而使生态环境遭到破坏。但是目前，德国的土地整理已不再是短期的、单纯的地块合并、调整，而是着眼于整个区域内长远的生态环境保护和农村的全面协调发展，注重改善农林业的生产、经营条件，促进土壤改良和土地开发；整理和修建道路网，更新村庄，兴修水利，优化村民的居住、生活环境，促进耕地与自然环境保护。在整理过程中，对生态环境的保护从立法、规划及措施等各方面都有明确的规定和要求，并做到了互为保障、紧密结合。目前，德国部分土地整理项目中，已经开始尝试纳入对于生物能源的运用。一是通过对水土流失严重地区的土地进行治理与恢复，采取休耕、轮耕、秸秆还田、土壤改良等多种手段，有效控制水土流失，提升土壤质量。二是采用生物燃料代替化石燃料的方式，降低人类对生态的影响和破坏。

（二）分类指导

德国土地整理类型的选择，主要取决于土地整理的具体内容、目标，以及《土地整理法》的有关规定，具体有：常规性土地整理、简化土地整理、项目土地整理、快速土地合并、自愿土地交换等。同时，土地整理的程序也十分规范，按照实施的顺序一般分为如下阶段：制订土地整理规划；明确产权归属及他项权利；实施土地整理工程；工程造价核算。对风景区土地的管理也有严格的固定。如风景区土地的作用，不能对大自然的平衡能力或风景造成影响，如果对造成不良影响者有义务使之得到改善。在自然风景保护区中要对野生植物和动物进行保护，为它们提供良好的生存条件。在保护区中，对石料、砂、泥灰、胶泥等采挖面积大于

30平方米的要得到自然风景保护局的批准。风景区内的沼泽地、芦苇丛、灯芯草多的湿地、露天堤坡、露天自然岩石和卵石坡、灌木林和刺柏林、毛草坪、矮树丛林等不允许破坏,游客不允许进入道路以外的地方。[①]

(三)社会公众高度参与项目实施

由于德国实行土地私有制,德国公众高度关注土地整理项目。公众的积极参与和广泛支持是土地整理目标能够最终得以实现的关键,因此联邦土地整理法对公众参与做了明确的规定。德国土地整理的执行单位是参加者联合会,它由土地整理区域内的全部地产所有者和土地整理期间的全部合法建屋权人共同组成。此外,有农业、环保、水利等其他政府部门、乡镇政府和环保协会、农业协会、农村发展协会等各种公共利益的代表机构参与。德国土地整理法明确规定了公众参与土地整理的组织设置、参与规模、参与形式、参与步骤,要求有关土地整理立项、土地估价、权属调整方案、土地整理方案等,都要向社会公告,征求参加者和相关部门的意见,以此保证公众参与土地整理的合理性和合法性,使土地整理活动最大限度地达到公平、公正。德国土地整理项目分两种模式,即群众自发式项目与政府主导式项目。群众自发式项目是指由群众自发组织开展,对其自有土地进行置换、归并、整理的项目。农村土地整理发展局负责组织开展测绘、地籍变更等工作。而政府主导式项目,则是指对涉及公众利益,由政府组织推动实施的土地整理项目,如公路、水坝等基础设施的修建,幼儿园、医院、学校等基础设施的配套。通常由区域农村土地整理发展局承担,负责说服群众参与项目,并组织实施。群众全程参与监督项目实施。

(四)土地权属关系管理具有时效性

在土地整理项目立项前,明确土地整理区内各块土地及设施的权属关系,制定详尽的权属调整方案。在土地整理项目完工后,及时进行变更登记,变更登记的范围包括土地登记、地籍登记、水利登记、自然保护登记、文化遗迹登记以及建筑负担目录登记等,使土地整理和土地重新调整分配后,地块的形状、面积、位置等地籍图和数据资料保持现势性。

(五)土地整理过程中进行土地估价

德国的国家上地并不是通过对土地分等定级确定一定范围内土地的基准地价,而是建立起地块间的相对价值关系。首先是土地整理局建立一个土地价值参考体系,相当于我国的地价基准体系。再根据土地的质量、用途、坡度、植被覆盖等对土地进行分等定级。为了便于每个土地等间的价值交换,需对每个土地等级都确定一个相对价值系数。土地的估价结果要具体落到土地估价图上,即在各个图斑上有各自等级的土地估值。[②]

(六)整理监管贯彻全过程

在土地整理中,对土地整理各个环节具体实施及对诸环节中各种行为与行为结果的全过程监管,有利于土地整理制度的科学化、规范化落实。

---

① Karl M. The Fiscal Reform of Land Tax in Germany[EB/OL]. (2012-05-01)[2020-12-10]. https://www.fig.net/pub/fig2012/papers/ts05g/TS05G_karl_5766.pdf.

② 朱鹏飞,华璀.国外土地整理经验对我国的启示——以德国、荷兰为例[J].安徽农业科学,2017(7):176-178.

第五节　土地登记制度

一、土地登记

德国为产权保险所进行的土地登记始于 1900 年,当时通过的《帝国土地登记规则》,使地籍资料道过法律确认为地产凭证。延续到了今天,土地登记内容和工作范围有了很大的发展。产权已不单是地产本身,而且还包含着利用要求。因此,对土地所有权的权利、义务用法律登记形式加以固定,促进了社会经济的发展。

土地登记的法律依据是《土地登记规则》《民法》。对土地的权利和义务只有通过法律登记才能得到确认。主管部门是地方法院土地登记局,工作人员全都是律师或其他法律工作者。

土地登记内容共有四大部分:(1)地产状况:地块面积、位置、用途、等级、价值、权属等内容(同于地籍的不动产册),特殊的产权形式,如住房产权、租地造屋权等也要登记。(2)产业主状况:姓名、年龄、住址、婚姻状况、家庭成员、共有产权人情况等。(3)他项权利、义务,他项权利与义务分为两大类:一是公法规定的权利或为公共利益承担的义务,如国家大型建设需要的土地的应征、缴纳税金、文物保护、水源保护、生态保护等义务;二是属于民事范畴的,一个土地所有者允许另一个土地所有者在自己某块地产上行使的某种权利,前者为义务,后者是权利,这需要双向登记。(4)财产、借贷、抵押方面的经济关系。

土地登记的一般程序是:产业主提出申请;出示证明、公证书等;登记局审查、批准;变更登记册内容;变更结果转给地籍局,变更地籍资料。[①]

二、地籍管理

德国经历了税收地籍、产权地籍和多用途地籍 3 个阶段。技术方法从钢尺加直角棱镜发展为电子速测仪,并逐步向自动化地籍转变。

地籍资料由地籍图、地籍册和地籍数据 3 部分组成。地籍资料的采集(含测量)、编绘、保管、更新、统计和提供利用是地籍管理部门的日常工作。

根据《日常地籍管理规程》规定,地籍局是统管其辖区内地籍的唯一合法机关。只有地籍管理部门提供的地籍资料才具有法律效力。同样有关的地产数据、图件资料,没有地籍局的认可是不具法律效力的。因此,地籍管理部门是一个法定的权威部门。

它的日常管理工作是:(1)接受委托,为地产主地产划分、调整、用途改变等进行定界埋石、测量计算,并作地籍变更记载。(2)对其他测量部门或国家批准的私人测量工程师事务所接受委托进行的地籍测量工作进行监督、检查、验收,并按受他们合格的地籍资料,变更原有资料。(3)接受土地登记局转来的土地权属变更等有关资料,变更原有地籍。(4)接受财政局土地评价方面新资料和新图件。(5)接受土地管理局和其他业务部门通过大型工程建

① 朱道林.土地管理学[M].2 版.北京:中国农业大学出版社,2016:343.

设、土地整理及其他途径更新的地籍资料。(6)将变更后新的图、册、资料,复制送给地产主、土地登记局、财政局及地方政府。(7)根据边产主辜者卖摇查询者的要求,提供有关地产情况数据、图件资料,其中包括为土地的租赁、抵押买卖、划分、合并、调整所需的各种资料。(8)满足社会各方面的需求,提供各种地籍信息资料。(9)土地统计,统计土地动态变化情况,逐级上报直至联邦统计局。

德国地籍建立很早,资料早已覆盖全国土地。在德国,地籍图一般是分版绘制的,分为统一分幅的地籍现状图和点号注记图、土地等级类别图,在山区和丘陵地区还专门绘制等高线图,在地籍管理中套合使用。其中,现状图专门用来向其他部门有偿提供使用。由于地籍图的精度高,现势性强,因此普遍被其他部门作为基本底图使用。因此,地籍数据和基础测绘数据一样,是法定的基础数据。此外,官方地形制图信息系统(ATKIS)一般包含两部分数据集合——数字景观模型(DLM)和衍生的数字制图模型(DKM)。DLM用数字形式描述地物和地形,精确地描述其位置及形状,包括名称、属性及与其他目标的关系。DLM是矢量化的,基于格网、不依图幅存储的,而且是不依比例尺的。与DKM不同,前者便于数据采集、存储、管理、分析和更新,后者与比例尺关联,便于图形显示和输出。

德国作为地籍发展历史悠久的国家,其地籍制度和地籍数据的采集、处理、建库、管理和使用在国际上处于比较领先的地位,在土地信息化方面也做了不懈的努力和探索。其宗地的文字性记录存储于20世纪70年代建成的ALB(自动化地籍簿)系统中,而具有法律效应的几何描述则全部存储于20世纪80年代建成的ALK(自动化地籍图)系统中。ALB和ALK也被称为德国的第一代地籍信息系统,只有把两个数据库合在一起才可以查询到一宗合法地块的全部信息;并且,为了确保二者数据的一致性两个数据库必须同时加以维护。德国从地物分类建模、数据采集标准、语义、几何形状等多方面对地籍与地形制图数据间的关系进行了分析和比较,在此基础上构建了与ATKIS相结合的ALKIS(官方不动产地籍信息系统)系统。其设计目的为:处理来源于地籍图、土地所有者和土地使用者的登记簿的地籍与地形数据;处理其他全国统一数学基础的数据;统一系统的应用与维护;通过数据结构的标准化,建立以ALKIS和ATKIS为界面的元数据系统,实现所有用户能共享测量机构的全部地理数据。这样,在官方基本地图中主要保留了两大类数据:一是数字化地表模型基础数据,包括基本地图框架数据和注记;二是数字化房地产行业数据。在这两大类数据基础上用户可以添加自己的专题数据,也可以简单地去掉一些数据层来实现综合的目的。[①]

地籍管理的重要任务之一是地籍资料的更新。地籍更新包括地籍图更著和地籍册更新。地籍图更新的内容是:(1)将岛图转换成框图,以统一坐标系统(历史上许多公园或地方建的地籍坐标不统一,就全部统一到高新-克吕格坐标系);(2)统一图式符号。地籍图更新的途径一般有3种:(1)重新测量绘制;(2)利用原来岛图,测出部分相关点坐标,采用数据化法和坐标变换计算其他点坐标,转绘成新图;(3)通过大型工程建设、土地整理、旧城区改造等途径更新。[②]

---

① 蔡先娈,尹鹏程.德国土地信息化发展现状研究[J].国土资源信息化,2012(4):107-111.
② 朱道林.土地管理学[M].2版.北京:中国农业大学出版社,2016:342-343.

第六节　土地税收制度

一、概述

德国是联邦制国家,联邦政府、州政府和市政府在税收收入和支出责任上有着严格划分。同时,德国还有着发达的税收共享和转移支付体系。按照税收收入归属的不同,德国税收可分为共享税和专享税两种。土地税是市政府的专享税收。

德国的现代土地税收制度可以追溯到 19 世纪中叶,德国的土地税制度起源于土地改革派领袖阿道夫·大马士革(Adolf Damaschke,1865—1935)的土地改革思想。从理论起源来看,德国的土地税基本思想是土地涨价归公。具体主张最早来自于美国经济学家亨利·乔治(Henry George,1839—1897)的单一税制。乔治认为因社会发展导致土地价值的上升不是由于土地所有者劳动的结果,因此其增值应该归公,作为地方财政收入的唯一来源。乔治的单一税思想在后来的实践中发展成不同的制度。制度差别源于对这一思想两个重要构成部分的不同认识。一是该涨价归公是因为增值源于社会。二是涨价归公收入的用途。大马士革的土地改革思想受了乔治思想的影响,也主张涨价归公,但是与乔治主张的区别是只坚持涨价归公,而不考虑其收入在城市政府财政支出中的地位,即对其单一税制进行了改良。大马士革特别注重土地用途的改变产生的新增收益的分配。他首先提出采用土地价值税(后来为土地增值税)作为土地涨价归公的手段。这一改革建议先后被一些城市采纳(法兰克福、科隆等),并很快推广到全国,作为土地改革运动的伟大成果。后来德国取消了土地增值税,将该手段合并进了所得税,所以在财政统计中,德国现在没有土地增值税收入。按照德国现行个人所得税法,对于购买的房地产在一定的期限内卖出的交易净所得要纳入所得,申报所得税(以前为 2 年,从 2009 年开始规定的时间调整为 10 年保有期)。德国能够这样做,是以其综合所得税制度为基础的。在不基于综合所得税制度的前提条件下,土地增值收入无法合并进所得税。德国是对土地的实际增值纳税,如果房产从 10 万元涨价到 100 万元的情况下,交易人确实得到新增价值的 90 万元,纳税人是能够付得起这笔税的。虽然美国的财产税的征税思想也来源于涨价归公,但在美国制度下,税基不是现实的,而是账面增值。居民的房产(包括地产)由原来 10 万元涨到了 100 万元,财产税的税基就是 100 万元。这从私人产权保护角度看是不合理的,房产所有者口袋里并没有真的多出 90 万元来。但是,从地方财政筹资的角度看又是合理的,因为在地方财政主要由财产税来承担的情况下,房产所有者的增值是直接来源于地方公共服务水平的提高。德国土地增值税基于土地的实际增值收益收取,不存在像美国的财产税那样,纳税人可能因为交不起账面价值的税收,而不得不出卖财产的情况。由此可见,从理论上来说,德国土地增值税制度更能够保护私人产权不因国家税收而受到侵犯。①

---

① 朱秋霞.土地税与财产税孰优——基于德国土地税和美国财产税制度的比较[J].现代经济探讨,2009(9):75-79.

在漫长的过程中随着经济社会发展的需要土地增值制度也几经调整。尤其是近年来因为对作为计税依据的不动产价值评估上的争议,德国联邦宪法法庭于 2006 年甚至做出了"现行的土地税制缺乏公平性,有悖于宪法基本精神"的裁定[1],要求对现有的土地税收制度进行重新完善,从而也推动了多样化的土地税制改革方案的出台。德国在历史上仅对土地征税,后来逐步将房屋纳入征税范围。但是德国仍然使用土地税这一名称。土地税依据的法律是 1973 年联邦政府颁布的《联邦土地税法》及其修正案。事实上,法律并没有强制市级政府必须征收土地税,但是在实际中所有的市政府都征收土地税。土地税的征管由州政府和市政府共同承担,收入归市政府。州政府负责根据联邦法律确定计税依据以及负责计税价值的评估。市政府负责根据当地情况制定征收比率和税款的征收。

德国现行的土地税分为农地税 A 和非农用地税 B 两类。土地税 A 的课税对象是农业和林业地产。土地税 B 的课税对象是可开发的土地或已开发完成的土地及地上房屋。[2] 市镇是德国土地税收制度运行的基本单位,不动产的产权人需要定期向不动产所在地的市镇政府缴纳土地税。土地税收入约占德国市镇政府税收收入的 20%~25%,是地方提供基础设施和公共服务的重要经济来源。[3] 相比其他发达国家,德国土地税收入占市政府税收收入的比重偏低。而且土地税在市政府税收中的比重在过去的 60 多年中是一个持续下降的趋势。1951 年,土地税占市政府税收的 34.8%,而 2000 年后下降至 15%上下。根据最新的统计数据,2015 年德国土地税收入 132 亿欧元,占市政府税收收入(经过税收分配后)的约 14%。相比之下,2013 年 OECD 国家房地产税占地方税收比重平均值为 25%。德国土地税在市政府税收中比重下降的主要原因在于德国土地税的税基陈旧,没有根据房地产市场变化而更新。目前,德国正在研究进行土地税的改革,方向是采用市场价值作为房地产税的计税依据。

二、土地税的征收规则[4]

不动产的评估价值是德国土地税的计税依据。土地税 A 评估价值的测算依据为土地产出价值,它由全国统一的土地评估调查评定的产值确定;土地税 B 的评估价值参照此类不动产的市场价值来确定。按规定,评估价值每 6 年应更新一次,以确保课税对象的税负能与其市场价值相协调。

德国的土地税率分为基础税率和稽征税率。基础税率按不动产用途确定,各地均相同。其中,农地和森林的税率为 0.60%;独户房屋的税率为 0.26%或 0.35%;双户房屋的税率为 0.31%;其他类型的不动产税率为 0.35%。稽征税率由德国各市镇政府来确定,地域差异明显,比如,慕尼黑的稽征税率高达 490%,但一些欠发达市镇的稽征税率仅为 240%~350%。德国的土地征税过程包括 3 个步骤:首先,由各州的财税部门确定不动产的评估价值;然后,

① Karl M. The fiscal reform of land tax in Germany[DB/OL]. (2012-05-01)[2020-12-10]. https://www. fig. net/pub/fig2012/ papers/ts05g/ TS05G_ karl_5766. pdf.

② Weiss E. Replacing a Combined Tax on Land and Buildings with a Simplified Land Value Tax in the Federal Republic of Germany[J]. International Journal of Strategic Property Management,2004(8):241-245.

③ 王荣宇,谭荣. 德国土地税收制度及其改革探索的启示:基于土地收益共享的视角[J]. 中国土地科学,2015(12):81-87.

④ 王荣宇,谭荣. 德国土地税收制度及其改革探索的启示:基于土地收益共享的视角[J]. 中国土地科学,2015(12):81-87.

用评估价值乘上基础税率得到标准税价,再由各市镇按标准税价乘上自定的稽征税率计算应纳税款;最后,纳税人根据市镇税务部门的税单缴税即可。

三、土地税的内容[①]

德国的土地税是地方税种。土地税的征税对象是土地的价值,以及土地上的建筑物及其使用价值。征税的法律依据是土地税法。《土地税法》于 1973 年 8 月 7 日获得德国联邦议会通过,8 月 12 日正式生效。《土地税法》自颁布实施以来很少进行修改,最近的一次修改是在 2008 年 12 月 19 日。《土地税法》明确规定,土地税征收的主体、要求及各项规定。

(一)纳税人与课税对象

土地税的纳税人为房地产所有者或者使用者。土地税的课税对象为德国境内所有的土地及建筑物,包括农业用地、森林。德国法律规定土地税分为 A、B 两类。其中土地税 A 对农业用地和森林征收,包括:从事农业或林业活动所涉及的土地、建筑物、机械和牲畜。土地税 B 针对房地产征收,包括建筑物及其附属设施,但不包括机械等固定资产在内。

(二)计税依据与评估

土地税采用房地产的税收评估价值作为计税依据。由州政府根据联邦颁布的《资产评估法》中规定的评估方法来确定,并将每个地块的价值及用途登记在地籍册中。只有当土地用途发生改变时才会对地块的计税价值进行修改。德国法律规定,土地税的计税价值每 6 年更新一次。但事实上德国并没有及时对计税价值进行调整。对于西德地区,土地税计税价值仍采用 1964 年的评估结果。对于前东德地区,则采用 1935 年的评估结果。

(三)税率与税额计算

土地税的税额由计税价值乘以州标准税率再乘以市稽征率的方式确定。州标准税率对不同类型房地产有不同的税率(见表 3-1)。在各市稽征率的确定上,并没有上限,各市可根据自身支出情况来确定。不同类型的房地产有不同的市稽征率。通常来讲,农业用地和林地的市稽征率低于其他类型房地产。从具体数字看,各市稽征率范围大致为 150%～600%。

表 3-1　德国土地税税率

用地类型	州标准税率
农业用地和林地	0.5%
独户住宅(383645.89 欧元以下的部分)	0.25%
独户住宅(38346.89 欧元以上的部分和其他房地产)	0.35%
两户住宅及出租住宅	0.31%

计算应征土地税税额要确定 3 个数值,即统一值、土地税计税值、征税率。统一值由 1991 年制定的评估法做出规定,具体由当地的财政局确定,习惯上采用收益估价法。[②] 土地

①　刘威,何杨.德国的土地税[N].中国财经报,2016-10-27(2).
②　埃克哈特·巴尔奇,高延利.联邦德国的土地税收及中国可借鉴之处[J].中国土地科学,1993(3):44-46.

税计税值对于农林业用地为 6‰,建筑用地为 3.5‰。在建筑用地中有两种特殊情况,用于建造独户家庭的土地分段计算税额,统一值在 38346.89 欧元之内按照 2.6‰ 计税,超出部分则按照 3.5‰ 计税。如果是两户家庭住宅的土地则按照 3.1‰ 计税。征税率由各市镇确定,对于农林业用地和建筑用地分别制定征税率,但同一市镇上的农林业用地或建筑用地征税率必须一致。①

(四)税收豁免

在德国,享受土地税豁免的主要是公共用途(不以营利为目的)土地和房产,包括政府拥有的房地产,宗教用途房地产,非营利机构拥有的房地产,医院、学校、学生宿舍、政府拥有的科研用途房地产,军队用途房地产,公园、墓地、公路、铁路等。

免于征收土地税的情况主要有以下几种:公共服务用地且其所有人为国内法人,联邦铁路管理用地,公益事业用地且为国内法人,宗教事务用地,墓地,公路、桥梁、机场等基础设施用地,部队和学生宿舍用地。当土地上的建筑物属于文物时,也可以提出申请免于缴纳土地税。

(五)征收管理

每年的年初,市政府统一向每一位纳税人寄送土地税估价税单。对于土地税税额不变的纳税人,市政府有权根据其上一年的税额,以公示的方式告知当年应缴税额,政府的公示与寄送的税单具有相同的法律效力。

土地税于公示之日起确定,按季度缴纳,税款分 4 次征收,土地所有人分别于 2 月、5 月、8 月和 11 月的 15 日缴纳税款。纳税人可以申请一次性缴纳全年应缴土地税税额,也可以申请在税额公布前提前支付税款,在税额公布后再进行补缴或退还。不论土地所有人自己使用土地,还是出租给别人,土地税都由土地所有人缴纳,即使在土地出租的情况下土地税可能已经实际转嫁给了承租人。对于不按期缴纳土地税的纳税人,市政府有权收取罚金。纳税人可以申请银行自动扣款的服务来避免此类状况。

第七节　土地金融制度

德国是最早发展农村土地金融的国家,是合作金融的发源地,早在 19 世纪 50 年代就开始尝试构建农村合作金融,经过 100 多年的演变,已然发展出一整套农村土地金融系统,并且对全球多国的农村土地金融都影响深远。

一、土地金融制度建立的背景

在 19 世纪 80 年代普鲁士成立的土地抵押信用社组织是德国最早的农村信用不动产机构。腓力大帝时期,7 年战后,百业凋零,民不聊生,贵族的土地财产损失严重,原有大地主

---

① 王建伟. 德国房地产税收制度总览展[EB/OL]. (2017-08-09)[2020-12-10]. http://blog.sina.com.cn/s/blog_62083e2c0102vdvz.html.

亦流离失所,身负巨债,而高利贷逐步猖獗,这更让农村经济发展举步维艰。为了整顿规范农村经济秩序,使资金流入农村达到振兴农业的目的,腓力大帝不得不采用德国商人皮林的建议①,于 1770 年在普鲁士西里西亚下令组织抵押信用合作社,这是以农民合作组织为中心的土地抵押信用社(Land Mortgage Credit Union,LMCU)。当时的土地抵押信用合作社由地主阶级和权贵阶层组成。发展初期的德国农村土地抵押信用合作社实则是政府强制建立的,同时受国家管理与监督,专门服务于贵族地主的长期信用。由政府授权发行公债,以社员的土地作为担保而发行土地债券,并在证券市场上出售。19 世纪初期,随着德国开始土地改革运动,即"允许土地进行自由买卖",地主阶级不复存在,土地抵押信用合作社的成员和宗旨也都发生了变化。国家便开始扶持自耕农,同时自耕农与地主都可以成为土地抵押信用合作社的社员,由于大地主被消灭,普通农民成了合作社的主体,土地抵押贷款成为农民可长期利用的主要信用工具,融资的渠道也更加多元化和广泛化。合作社社员可以将自己的土地交给合作社作为抵押物。合作社将这些土地作为保障发行土地债券,并在市场中筹集资金,用长期贷款的方式供给社员,帮助农民开垦荒地、购买土地、兴修道路与水利、造林平地等。抵押土地债券化是德国农村土地金融体制中最为显著的特性。只要自愿用个人土地进行抵押获取长期借贷的地主或者农民,都可以合作成立联合社,把个人土地交到联合社作为抵押,联合社用这些土地作为担保给他们发行土地债券,并在市场中换取资金,提供给社员。经过 200 多年的发展,德国建立起了以土地抵押信用合作社与公营的土地银行互相配合的农村土地金融制度,从起初目的为制约高利贷,至近期变成了推动农业发展的重要措施。现在,农村抵押合作社在德国农村土地证券化体系中发挥着重要的作用。②

二、组织体系

德国的农村合作金融是一种典型的金字塔模式。德国信用合作的基础就是信用合作社和基层的合作银行,它们位于金字塔的最底部,包括很多基层信用合作社或银行。农村信用合作社、联合合作银行是德国农村土地银行的核心力量,德国农村土地银行本质特性为"自下而上",即基层的农村土地所有者自发组建农村土地抵押信用合作社,然后再组建农村土地银行。基层合作组织不以营利为目的,主要为社员服务,而社员多以农民为主,贷款用途主要是为社员提供农业生产经营资金;地区性的合作银行是在金字塔的中间部分,主要包括地区性信用合作机构,主要职能是为地方性合作银行供给结算与融资服务,支持地方性的合作银行开展证券化和国际业务等,同时也为其他大型企业和大客户们提供全方位服务,其资金源自会员存款、股金、中央金库、公积金和其他的借款等;最上层由全国性统一联合组织即德意志合作银行构成,负责对地方性合作银行开展业务、结算和调剂资金等,并提供国际业务、租赁、保险和证券等,接受中央银行的委托,主要是监督与审计信用社。农业体系的很多长期资金都源自中央合作银行体系,主要用于改良土地、促进农业机械化、改善农业结构等。不过,在这种金字塔模式中,各个合作银行均互相独立,从上到下服务,从下到上入股,它们之间并不存在行政隶属关系。

①　刘芸芸,刘敏.各国农业金融制度研究[J].农村金融研究,1988(3):45-50.
②　陈璐璐.德国、美国、日本农村土地证券化比较研究及启示[J].广东土地科学,2013(3):28-34.

三、运行机制①

(一)运行流程

目前,德国农村土地银行已经形成了稳定的运营模式,如图 3-2 所示。首先,农业经济主体自愿将土地作为抵押物抵押给合作社,获得社员身份,在需要资金时,社员向德国土地抵押信用合作社提交申请书(包括抵押贷款的额度、资金用途、还款期限以及证明抵押土地权属的相关材料等基本信息),测量评估通过后核定具体贷款数额。

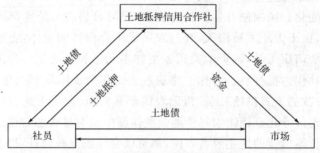

图 3-2　德国农村土地银行运营流程

其次,农村土地抵押信用合作社以社员抵押农村土地作为保障,发行农村土地债券,并在证券市场上出售,从而获得大量回笼资金。

最后,社员购买农村土地抵押信用合作社发售债券,并将此债券在证券市场上出售,但债券价格涨跌引发的一系列风险均由社员本人承担。

(二)业务内容

德国法律规定,农村土地银行以土地作为抵押发行一定比例的有价债券,发行债券收入成为其贷款资金重要来源。德国土地银行以制约农村高利贷为主要目的,为农民开展土地购买、荒地开垦,水利兴建、道路修建等业务提供金融服务。德国农村土地抵押贷款总额额度通常在抵押物评估价值的 $1/3\sim1/2$,贷款期限(偿还周期)一般为 $10\sim60$ 年,农村土地抵押贷款利率通常为 $4\%\sim5\%$ 。

(三)外部制度环境

德国农村土地银行的发展最终以政府信用为基本保障。德国颁布的《德国合作银行法》对农村土地银行监督的机制进行了详细规定,委托联邦金融监察局、中央银行和行业审计等相关金融监察组织,通过现场、非现场监管的形式对德国农村土地银行(分支机构)行为进行多角度的约束。

从 20 世纪中叶起,德国政府便开始给予农村金融财政补贴,大力提倡金融机构与农贷业务的良性互动。财政补贴范围相当广泛,涉及种植、农产品加工、水利建设、产业结构调整、生态农业、环境保护以及企业创立等诸多方面。补贴项目多为 8 年以上的长期贷款项目,而资金则根据项目性质来源于联邦或州政府。它的方式主要包括:其一,限制利率的利息补贴,即降低金融机构参与农业信贷的利率和制定农村信贷的最高利率限制,对于积极参与农贷的各个金融机构进行利息补贴,降低它们的存款准备资金的比率;其二,利用州立银

① 惠献波.美国、德国农村土地银行制度对比分析及经验借鉴[J].经营管理,2018(7):62-69.

行等金融机构提供优惠农贷,州立银行是公共性质的官办银行,它主要负责对各个会员银行机构的流动特性进行管理,帮助政府管理专项财政资金,对确立的公共项目给予无偿拨款、贴息和贷款等;其三,国家政策金融机构和土地改良银行共同进行长期的低利息贷款活动。[①]

(四)风险预防策略

严格按照《德国合作银行法》相关规定选择合作伙伴,通过成立社员代表大会等形式,对农村土地银行监督管理,比如,由审计协会定期对土地银行资产状况和各个部门(机构)风险进行监督,对土地银行的相关业务进行审查。

四、监督管理[②]

德国对农村信用合作社的监管体制主要依托联邦金融监察局、中央银行和行业审计,由现场与非现场监管共同构成。隶属于财政部的联邦金融监察局实施非现场监管,主要通过法律形式约束信用社行为;联邦中央银行及其分行和合作社审计联合会负责现场监管。区域合作社的审计协会成立所需资金是各个合作社所上缴的会费,它负责审计各种合作社。受联邦金融监管局的委托,每年审计协会都会对所有的合作银行进行一次审计,并把审计资料与结果呈报给监察局等。

德国的合作银行步入正轨的标志与代表性组织就是行业协会。在立法中,行业协会有着天平的功效,还能以自律的方式让行政当局降低负担,全德国的信用社是一种自律的联盟组织,地区性合作银行与基层银行,中央银行与某些专业金融机构等均为信用社联盟的成员,并且依照规定上缴会费给联盟。合作联盟不具备行业管理权,其责任主要是提供各种信息给全体会员;协同各合作银行和国家的关系;辅助各合作银行妥善处理公共关系与宣传;对信贷保障金进行监管;审计协会在监督各地区合作社方面,发挥着重要的作用。

德国依据《德国合作银行法》对合作银行进行民主管理。基层合作银行与地区性合作银行的决策监管部门为社员代表大会,而且社员所拥有的表决权是平等的。其理事会为执行机构,在社员选举下形成监事会,理事会则负责聘任经理。中央合作社社员大会和普通股份制企业的股东大会其实是一样的,理事会成员是来自各相关方面的人员,而且要经政府批准后才能确定主要责任人。监管部门是由联邦央行与监察局共同负责管理的,其监管任务由合作社审计协会担负。审计协会隶属于合作社,由审计协会定期监督审计此合作社的业务开展、资产状况和各个部门、机构的活动。

---

① 耿传辉.中国农村土地金融改革与发展研究[D].长春:吉林大学,2016.
② 耿传辉.德国、美国农村土地金融的经验与启示[J].长春金融高等专科学校学报,2018(4):67-72.

第四章　法国土地制度

第一节　土地产权制度及管理机构

法国领土包括本土和海外 8 个地区,国土面积共 64 万平方千米。[①] 法国地势东南高西北低,平原占总面积的 2/3。作为农业大国,农用地占国土面积的 52.7%,其中可耕地占 33.4%,永久作物占 1.8%,永久牧场占 17.5%[②];森林覆盖率达到 29.2%,私有林多于国有林;法国河流众多,水量丰富;海岸线长 4853 千米,领海 12 海里[③]。法国是西欧面积最大的国家,也是欧洲第一大农业强国,是世界上农业最发达的国家之一。法国的财产性质属于私有制,土地作为一种财产,也是属于个人私有的。

一、法国土地制度的变迁[④]

法国农村土地制度发展大致分为 3 个时期:第一一时期,1789 年大革命前的封建领地制经济;第二时期,1789 年法国大革命爆发后的小农经济;第三时期,20 世纪 20 年代开始的现代农村土地制度的构建。

(一)1789 年大革命前的封建领地制经济

在 1789 年的大革命前,法国处于封建领地制经济时期。其领地的特点是禁止私人圈占土地,实行公共放牧和强制性轮作制度。领地和份地的结合是法国封建领地制的土地占有形式的主体。领主是土地的所有者,同时又是领地的统治者。封建土地的农民大致分为自由佃农和农奴两种。前者与领主无人身依附关系,后者对领主有一种固定的人身依附关系。13 世纪后,领主普遍减少了由自己经营的领地,将土地分成小块租给农民耕种,从而形成了法国封建土地制度的一个特点:领主一般不直接经营土地。

(二)1789 年法国大革命爆发后的小农经济

1789 年爆发的法国大革命,摧毁了旧的封建土地关系,通过暴力将贵族和教会地产分

---

① 数据来源于中华人民共和国外交部网站(https://www.fmprc.gov.cn/web/)。
② 世界概况:法国概况[EB/OL].(2018-10-23)(2020-12-11).https://www.cla.gov//library/publi-cations/the-world-factbook/geos/fr.html.
③ 马朋林.法国自然资源管理体制规章概述与启示[J].中国国土资源经济,2018(12):35-39.61.
④ 法国农村土地制度及流转制度展[EB/OL].(2019-01-12)[2020-12-11].https://www.tuliu.com/read-31419.html.

给农民,在农业中广泛建立起了以小块私有土地为基础的小农经济。在大革命后,农村中高利贷活动十分猖獗,到了19世纪,法国农民开始了两极分化的过程,很多农民破产,少数大土地所有者组织起了资本主义式的大型农场。

(三)20世纪20年代开始的现代农村土地制度的构建

第一,法国政府在将小农场土地合并的同时,限制土地过度兼并。政府规定,针对农村土地使用和转让,明确规定私有农村土地一定要用于农业,不准弃耕、劣耕和在耕地上进行建筑。对于弃耕和劣耕者,国家有权征购,提高土地税或让其出租。政府明确规定土地转让不可分割,土地只能整体继承或出让。

第二,建立土地市场管理机构——土地事务所,并建立土地银行。土地的转让和出租必须经过管理机构批准,不获其批准,土地转让无效。土地事务所对小块土地有先买权,整治合并后,卖给有经营前途的农民。土地银行主要是针对大块土地的购买,购买土地后,再租给农民,订立长期租约,以刺激投资。

第三,现阶段法国土地流通的特点是将土地市场分为市地市场和农村土地市场,市地市场以建设用地流转为主,农村土地市场以农业生产用地流转为主。

法国农民尤其是小土地所有者,他们长期以来的观念是占有土地,而不是经营土地,他们认为买更多的土地可以带来尊严与安全。但20世纪50年代以来,占有土地优于经营土地的观念在法国一些农民,尤其是在青年农民中开始转变。1960年,法国政府颁布了《农业指导法》,它的指导思想是改革农场结构,发展中等家庭农场。中小规模家庭农场可以自愿结合,结成农业共同组合。自愿结合并不是一部分农场兼并另一部分农场,而是农场之间进行合伙经营,土地、设备统筹利用,不改变土地的所有权,合伙成员地位平等,政府为每个经营组合提供资金支持,即土地经营权出让,实行农业共同经营。第二次世界大战后,法国一些农村青年离开乡村涌向城市,造成农村人口大量流失。法国政府于1962年颁布了《农业指导补充法》,规定给予离开农村的农民发放终身养老金,退出的土地主要用于扩大农场规模。另外,法国农村实行退休金制度,用来解决土地集中所带来的一系列社会问题。

二、土地管理概况[①]

法国土地分为私有和国有两种,以私有为主。土地资源所涉及的主要法律是《城市规划法》和《农业指导法》。城市建设用地管理主要遵循《城市规划法》的规定;农业和林业用地管理关系紧密,都是由农业和食品部负责,涉及的法律是《农业指导法》。此外,《环境法》和《住房和建筑法》等法律也有相关的条款涉及土地管理工作。

在建设用地方面,法国领土和谐部在各大区及地方共有35家地方公共土地管理局(EPF)[②]。根据《城市规划法》第321条规定,管理局的主要工作是通过购买等形式获得土地,资金来源于所辖地区特殊税及国家信托基金。获得土地后,管理局开展土地整理工作,拆除附有建筑、进行土地修复等。然后将土地出售给社区政府或社区政府委托的开发商,进行住房、社区、公共设施建设。管理局对社区提供技术支持,促进土地开发优化。

[①]　马朋林.法国自然资源管理体制规章概述与启示[J].中国国土资源经济,2018(12):35-39.

[②]　法国领土和谐部官网网站.法国公共土地管理[EB/OL].(2020-01-18)[2020-10-26].http://www.cohesionterritoires.gouv.fr/politiques-foncieres.

在农业用地方面,法国具有在国际上较为成熟的农村土地管理制度。《农业指导法》制定了多条涉及农村发展方面的规定,例如农业和林业土地分配和规划(第 112 条、第 121条)、山地农业与牧区发展(第 113 条)、农村建筑转让(第 124 条)、林地造林和保护(第 126条)、农村土地流转(第 141 条至第 143 条)等。[①]

在农业用地流转方面,法国具有完善的农业土地流转制度,主要由农业财政政策和完善的中介组织来进行保障。农业财政一方面直接提供资金支持,向大规模农场进行倾斜,对主动兼并或实行联合经营的农户减免税款;另一方面,在社会保障体系制度上向失地农民倾斜。中介组织方面,根据《农业指导法》第 141 条规定,设有土地整治与农村安置公司(SAFER)。SAFER作为非营利机构,由各地区的 16 家独立机构组成,职能包括管理土地流转交易、促进土地和农业的平衡及可持续发展。第 143 条规定,对于农民的流转土地,SAFER 具有优先购买权。其中,法国公证制度在农业用地流转中发挥着重要作用。农业公证也是法国公证的主要领域[②]。根据《法国民法典》《农业指导法》《公证法》等法律规定,农村土地的租赁合同签订、租赁合同转让等行为必须经过公证才受法律保护,公证书具有强制执行效力,不受任何人质疑。

三、管理机构[③]

2017 年 5 月组建的法国政府内阁共有 16 个内阁部。内阁部所属的司、局、办公室等机构是各内阁部开展各项管理工作、行使职能的主要力量(见表 4-1)。虽然中央政府内阁部经常变动,但司、局、办公室等机构相对稳定,具有较强的独立性,长期稳定地承担各自工作。在新政府调整内阁部的职能时,只是整体变更隶属关系,各司、局、办公室等机构职能和人员及其领导相对固定。法国土地资源管理主要由领土和谐部负责,主要内容为国土空间规划和土地管理。土地流转与土地中介隶属于农业和食品部的土地整治与农村安置公司负责,公共土地开发由隶属于领土和谐部的公共土地管理中心负责;土地及房屋财产登记由隶属于经济和财政部的土地及房屋财产登记办公室负责。

表 4-1　法国中央内阁名单

序号	中文名称	英文名称
1	内政部	Ministry of the Interior
2	生态转型部	Ministry for the Ecological and Inclusive Transition
3	司法部	Ministry of Justice
4	欧洲事务和外交部	Ministry for Europe and Foreign Affairs
5	武装力量部	Ministry for the Armed Forces
6	领土和谐部	Ministry of Territorial Cohesion
7	团结和健康部	Ministry for Solidarity and Health
8	经济和财政部	Ministry of Economy and Finance

① 法国法律库官网[EB/OL].(2018-10-26)[2020-09-25].https://www.legifrance.gouv.fr/.
② 李全一,闫峰,骆敏,等.法国农业土地经营流转制度及公证的特点[J].中国公证,2018(8):46-54.
③ 马朋林.法国自然资源管理体制规章概述与启示[J].中国国土资源经济,2018(12):35-39.

序号	中文名称	英文名称
9	文化部	Ministry of Culture
10	劳工部	Ministry of Labour
11	国民教育部	Ministry of National Education
12	农业和食品部	Ministry of Agriculture and Food
13	高等教育、研究和创新部	Ministry of Higher Education, Research and Innovation
14	行动和公共事务部	Ministry of Public Action and Accounts
15	海外部	Ministry for Overseas France
16	体育部	Ministry of Sport

第二节　土地开发制度

在法国,所谓"国土开发"是指在一个国家或地区的国土范围内,以探索和展望的视角,综合考虑自然、人文、经济和战略的限制因素,有序部署人口、经济活动以及可供使用的服务设施和交通设施的行为和实践。作为一个历史悠久的国家,法国拥有深厚的国土开发传统,长期以来,特别第二次世界大战以后,随着以促进国土空间均衡发展为目标的大规模国土开发活动的展开。世纪之交,面对可持续发展成为全球共识、经济全球化进程不断深化,以及欧盟成立、地方分权改革等国内外形势的巨大变化,法国根据先后于 1995 年和 1999 年颁布的两个《国土开发与规划法案》,对其国土开发政策框架和空间规划体系做出了必要调整,但是促进全面、均衡的国土开发的总体目标始终没有改变。

一、国土开发政策框架[①]

法国的国土开发政策框架由综合政策、分区政策和专项政策三大部分组成,分别建立在一系列综合规划(或计划)和专项规划(或计划)的基础上,在国家、大区、省、市镇以及各地方联合体等不同空间层次,以及从经济、交通、住房、文化、教育等不同专业角度,规范和指导发生在全部或部分国土范围内的国土开发行为,以满足国家经济社会持续发展的需要;其中,综合政策构成法国国土开发政策框架的主体,分区政策和专项政策则是对综合政策的补充和深化(见表 4-2)。现阶段,法国国土开发政策的目标主要包括两个方面:一是通过培养新型产业集群的生长和支持新型地方经济的发展,促进经济结构的变化,以增强国民经济的吸引力和竞争力;二是通过大型开发项目的实施、交通和数字化通信设施的建设以及公共服务的现代化,促进落后和困难地区的发展,以增强国家的社会凝聚力和地区均衡性。

---

① 刘健.法国国土开发政策框架及其空间规划体系——特点与启发[J].城市规划,2011(8):60-65.

表 4-2 法国现行土地开发政策框架

政策分类	政策细化	适用范围	政策表达
综合政策	综合性国土开发政策	分别适用于国家、大区、省、市镇以及各地方联合体的行政辖区	分别由国家、大区、省、市镇以及各地方联合体编制的综合性空间规划
分区政策	城市政策	城市地区	由国家针对相关分区编制的综合性空间规划(或计划)
分区政策	城乡混合区政策	城乡混合区	由国家针对相关分区编制的综合性空间规划(或计划)
分区政策	乡村政策	乡村地区	由国家针对相关分区编制的综合性空间规划(或计划)
分区政策	山区及滨海地区政策	山区及滨海地区	由国家针对相关分区编制的综合性空间规划(或计划)
专项政策	经济政策	国家、大区、省、市镇以及各地方联合体在各专业领域的职权所对应的国土范围	国家、大区、省、市镇以及各地方联合体针对其在各专业领域的职权所对应的国土范围编制的专项规划(或计划)
专项政策	住房政策	国家、大区、省、市镇以及各地方联合体在各专业领域的职权所对应的国土范围	国家、大区、省、市镇以及各地方联合体针对其在各专业领域的职权所对应的国土范围编制的专项规划(或计划)
专项政策	交通政策	国家、大区、省、市镇以及各地方联合体在各专业领域的职权所对应的国土范围	国家、大区、省、市镇以及各地方联合体针对其在各专业领域的职权所对应的国土范围编制的专项规划(或计划)
专项政策	数字技术政策	国家、大区、省、市镇以及各地方联合体在各专业领域的职权所对应的国土范围	国家、大区、省、市镇以及各地方联合体针对其在各专业领域的职权所对应的国土范围编制的专项规划(或计划)
专项政策	公共服务政策	国家、大区、省、市镇以及各地方联合体在各专业领域的职权所对应的国土范围	国家、大区、省、市镇以及各地方联合体针对其在各专业领域的职权所对应的国土范围编制的专项规划(或计划)
专项政策	高等教育政策	国家、大区、省、市镇以及各地方联合体在各专业领域的职权所对应的国土范围	国家、大区、省、市镇以及各地方联合体针对其在各专业领域的职权所对应的国土范围编制的专项规划(或计划)
专项政策	……		

(一)综合政策

在法国,国土开发综合政策主要指分别在国家、大区、省、市镇以及各地方联合体等不同空间层次上普遍适用的综合性国土开发战略和计划。作为法国国土开发政策框架的主体,其具体内容主要体现在相应层面的综合性空间规划文件当中,包括国家层面的《国家发展五年计划》和《国家可持续发展战略》,大区、省以及其他区域层面的《国土开发与规划大区计划》《国土协调纲要》《空间规划指令》,以及市镇和市镇联合体层面的《地方城市规划》《市镇地图》《城市规划国家规定》等等。其中,由于 20 世纪 80 年代开始出现地方分权变化,国家层面的《国家发展五年计划》在 20 世纪 90 年代后即已停止编制,但《国家可持续发展战略》至今尚未编制完成;而在大区、省、市镇以及各地方联合体等空间层次上,不同类型的综合规划(或计划)在落实国土开发政策的过程中发挥着重要作用。

上述综合性空间规划(或计划)分别由国家、大区、省、市镇以及各地方联合体负责编制,共同构成法国的空间规划体系。

(二)分区政策

法国的国土开发政策将全部国土划分为城市地区、城乡混合区、乡村地区和山区及滨海地区 4 种类型,由国家协同大区和省,针对不同地区的发展特点,分别制定不同的政策措施和建设计划;具体的政策规定以《开发整治市际宪章》的形式,纳入《国家—大区规划协议》。在本质上,法国国土开发的分区政策属于综合政策的范畴,但它仅适用于某类特定地区,而非全部国土。

法国现行的国土开发分区政策主要包括:

1. 面向城市地区的分区政策

政策对象包括作为国民经济发动机的大都市区,基于城市地区形成的城市密集区,介于大都市区和乡村地区之间、作为就业和服务中心的中等城市,以及位于上述城市地区内的困难街区。政策目标分别是提升大都市区的国际竞争力,缩小市镇发展的差距、促进市镇发展的整合,提高中等城市的经济活力、铁路和航空的可达性以及高等教育、文化、医疗等方面的公共服务水平,以及推动困难街区的城市更新和社会整合。

2. 面向城乡混合区的分区政策

政策对象是经过法定程序认定的城乡混合区,政策目标是基于既有的市镇合作传统,借助当地市民团体的力量,加强城乡混合区范围内的市镇协调和城乡协调。

3. 面向乡村地区的分区政策

政策对象包括毗邻城市的乡村地区、远离城市的新兴乡村地区和远离城市的传统乡村地区,政策目标是通过实施优秀乡村中心、乡村复兴区和大区自然公园等计划,致力于保持乡村地区的经济活力、改善乡村地区的生活条件和保护乡村地区的自然环境。

4. 面向山区及滨海地区的分区政策

政策对象包括占国土面积 29%、容纳人口近 800 万的九大山区,以及海岸线长 7200 千米的滨海地区。政策目标是基于有限度的城市发展和经济多元化发展,在山区和滨海地区实现生态均衡的可持续发展。

(三)专项政策

除综合政策和分区政策以外,法国各级政府还可基于城市专项事业发展的需要,在各自的职权范围之内,针对相应的国土范围,制定有关国土开发的专项政策,并以专项规划(或计划)的形式加以表达,包括《经济发展规划》《住房发展规划》《交通发展规划》《数字技术发展规划》《公用事业发展规划》《高等教育发展规划》等。

由于法国《宪法》明确规定国家、大区、省和市镇等各级政府的职能权限各不相同,因此各项专项规划的编制常常在不同空间层面上,分别由不同级别的政府负责编制。根据各级政府职能权限的具体规定,某些专项规划仅停留在国家层面,由中央政府负责编制,如《高等教育发展规划》和《公用事业发展规划》等;某些专项规划则可出现在从国家到地方的不同层面,分别由国家、大区、省、市镇等各级政府负责编制,如《经济发展规划》《交通发展规划》《住房发展规划》等。在第二种情况下,因为各级政府的职责不同、目的不同,即便是同类专项规划,在内容上也必然有所不同,但低层次的专项规划必须与高层次的专项规划保持原则一致。

二、乡村开发建设的实施框架[①]

在法国,一个地区或地方的开发建设实施往往被简化成"一个地区、一项战略、一份协议"。其中,所谓"地区"特指某个地区或地方,所谓"战略"指该地区或地方制订的开发建设规划或计划,所谓"协议"则指国家与该地区或地方相关的各级地方之间签订的开发建设合作协议。这就意味着,在特定地区或地方的开发建设过程中,无论国家和各级地方还是各个部门,均可在各自的职权范围内,通过编制开发建设规划和计划,分别承担不同的开发建设

---

① 刘健.基于城乡统筹的法国乡村开发建设及其规划管理[J].国际城市规划,2010(2):4-10.

职能,同时通过多种形式的合作协议,实现在开发建设领域的相互协作。其中,乡村开发建设的实施也是一个由国家、各级地方和各个部门广泛参与的过程。

(一)多个部门共同协作

在法国的中央政府层面,与乡村开发建设直接相关的政府部门有两个。一是作为综合职能机构的国土开发及竞争力部际委员会,主要负责制定包括城市和乡村在内的国土开发政策;二是作为专项职能机构的农业部,主要负责乡村开发建设的服务与管理。此外,在工业、能源、交通、环境和财政等部门的文件中,为乡村地区提供技术、资金支持的内容常常占有相当大比重;在媒体和部分政府机构的网站上,也经常可以看到有关如何推动乡村发展、缩小城乡差别、避免乡村在城市化和工业发展进程中被边缘化等话题的讨论;尤其是利用工业进步、促进乡村地区的现代化建设和可持续发展越来越成为整个法国社会的共识。

(二)地方政府各负其责

自20世纪80年代实施地方分权政策以来,法国各级地方均遵循地方政府自主管理、任何地方政府无权关照另一地方政府、地方政府财政自治和中央政府事后监督等原则。这就意味着,各级地方在各自行政辖区内部分或完全拥有自治权力,且自治权力的具体内容随地方行政等级的变化而有所不同,因而在乡村开发建设中分别承担各不相同的职责;通常,地方行政单位的行政等级越低,拥有的地方自治权力反而越大。总体来看,无论在城市还是乡村,各级地方政府的核心职责就是进行各种市政基础设施和公共服务设施的建设和运营管理,并以直接或间接方式参与到具体的开发建设活动之中。

(三)多种形式的地方联合

由于法国的大部分市镇,特别是乡村市镇规模过小、财力有限,无法实施正常的开发建设,因此为了推动市镇的发展,特别是达到发展公益事业、兴建和维护公共工程等目标,法国政府积极推动市镇合作。法国现行的市镇合作包括"管理合作"和"项目合作"两种类型。前者主要是为了满足垃圾、基础设施和街灯等的市政管理需要而建立的市镇合作,后者则是为了解决当地面临的经济、社会和环境等问题而建立的更深层次的市镇合作;在组织形式上,市镇合作通常采用联合体、共同体等市镇联盟形式,在法律层面上统称为"市际合作公共机构"。市镇联盟的建立完全基于实际发展的需要,不受行政边界的制约,甚至可以跨越省和大区的行政边界;并且市镇联盟的成员还可以包括具有实体性质的相关市镇联盟、其他各级地方政府(如省政府和大区政府)以及各种公共机构(如工商行会、贸易行会、农业行会等)。这就意味着,在空间上,一个市镇联盟可能与其他市镇联盟交叉重叠,甚至可能包含一个或若干其他市镇联盟。

(四)灵活有效的协约机制

在法国,包括城市和乡村在内的国土开发政策主要以各种综合和专项的规划或计划为载体,由各级政府通过协约机制加以贯彻落实。协约机制创建于20世纪六七十年代,目的是促进中央政府和各级地方政府之间以及各级地方政府之间签署协议,明确各自或共同参与的开发建设项目的发展目标、具体行动以及财务条款,因而成为实施由各级政府参与的开发建设项目的有效途径。法国现行的协约机制主要包括"国家—大区规划协议"和"地方项目协议"。前者是中央政府与大区政府就大区空间规划与发展的行动计划达成的协议,旨在确定大区的优先发展战略,主要涉及重点交通基础设施、高等教育机构、工业或农业发展以及有关科研、保健和文化等方面的政策;后者作为前者的一个章节,主要涉及大区内部的特定地方,内容包括交通、教育、经济发展和城镇发展等的项目计划。对某个特定地区而言,可以根据实际发展的需要,与中央政府和各级地方政府分别签署和实施一项或多项协议。

(五)空间规划作为依据

法国拥有长期的空间规划传统,第二次世界大战之后即建立了从国家到地方的多层次空间规划体系,成为在物质空间环境建设中落实国土开发政策的重要依据。法国的空间规划体系由区域规划和城市规划两个层次组成,城市规划又可根据规划范围的大小划分为区域性城市规划和地方性城市规划两种类型。就规划工具而言,区域规划工具主要是《空间规划与发展大区计划》,城市规划工具则包括了区域层面的《国土协调纲要》《空间规划指令》以及地方层面的《地方城市规划》《市镇地图》《城市规划国家规定》。它们分别由不同的国家或地方主体负责编制,并分别在不同的地域范围内各自发挥着不同的作用(见表 4-3)。

表 4-3　法国现行的乡村地区政策

政策名称	法律依据	政策对象	政策实质
优秀乡村中心政策	2005 年 2 月 23 日颁布的《乡村开发法案》	被划定为"优秀乡村中心"的市镇	提供发展资助,促进当地经济发展
乡村复兴区政策	1995 年 2 月 4 日颁布的《空间规划与发展法案》	被划定为"乡村复兴区"的市镇	为遭遇人口密度过低、社会经济结构转型等特殊困难的乡村地区的手工业、分销贸易、制造、研究、设计和工程等领域的创业活动提供长期税收优惠
大区自然公园政策	—	被划定为"大区自然公园"的市镇	为拥有丰富自然和文化遗产但均衡发展相对脆弱的地区提供资助

在空间规划体系中,区域规划对城市规划具有强制性指导作用,高层次的城市规划对低层次的城市规划也同样具有强制性指导作用。这就意味着,地方性城市规划往往成为所有上位空间规划的最终整合,也因此成为对相关国土开发政策(包括不同层面的综合政策、不同方面的专项政策以及不同地区的分区政策)的最终体现。其中,有关乡村开发建设的各项政策和计划,也同样会落实到乡村市镇的地方性城市规划文件当中。

第三节　土地规划制度

法国拥有悠久的空间开发历史和深厚的空间规划传统,自 20 世纪以来,逐步建立并不断完善了覆盖整个国土、涉及社会经济各个方面的国土开发政策框架,以及从国家到地方的多层次空间规划体系,为促进全面、均衡的国土开发提供了重要的指导和依据。

一、土地规划体系的演变①

19世纪,法国的空间活动集中在道路建设和卫生健康两个方面。进入20世纪,工业化发展带来了城市建设的增加,并对城市规划提出要求,法国开启了空间规划时代。

(一)中央集权:重建与经济发展初期的城市规划(1919—1943年)

第一次世界大战后,为满足人口的回流和战后重建的要求,法国中央政府开始启动城市规划立法工作,力图通过法律手段来限制和规范土地开发和城市建设行为。法国在1919年通过首部《城市规划法》,提出人口超过1万的所有市镇都要在3年内编制《城市规划、美化和扩展计划》。1924年7月19日颁布的第二部《城市规划法》进一步规定,土地所有者的土地划分行为应获得政府许可。上述两部法律文件先后赋予市镇政府通过编制城市规划文件规范空间扩展,通过发放土地划分许可证书规范土地开发、实施城市规划的管理权限,标志着法国旨在规范土地开发和城市建设的城市规划制度正式建立。然而,上述两部法律文件均把城市规划管理限制在市镇辖区以内,无法解决首都巴黎所面临的由于跨越行政边界的城市连绵发展所引发的诸多问题。因此,法国在1932年5月14日颁布了第三部《城市规划法》,规定以巴黎圣母院为中心、以35千米为半径,划定巴黎地区,要求组织编制《巴黎地区国土整治计划》,以指导所涉及的656个市镇的《国土整治、美化和扩展计划》。1935年7月25日又颁布新的法案,将上述规定从巴黎地区扩大到全部国土,明确了区域性城市规划在全国范围的合法地位。由此,法国初步建立起由市镇层面的城市规划和跨越市镇的区域性城市规划共同组成的空间规划体系,前者以规范为主,后者以指导为重,且市镇政府在其中发挥主导作用。尽管由于多种原因,上述空间规划体系的实施状况不尽人意,但仍为日后法国空间规划体系的发展奠定了重要基础。由此开启了中央集权的空间规划时期。

(二)中央集权:战后重建与经济发展快速时期的两级城市规划体系(1943—1982年)

第二次世界大战以后,为满足重建与发展的迫切需要,国家行政法院直接认可了1943年编制的有关城市规划的法律,依此组建国家建设部,设立国家和省规划委员会负责编制城市规划图以控制土地使用,颁布《建设许可证》制度,成效显著。随着大量规划编制的实践以及重建工程和基础设施建设的开展,对新的规划管理体系提出了更高的要求。1953年8月6日颁布的法案允许公共机构在特定地点,以强制征用方式获取土地并进行设施配套,以对新建项目的选址和布局进行直接干预;1958年12月31日颁布的法令进一步授权国家或其驻省代表,在市镇辖区的适宜地点划定"优先城市化地区",进行大规模社会住宅建设,以应对人口激增带来的住房短缺难题;1962年7月26日颁布的法令同样授权国家或其驻省代表,在市镇辖区的适宜地点划定"延迟开发区",将其中的土地及其附属财产的市场转让置于严格的管控之下,但赋予地方政府以及承担开发建设任务的公共机构具有强制征用效力的优先购买权,以确保国家和各级地方土地开发的意愿得以实现。与此同时,为促进区域经济发展、缓解区域发展不平衡,法国于1956年11月28日颁布部门法令,规定在本土设立22个"区域行动计划区",由此拉开旨在增设大区的行政区划改革帷幕;1963年,法国中央政府成立"国土整治与区域行动管理局",在相关政府部门之间建立起通过空间管治达成统一愿

---

① 蔡玉梅,何挺,张建平.法国空间规划体系演变与启示[J].中国土地,2017(7):32-34.

景的平台;1964 年 3 月 14 日颁布的法令授权中央政府向上述"区域行动计划区"派出行政长官并成立"区域经济发展委员会",协助国家推动区域层面的经济发展,从而使上述区域成为非法律意义上的行政区划,为区域规划的有效实施提供新的路径。1966 年,建设部重组并更名为装备部,1967 年颁布了《土地指导法》,该法首次提出编制"城市规划整治指导纲要"和"土地利用规划"两级规划,作为地方城市管理的工具,也奠定了空间规划体系的基础。其中,"土地利用规划"具有法律效力,"城市规划整治指导纲要"多在市镇群尺度上编制。这一时期,中央实施了一系列经济激励政策用以消除巴黎和其他地区间发展的不平衡,并主导地方法定规划、土地利用管理及大型项目实施,形成了以中央集权为特点的国土规划。

（三）中央与地方分权:可持续发展的三级空间规划体系(1982—2000 年)

经历了第二次世界大战后"辉煌 30 年"的经济发展后,1982—1983 年,法国颁布了一系列被统称为《地方分权法》的法案,确立了"大区"作为地方行政区划的法律地位,该法对国家和地方在空间规划领域的职能进行了重新划分。其中,地方市镇主要负责规划的编制和实施,国家负责规划权限和程序的制定,依法实施行政管理。据此,1983 年 1 月 7 日和 1985 年 7 月 18 日颁布的两个法案规定,将国家掌控的城市规划编制和实施权限有条件地下放到市镇和市镇联合体,赋予后者在其所辖地域内自主决定土地开发和城市建设的权力,同时规定国家负责制定包括城市规划在内的规划权限和程序规则,以及针对各级地方发挥指导、监督和协调作用。1995 年 2 月 4 日颁布的《国土整治与开发指导法》和 1999 年 6 月 25 日颁布的《国土整治与可持续发展指导法》规定了国家和大区分别承担国土规划和区域规划的职责,包括国家组织编制覆盖全部国土的《国土整治与开发国家计划》和《共同服务纲要》,以及覆盖部分国土的《国土整治地区指令》。大区组织编制《国土整治与开发大区计划》或《国土整治与可持续发展大区计划》,同时建立国家和地方之间以及各级地方之间针对国土开发的多种形式的协作机制,尤其鼓励市镇在被称为"市镇合作公共机构"的市镇联合体的统一框架下,采取"城市共同体""连绵区共同体""市镇共同体"等多种形式,加强在土地开发和空间管理上的合作,为各级政府和地方之间建立平等稳定的合作伙伴关系奠定了坚实的基础。但在国家层面上尝试编制的《全国国土规划与发展纲要》,则以失败告终,所以 1999 年修订的《国土规划与可持续发展法》,回归用部门导则管理全国规划政策的做法。至此,大区、区域和市镇 3 级空间规划体系初步形成。

（四）中央和地方合作:公平与绿色发展的三级空间规划体系(2000 年至今)

针对地方分权产生的社会冲突和资源环境恶化等问题,法国 2000 年颁布了《社会团结与城市更新法》,旨在促进多样化的和谐发展、推动空间节约利用和新的能源政策,将未来的城市政策定位于推动城市更新、协调发展和社会团结。所谓城市更新是指推广以节约利用空间和能源、复兴衰败城市地域、提高社会混合特性为特点的新型城市发展模式;所谓协调发展是指鼓励各种城市政策的协调与整合,包括城市政策在城市连绵区的整合,以及住宅、交通、商业等部门政策与城市政策的整合;所谓社会团结是指通过对市镇建设社会住宅的强制规定,促进住宅在城市连绵区、市镇、街区等不同地域的多样化发展,以抵制社会分化现象。同时,进一步加强国家和地方的一致性,并对交通、住宅、商业等不同领域公共政策进行协调和整合。根据上述规定,法国对现行城市规划编制做出重大调整:一是以针对市镇联合体的《国土协调纲要》取代原有的《指导纲要》,旨在从特定的区域层面对经济、住房、交通、设施等的建设以及环境保护、节约能源等问题作出统筹安排,以应对大量市镇因规模小、布局散而难以独立承担土地开发与空间管理职能的现实问题;二是以《地方城市规划》和《市镇地图》取代原有的《土地利用规划》,旨在表达规划关注点从单一的土地利用向综合的城市政策的转变,以整合住房、交通、商业、设施乃至农业等不同领域的公共政策,推动城市更新、协调发展和社会团结。至此,法国从国家到各级地方的多层次空间规划体系基本形成,其中既包括了以经济发展和资源保护为核心的国土规划和区域规划,也包括了以城市规划为核心的区域性和地方性城市规划,实现了从以城市规划管理为主向社会、经济、环境等多领域综合管理的转变。

由以上法国空间规划体系的演变可知,早在工业革命之前漫长的发展进程中,法国就已拥有了悠久的国土开发历史,从城市到乡村再到城市,建立了针对建设项目进行建设管控的早期规划理念和工具,特别是针对建筑外观和街道景观的控制管理。工业革命之后,尤其是20世纪以后,伴随城市化进程的快速推进,法国又从城市规划管理入手,逐步建立并不断丰富了空间规划体系,其中既有随外部条件变化而及时调整的内容,也有无论条件如何变化始终坚持不变的内容,值得总结借鉴。

法国空间规划体系发展进程中的变化主要体现在3个方面:一是在规划内容上,从关注空间形态和土地利用逐渐向保护资源、生态和环境以及促进可持续发展转变,从以城市规划管理为主向社会、经济、环境等多领域综合管理转变;二是在空间范围上,从依据城市规划的地方管控向依据国土规划和区域规划的区域协调与协作转变,甚至城市规划本身也从单一市镇扩展到跨越行政边界的市镇联合体和大都市区;三是在政府关系上,从中央政府直接干预向各级政府在明晰各自规划事权的前提下相互分工、协作转变,中央政府作为"调解人",更多扮演规则制定者和监督者的角色,而各级地方政府作为"责任人",更多扮演决策者和笃行者的角色。

法国空间规划体系发展进程中的不变同样体现在3个方面:一是国家的主导作用,即无论中央政府的角色如何变化,其作为规则制定者,面对不同时期的现实挑战,始终主导国土整治的总体目标和基本原则,包括20世纪60年代着眼于促进区域均衡发展,20世纪70年代开始关注环境问题,90年代促进可持续发展,以及2000年以后重视提高综合竞争力等;二是法律的保障作用,空间规划体系的建立与完善是一个复杂的过程,既涉及技术规范的调整与修订,又涉及各项政策的配套与整合,还涉及各级政府关系的明晰与维持,而立法始终是维护其严肃性与权威性的重要手段;三是体系的整合作用,即无论外部条件如何变化、政府关系如何调整,空间规划体系始终是包括各级政府及其相关部门在内的各方,通过空间管治搭建统一愿景的平台,是整合多层次的政府意愿和多领域公共政策的总体框架。[①]

二、法国的空间规划体系[②]

在法国,一系列的综合性空间规划(或计划)作为国土开发综合政策的载体,构成其空间规划体系。一般认为,法国的空间规划体系由区域规划和城市规划两大部分组成;根据规划

---

① 刘健,周宜笑.从土地利用到资源管治,从地方管控到区域协调——法国空间规划体系的发展与演变[J].城乡规划,2018(6):40-47,66.

② 刘健.法国国土开发政策框架及其空间规划体系——特点与启发[J].城市规划,2011(8):60-65.

范围的大小,城市规划又可进一步划分为区域性城市规划和地方性城市规划两种类型。它们分别由国家和各级地方负责编制,并在不同的地域范围内各自发挥着不同作用(见表4-4)。

表 4-4 法国现行空间规划体系

规划体系	规划文件	规划范围	规划主体
国土规划	《共同服务纲要》	国家	中央政府
区域规划	《国土开发与规划大区计划》	大区行政辖区	中央政府或大区政府
区域性城市规划	《国土协调纲要》	省或市镇联合体的行政辖区	省政府或市镇联合体决议机构
	《空间规划指令》	跨省或大区的部分特定国土	中央政府
地方性城市规划	《地方城市规划》和《市镇地图》	市镇或市镇联合体的行政辖区	市镇政府或市镇联合体决议机构
	《城市规划国家规定》	尚未编制城市规划文件的市镇	中央政府

(一)《国土开发与规划大区计划》

《国土开发与规划大区计划》(简称SRADT)根据1995年2月4日的《国土开发与规划法案》建立,是针对大区的综合性空间规划文件,属于区域规划的范畴。它以大区作为编制单元,由大区政府协同大区经济社会委员会、特定地方政府和市际合作公共机构以及城乡混合区、大区自然公园和市民组织等进行编制,主要目的是确定在中期时限内促进大区可持续发展的基本原则,并用以规范中央政府与大区政府之间的协议内容。规划文件的成果包括回顾与展望、大区可持续发展宪章、将要实施的行动和计划以及相关图纸,涉及内容主要包括:具有公益属性的重点服务设施、基础设施的布局,经济开发项目,城市、郊区与乡村地区的协调发展,环境、名胜、景观和自然遗产的保护与保留,衰败地区的复兴,跨大区或跨行政边界规划的整合,大区交通设施规划(特别是轨道交通的设施建设和交通组织计划),等等。

(二)《国土协调纲要》

《国土协调纲要》(简称SCOT)根据2000年12月13日的《城市更新与社会团结法案》建立,是针对"城市密集区"的综合性空间规划文件,属于区域性城市规划的范畴,具有区域规划的特点。它以省或市镇联合体作为编制单元,由相关市际合作公共机构或城市密集区支持的混合公司进行编制,主要目的是整合与城市规划、住宅、交通设施和商业设施等相关的专项规划政策,确定规划区的空间规划基本原则,特别是保持建成区域与自然区域、耕地和林地之间的平衡,确定平衡住宅、社会混合、公共交通以及商业和企业设施的目标等。

(三)《空间规划指令》

《空间规划指令》(简称DTA)根据1995年2月4日的《国土开发与规划法案》建立,是针对特殊战略地区编制的综合性空间规划文件,同样属于区域性城市规划的范畴,具有区域规划的特点。所谓特殊战略地区,一是指重点交通设施和社会服务设施选址困难的区域(如受地理条件限制的交通走廊地区),二是指人口压力较大、土地资源匮乏或生态环境面临危机的地区(如滨海地区、山区、城市边缘地区等)。

《空间规划指令》由中央政府在其国土开发职责范围内,自发或在大区议会的要求之下,经大区行政长官的协调,协同地方成员进行编制,主要目的是整合中央政府对相关地区的空间规划的总体目标和指导原则,以促进发展与保护之间的平衡,特别是平衡有限度的城市发展和乡村发展、保留农业空间和森林空间、保护自然空间、保持社会混合和城市功能的多样性。其主要内容是：明确国家在管理和平衡国土的发展、保护与利用方面的基本目标，以及布局大型交通基础设施和公共服务设施、保护自然空间和风景名胜的具体原则，并根据当地特定的地理条件，详细规定有关山区和滨水地区的特殊规定的实施方法。

由于在确定国土开发总体目标和指导原则的过程中，需要在地方层面上达成广泛共识，《空间规划指令》的编制有利于促进地方合作伙伴关系的建立。在1996—1999年，法国先后有7个地区编制了《空间规划指令》，主要是可持续发展矛盾比较突出的地区，如北部和洛林矿区、海上阿尔卑斯山地区以及卢瓦河谷地区等。

（四）《地方城市规划》和《市镇地图》

《地方城市规划》（简称PLU）和《市镇地图》（简称CC）根据2000年12月13日的《城市更新与社会团结法案》建立，是分别针对较大的市镇（或市镇联合体）以及较小的市镇（或市镇联合体）编制的地方性城市规划文件。它们均以市镇或市镇联合体作为编制单元，由市镇政府或相关的市际合作公共机构负责编制，主要目的是依据上位规划的相关规定，划定城市地区、设施地区、农业地区等分区，并提出建筑和土地利用的区划指标，作为实施城市规划管理的重要依据。

（五）《城市规划国家规定》

《城市规划国家规定》（简称RNU）适用于因为各种原因，如市镇规模过小、缺乏技术力量、地方财政不足等，尚未编制地方性城市规划文件的市镇或市镇联合体。它以市镇或市镇联合体作为编制单元，由中央政府的相关服务机构负责编制。在内容上，《城市规划国家规定》主要遵循有限建设的原则，根据当地的实际情况，特别是物质空间的构成特点、现有建设的聚居程度、服务设施的便利程度以及与周围景观的嵌入关系等，划定现状城市化地区（简称PAU），并且针对公认的可建设用地制订相关的城市规划，包括建设项目的区位选择、平面布局、建筑体量、交通设施配套等，用以指导当地的开发建设。

三、空间规划体系的特点[①]

（一）层级：三层空间规划体系

法国没有统一意义上的全国空间规划，国家通过部门导则即《公共服务发展纲要》管理全国性规划政策，通过《国家—大区规划协议》（简称CPER）协调公共投资。

1. 大区

大区建制设立于1964年，目的是为解决省建制下过于分散的经济政策和基础设施建设，但到了1972年才建立大区议会。大区级空间规划包括《大区国土规划与发展纲要》以及《空间规划指令》。

《大区国土规划与发展纲要》是针对大区的综合性空间规划文件，主要内容包括具有公益属性的重点服务设施、基础设施的布局，经济开发项目，城市、郊区与乡村地区的协调发展，环境、名胜、景观和自然遗产的保护与保留，衰败地区的复兴，跨大区或跨行政边界规划的整合，大区交通设施规划等。该纲要主要以安排公共投资为主，对地方的规划文件不具约

---

① 蔡玉梅，何挺，张建平.法国空间规划体系演变与启示[J].中国土地，2017(7)：32-34.

束力。

2.市镇群共同体

市镇群共同体是市镇组成的区域组织,旨在促进不同规模间的市镇进行合作。在这一层级上编制《国土协调纲要》,目的是整合与城市规划、住宅、交通设施和商业设施等相关的专项规划政策,确定规划区的空间规划基本原则,特别是保持建成区域与自然区域、耕地和林地之间的平衡,确定平衡住宅、社会混合、公共交通以及商业和企业设施的目标等等。这个纲要是跨部门和跨地区横向协调公共政策的工具,对市镇土地利用规划具有约束力。法国政府要求,到2017年底所有的市镇都要纳入《国土协调纲要》,否则冻结城市化进程。

3.市镇

市镇的规划被称为《地方城市规划》,是地方发展的战略性、实施性方案,需要与地方住宅发展计划、交通规划等相互衔接。根据《社会团结与城市更新法》,这个规划只能对局部地区进行修改。空间规划与部门规划有时会存在不一致的地方,规划之间的协调是规划工作的主要内容。

(二)类型:从区域经济型走向综合集成型

在《欧盟空间规划体系及政策纲要》中,空间规划体系分为土地利用法规、城市化型、区域经济和综合集成4种类型。其中,区域经济规划方法占主导地位时,国家层面的管理重点是各地的发展和公共部门投资;综合集成规划方法占主导地位时,国家层面的管理重点的是协调和地方的关系。法国的空间规划体系演变表明,20世纪90年代,法国规划体系中的纵向和横向合作及政策整合,成了空间规划的最重要议程,同时也在监管和战略规划层面,改进了规划文件的层次结构。在政策制定和公共投资层面,多角色和多层次的合作正在增加。这使法国的空间规划逐步具备了综合集成模式的特点,且这种趋势仍在扩大,这将预示着法国的空间规划从区域型发展为综合集成型。

(三)模式:从控制管理为主到协商为主的治理理念

分析法国空间规划体系演变过程不难看出,城市扩张过程中不断产生新的问题,呼唤新的规划模式。20世纪40年代,市镇规划完全由国家政府控制,20世纪60年代转为省政府负责市镇规划的编制与实施,80年代则由市镇政府负责,自上而下的控制逐步减弱。21世纪以来,具有控制作用的《总体规划纲要》转为《国土协调纲要》,体现了以多元参与和协商为主的治理理念。

第四节　土地登记制度

法国土地及房屋财产登记制度源于拿破仑时期为征收地产税而设立的全国土地统计制度,此传统一直延续至今,导致目前的法国土地及房屋财产登记制度仍与税收密不可分,土地及房屋财产登记办公室隶属于公共财政总署下的税收征管处。然而,尽管在机构设置上隶属于税收部门,但土地及房屋财产登记并不依附于税收,而是具有自身的特点和完整性。

法国采用契约登记制,又称公示对抗主义或公示对抗要件主义。由法国最先创立。具体是指不动产物权的变动,经当事人订立契约,即已生效,但非经登记,不得对抗第三人的登记制度。物权行为的立法采用"意思主义"的国家大多用此制度。目前,契约登记制为法国、日本、意大利、比利时、西班牙、葡萄牙、挪威、巴西、美国多数州以及南美一些国家所采用,中国香港地区也采用这一制度。[①]

一、登记范围[②]

法国对不动产的概念采用分类列举的方式进行定义,从而对不动产登记的范围做出了统一的规定。

《法国民法典》对不动产进一步进行分类。《法国民法典》517条规定,"财产,或依其性质,或依其用途,或依其附着客体而为不动产。"此外,518—526条则分别对这三类不动产做出规定,如518条规定:"地产与建筑物,依其性质为不动产。"第519条至525条则规定了建筑的添附物、地上附着物等依其性质或用途为不动产。第526条则规定了不动产的用益物权、不动产返还请求权等依其客体性质而成为不动产。总体而言,法国不动产的界定范围宽于我们通常理解的不动产范围,法国将部分"依其用途而成为不动产"的物,如农具等定义为不动产,而通常我们将其定位为动产。

二、登记程序[③]

(一)登记的法律依据

《法国民法典》第711条规定:"财产所有权,得因继承、生前赠予、遗赠以及债的效果而取得或转移。在《法国民法典》中,契约如满足"负担债务的当事人的同意、订立的缔约能力、构成权利义务客体的确定标的、债的原因合法"之外,其他各种行为,不论是事实行为还是法律行为,法典均不再要求以公证或登记这些形式作为行为生效的条件。1855年,法国的《登记法》规定,不动产物权依据法律行为发生的各项变动,不经登记者不得对抗第三人。从上述法国规定的内容看,不动产登记不是物权变动的生效要件,只有对抗第三人的效力。不动产物权的设立、变更、转让和消灭取决于当事人的意思表示一致。

(二)登记模式

其登记模式为契据登记,即登记公示的是引起不动产物权变动的法律行为。物权的公示并非权变动的要件而仅为发生物权对抗力的要件,换言之,物权变动的效果仅依当事人的意思表示即为已足,但未经登记或交付的,不得对抗第三人或善意第三人。物权的公示不具有形成力,而只具有对抗力。这种学说主张在《法国民法典》里确立,后来为《日本民法典》等所继受,称为契据登记制。在登记审查时,抵押登记员无权就当事人交由登记的行为的效力进行评价,只有在抵押权注销的情形,行为已经严重至不可挽救时,抵押登记员才可以依据民法来审核行为的效力。从这种机制来看,其好似不能保护交易安全,但实际上,公证人已经提前介入对于法律行为的调整之中,即只有经过公证等认证的行为才能交由抵押权登

---

① 陈丽.不动产登记的行政法研究[D].北京:中国政法大学,2008.

② 李旭.论我国不动产登记制度的统一[D].广州:广东外语外贸大学,2014.

③ 蓝航.简论我国不动产登记制度[D].重庆:西南政法大学,2010.

记机关予以公示,故而,登记之前的公证防线起到了风险过滤作用,不动产公示与公证行为之间存在密切联系,公证人的地位和作用比抵押登记员更为重要,公证人成为不动产登记的主要"提供者"和"用户"。可见,这种登记审查纯粹是形式审查和窗口审查。①

该制度中,不动产登记是公示不动产权利状态的方法,不动产物权变动非经登记不得对抗第三人,登记为物权变动对抗第三人之要件,而没有决定其能否生效的效力。

（三）公证人制度

契约登记制度下的土地及房屋财产登记机构仅对公证人提交的申请材料进行形式审查,并不对法律关系及申请材料的真实性负责。但是,据公共财政总署统计,每年全法国土地及房屋财产登记公示总量约为 350 万件,而争议量约为 40 起,仅占十万分之一。也就是说,公证人制度仍然发挥了不可替代的重要作用。在不动产交易过程中,公证人主要发挥以下作用:一是代为起草不动产交易合同;二是对交易的合法性和真实性进行审查,承担了登记机构实质审查的角色;三是对土地房屋财产状况和周边环境进行考察,如是否存在地质灾害危险等;四是考察物权变动对公共利益的影响,征询政府是否可能因社会公共利益对该土地或房屋财产行使优先购买权等;五是计算并向交易方代收不动产税款等;六是根据审查情况出具公证书,并代交易双方向土地及房屋财产登记机构提交登记申请材料及相关税费。可见,公证人承担了类似我国不动产交易中介、律师、登记代理、土地及房屋财产登记机构的实质审查、计税征税等多项功能,其优势在于全程参与交易,对交易双方、标的房屋、交易背景都有深入细致的调查和了解,服务更有针对性和专业性,进一步增强了对交易安全的保障,几乎不需要当事人耗费任何时间和精力。

法国的公证书被《公证法》赋予了强制执行力,相当于财产权利证书,是审判、登记的重要依据。为确保公证人及公证书的法律地位具有足够权威,法国建立了两项配套制度:一是严格的执业资质及培训制度。成为公证人平均需要经过不少于 7 年的高等教育,公证人在执业期间必须接受终身教育,每年培训时间不少于 30 小时。二是严密的执业担保制度。在法国,公证人执业的担保分为两部分。从外部,由全国公证人高级委员会代表全体公证人与保险公司签署基本保险合同。除因公证人的故意、执业禁止行为、犯罪行为而给当事人造成的损失外,其余执业行为均在保险合同的保险范围内。从内部,保险不能担保的损失,全部由行业担保基金来承担。正是在外部保险与内部担保并行运作的情况下,法国公证行业的风险得到有效控制,公证人可以摆脱后顾之忧,全身心地投入到服务中去。

法国全国的登记系统和数据都实现了互联互通和共享应用,如公证人对相关资料的查验,公证结果的提交都可以在网络上完成,任何人均可通过互联网或全国 354 个登记点查询任一土地财产或房屋近 50 年来的历次变更信息,查询免费或付费的方式不同,查询信息的详细程度不同,信息化程度非常高,使用起来非常便捷。这都归功于法国的土地及房屋财产登记信息化建设起步早,实用性强。1990—2005 年,法国公共财政总署逐步建立起全国统一的土地及房屋财产登记数据库,其中约 70%基础数据实现了矢量化,这部分数据主要来自城市地区,而对地广人稀的偏远地区,则采用将航片、测量图经扫描后直接应用方法录入数据库。②

① 顾娟.我国不动产登记立法问题研究[D].北京:北京交通大学,2008.
② 陶密.法国契约登记制度经验及借鉴[J].中国土地,2016(6):44-46.

三、契据登记制的特点

(1)登记对抗主义。不动产物权的得丧变更,当事人意思表示一致,即生效力,但不得对抗第三人。如果当事人签订契约后再行登记,该权利则具有对抗效力。即登记仅仅是对抗第三人的要件,而非生效要件,故称"登记对抗主义"。这与采用该制度的各国,其民法在物权变动中采意思主义紧密结合。

(2)不动产登记的审查形式为形式审查主义,对于物权变动更无实质的审查的权限。它是指登记官吏对于登记的申请,只进行形式上的审查,如申请登记的手续完备,即依照契据内容记载于登记簿。至于材料上所记载的权利事项是否真实,有无瑕疵,则不审查。手续简便,不会对私权造成干涉,但也无法确立公信力,会对当事人的权益造成一定的影响。

(3)登记没有公信力,若登记事项实质上不成立或无效时,其不成立不得以之对抗善意的第三人。

(4)采用任意登记主义,不动产物权变动无须登记即可生效。当事人是否申请登记采取自愿原则。充分尊重当事人的意愿,但不利于整个国家对资源的掌控。

(5)不动产物权变动,登记仅为对抗第三人的要件。不动产物权之取得、丧失及变更因当事人意思表示一致,即生效力。

(6)登记不动产的动的状态。即不仅登记不动产物权的现在的状态,而且也登记物权的变动事项。

(7)登记簿之编制,采用人的编成主义。换言之,登记簿之编制以不动产权利人而非不动产的登记先后为标准。即对登记簿的编制以权利人准编制。这之中日本是个例外,其登记簿的编成采物的编成主义。

(8)不颁发权利凭证。登记不另外核发权利凭证。

第五节　土地征收制度[①]

一、概述

在法国,土地征用放在"公用征收"范畴。公用征收是指国家为了公共利益,按照法定形式和事先公平补偿原则,以强制方式取得私人不动产所有权或其他物权的制度。法国在大革命期间和第一帝国时期确立了公用征收的原则,以后经过多次立法规定和判例补充,逐渐发展成为现行的公用征收法律制度,主要规定包含在1977年的《公用征收法典》中。

按照《公用征收法典》的规定及行政法院的判例,公用征收只有在有限的范围内进行才合法有效。

首先,有权发动并实施公用征收的主体范围有限。只有国家具有土地征收权,但国家可以应公、私法人的请求批准征收土地。在公用征收程序的启动环节上,原则上只有国家、地

---

① 谢敏.法国土地征用制度研究[J].国土资源情报,2012(12):31-34.

方团体和公务法人等公法人作为项目人才可以申请公用征收。私人只有在其所从事的活动具有公共利益性质且法律赋予其公用征收权时才可以诉诸公用征收程序。如有些公用事业和公共工程的受特许人(通常为私营企业)基于法律规定,为特许业务的需要,享有公用征收的权利。

其次,公用征收的对象原则上限于不动产,具体包括不动产和不动产物权两类。作为公用征收对象的不动产,只能为私人所有,行政主体的公产不能成为征收对象。

最后,公用征收只在达到公用目的必要时才能采取。何谓"达到公用目的",法律和判例认为,只要能够满足公共利益,就是达到公用目的。然而,随着行政审判实践的深入,公用目的的衡量方式与方法日益成熟,突出表现为项目损益对比分析机制的出现与广泛应用。

二、法国公用征收制度

(一)法国土地征用"公用目的"的界定和评判

在法国,征地公益性存在争议时,由行政法院进行判定。行政法院通过越权之诉审查公用征收的合法性,它无权审查其在政策上的适当性,只能考察批准公用目的决定的合法性。对于不合法的公用目的决定,法院可以撤销,从而使公用征收行为归于无效。

对于"公用目的"的界定,法国的法律和判例认为,只要能够满足公共利益,就是达到公用目的。只要公用征收行为具有公共利益性质,就是合法的征收,但如果行政机关利用公用征收主要是为了增加其自身的收入或满足纯粹的私人利益,则不符合公用目的。公用征收行为如果在满足公共利益的同时,也使私人获得利益,仍是符合公用目的的。

1971年以前,法官通常只核查项目是否满足某种公共利益。随着社会的发展,公共利益与私人利益之间的关系不再是非此即彼。在判断土地征收公益性时,不能只从项目本身加以判断,而应深入分析,比较项目的优点与不足,综合考虑项目的投入与回报,因此,在法国行政审判实践中,公用目的的衡量方式和方法日益成熟,"项目损益对比分析机制"广泛应用,作为评判土地征收公用目的合法性的标尺。对此,法国最高行政法院提出一个原则:"一项工程只有对私人财产的损害、工程造价和可能存在的社会不利因素不超过项目带来的利益时,才能被合法宣告为具有公用目的。"为了减少法院撤销的可能性,这一原则在法国政府各部门广泛传达。政府公务员在处理具体征地业务时,会按照损益对比方法进行把关,尽可能兼顾各方利益。

法国土地征用的公益性除了履行既定的行政程序之外还有司法程序进行保障,因此,征地公益性审查机制十分严格。行政法院在审查公用目的是否合法时,既对公用目的采取极为广泛的解释——"只要能够满足公共利益,就是达到公用目的",又与时俱进,以"损益对比分析"等方法进行审查核定。这种严格的征地公益性审核机制不仅能够有效防止损害私人土地所有者权益,同时也有利于监督、促进行政机关严格按照公益性征用土地。

(二)公用征收制度中对公众参与的促进与保障

从直接意义上看,公众参与主要体现在征收程序公用目的的事前调查阶段。但公众在该征收程序之任何阶段都能积极参与并影响最终的征收结果,体现真正的"参与决策权"。法国立法者也不断通过法律改革促征收程序中的公众参与。

1.确定公共用益中的公众参与

一项工程公共用益的批准与否对征收的合法性产生决定性作用,而公众通过公共调查程序影响公共用益的批准。调查制度就其传统意义而言,本身是对被征收人权利的一种保障。随着集体精神的不断演变,人们对一项工程效益的关注已经从"纯经济增长"转到"生活模式和环境状况的保障"。20 世纪 70 年代,大规模的结社运动兴起,社团组织开始介入所有权人和拆迁人之间。在社团组织的影响下,人们不再仅仅满足于被告知工程草案的状况,更希望直接参与决策过程。

多年来,调查过程的秘密性饱受斥责。1976 年 5 月 14 日法令成了改革的急先锋:该法令创设了新的调查方式旨在促进公众的知情权。但这一改革有很大的局限性,调查的结果对决定的做出没有影响力。此外,对于公众的批评,为了进一步保障征收制度中的公众知悉权,议会拟出了多个报告提议改进这一程序。其中,布夏多女士的报告最为突出,直接成了1995 年 2 月 2 日有关加强环境保护的法之基础。该法规定了公共讨论制度并创建了国家公共讨论委员会加强组织公共讨论。该委员会的性质是独立的行政机构,其职权得到了 2002 年 2 月 27 日法律的强化。它的职权在于监督公众意见是否真正被吸收进入国家、地方制定的征收项目草案中,促进公众提早参与、增长参与时间:从项目的前期研究一直到公共调查结束。该委员会还可就工程目的、适当性以及主要特征发表意见。2002 年 2 月 27 日法律还区分了必须和可以提交至国家公共讨论委员会的征收草案。必须提交的草案主要包括预算过高的公共工程。虽然相关法条没有明确工程负责人提交期限,但最高行政法院判例中指出必须要在"合理期限"内向国家公共讨论委员会提交;其他草案经 10 名以上的议员、1 个地方行政单位或某环境保护组织之要求,均可以在草案公布后 2 个月内提交。

2.补偿金确定中的公众参与

在法国,确定补偿金额是司法阶段的一个主要程序。法国法律规定征地单位在利害关系人主张权利后,应向他们提出补偿金额的通知,并要求后者在 15 天内答复,同时说明受益者的身份和受益的法律依据。双方就补偿金额不能达成一致意见时,即可请求法院确定补偿金额。值得一提的是,为了更好地保障被征地者的知情权及在补偿金确定程序各个环节中的参与权,2006 年 7 月 13 日法律第 21 条明确规定"财政部门应当免费应被征收人要求向其提供土地财产相关信息"。

补偿金在确定时主要强调以下几个原则:一是确定补偿权利人程序中对公众知情权的保障。公用征收者有义务向所有者和用益权人发出个别通知,要求他们在收到通知后 8 天内向征收单位主张下列利害关系人:住户,房客,对不动产有役权、使用权、居住权和长期租赁物权的人。二是尊重双方当事人之协商。补偿的数额可以由行政机关与被征收人双方协商确立,如果协商失败补偿问题才交由法官决定。为了给当事人协商提供更多的机会,确定补偿金的程序在整个征收程序中并没有固定的时间点,可以在确定公用目的的调查中进行,也可以与征收法官作出征收裁定的程序并行,特别是当征收人与被征收人达成友好协议时,补偿金额可以随时确定。三是规则明确,防止法官专断。从法律规定可知,立法者尽量明确财产的构造、价格、评估的参照日期,都是为了更好地保障被征收人的知情权,防止法官滥用权力偏袒征收人一方。

3.改革政府委员制度、保障被征收人的受公正审判权

在行政诉讼中,政府委员一直负有分析案件、参与庭审、提供判决建议的重要职能,一般被视为司法官员。然后,向征收法官提供诉讼意见的政府委员一般为省政府土地管理部门

的负责人,其身份不是司法官而是公务员,受行政权力的管辖。一般而言,征收诉讼中的政府委员负责对被征收土地的价值进行评估,向征收法官提供包含补偿金的类别、数额的意见书。该意见书在司法实践中起着非常重大的作用,征收法官一般不得否定其意见;若要否定,必须要专门说明否定理由。虽然法官确定补偿金仍然必须参考双方当事人和政府委员的意见书,但是如果法官排除适用政府委员建议的低于征收人提出的价格,不再需要说明理由。此外,法官还可以在评估遭遇困难时,通过公证员公证,指定一名专家协助实地考察和勘验。但在实地勘验和庭审结束后,双方当事人仍然可以达成友好协议。

4. 权利救济中公众的选择权

无救济就无权利,这是现代法治的基本精神。在土地征收中,救济制度,特别是诉讼救济对保障被征地者合法利益起关键作用。在法国,被征收人权利受侵害时,可以有多种诉讼救济渠道选择:提起行政诉讼、宪法诉讼或向欧洲人权法院提起诉讼。

一是行政诉讼救济。在征收的行政阶段中,行政相对人对行政机关做出的决定、命令不服的,都可以通过行政诉讼就自己的权利进行救济。如前所述,与公众参与征收决策关联最紧密的是关于公用目的决定。该决定与其他行政行为一样,受行政法院的管辖。若公用征收的申请单位,被征收不动产的所有者及利害关系人,以及对公用征收有直接利益的人对公用目的决定不服的,可在决定公布后 2 个月内,向行政法院提起越权之诉,请求撤销违法的决定。行政法院受理当事人的起诉后,按一般越权之诉的四个主要理由审查批准公用目的的命令是否合法,并撤销不合法的命令。

二是向宪法委员会或欧洲人权法院请求权利救济。法国在 2008 年宪法改革中于原有的事前审查制之外创立了合宪性先决程序,当事人在普通诉讼中若发现已生效的法律侵害其基本权利的,可向原审法官申请进行先决问题的合宪性审查;经原审法官和其所属最高法院认定确实有必要进行审查的,则交由宪法委员会进行合宪性审查。合宪性先决程序的核心是基本权利保障,已经开始对法国的违宪审查、基本权利保障和普通司法体制产生重大影响。

三、法国土地征用机构和程序

(一)征地机构

征地主体有以下几类:(1)中央及地方政府;(2)具备条件的公益法人;(3)符合一定条件的混合经营公司、公用事业单位及受当局委托的其他法人。

(二)征地程序

法国是欧洲动用征收权力最频繁的国家之一,其程序设计非常严谨,基于"普通法院是私人自由和财产的可靠保障,只有它才有权剥夺私人的财产权利,同时公用征收的目的是为了满足公共利益的需要,行政机关作为公共利益的裁判者,也必须参加"的传统观念,设计了行政与司法两阶段的征收程序。

1. 行政程序

行政程序主要是确定土地征收的目的和可以转让的不动产,具体包含事前调查、批准公用目的、具体位置的调查和可以转让的决定。在公用征收程序行政阶段的 4 个步骤中,批准公用目的居于核心地位。只有国家可以做出土地征收的公用目的宣告、批准征地项目,地方团体和其他公法人均无此权限。根据征地项目的性质和重要性,有权批准公用目的的机关分别是总理、部长和省专员。对于需要大规模征地的全国性重点工程项目,公用目的的宣告甚至需要以咨询国家参事院的政府命令形式做出。

行政程序的具体过程如下:需用地者向被征收土地所在地省长递交申请调查书,省长做出进行调查的决定后,必须将该决定公开发表,并张贴在调查范围内各市镇政府的公告场所;如果调查被拒绝,申请人可向行政法院起诉。省长做出调查决定后,调查专员或调查委员会写出报告,提出结论报给省长。调查副本存放在调查地的市镇、专区和省政府内供公众查阅。除调查之外,还必须咨询不动产行政计划委员会以及其他有关部门的意见。批准公用目的的决定最迟在事前调查结束后1年内做出,需要咨询最高行政法院意见的,可延长6个月。超过规定时间没有批准的,必须重新进行事前调查才能批准。在调查结束后1年内,总理、部长和省长按照事前调查意见、征收项目分类、征收土地分布条件等对征收的公用目的进行批准。批准的命令必须在政府公报或地方新闻上发表或张贴于公共场所。批准公用目的的决定的有效期限一般不超过5年,必要时可延长至10年。省长还需根据与事前调查同时进行的具体位置的调查(主要调查拟征土地的具体位置以及应受补偿的权利人)做出可以转让决定。决定做出后,分别通知所有的利害关系人,并在6个月内移送普通法院,作为裁判所有权转移的根据,否则失效。

需要注意的是:批准公用目的的行为原则上最迟应当在事前公共调查程序结束后的1年内做出。只有经过公用目的的宣告的土地征收项目才能够合法进行。然而,征收单位并不因此负有必须进行征收的义务。换言之,土地征收项目人可以审时度势、改弦更张。在普通法院做出所有权转移判决之前,征收的不动产的法律地位不发生改变。土地征收公用目的的宣告以行政决定形式做出,是可诉具体行政行为,受行政法院管辖。公用征收的申请人、被征收不动产的所有权人及利害关系人以及对公用征收有直接利益的人,不服批准公用目的的决定,都可以在决定公布后的2个月内向行政法院起诉,请求法院撤销之。①

2.司法程序

司法阶段分为两个方面:

一是对批准公用目的的决定或可以转让决定不服,或者以违反公用征收程序、超越批准权限为由,提起的越权之诉,由行政法院管辖。对于征收主体做出的批准公用目的的行政决定和可以转让的行政决定,公用征收的申请单位、被征收不动产的所有者和利害关系人,以及与公用征收有直接利益关系的人,因对公用目的发生争议,不服批准决定的,可以在决定公布之后2年内提起越权之诉,请求撤销违法的决定。但是提起越权之诉,不影响征收程序继续进行。申诉人为了避免因征收程序继续进行可能产生不可弥补的损失,可以请求受诉法院在正式判决之前,暂时停止征收程序。一般情况下,受诉法院不轻易接受这样的请求。

二是关于请求被征收财产所有权的移转和补偿金额的确定,由普通法院管辖,并设公用征收法庭和公用征收法官专门处理。法国人认为普通法院是私人财产权的保护者。应被征地所在地省长或其委托的代理人申请,公用征收法庭对其提交的材料进行书面审理。如果行政阶段的各个程序都已完成,该法庭就会做出公用征收裁判。确定补偿金程序,可以在公用征收程序中任何阶段、任何时候进行。征收法庭确定补偿权利人后,要求需用地人与被征

---

① 张莉.法国土地征收公益性审查机制及其对中国的启示[J].行政法学研究,2009(1):135-140.

地的权利人协商确定补偿金。如果不能达成一致意见,可请求法庭确定。法庭审理结束后不能立即宣判,以便双方当事人仍有机会达成协议,经实地调查后才能宣判。1958 年法国公用征收立法改革前,还设有评价仲裁委员会决定补偿金,不服该决定的,可向普通法院起诉,后因委员会对不动产市场情况不熟悉,而且程序又慢,无法适应当时大规模复杂征地的需要,就改由专职的法官决定补偿金额。法庭做出审判之后,当事人不服一审判决的,可以在收到判决书之日起 15 日期限内,向上诉法院提起上诉。如果当事人不服上诉法院判决的,还可以在收到判决书之后 2 个月内的期限,向最高法院提起诉讼。

法国除了一般的公用征收补偿程序外,还规定了两种加速程序:紧急程序和特别紧急程序。紧急程序和一般程序基本相同,只是在确定补偿金程序上比一般程序迅速,同时增加了一个临时补偿金判决,以便征收人迅速取得被征收财产的占有权。特别紧急程序和一般紧急程序很不相同,征收人利用此程序可以立即取得被征收财产的占有权,以后再进行正常的征收补偿程序。

行政和司法两个阶段并没有截然分开,司法阶段中补偿金额的确定可以和行政阶段同时进行,以便在征收单位认为费用太高时,可以停止征收。

四、法国土地征用补偿

(一)基本原则

根据《法国公用征收法典》第一部分第一编的规定:"补偿金额必须包括由于公用征收产生的直接的、物质的和确定的损失在内。"因此,法国的公用征收补偿原则是公平补偿,即要求被征收不动产的所有者及其他权利人的全部损失都得到补偿,同时也不能超过他们的损失得到更多的补偿。

(二)主要范围

依据上述原则,法国土地征收补偿的范围取决于被征收土地上所存有的物质因素,如土地本身以及土地上的附着物,以及应受补偿的法律因素,如存有地役权、承佃权以及土地上房屋的承租权等因素的影响。在补偿实务中,凡有证据证实与土地征收相关的,损失性质属于直接的、确定的损失,并且属于物质性的损失,就能够获得法院的支持,得到相应补偿。而非直接的、非物质的和不确定的损失则不可能得到补偿。所谓直接损失是与公用征收之间有直接的因果关系的损失。所谓物质的损失是指因征收而丧失的不动产所有权和其他权利本身的价值,不包括精神和感情上的损失。所谓确定的损失是指已发生或将来一定发生的损失。因此,诸如迁移费、职工解雇补偿费、安置费、其他损失等,均可以获得适当补偿。从这一点来说,法国的补偿范围是相当宽泛的,并且由法官根据个案因素做出自由裁量,而不像其他国家那样在立法上有明定的补偿范围。

此外,需要说明的是,法国土地征用受补偿财产的结构以公用征收裁判当天的财产结构作为计算补偿财产的范围。理由是从公用征收裁判日起,被征收的不动产及其附属的权利移转于征收单位。如果补偿金额已在公用征收裁判之前确定,则以补偿金判决宣告之日作为计算应受补偿财产构成的日期。

(三)补偿标准

法国的土地补偿价格是以征用裁判所一审判决之日的价格为基准计算的,同时以征用土地周围土地价格或纳税时的申报价格作为参考。同时,为了控制补偿,被征用不动产的用途以发布征用规定 1 年前的实际用途为准。这种做法实际上是相对冻结了土地的价格,是为了防止有人想通过改变土地用途,提高补偿价格。有关道路、配电设备、上下水道等项目建设需要征用土地时,可作为住宅发展地进行评价补偿。

（四）补偿方式

法国原则上采用货币补偿,但随着经济的发展,近些年来也增加了实物补偿的方式,并依据受补偿对象的不同,补偿的方式存有差异。

（1）征收从事工业、商业和手工业的人使用的承租房屋时,征收单位对于主要的补偿可以选择给予金钱补偿方式或同样条件房屋补偿方式。

（2）征收生活用房时,征收单位必须为承租人安排住房,新的住房应符合房客的生活需要,费用和规格不超过低房租住房标准,同时补偿他们的搬家费、安置费和其他损失,及卫生设备、照明设备的折旧费。对于房东则没有安置住房义务,可以选择下列方式给予补偿:重新安排住房;给予优先得到低房租房屋所有权的待遇;给予优惠的建筑贷款。

（3）家庭耕作土地被征收时,征收单位应为家庭成员提供同样条件和设备的土地。

第六节　土地发展权制度

自英国首创土地发展权制度以来,法国在 20 世纪 70 年代建立了与发展权相似的法定上限密度制度。随后,美国部分州建立了可转让发展权制度。这三个国家的发展权制度构成了当代各国地区土地发展权设置与运行的典型模式。法国在 20 世纪五六十年代,通过颁布一连串的法律法规,完备了有关城市规划和建设的法制,其目的是以政府为主体实施积极管理,限制土地私权滥用,以满足城市化和企业化所需要的城市新建、扩建、改建用地。到了 20 世纪 70 年代以后,面对大型基础设施投资政策和大型建设区政策难以控制的后果,法国在 1975 年通过的《改革土地政策的法律》和 1976 年修订的《城市规划法典》。这两部法律创建了土地干预区和"法定密度极限"。土地干预区准许市镇扩大对已有市区的优先购买权;"法定密度极限"要求市中心的地主,在超越城市规划文件规定的密度极限值时,为了完成房屋建设计划,有义务向地方行政单位补交建设附加税。[①] 虽然该法没有使用土地发展权的概念,但其包含的"法定密度极限"和"土地干预区"制度实际上构成了法国的土地发展权制度。法国在农地发展权政府"优先购买或征收"和建筑物"法定上限密度"限制中,表现为两种发展权国家"干预"方式:一种是农用地转为建设用地,土地所有人当然享有土地发展权,国家也可以采用购买方式将开发权收归国有;另一种是建设土地发展权由所有人有限所有,超过一定范围属国家所有,私人可向国家购买,形成了自己特有的土地发展权制度。

一、"法定密度极限"制度

"法定密度极限",又称为最大建筑面积密度或法定上限密度,顾名思义,是指政府对土

---

① 单新国.土地发展权法律制度研究[D].重庆:西南政法大学,2006.

地所有者拥有的土地上进行建设开发的建设权确定了一个上限,在该限度范围内土地所有者可以自主处理,但超过该限度的建设权则归国家所有,土地开发人可以通过向政府支付一定费用购买超过该限度标准部分的建设权。在具体操作方面,上限指标采用建筑容积率(总建筑面积与总用地面积之比)来控制。

法国在第二次世界大战后的 20 多年时间里,城镇化进程快速推进,由此产生了地价飞涨、居住环境变差、土地发展性利益分配不公等一系列问题。为了解决上述问题,法国于1975 年 12 月 31 日设立了被学者称之为土地发展权的法定上限密度(PLD),以容积率为量化标准将土地发展权(在法国法上称为建筑权)划分为法定土地发展权和增额土地发展权。在土地发展权的定性方面,法国与英国、美国一样,将土地发展权界定为与土地所有权相分离的独立的财产权,赋予土地发展权独立的财产权地位。但是,在土地发展权的归属方面,法国既没有采取英国的土地发展权国有,也没有采取美国的土地发展权私有,而是另辟蹊径地通过设定一个法定上限密度,将土地发展权分解为法定土地发展权和增额土地发展权,在法定上限密度内的土地发展权为法定土地发展权归属于土地所有者,超过法定上限密度的土地发展权为增额土地发展权归属于国家(地方政府),土地所有者可以超过法定上限密度开发土地但应当向国家(地方政府)购买相应的增额土地发展权。[1]

该制度建立之初,规定巴黎市的指标是 1∶1.5,其他地区为 1∶1,超过密度限度修建建筑物,必须向当地政府支付价款来获取建设权。例如,在密度限制为 1∶1.5 的巴黎,在 800平方米的土地上修建建筑面积为 1200 平方米的建筑物时,无须缴纳相关款项,但是,如果建筑面积达到 1800 平方米时,按密度限制标准计算,1800÷1.5=1200 平方米,即 1800 平方米建筑物应占据的土地面积为 1200 平方米。为此,建筑物所有人应向巴黎市政府缴纳 400 平方米(即 1200−800=400 平方米)的土地价款,以购买超过标准的建设权。按常识,在进行建设时若留出绿地、道路、停车场等占地,800 平方米的土地只能有大约 300 平方米用于建设房屋,修建一幢建筑面积为 300 平方米的四层楼房也未超标。法国制定法定上限密度限制的主要目的是消除土地所有者之间因规划控制而导致的土地发展权(建筑权)不公,稳定地方政府财政收入、控制地价。由于开始时的上限容积率水平限制过低,该制度一度受到批评,认为影响了私人开发积极性,以后法国政府将密度容积率限制一再调整、逐步放宽。如1975 年曾规定巴黎市密度上限为 1.5,1982 年法国将密度限制的标准提高,巴黎为 1∶1.5∼1∶3,其他城镇为 1∶1∼1∶2,在这一范围之内,由各地自由决定。1986 年又将标准进一步放宽。上限密度与土地发展相比,都具有限制私人权利,增强国家垄断和调控能力的作用,但前者不具备调控土地用途的功能,而后者除前者所具备的全部功能外,还具有强的土地用途管制功能。

但是在实际运作中,这一制度的效果并不明显。有学者认为,这是因为在大多数情况下,建设开发商需要向政府支付大笔资金用于购买超标部分的建设权,因而影响了私人开发建设的积极性,而国家政府控制又具有一定弹性。因此法国政府正在修改完善其规定,从而使这项制度既有利于保护土地,维护公共利益,同时又不使土地所有者的利益受到损害。[2]

---

① 姚昭杰.土地发展权法律问题研究[D].广州:华南理工大学,2015.
② 汪振江.农村土地产权与征收补偿问题研究[M].北京:中国人民大学出版社,2008:123.

法国的法定上限密度(PLD)实际上是对土地发展权这一财产权进行价值上的分割,试图实现公私共享土地发展性利益,法定上限密度的高低决定着私人土地所有者和国家(地方政府)之间利益分配的比例,法定上限密度值设定的越低则意味着国家(地方政府)享有土地发展性利益越多,相反,法定上限密度值设定的越高则意味着私人土地所有者享有土地发展性利益越多。法国法定上限密度值设定由低至高的发展趋势反映了私人土地所有者分享土地发展性利益越来越多这一客观事实,预示着土地发展权归私是土地发展权发展的方向。[①]

二、土地干预区制度

土地干预区制度是指政府准许城镇扩大对已有市区的优先购买权。土地优先购买权则是指政府或公共机构根据法律的授权可以对土地所有者出售的土地享有优先购买权。法国对农业用地转变为城市建设用地的认识较之于英美两国更为深入,城市化就意味着将农业用地转变为城市用地,随着城市化的进程,农业用地转为建设用地,房地产市场不断增加的建设用地价格又会进一步促进大量农业用地转为建设用地,因此,法国政府认为应该事先干预农业用地转变为城市建设用地这一过程,于是土地干预区制度应运而生。[②] 国家购买土地的目的在于解决社会公益性住宅问题,防止地产市场的自由运行机制所导致的社会隔离现象,同时保障对城市郊区和某些旅游业地区实行长期保护。土地优先购买权制度的实施具有以下重要意义:一方面为保护社会公共利益,对土地补贴机制施加影响;另一方面是控制地产市场的运行,减少地产市场自由放任所造成的盲目性。[③]

优先购买权方法开始实施于1958—1960年,它使政府对非常容易破坏的区域实行地区性干预。这些区域包括敏感性地区内某些区(保护沿海地区)(1959年),延期整治区(1962年),土地调整区(1975年),以及有利于土地整治及乡村建设公司的所有农业耕地。国家购买土地的目的,一方面是解决社会公益性住宅问题,防止地产市场的运行机制所引发的社会隔离现象;另一方面是保障对城市郊区和某些旅游业非常发达的地区,尤其是沿海地区实行长期保护。法国土地优先购买权是国家对土地进行保护防止侵害土地的唯一选择,因为从理论上说,城市规划方案的法规性作用,以及一系列有效的全面保护措施(注册的名胜古迹、国家公园、自然保护区、敏感性区域等),可能使这些区域得到长期保护,而实际上,在那些存在土地紧张和在保护区和可建区受到区别对待的地方,为了实行长期保护政策,国家购买土地通常才是制止侵地的唯一有效措施。法国国家购买土地的资金来源为:全国土地及城市整治基金组织提供的贷款、国家筹集的预算贷款、储蓄及信托银行提供的经营贷款、国家税收补助,以及其他地方税收手段(省绿地税、专门设施税)。可见,法国"土地干预区"制度承认农业土地所有者开发土地的权利,但国家可以优先通过购买或者征收将这种农业土地开发的权利从个人手中拿过来,这是公权对私权的"有限"介入。[④]

① 姚昭杰.土地发展权法律问题研究[D].广州:华南理工大学,2015.
② 巫建强.土地发展权法律制度研究[D].上海:华东政法大学,2009.
③ 汪振江.农村土地产权与征收补偿问题研究[M].北京:中国人民大学出版社,2008:124.
④ 单新国.土地发展权法律制度研究[D].重庆:西南政法大学,2006.

第七节 土地税收制度[①]

一、涉及土地的税收

在法国,由居民个人缴纳的房地产税包括居住税、建筑土地税、空置住宅税和财富税。居住税的纳税人为每年1月1日实际占用某一房产的自然人,这个自然人可能是房产所有人、房产租用人或房产免费使用者。低收入者、年龄超过60岁者、上年纪的寡妇和鳏夫、残疾人等免缴居住税。按照法律规定,所有带家具的用于居住的房产都应该缴纳居住税。这里的房产包括别墅、公寓等居住场所,同时,也包括附属于这些居住场所的建筑物,如杂物间、车库等。居住税的主要受益者是市镇、市镇联合体和省,其税基由国家确定,税率由地方政府确定,地方政府可以根据自己的财政状况选择降低或提高税率,但不得超过国家规定的上限。

法国建筑土地税的纳税人为所有不动产的所有者或享有该不动产用益权的人,年龄超过75岁、领取残疾人津贴、收入低于一定数目者(单身年收入不超过7826欧元,已婚未有小孩11178欧元,已婚有小孩15070欧元)免缴建筑土地税。纳入征税范围的不动产包括所有地上或地下的建筑设施。对个人来说,主要包括用于居住的房屋、车库及其他附属设施(不管所有者是否实际占用这些设施)。建筑土地税同样是根据每年1月1日建筑物的状况来确定纳税人和征税范围。如果建筑物所有者在1月1日之后卖掉该建筑物,那么他仍然要缴纳该年度的建筑土地税。如果在该年度建筑物所有者对该建筑物进行改造与整修以致该房产的价值得到提升,那么该建筑物的增值部分将纳入下一年度的建筑土地税。法国建筑土地税的主要受益者为市镇、市镇联合体、省和大区四级政府。建筑土地税的税基为年租金净值,它等于年地籍租金收益评估值减去50%的抵扣额。年地籍租金收益由国家税务总局下设的土地税中心评估,而建筑土地税的税率由地方政府确定。作为某一地区、省市或乡镇财政来源的一部分,建筑土地税可以促进公共设施与服务的建设。对于有些建筑物,允许享受暂时税收减免,包括2年到30年不等期限的减免。老年人、残疾人或经济条件困难的房主也可享受税收减免。

二、土地税的评估与管理

在法国,财产税税基的评估由法国税务机关设立专门的评税机构负责。评税机构分为两种:一种是土地税中心,另一种是税收中心。土地税中心负责建立和更新地籍册、发放地籍册节录和所有者清单,负责统计土地、建筑物及其所有者,负责评估建筑土地税的年地籍租金收益。税收中心负责评估居住税税基,负责跟踪房产的状况(有人使用还是空置)。现在,法国有些地区已将土地税中心并入税收中心。此外,每个市镇都建立有一个直接税委员会。直接税委员会与税务当局一起确定房产类型和房产参照目录,决定加权面积和每平方

---

① 魏涛.法国个人房地产税体系透视[J].涉外税务,2008(12):44-47.

米租金收益,参与建筑土地税的评估。具体程序为:土地税中心(或税收中心)传送一个清单给市镇直接税委员会,在清单中列明新增建筑或已有建筑的变动情况,并给出税务机关的评估情况;市镇直接税委员会负责核实上述清单,并在清单后附上自己的意见,然后发还给税务机关。

三、对税收争议的处理

(一)争议内容

纳税人如果对税务机关评定的地籍租金收益持有异议,最迟可以在该税征收年度的下一年的 12 月 31 日申请复议(如应在 2019 年缴纳的居住税,最晚可在 2020 年 12 月 31 日提出复议)。纳税人可就以下两个方面提请复议:一是对房地产归属的类别;二是对房地产的加权面积。除此以外,纳税人既不可以对评估的程序提出异议,也不能对各个市镇规定的每平方米租金收益提出异议。与地籍租金收益有关的复议不仅可以由所有者提出,也可以由租用者提出。针对某一种税的地籍租金收益的复议经最终裁决后,也适用于其他税。

(二)争议处理

法国的土地税中心负责处理跟税基及土地税有关的争议,税收中心负责处理跟居住税及部分土地税有关的争议。纳税人对税收持有异议时,可以通过写信、打电话或直接到税务机关申述等方式提请复议。纳税人在提请复议时,需同时出示相关证据。从纳税人提请复议开始,税务机关拥有 6 个月的时间答复纳税人。如果纳税人在 6 个月之内没有收到税务机关的答复,可以向行政法庭提请诉讼。纳税人在等待税务机关复议结果期间,可以向公共会计申请延期缴纳。如果应纳税额少于 3000 欧元,延期纳税申请会被自动批准;如果应纳税额超过 3000 欧元,纳税人需缴纳担保金。当纳税人的复议要求被税务机关通过后,税务机关应当返还纳税人多缴纳的税款并支付相应的利息;如果纳税人的复议要求被税务机关拒绝,纳税人除了缴纳应缴的税款以外,还要缴纳 10% 的滞纳金并支付相应利息。

第五章　瑞典土地制度

第一节　土地产权制度及管理机构

一、土地产权制度

瑞典位于北欧斯堪的纳维亚半岛东部,国土面积约 45 万平方千米,人口 1037 万(截至 2020 年 9 月)。① 国土总面积中森林面积占 53％,山地面积占 11％,耕地面积占 8％,河流湖泊面积占 9％。全国总人口为 1037 万,平均 23 人/平方千米,属于人少地多的国家。瑞典是君主立宪制国家,实行议会内阁制,政府行政体制分为 3 级:中央政府及下属各部门、郡、市。全国共有 21 个郡、290 个市。② 瑞典是大陆法系(法德法系)国家,没有统一的《民法典》《物权法》,对土地保护、利用的规定,散见于多部法律、政府条例中。

从公元 11 世纪建国至今,瑞典一直实行的都是土地私有制度。因此,其土地管理的特点是以维护土地私有权的地籍调查和土地登记为主,从立法到行政,都集中体现保护土地权利、注重土地权属管理的特点。从建立资本主义君主立宪制国家后,政府确立了服务社会的土地登记信息公开制度。土地管理着重于不动产单元设定与分割登记和土地税征收,土地权利实现无证书管理。

瑞典的土地(不动产)可以由私人或公共持有。土地均被分割为不同地块并标注名称和属性,详细地记录在国家土地登记系统中。由于登记信息面向社会开放,大众可以非常容易明确每个地块的信息。持有人对土地和附属建筑物拥有的所有权包括占有、处置不动产的权利,但是对不动产开发利用的权利也受到规划、建筑、环境等方面法律的制约。个人和组织除了可以在私有土地上获得所有权外,也可以获得公共持有土地的租赁权。租赁权人对土地的权利和所有权人的权利实质上相同,租赁权人有权处置其对土地的租赁权,但无权转让土地。

瑞典法律规定,财产分为不动产和动产。土地为不动产,其他物品称为动产。瑞典管理土地资源的法律主要有《不动产财产法》《规划和建筑法》《关于土地和水域管理的条例》等。这些法律列出了土地(不动产)在确权、登记、转卖、规划、开发、治理、修复、污染整治等各个环节需要遵循的要求,同时对土地(不动产)的开发、房屋建筑、拆迁整理、修复赔偿等方面做了详细的规定。根据法律规定,确定了土地登记、土地银行、土地与环境法庭等各项管理制度。

---

① 数据来源于中华人民共和国外交部网站(https://www.fmprc.gov.cn/web/)。

② 贾文珏.瑞典地籍管理对我国不动产统一登记的启示[J].国土资源情报,2014(6):11-14.

2010 年 7 月,《规划和建筑法》实施。该法将过去由财产法庭以及行政法院负责的规划和建筑类案件的管辖权交由土地和环境法庭负责。瑞典法庭体系分为两类:普通法庭体系和专业法庭体系。土地和环境法庭属于专业性法庭,管辖土地租赁权案件、环境许可案件、土地征收补偿案件、环境损害案件、水类案件等。①

二、土地权利设置②

在土地权利设置方面,瑞典将其设定为土地所有权、土地租赁权、地役权、土地抵押权。瑞典《土地法》第 1 条规定:不动产就是土地,由不动产单元组成。不动产单元可以由一块或多块土地组成,包含其上的建筑物、附着物、植物、水域等。为了实现本宗不动产单元的功能,可以将该不动产单元以外的建筑物或其他设施(如楼梯等)包含在内,并在其所坐落的不动产单元上设立地役权。随着人们对土地立体空间利用的发展,三维不动产单元的概念也被引入,经修订后的《土地法》第 1 条规定,不动产单元可以是三维立体的,在水平和垂直方向上分别界定,可分为三维不动产单元和三维不动产空间两类。在划分为不动产单元的基础上,赋予每一不动产单元相应的权利,其权利体系如图 5-1 所示,包括:

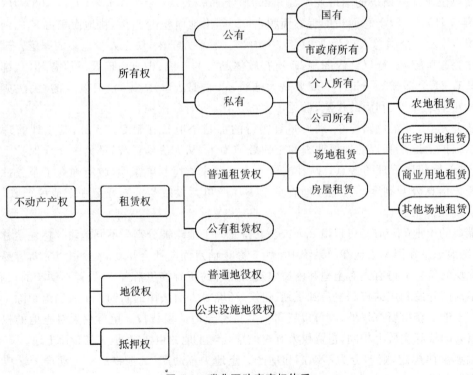

图 5-1 瑞典不动产产权体系

(一)土地所有权

土地所有权是最重要的财产权。所有权是产权所有者对所拥有的不动产单元立体空间

---

① 马朋林,刘伯恩.瑞典自然资源管理概述[J].国土资源情报,2019(2):14-20.

② 黄志凌,姜栋,严金明.瑞典不动产登记法律制度研究与借鉴[J].中国土地科学,2013(2):73-79.

范围内占有、使用、收益和处分(交换、买卖、赠予、抵押)的权利。所有权分为公有(包括国家所有和市政府所有)和私有(包括公司私有和个人私有),其中国家和市政府公有的土地占23%,私有土地占77%,由于林地在瑞典占有很大的比重,因此在私有土地中,林业公司所有(私有)的土地占27%。所有权是一种永久的完全的所有权,但同时也受到一些限制。一是受到可能存在的强制征收征用的影响。如瑞典宪法第2章第15条规定:"非经强制征收征用或其他方式,任何人都不能被迫将财产转给国家或他人,非因公共利益需要,对土地和房屋的利用中也不应受到限制。"为了保护个人财产权益,法律也规定,如果发生征收和征用,必须对所有权人进行补偿。二是来自于公众可达权等规范的限制。公众可达权(public access),指公众也可进入私人所有的林业不动产单元,可以采摘蘑菇、野果等,其立法思想来源于森林是自然,人人都可以到自然中去并享受自然,这也是对不动产所有权的绝对排他性的一种限制。

瑞典的土地为私人所有,其余土地由瑞典中央政府、市政府所有。土地登记簿就是以土地所有权为登记单元的。由于瑞典将与土地相连的房屋作为土地的一部分进行管理,因此,平层的房屋不能单独作为不动产单元登记,多层和高层的楼房虽然作为三维不动产单元进行登记,但多层和高层中二层以上的房屋所有人对楼房所占土地并不享有所有权,住宅小区共用土地、停车场位地是按照地役权进行管理的。铁路用地属于不动产单元,铁路所有人对土地享有所有权,除铁路用地属于不动产单元管理外,其余的如公路、电力电信工程、供水供气管网等大型线性工程用地均纳入地役权管理。瑞典对土地所有权的限制主要有3种:(1)修建建筑要受规划限制。(2)地下矿产资源不属于地主所有。瑞典矿产法案规定,矿产公司勘查矿产资源不需要地主同意,探明矿产储量后应告知地主,经行政许可后,矿产资源归开采者所有,但开采矿产需买地或按年对地主支付补偿,开采矿产的信息需在土地登记簿中记载。(3)根据紧急公众利益,政府可以征收土地,但需按现有土地用途以市场价格给予赔偿。

在瑞典,对土地所有权的补偿主要有一种,即所有人不能按预期使用土地的,政府要给予补偿。此外,土地买卖没有国籍限制,外国人享有国民待遇。

(二)租赁权(leasehold)

租赁权为两种,一种是普通意义上的租赁,指所有人将土地或房屋在一定年期内让与承租人,并收取租金的形式。土地租赁又含农用地租赁、住宅用地租赁、商业用地租赁以及其他用地租赁。房屋租赁是指房屋所有权人有权通过签订租赁协议的形式将房屋或房屋的部分空间的使用权授予他人并收取一定报酬的形式。

租赁权的第二种形式是政府土地租赁权(site leasehold),是国家或市政府以所有者的身份将其所有的土地在一定年期内租给个人、协会等土地使用者,并按年收取租金的权利。政府土地租赁权的设立是有特殊历史原因的。20世纪五六十年代,瑞典住宅、工业地价高,影响了人们居住需求和工业发展,为了推动住宅和工业建设,瑞典中央政府、地方市政府将其所有的土地出租给个人、协会等,由承租人用于修建住宅或工业厂房,承租人按年交付租金。这项政策在一定程度上解决了人们的居住问题,并推动了工业的发展。公有土地租赁权只能用于大面积的住宅或工业,年期不超过50年,在城市地区一般不超过25年,每10年对其应交的年费进行重新评估和确定。公有土地租赁权权能比较完整,可以登记为产权,可以在其上设定抵押和地役权等,但不能自行取消承租权。法律鼓励期满续租。土地承租人拥有所修建筑物的所有权,建筑物转让时,土地租赁权一并转让。土地所有人不能提前终止租赁合同,如果到期不愿续租的,要以市场价格购买地上建筑物。在土地登记簿中记载,政府土地租赁权也可以抵押。

近年来,公有土地租赁权已有部分到期,经济形势也比当时有所好转,瑞典政府考虑到土地租赁行政管理成本高,政府采取了以合适的价格优先卖给原承租人转为完全个人所有的政策。目前,已经有超过50%的土地租赁改租为卖,租金抵卖价。现在,瑞典很少新设立政府土地租赁权了。

(三)地役权(easement)

地役权是指为增加不动产的利用价值或是为了某种特殊原因使用他人不动产单元的土地或其上建筑物或设施的权利。如在一个有楼房的不动产单元内,所有者售出了其中的某一层或某套房屋,但没有同时售出通行至该房屋的道路所占土地的所有权,则必须在该地上设立地役权,以达到正常使用不动产单元的目的。地役权的目的仅为增加需役不动产单元的效益,供役不动产所有人有维护其道路、楼梯等供地部分正常使用的义务。

在瑞典,地役权可用地籍调查或双方协议的方式设立,1940年以后要求地役权协议必须是书面协议。地役权的取得可以是有偿的,也可以是无偿的,以双方签订的协议为准。[①]地役权的特例是公共设施地役权(utility easement),一般是国家为公共利益修建道路、高压电线、排水管网等时由地籍调查员按照设立不动产单元的方式直接设立地役权,而不是所有权,由地籍部门直接登记至所通过的不动产单元,无须供役地产权所有人申请。值得说明的是,在瑞典,铁路单独划为不动产单元,设定的是所有权而非地役权,这是由于铁路建成后相对封闭,所通行地块的所有权人不能使用铁路,而公路建成后相对开放,所通行地块的所有人可以使用的缘故。设定公共设施地役权,应对供役产权单元的所有人进行补偿,供役地所有人不同意设定公共设施地役权的,可以通过强制征用的形式取得,供役地所有权人有权依照一定的法律程序提出上诉。在瑞典,对土地所有人的保护要强于对地役权人的保护。另外,在瑞典,教堂的土地属于教会所有,公民终生支付教堂税,死后免费在教堂墓地入葬,教堂墓地不作为地役权管理。

(四)土地抵押权

土地抵押权是指债务人或第三人不转移土地的占有,将该土地作为债权的担保,债务人未履行债务时,债权人依法就该土地优先受偿的权利。在瑞典,土地所有权、政府土地租赁权可以抵押,地役权不能抵押。抵押主要用于贷款,首次贷款额不得超过土地购买价格的,因此,一宗土地可以多次抵押贷款。

三、土地管理机构[②]

瑞典中央政府实行大部制,内阁部数量较少,内阁部管理业务范围更广泛,部分内阁部根据业务范围设置多个部长。因此,总体来看瑞典自然资源管理机构职能较为综合,涉及自然要素较多,主要管理部门是企业与创新部、环境与能源部。这两部都是大部,人员和下属政府机构众多,参与瑞典自然资源管理的政府机构和组织大多隶属于这两个内阁部,见表5-1。

---

① 蔡青.瑞典的土地权利设置[J].中国地产市场,2012(12):88-89.
② 马朋林,刘伯恩.瑞典自然资源管理概述[J].国土资源情报,2019(2):14-20.

表 5-1 瑞典的自然资源管理机构

事务	政府机构	所属内阁部
规划	国家住房、建筑和规划委员会	企业与创新部
不动产登记	测绘、地籍和土地登记管理局	企业与创新部
土地	国家住房、建筑和规划委员会 瑞典农业委员会 土地和环境法庭	企业与创新部 环境与能源部
矿产资源	瑞典地质调查局 瑞典采矿监察局	企业与创新部
水	国家住房、建筑和规划委员会 瑞典地质调查局	企业与创新部
森林	瑞典森林局 Sveaskog 国有森林管理公司	企业与创新部
海洋	瑞典农业委员会 瑞典地质调查局 瑞典海洋和水资源管理署	环境与能源部
环境与气候	瑞典环境保护局(非政府机构) 瑞典岩土工程研究所 土地和环境法庭	环境与能源部

　　瑞典土地登记工作由国家制图、地籍和土地登记管理局负责领导,对土地和不动产信息进行统一管理。该管理局以及下属机构对全国的土地及附属不动产信息进行采集、登记、加工和集成,包括基础空间数据、宗地估价信息、土地和房产交易信息、土地和房产权属现状和环境信息。瑞典中央政府参与土地市场管理的是土地银行。土地银行的功能,一是将具有潜在市场价值的土地通过竞拍等市场方式收归国有,经过一系列的整理,增加土地价值;二是对瑞典土地市场进行国家干预,打破市场垄断,维护土地市场平稳,保障国民的用地需求,实现土地市场和经济社会平稳发展的目的。

第二节 不动产登记制度

　　瑞典法律规定,土地为不动产。经过几百年的发展,瑞典土地管理制度也在不断完善。1932 年瑞典对国家土地管理制度进行了改革,建立了土地权利登记制度,成为现代登记制度的雏形。瑞典的土地登记制度堪称世界领先,波罗的海国家包括俄罗斯等都受到瑞典土地登记体系的影响。

一、不动产登记制度的历史演变

　　瑞典是欧洲较早形成比较完善的土地管理制度的国家,也是欧洲土地管理制度延续比较完整的国家。早在 12 世纪,瑞典就已经有了土地(或不动产)管理的成文地方法规。13 世纪中叶,瑞典制定了相关法律,对不动产交易、登记、权利、税收等方面进行了论述。但是,直到 18 世纪末,瑞典的土地市场发育仍十分缓慢,土地法律主要是为了保证贵族的土地占有权和国家税收的稳定性。这一时期,土地交易是以土地契约的签署为最终依据,即签署了交易契约,由法庭确认并登记就可以成交。瑞典在 1932 年对土地管理制度进行了改革,进一步确立了瑞典的土地权利登记制度,形成了瑞典现代权利登记制度的雏形。

在 20 世纪 70 年代以前,瑞典实行传统的地籍管理,土地基础资料都是以手工制作、手工填写方式完成的。按照 1972 年的《瑞典土地管理法》,瑞典的土地登记由区法院下属的专门的土地登记管理部门土地登记局负责,每个土地登记局负责的土地登记区域范围与瑞典的司法管辖区域基本吻合。土地使用者按照法定的程序到当地专门的土地登记管理机构登记,在土地登记簿上对宗地的各项权利、地理位置及权利的变更情况、土地评估价值进行登记。登记包括申请、公示、确认登记等过程。由于瑞典已经形成了比较成熟的土地市场,因此土地登记确权需要银行、保险等相关部门的确认信息。

20 世纪 70 年代以后,随着信息技术的进一步发展和经济社会发展对不动产管理要求的提高,瑞典对土地登记管理进行了改革。最初,土地登记由地方法院登记,地籍事项是在地籍部门登记,为了整合登记,法院提出将土地登记的职能交与地籍部门,历经几年的调整,从 2008 年起,瑞典统一由地籍部门进行不动产登记,并负责登记信息平台的统一建设与维护管理。瑞典的地籍管理逐渐实现了从传统地籍管理向多用途地籍管理的转变,通过多部门数据共享,由土地管理部门提供集成多种基础地理空间和地籍空间基础信息的数据,实现了归口管理、平台共享的运行体制。多用途地籍是税收地籍和产权地籍的进一步发展,不仅为课税、产权登记服务,而且为各项土地利用和保护服务。

目前,瑞典已经建立了基础土地数据与税收、银行、社会保险等多部门数据共享的多用途地籍信息系统。

二、不动产登记的法律基础[①]

(一)层次分明、严谨完备的法律体系

依法管理是瑞典不动产登记制度的重要特点之一,不动产登记的任务、内容、程序等方方面面都有相关的法律法规规定并调节,并且层次分明,各有侧重又互相协调。主要的法律法规有:

(1)由国会颁布的法律。包括《宪法》(Constitution)、《土地法》(Land Code)、《环境法》(Environmental Code)、《不动产形成法》(Real Property Formation Act)、《确权和合法化法案》(Adjudication and Legislation Act)、《公共设施地役权法》(Utility Easements Act)、《不动产登记法》(Real Property Register Act)、《强制征收征用法》(Expropriation Act),以及有关水资源保护、房屋租赁等其他共 20 多部法律,其中最主要的是《土地法》和《不动产形成法》。《土地法》两篇共 21 章,上篇对土地的各种权利、取得方式、限制分别加以详细阐述,下篇专门针对不动产产权登记机关、登记的效力、基本流程等做了明确要求,并在《不动产登记

---

① 黄志凌,姜栋,严金明.瑞典不动产登记法律制度研究与借鉴[J].中国土地科学,2013(2):73-79.

条例》中继续细化;《不动产形成法》主要是针对地籍测量部门,该法从如何确定和划分不动产单元进行了详细规定,是地籍工作的最重要的法律。

(2)由中央政府颁布的实施条例。包括《不动产登记条例》(Real Property Register Ordinance)、《土地登记条例》(Land Register Ordinance)、《抵押证书登记条例》(Mortgage Certificates Register Ordinance)等20多部。由于瑞典不动产单元的设定由地籍局负责,因而不涉及客体即不动产单元边界变更、只涉及所有人变更或有关抵押登记的,均由土地登记办公室直接登记;地籍局和登记办公室是瑞典地籍制图测绘和登记局下设的两个部门,因此有《不动产登记条例》和《土地登记条例》两部不同的法律。《不动产登记条例》对不动产单元的设定,宗地代码的编制,产权单元的分割、合并、边界重置、共有产权分割等几个方面进行了详细的规定。此外,还有《公寓登记条例》《不动产代理人条例》等。

(3)由权力机构颁布的规章或技术标准。如不动产登记收费的细则由负责登记的瑞典地籍制图测绘和登记局制定并颁布。

(4)土地管理其他相关制度及标准:约束产权管理的另一个重要制度是土地利用规划制度,不动产单元的设定、分割,建筑物的开发建设及修缮、拆除等都要严格遵守土地利用详细规划(detail planning),土地利用详细规划具有法律效力,由市政府规划部门制订。此外,作为欧盟成员国之一,瑞典的法律法规还要受欧盟的一些技术导则的影响,特别是技术标准和信息化建设方面基本都要遵守欧盟的技术标准。

在法律的制定和修改方面,作为实行议会制和多党制的国家,历届政府都会有不同的施政方针,但对于法律的制定和修改都要经过严格而漫长的程序,往往要经过几年的时间,有时上届政府提出议案,要等到下届政府通过后才能颁布实施。法律的制定或修改,一般要经过部委提出动议、相关部委合议、政府各部门联席会、广泛征求社会意见、提交内阁审议、内阁审核通过并颁布实施6个步骤。

(二)以不动产单元为基础的权利体系

瑞典不动产登记的特色之一就是以不动产单元为管理的对象,《土地法》第1条规定:不动产就是土地,由不动产单元组成。不动产单元可以由一块或多块土地组成,包含其上的建筑物、附着物、植物、水域等。为了实现本宗不动产单元的功能,可以将该不动产单元以外的建筑物或其他设施(如楼梯等)包含在内,并在其所坐落的不动产单元上设立地役权。随着人们对土地立体空间利用的发展,三维不动产单元的概念也被引入,经修订后的《土地法》第1条规定,不动产单元可以是三维立体的,在水平和垂直方向上分别界定,可分为三维不动产单元和三维不动产空间两类。

以不动产单元为对象的不动产管理,一方面基于对土地所有权的权利外延的法律理念,即土地所有者对其所拥有的土地上至天穹、下至地心的所有权;另一方面,也是基于人们对土地利用的客观事实,实际上并不是二维平面的利用,而是三维立体的。不动产单元的设定,必须符合其用途,如用于住宅,必须达到通水、通路、通电等"三通";如用于林业或农业,必须要保持一定的面积,不允许分割等。不符合设定不动产单元的地块及附着物,不能设定为不动产单元,就其本身不具有产权,必须与整个不动产单元一起设定所有权或其他产权。目前,瑞典全国的土地基本完成了不动产单元的划分与设定,不存在没有组成不动产单元的土地、房屋、林木等,不动产单元总数约为380万宗。

三、不动产统一登记体制

(一)权利登记与契约登记相结合的登记制度

瑞典登记制度最早起源于德国的权利登记制度,时至今日,瑞典仍认为其登记制度属于权利登记制度,但事实上,经过300多年来受欧洲大陆通行的权利登记制和契约登记的共同影响,其登记制度也吸取了两种制度之特长,具有自己本身的特点,表现在:(1)采用意思主义立法。权利登记制采取形式主义立法,不动产权变动必须经过登记,而瑞典在此方面采取了意思主义立法,即不动产权利变动当事人双方只要意思表示一致,订立了契约,就发生不动产权利变动的法律后果,以契约为生效要件。不动产产权登记只是对抗第三人的要件,即未经登记的不动产权利不得对抗第三人。(2)形式审查与实质审查相结合。从表面上看,登记办公室不对所提交的申请进行实质审查,仅对申请人提交的资料进行审查,但实际上,由于信息系统的共享,对于所提交申请的产权单元的产权情况、产权人信息、抵押信息等都可以在登记时通过信息进行验证,不能通过验证的将不予登记,故其本质为形式审查与实质审查相结合的形式。(3)强制性登记。一切不动产权利的发生和变更均必须登记,规定自应登记之日起3个月内不登记的将予以罚款,对于不登记的原产权人将继续对其征收相关税费,以此来督促原产权人尽快申请登记。(4)不颁发权利凭证。登记机关只在登记簿上登记,不向不动产权利人颁发土地权利凭证。不动产权利人可以在信息系统上通过唯一的账户名和密码查询本人的不动产信息,也可以在登记局查询并打印出自己所登记的产权信息。

(二)统一机构承担,相关机构共建共享的登记信息系统

为保护私有财产的合法权益,法律规定产权登记管理统一归到瑞典地籍制图测绘和登记局,开展有关不动产单元的设定、登记,信息系统的建设维护,信息公开查询和社会化服务等工作。法律赋予地籍调查员对不动产单元的设定、划分的决定权,对产权归属的裁定权。通常情况下,一名地籍调查员就可以完成不动产单元调查、测量、确权及地籍信息入库的工作。在完成地籍程序后,如果是公共设施地役权,由地籍调查员直接在不动产登记簿上登记,如果是其他产权,由地籍调查员代申请人提出申请,转入到登记办公室完成登记程序。瑞典地籍制图测绘和登记局在全国下设7个登记办公室和75个地籍分局,地籍分局负责有关产权的设定、地籍调查、测量、确权及地籍信息入库等,并有权对公共设施地役权进行直接登记。此外,38个较大的市政府也设立了地籍分局,负责其辖区范围内的地籍管理工作,这38个市地籍分局隶属于市政府,但其使用瑞典地籍制图测绘和登记局统一管理维护的信息系统、统一的技术标准,并接受瑞典地籍制图测绘和登记局的技术培训。在这38个市辖区范围外的地籍管理工作,由瑞典地籍制图测绘和登记局的75个分局负责。在登记分工上,登记办公室负责不动产单元客体不发生变更、权利主体发生变更的登记;地籍局负责不动产单元客体发生变更(如分割、边界重置、共有产权分割、合并等)及公共设施地役权的登记;银行负责抵押登记;税务部门负责税项登记并登记有关公民的身份证号和婚姻状况等信息;市政府负责地址和建筑物部分。这5个部分共同构成了不动产登记簿的组成部分,各自分工,互不干涉,但又可依据协议,共享信息。

(三)多部法律法规耦合作用于不动产产权管理

一方面,仅靠一部法律是不能够实现对不动产产权的全方面管理的,人们对土地的利用不仅涉及个人、社会、生态的利益,也涉及当代及后代的利益,任何一部法律都不能全面地管束产权管理,因此,在上述地籍管理相关的法律法规的基础上,其他如土地规划、环境、知识产权保护等方面的法律也共同组成了产权管理的法律体系。如地籍调查员在决定能否设立不动产单元时,必须要参考土地规划,对于不符合其规划用途的不动产不能使其成为不动产单元。对于产权登记,如果卖方不主动申请登记,将一直对他征收财产税,以督促其尽快登记。各项规章制度既有所侧重,又相互联系,在对产权管理有所影响的同时,又反作用于不动产管理的方方面面。另一方面,全部的产权管理都在统一的信息系统中进行,统一标准,并达到了信息的高度共享。登记部门可以通过税务部门的信息确认登记申请人的身份证号、了解婚姻状况,通过地籍局的信息确认不动产单元的情况,银行可以查询不动产单元的信息等,如此一来,充分保证了不动产登记管理的合法性和有效性,保障了权利人的合法利益,并可达到节省行政资源、服务公众的目的。

四、登记机构[①]

瑞典的不动产登记工作目前由瑞典制图、地籍和土地登记局负责,该局隶属于瑞典健康与社会事务部,总部设在耶夫勒市,总体任务是为瑞典的不动产、土地和水资源的高效和可持续利用做出贡献,核心业务是地籍调查、土地登记和数据信息管理运营,在全国设立了75个地籍管理办公室、7个土地登记办公室。

瑞典最早的不动产登记工作与调查测绘制图是分开的,不动产登记是地方法院的职责,2001年之前隶属于法院89个办公室,2001—2007年逐渐精简为7个独立的管理部门,直到2008年,不动产登记才整体移交给土地部门,也就是瑞典制图、地籍和土地登记局。不动产登记是其核心业务之一,主要是处理不动产所有权、抵押权和其他权利登记事项,并将登记结果录入不动产登记系统。

在瑞典,不动产自然信息和不动产权属登记是分开的,不动产的基本物理、自然信息是通过地籍程序获取的,并由地籍调查员直接录入系统;不动产权利的设定、转移等是通过登记程序完成的,但是,公共地役权和公共设施的设定也是直接通过地籍程序设立登记的。

7个不动产登记办公室的设立与分布主要跟政治、经济、就业、人口相关,最主要的是跟原法院设立的机构所在地域相关,受人口分布和业务量影响,办公室的规模也不一样。

瑞典从事登记工作的共有200多人,其中,有160名登记官、8名登记办公室主任、16名高级顾问、18名法律顾问、8名团队主管、6名功能单元主任。7个登记办公室主任每周有1个小时的视频会,交流讨论工作,在春季和秋季还会有3次见面会,法律顾问和高级顾问都用视频会议的方式交流。在登记办公室的组成中,每个角色都有不同的职责分工,分别需要不同的工作能力。

五、登记内容[②]

按照瑞典《土地法》的规定,不动产主要指土地及土地的附着物,具体包括土地、土地上

① 贾文珏.瑞典地籍管理对我国不动产统一登记的启示[J].国土资源情报,2014(6):11-16.
② 贾文珏.瑞典地籍管理对我国不动产统一登记的启示[J].国土资源情报,2014(6):11-16.

的永久性建筑物、水域、公用设施、篱笆、植被和其他设施等,不动产的范围可以在水平和垂直方向界定,被划分为一个个独立的三维立体的不动产单元。不动产单元是瑞典不动产登记工作的最小工作单位。瑞典不动产登记内容由法律规定。根据《不动产登记法》《不动产登记条例》《土地登记条例》,不动产登记的内容主要包括:

(1)一般性内容:登记案件编号、不动产单元或共有不动产单元代码、中心点坐标、面积(包括土地面积和水域面积)、相关规划信息和共用设施信息、地籍索引图等。

(2)土地登记内容:①所有权,包括权利人名称、社保号、权利份额、权利获取方式(赠予、继承或转让)、购买总价和日期、权利设定日期、数字档案号;②租赁权(如果有),包括出租人名称、承租人名称、权利设定日期、数字档案号;③抵押权(如果有),包括抵押顺序号、贷款金额、抵押日期、数字档案号;④地役权(如果有),包括权利人名称、地役权设定日期、地役权案件编号。

(3)地址内容:为不动产单元坐落地址。

(4)建筑物内容:包括建筑物代码、入口和参考文件等。

(5)税收评估价值内容:包括建筑物评估价值和土地评估价值,其总和为不动产评估总价值。

(6)历史信息:包括历次地籍调查的类型(如分割、合并等)、日期和数字档案号。通过数字档案号链接到数字档案管理系统,显示相关历史信息(包括历史地籍图和文本资料)。

瑞典不动产登记的基本单位是不动产单位,一个不动产单元是不动产权利设定和登记的基本单位,每一个不动产单元都被赋予一个唯一的编号。瑞典不动产登记的登记簿册全部是电子的,通过全国不动产统一登记系统,将不动产登记内容载入全国统一的地籍数据库。瑞典不动产登记信息全部存储在地籍数据库中,该数据库中的数据是具有法律效力的权威数据。

瑞典采用不动产统一登记体制。所谓不动产登记就是国家专门机关对不动产的各项权利实行登记的制度。瑞典对不动产实行强制性登记。一切不动产权利的发生和变更均必须登记,规定自应登记之日起3个月内不登记的将予以罚款。对于不登记的原产权人将继续对其征收相关税费,以此来督促原产权人尽快申请登记。瑞典不动产登记不颁发权利凭证。登记机关只在登记簿上登记,不向不动产权利人颁发土地权利凭证。不动产权利人可以在信息系统上通过唯一的账户名和密码查询本人的不动产信息,也可以在登记局查询并打印出自己所登记的产权信息。

在瑞典,土地登记的宗地单元就是不动产税收单元。为保证土地的规模效益,限制人类活动对土地资源的破坏,尤其是限制在土地流转过程中不动产单元过于破碎带来的种种不利影响,瑞典对土地登记单元的变更进行了比较严格的限制。瑞典土地登记单元(宗地)的权属变更程序与我国的宗地权属变更程序并无本质的差异,但是,除了在商务用地、住宅用地、工业建设用地(这三者相当于我国的建设用地)外,各种农业用地、林业用地、草地、内陆水面等权属的变化一般不带来宗地空间单元的变更。也就是说,根据瑞典历史上形成的土地登记编码,每一宗地的所有权及其他权利的变化是以完整的宗地为单元的,土地交易一般不允许将宗地分成数份交易。同一宗地可能由多个共有者共同享有法定权利。

在瑞典,不动产是指在地球表面占有一定三维空间的区域及其相应的法律规定的权利。公寓住宅虽然是一种不动产,但是在法律上不具备完整的不动产权利,不是一个不动产税收单元。也就是说,不动产是以大地为基准确认的,在空间上重叠的不同单元不构成相互区别的、完整的不动产单元。例如,如果法律上确认一个完整的公寓楼脚下的大地面积及其上、下部空间构成一个宗地,无论这个楼内有多少不同的用户,他们只在形式和法律上拥有他本人那个公寓的空间部分,这是他的不动产。但是,从国家税收角度来讲,整个公寓楼内的所有用户或公寓楼的所有者构成了一个完整的不动产税收单元。

六、信息平台[①]

瑞典的不动产登记起始于16世纪初,长期以来土地登记过程中形成的各种记录、登记簿、地图等资料分散在瑞典不同的部门。国家地籍管理信息系统于20世纪60年代开始启动建设,1995年建成,实现了不动产管理业务流程的信息化。建立国家统一地籍管理系统的最初目的是为了使地籍调查和土地登记工作更加高效。目前,目标已经转向为立法、经济、财政等提供更为丰富的不动产信息。2003年,瑞典启动了数字化地籍档案系统建设工程,完成了750万个文件的扫描工作,扫描总数据量达197TB,实现了全部历史档案资料的数字化。从2011年开始,瑞典已经实现了全国地籍和土地登记程序的全数字化流程,并承担了瑞典空间数据基础设施建设的任务和协调员的角色。经过40多年的建设和不断完善,逐步形成了全国统一的地籍管理信息化总体架构,其内容包括了数据、系统、服务、存储、战略等方面。目前瑞典信息化工作已经非常完善和成熟,基础地理和地籍管理相关数据和信息系统已广泛应用于地籍管理、土地登记、政府部门间协作、社会服务以及欧洲空间基础设施。

瑞典已经完成了覆盖全国的1:1万基础地理数据库的建库工作。地籍数据则以1:1000为主进行建库。由于瑞典是一个南北长、东西狭窄的国家,人口和耕地集中分布在南部和东部相对平坦的地区,这些地区已经完成了全覆盖的1:1000地籍数据库建设;西部和北部广大地区人烟稀少,且多为森林覆盖,大比例尺的地籍基础数据建库只集中在少数人口相对集中的地点。

除了提供基础地理和大比例尺地籍基础数据库外,数据库也提供部分高精度的卫星遥感和航空遥感数据,为使用者提供直观的地理和宗地基础环境信息。在遥感基础数据库中,以5米、10米分辨率的卫星遥感数据为主,集成了少数亚米级航空遥感数据(主要是人口密集的大城市和少数具有特殊利用价值的地区)。

在瑞典的多用途地籍中,土地测绘部门只负责提供相关的基础地理数据和地籍测绘数据,土地登记局负责土地登记信息,法人和自然人是应用系统的末端应用群。数据通过互联网络实现共享,应用者根据自己的需要,建立与土地和地籍基础信息的空间链接。特别是,为保护资产拥有者个人权利的需要和不同使用者的特殊要求,数据用户可根据自己的需要建立数据库,通过数据库中的公用字节(一般是宗地编码)与空间数据库实现互联。

现在,瑞典所有的数据实行统一管理,宗地的空间数据变更由中央及其地方分支机构完成测绘后,通过互联网在中央数据库进行增量更新,保证数据库总处于现势状态。除基础空间数据库以外,还提供宗地的基础估价信息、各地土地和房产交易信息(反映市场价值的大致趋势)、土地和房产权属现状和自然环境基础信息(见图5-2)。

---

① 贾文珏.瑞典地籍管理对我国不动产统一登记的启示[J].国土资源情报,2014(6):11-16.

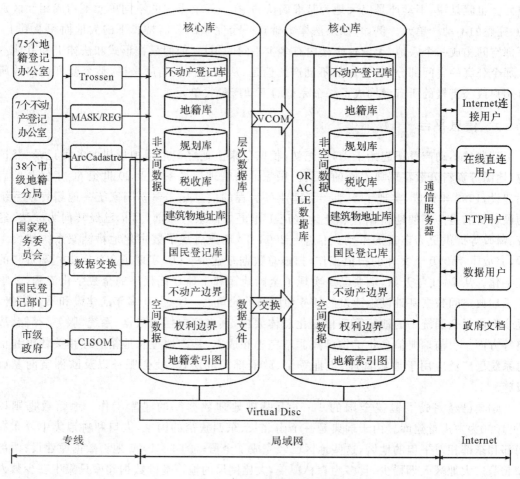

图 5-2 瑞典不动产登记管理信息化总体架构

瑞典采用中央集中管理的数据管理模式,各郡、县可通过互联网络直接调用中央数据库中的数据。同时,不少地区(主要是各郡级管辖区)出于自身管理的需要,也建立了自己的数据库,对本司法管辖区内的土地和地籍基础信息进行管理。在数据的更新周期方面,由于基础地理信息(地形、地貌等)变化相对较小,变化的主要是地表覆被信息和土地权属信息。在地表覆被变化方面,瑞典多采用 5 米分辨率的遥感影像解译方法,每 5 年一个周期对全部国土的地表覆盖信息进行更新(北部人烟稀少的地区时间略长)。地籍基础空间信息的变化,原始数据的采集,主要由各相应机构完成外业,将数据传送到相关的数据中心后,由数据库管理人员完成相应的内业工作,一般可做到与变化同步。

整体来看,瑞典国家地籍管理信息系统具有如下特点。(1)系统具有官方性。瑞典国家地籍管理信息系统包含不动产调查、土地登记、地址、建筑物和不动产税收等国家权威信息,全国只有一份,由瑞典制图、地籍和登记管理局负责管理、维护,所有与土地市场相关的活动都依赖于国家地籍管理系统中的数据,系统的官方性意味着如果系统中的数据出现错误国家将负责赔偿。(2)全国全覆盖。瑞典政府认为每一个瑞典公民都应该可以进行方便快捷的土地交易,因此做出建立全国统一地籍管理系统的决定。系统全国部署,数据覆盖全国。(3)信息内容的统一性。瑞典国家地籍管理信息系统中包含的数据内容是全国统一的,数据内容有法律保证,不因区域不同而不同。(4)法律全面支持。瑞典有完善的法律支持,包括《土地法》《不动产登记法》《新闻自由法》《个人数据法》等,是国家统一地籍管理信息系统建设的法律依据。(5)使用的广泛性。系统中的信息在法律框架内被银行、税务局、市政府、军队等广泛使用。一般采用付费使用方式。付费服务的收入支撑了瑞典国家地籍管理信息系统的日常运行与维护。(6)与不动产信息的关联性。系统中还包括与不动产信息相关的身份证、税收等信息的关联。(7)系统信息必须有价值。在瑞典统一地籍管理系统建设之初,就明确了只保存有用信息的原则。确定信息有用的标准一是各个部门经常咨询,二是遵循"黄金法则",即如果你无法知道信息的更新,就不要将信息放入系统。(8)与其他主要系统的互通集成。瑞典国家地籍管理信息系统中不仅地籍调查、土地登记等各类业务子系统间进行了关联集成,与规划系统、税务系统、建筑物与地址系统等也都进行了集成,并通过数据交换系统与国民登记系统、环境保护系统等进行数据交换。

第三节　土地金融制度:瑞典土地银行

瑞典土地银行制度于 20 世纪初设立,是保障土地交易,维护土地市场稳定,确保瑞典经济社会稳定发展的制度。土地银行制度的设立,有效地解决了城市发展中遇到的各类问题,例如住房短缺、市政与交通设施需求、公益用地紧张等问题。土地银行制度是私有制下政府有效调控城市土地供需,实施公益建设的有效措施。瑞典土地主要以地方政府为主,一般由地方政府公益性的专门土地机构执行土地银行职能,代表政府实施土地投资,对收购土地开展评估,实施土地整治,再进行出让或出租,获取土地增值收益。

一、概述

在 20 世纪初,瑞典有 1/3 的人口移民美国,瑞典政府为抑止大规模的移民潮,决定建立土地银行以便为民众提供大量的以及合理价位的土地和房屋,从而实施土地储备。土地银行的运行过程包括:土地的征购集中、土地的储备和土地的出让 3 个环节构成。瑞典虽然从未出现过因城市人口迅速增长而导致的住房问题,但在瑞典乃至北欧的社会公共福利制度中,为所有人营造优良的居住环境并提供合适的住宅是其重要内容。与国内土地储备制度相类似的国外土地管理制度大致有 3 种:土地征用制度、土地先买权制度和土地银行制度。瑞典的土地银行是中央银行直接参与土地市场管理的机构,是由政府公共机构在土地尚未开发利用前获取并持有其权利,用以未来开发实现公共利益的机构。其特点主要是:通过土地银行将具有升值潜力的土地收归国有,在土地整理后用于社会公共设施建设。土地银行也是政府干预土地市场、打破寡头垄断的重要手段,国家在市场土地价格过高时通过土地银行抛售存量土地,在土地价格过低时回收部分土地等措施,达到稳定土地市场和保证国民经济平稳发展的目的。[①] 政府基于推行社会福利政策以解决城市人口的急剧增加而导致土地与住宅供需矛盾,以及为控制地价而将城市周边的农地和庄园土地纳入储备范围用于未来

---

① 雷爱先,毛振强.近观瑞典土地管理[J].河南国土资源,2005(2):38-39.

城市扩张的需要。在瑞典土地银行制度推行过程中,首都斯德哥尔摩最具代表性。瑞典政府 20 世纪初在斯德哥尔摩市周边储备的土地范围是其中心城区面积的两倍,其中大多数是几十年前仅以农地或相当于农地的价格购得的,这使得斯德哥尔摩市在未来几十年的大规模城市建设过程中大量地使用储备的公共土地;而中心城区内部闲置土地大多数被收购储备用于市政公共设施建设和环境建设。这种方式使得斯德哥尔摩市能以更有秩序、更有效率的方式快速发展,并实现了以合理价位为居民提供大量住宅的目标。

由于国家和社会所有制与土地使用制度的差异,瑞典的土地银行与我国的土地储备在本质上有着许多区别,瑞典的土地银行一般是采取竞争性收购而非强制性购买的投资行为;而国内的土地储备是特定的政府行为,是政府基于社会公共利益目的所从事的土地管理特有权利,只有政府及其授权机构才能依法从事征用、收回、收购或者围垦土地,先通过实施征地补偿安置、房屋拆迁补偿安置或者必要的基础性建设等予以存储,再按照土地供应计划交付供地的行为。

二、操作流程[①]

(一)土地征购

关于土地征购方式,通常是由市政府领导的一个专门的机构负责寻找土地,物色那些在未来有发展潜力的土地调集资金并支付土地费用。至于土地费用的支付,瑞典的斯德哥尔摩市政府对于希望征购的土地,一般是先通知土地所有者并给出一个比较公平合理的价格,如果土地所有者不接受这个价格,那么由房地产法院来确定该土地的价值。由于瑞典市政府拥有土地的优先购买权,所以当土地银行需要土地时土地所有者除了将土地出售给政府别无选择。

筹集购地资金是征购土地的关键所在。斯德哥尔摩市政府是通过如下融资渠道来支付土地的征购费用的:一是拿出政府税收的一部分;二是政府贷款,主要来自国家养老保险基金;三是银行贷款;四是经瑞典国家银行发行的公债。此外还利用土地银行中租出和售出的土地收入来征购部分新的土地。

(二)土地储备

第二个环节是土地的储备阶段。政府从土地所有者手中购得土地后,并不立即出让而是储备一段时间。一方面,为了让储备的土地升值,如斯德哥尔摩市的土地价格与生活消费价格指数走向一致;另一方面转让出去的土地只是土地银行中小部分已进行了前期开发的土地,大部分还未详细规划好的土地需要储备起来,以备未来之需。而且其中开发条件还不成熟的农地也需要继续投入使用。通常政府购入的土地与出让的土地在量上保持一定的比率。对于那些已规划好准备投入市场的土地,政府一般是先搞好前期开发如平整土地、修路、铺人行道、建设好供水、排污等公共市政设施,甚至包括公园和绿地,然后再将这些土地出租或出售。

从 1904 年开始至今,斯德哥尔摩市土地储备制度的发展可以分为 3 个时期(具体过程见表 5-2):(1)1904 年至 1939 年,为初创与成型时期;(2)20 世纪 40 年代至 1967 年间,为高速发展时期。城市土地储备制度的各项改革到 1967 年达到巅峰;(3)1968 年以后,为稳定和

---

① 蒋光辉.瑞典、荷兰土地银行简介[J].中国建设信息,2001(5):32-33.

调整时期。由于法令和政治权力的转变,土地储备工作的方式和进度也逐渐受到影响。

表 5-2 瑞典斯德哥尔摩土地储备制度的发展

时期	管理主体	资金保障	配套制度、法规
初创与成型期 (1904—1939 年)	市议会财政委员会 (1904—1908 年) 议会农业财产委员会 (1904—1918 年) 不动产委员会 (1919—1955 年)	政府设立支持土地储备运作的封闭基金	颁布资产所得税法案(1928 年)
高速发展期 (1940—1967 年)	政府经营土地买卖的公司 (1956 年以后)	资金来源多元化,主要包括:税收、银行贷款、债券融资和政府贷款	1946 年颁布规定:政府的一切土地买卖需要 2/3 的施政会成员同意才能通过;1947 年颁布《建筑与规划法案》;1949 年开始,禁止农民将农地转让给非农民
稳定与调整期 (1968 年以后)			1968 年通过并实施《土地利用控制法案》,再次修订《征收权法案》

资料来源:浙江大学课题组.土地收购储备运作实施研究[G]//土地收购储备资料汇编,2002.

斯德哥尔摩市政府实施土地储备之初,其运行模式是:首先将城市或周边地区土地纳入市场,并购入有发展潜力的土地;当土地被整理成熟的时候,就将其并入城市范围,并根据土地的可开发性,在法律允许和城市规划限制的范围内将土地出售、出租或者直接用于开发。但是,由于城市和周边地区各自独立的行政管理体制,到后期,土地收购的难度越来越大。然而,不论何时,斯德哥尔摩市的土地储备始终涉及管理主体、资金保障和配套制度三方面问题。从土地储备制度实施开始,到 1967 年为止,斯德哥尔摩市共收购了土地 138000 英亩(约 558.47 平方千米),约占当时全市总面积的 1/3,收购土地总价值达 11000 万美元。而且储备的大量土地都是在郊区,这些储备的土地成为斯德哥尔摩市郊区卫星城镇建设的基础,推动了斯德哥尔摩的城市化进程。

瑞典的土地储备制度经过多年的发展,为广大的城市居民创造了高质量的居住环境,有效控制了土地价格的上涨速度,并且储备了足够平衡市场的土地,对土地市场的规范发展起到了有效的调节作用。可以说,瑞典的土地储备制度是相当成功的,为城市的发展、土地市场的健康运作和社会福利的提高起到了积极作用。[1]

(三)土地出让

最后一个环节是土地的出让,根据城市建设用地的需要,政府将那些经过一段时间的储备并已完成前期开发的熟地分期分批的推向市场。土地出让一般采取出售和出租两种方式。两种方式中,出租占了不小比重。一方面是因为政府希望土地升值后,最终能以较高的利润售出;另一方面,因房屋所有者不必在土地上做过多的投资即可获得土地使用权而深受

---

[1] 王家庭,张换兆.国外土地储备制度运行的成功经验及其启示[J].兰州商学院学报,2005(5):1-5.

消费者欢迎。土地出租的期限依用地性质的不同而不同。瑞典规定住宅用地的租赁期为60年,工业用地为50年,商业用地为26年。当租赁到期时政府有权收回或重新将土地出租。

经过储备后进入市场的土地,其出让价格并不取决于政府在该土地上所投入的实际费用(政府投入的实际费用包括购地费用、贷款利息和前期开发费用等)。而取决于该土地的使用性质。具体地说,工商业用地出让价格总是高于政府投入该土地的实际费用,而资助性住宅用地和公益性事业用地的租售价则低于市场价。

由于土地的征购、规划和开发需要多种技能,土地银行计划的实施一般由政府所属的专门机构或政府控投的土地发展公司来执行。如斯德哥尔摩市政厅的不动产委员会的主要职责即是负责物色合适的土地,确定征购土地的范围,与土地所有者协商地价,负责筹集和使用购地资金,监督管理等开发土地和平整、修路等前期开发过程,为较大的市政项目选择开发商以及规划落实城市住宅的分布与数量等。

三、法律保障[①]

为使土地银行计划顺利实施,瑞典的立法机构还相应制定颁布一系列法律来配合土地银行计划的进行。法律规定政府对土地拥有优先征用权,对于市政府希望征购的土地,土地所有者除了卖给政府,别无选择。这对于土地从分散的私人手中集中到政府手中起到了保障性的作用。又如斯德哥尔摩市的资本收益税对储备时间长的土地带有明显倾斜性。对土地征购后7年内售出的,其收益的100%需要课税,而储备期超过10年的土地交易则无须课税。

这影响了斯德哥尔摩市土地银行的土地储备期限。为保护农业和林业,斯德哥尔摩市政厅1907年通过的一项法案规定,对政府拥有的开发条件还不成熟的土地可以出租给农场主和森林主等等。一系列法规的出台,对保证土地银行计划的顺利实施起到了重要作用。

总之,土地银行是瑞典政府土地管理机构实施土地管理和开发利用的主要手段,有效解决了城市发展中遇到的诸如住房短缺、市政与交通设施改造、绿地与学校等公益性用地、新区开发与旧城更新等问题。根据政府对私人土地所有者从土地获益的政策的不同,瑞典土地银行是以实现公共福利政策为目的,实施土地投资收购、加工和整理、开发使用,私人土地所有者一般是服从于政府对土地公共利用的需要。瑞典政府获取土地的时机因土地储备的目标不同而有差异,往往是超前、无特定具体用途、未明确使用、有目的性地收购成片土地,用于保证取得的土地不受预期因素的影响而增加取得成本,政府的行动一般处于秘密状态下按照计划程序进行,得以行使征收权和优先购买权;或者配以相关土地规划法令和土地管理措施阻止土地投机行为,并有效地抑制地价上涨。瑞典政府在处置储备土地之前都进行土地整理工作,使土地具备足够的开发条件能满足受让人的开发目的,从而减少开发时间和成本的不确定性,多采用出租土地处置方式从而使政府获得土地增值部分收益。瑞典土地储备一般由地方政府来制定主导政策,由城市政府或区域性机构参与并通过影响地方政府而共同执行土地储备政策。具体的收储开发行为和募集资金活动一般都由专门成立的公营或者公私合营机构负责,主要通过政府补助、税收或贷款以及发行土地债券而取得资金来源。

---

① 蒋光辉.瑞典、荷兰土地银行简介[J].中国建设信息,2001(5):32-33.

第四节　土地税收制度

　　瑞典是西方高福利国家的典型代表,全民在享受完善的社会保障同时,也承担着堪称西方国家之冠的高税收。瑞典是较早把税收制度运用于稳定经济和社会政策方面的国家。税收政策是瑞典政府干预国民收入再分配的重要手段。瑞典实行中央和地方两级课税制度。现行主要税种有:公司所得税、个人所得税、增值税、遗产和赠予税、社会保障税、土地和财产税、净财富税和其他间接税等。

　　对土地、财产和房地产征税历来是政府的重要收入基础。如今房地产税通常被认为是一种稳定的、较少扭曲的税源。尽管各国对房地产征税的程度差别很大,但几乎所有发达国家都对房地产征税。以瑞典为代表的北欧国家房地产税占地方财政的比例很小,瑞典的国土面积和人口都比较小,地方政府承担了绝大多数的公共职能,因此仅占GDP总额3%左右的房地产税远不足以支撑政府的财政支出,所以不成为地方政府的主要收入来源。

一、房地产税的演进

　　瑞典的房地产税改革自1862年经历了7次改革。历史上,瑞典的房地产一直在地方和州两级征税。然而,由于数据的有限和1920年以后地方税制的具体建设,瑞典房地产税的重要性很难直接评估。房地产税最初的目的是为各市提供一个稳定的税基。然而,随着时间的推移,它在这方面的重要性已经减弱。20世纪20年代后,房地产税收长期处于一种混乱的状态,纳税人既要缴纳给中央部分的房地产相关税收,又要缴纳归属地方的房地产保障税。在20世纪80年代以前,作为所得税一部分的房地产税是以其估算收入或者实际收入为依据、针对房地产征收的一种所得税。

　　为了简化税收系统,在瑞典1990−1991年的税制改革之后,房地产只在国家一级征税,形成单一的国家房地产税,规定自用住房的纳税人只需要支付特定的国家房地产税。最初自用住房的税率是1.5%,公寓住房的税率是2.5%。然而,自用住房的税率在头两年暂时性地降到1.2%。值得注意的是,无论是什么类型的住房,税基都是整个房地产的评估价值,每个房地产的评估周期为6年。改革后,这项税也变动了几次。1996年,房地产税的对象有所扩大,包括商业楼宇和工业用地。当然,也有许多对象是享受税收减免的,包括新的建筑物,某些公共和政府的建筑物,教育和文化的建筑物,公共体育设施、国家公园、健康设施等用于福利和教育目的的建筑物和土地。[①]

　　2008年,瑞典逐步取消业主自用住房和公寓住房的国家房地产税。然而,地方一级又形成了一种有上限的"地方费",该费用每年都根据收入基数进行调整(该收入基数以平均名义收入的变化为基础)。最初,费用的上限是6000瑞典克朗/房子或1200瑞典克朗/公寓。虽然政府用"费"这个术语而不是"税",是为了强调这是一个新的制度,与早期不受欢迎的税制有着本质上的差异,但这种收费项目被称为"费"是值得怀疑的。此外,这种收费被称为

---

　　①　陈弦.中国不动产税制改革研究[D].沈阳:东北大学,2012.

"地方"费也是值得怀疑的,因为该税率(费率)是由国家确定的,独立于地方政府。国家还减少了对地方政府的补贴,减少的数额等于收取的"地方费"。在最初的实践中,这些税费变化暗示着这对拥有高价值房地产的纳税人来说是一种减税(因为费有上限),但是这对地方政府收入水平的提高并没有积极影响。

二、现行房地产税收制度①

瑞典的房地产税具有高税收、高福利的特征,并且从社会实际和国情出发建立了一套以高科技手段为支撑,运作简便,高效的税收运作体系。瑞典普遍使用针对房地产的估算收入征收房地产税,而不使用对房地产真实收入征税的传统体制,以避免税务机关难以评估可扣除成本和税收收入过低的问题。

(一)房地产税

房地产税是对除了单式家庭住房(包括独户或双户住宅)和公寓型住房等住房以外所有类型的房地产征收的一种税,例如,向商业楼宇、工业用地等征收房产税。房地产税的课税对象是符合规定的房地产,其收入归中央政府,因此也称为国家房地产税。除住宅类的房地产所有者外,其他类型的房地产所有者都有义务按照房地产应税价值向政府缴纳国家房地产税。

房地产税以专门机构评估出来的应税价值为基础进行计算。对除住宅类的房地产,如商业楼宇、工业用地等,以房地产的应税价值为计税依据。所谓应税价值,是指依照房地产的市场估价价值的百分比为计税价值。瑞典的房地产的应税价值根据不动产估价法的规定计算,约为房地产市场价值的75%。因房地产市场价值每年都会有变化,所以房地产的应税价值每年都进行修改更新。

瑞典的房地产税采用比例税率,依据房地产的应税价值计税。瑞典房地产的年税率在过去几年内稍有调整,没有完全稳定下来。2014年的房地产年税率为 0.2%~2.8%。税率结构如表 5-3 所示。

表 5-3　瑞典房地产税的税率结构

年份	类别	税基	税率(%)
2012	商业楼宇	应税价值等于房地产市场价值的 75%	1.0
	工业用地		0.5
	水力发电站		2.2
	风力发电站		0.2
2010	商业楼宇	应税价值等于房地产市场价值的 75%	1.0
	工业用地		0.5
	水力发电站		2.2
	风力发电站		0.2
2008	商业楼宇	应税价值等于房地产市场价值的 75%	1.0
	工业用地		0.5
	水力发电站		1.7
	风力发电站		0.2

① 胡怡建,田志伟,李长生.房地产税国际比较[M].北京:中国税务出版社,2017:220-272.

（二）房地产费

房地产费也称地方房地产费,属于地方政府收入,其征收对象是住宅类房地产,包括单式家庭住房(包括独户或双户住宅)和公寓型住房。房地产所有者每年应该向地方政府缴纳房地产比例费或者定额费。

住宅类房地产的所有者都有义务向其房地产所在地政府缴纳比例费或者定额费,即住宅类房地产的所有者为地方房地产费的缴纳义务人。计费依据主要包括住宅类房地产的应税价值和不同类型房屋对应的定额费率两种,计费采用比例费率和定额费率,定额费率是浮动的,由政府每年制定颁布。费率详见表5-4。

表 5-4 瑞典房地产费的费率结构

年	类别	税基	定额费率 (瑞典克朗/房)	比例费率(%)
2014	单式家庭住房	以拥有的房地产数量为定额费率的税基或者以房地产应税价值为比例费率的税基。最终税收为两种税费中的较小值	7075	0.75
	公寓型住房		1415	0.4
2012	单式家庭住房		7112	0.75
	公寓型住房		1210	0.3
2010	单式家庭住房		6387	0.75
	公寓型住房		1277	0.4
2008	单式家庭住房		6000	0.75
	公寓型住房		1200	0.4

（三）增值收益税

增值收益税的课税对象是交易的房地产。计税依据是房地产交易后地产的增值收益部分。增值收益主要是指出售房屋后获得的利润。房地产在出售前已经支付的相关装修和改建成本,符合法律规定的,可以在增值收益中扣除。对于个人自行居住和使用的房屋,增值收益税的税率为22%,这个包括家庭的住房,或者在境外投资的自己居住的房屋。对于投资目的而持有的不动产,并非自己居住,而是以出租或投资目的的不动产交易,其增值部分适用27%的所得税税率。

（四）印花税

在瑞典购买房地产时需缴纳印花税。印花税的计税依据是房地产价值,其中,房地产价值以买卖价格和计税价格中较高的价格计算。对于自然人、住房合作社和非营利性组织,税率是1.5%。对法人实体而言,税率为4.25%。瑞典税法当中也有相关印花税的优惠,比如:转让持有不动产的公司的股份或两家公司合并的情况则免征印花税,由于土地勘测局对土地进行重新分割、划分等原因而造成土地的转让免征印花税。

（五）税收减免及优惠

1.新建住房

新建成的住房自建成之日开始的 5 年内,免征房地产税/费,之后 5 年内减半征收房地产税/费。为了促进房屋建筑市场发展,自 2013 年后,税收减半期限延长至 10 年,即新建成的住房共有 15 年的税收减免期。

2.利息减免

家庭按揭贷款的利息可以抵扣应纳税额。在 20 世纪 80 年代,抵扣的比例逐渐减少(在 1979 年,抵扣比例可能达到 85％以上),在 1985 年时原则上最多 50％的利息可以抵扣应纳税额。在 1990－1991 年的税制改革后,在家庭按揭利息不超过 10 万瑞典克朗的情况下,利息的 30％可以用于抵扣税收,而对于超过 10 万瑞典克朗的金额,比例变为 21％。从 2014 年开始,不仅是按揭贷款的利息,所有类型的利息都可抵扣。根据瑞典统计局 2010 年数据,按揭贷款的利息费用估计为各种利息总额的 75％,减税抵扣额估计为按揭贷款利息费用的 30％。

3.住房津贴

住房津贴是为了解决某些住房问题而给予的补贴资助。

三、房地产税征收管理

瑞典房地产税实行按年征收,税务当局每年按照房地产的类型和最新的房地产市场行情对纳税人计征不同的税(费)。纳税人应按房地产坐落地点向房地产所在地的税务机关缴纳税(费)。瑞典的房地产税是集中的国家税收,使用国家统一的税率、评估方法和管理标准。评估和税收征管是地方的责任,在国家税务部门和 24 个州的税务机构监督下进行。瑞典的房产税缴纳流程透明度非常高,一方面政府专门设置并授权给评估涉税价值的部门,并根据实际管理需求分配专业人员,此机构和这些专业人员作为政府部门的一个部分,所得的估价结果即作为政府征收房地产税的最终依据;另一方面房主在规定的期间内通过支票或网络完成纳税通知上课的税额。同时,瑞典的房地产评估机构会以一年为周期、根据市场的变化对房产的价值进行调整和更新,以保证此机构提供的信息准确;并且,瑞典的涉税机构从不与纳税人产生直接的关系,涉税人员完成估价工作后将结果直接上传至信息中心,居民会定期收到征收部门的信函,以保证涉税机构的权威性和公信力。

瑞典利用高科技手段建立了非常先进的国家化信息平台,征收税务的手段已经完全发展为自动化管理,其中关于国内房地产方面的基本信息通过房地产信息中心和 GIS 信息平台收集后汇总到国家化信息平台。房地产信息中心主要发挥政府房地产登记部门的信息存储作用,而 GIS 信息平台由政府向一些权威的咨询公司购买的方式收集信息、进行数据维护。征收的全过程都由计算机完成,并实现了上门报税,即几乎所有税种(包括个人所得税)的纳税人,都是自行登记、自行申报、自行计算应纳税额、自行交税,税务部门负责对税款进行审校以及后期税务审计。正是依靠先进、科学的征收管理方法,瑞典税务机关节省了大量的征管费用。

房地产税征收过程中产生的税收争议往往集中于应税价值的评估方面。尽管评估机构力求采取科学的方法,在综合考虑各项有关因素后给出合理的评估价值,但是仍有可能与房地产的真实价值偏离。因此瑞典税务当局为了尽量减少评估方面的税收争议,采用每年都进行房地产价值评估的方式,改变了过去多年进行一次的评估方式(1985 年时是每 6 年一次评估)。

第六章　荷兰土地制度

第一节　土地产权及管理机构

一、土地基本状况

荷兰国土面积为41528平方千米,位于欧洲西北部。东邻德国,南接比利时,西、北濒北海。海岸线长1075千米。① 荷兰是个地少人稠的国家,很多地区人口密度很高,而且家庭数量不断增加。不断增长的家庭数目和每户对住房空间日益增加的需求导致了更多的填海造地,包括新增的住房空间(现有城市区域的内外部都有)、娱乐活动空间、休闲设施和办公空间等。大部分陆地得以保持干燥的唯一原因是因为堤防和水泵:它们阻挡了来自河流与海洋的洪水侵犯。荷兰24%的地区低于海平面,这包括荷兰的整个西部地区,那里是大部分居民居住、大部分商品和服务生产集聚的地方。大部分低洼地区以泥炭为地基,那些地区是几千年来莱茵河和马斯河冲积形成的三角洲,随着芦苇类植物的生长逐渐形成沼泽地。当土地上的水被排干后,下层的泥炭开始氧化并收缩,因此土地不仅低洼,而且建设条件也非常差。荷兰的土地用途正在迅速地变化:在过去的30年里,建成区已经增加了50%。用于工业园区的土地增长尤其显著:在过去30年里增长了350%,难怪许多荷兰人抱怨他们的土地正在被"填满"。气候变化以及建成区域的增长导致对储水量的需求也日益加大。而新建储水区和洪水泛滥区的增加导致了更多的填海造地。对大多数人来说仍然代表宁静乡村理想的广阔地平线正变得日益稀少,房地产开发、工业园区、新道路或者高压线似乎随处可见。

土地是荷兰的稀缺资源,所以荷兰鲜有荒地。鼓励对土地新用途的开发不但增加了土地的多效利用,也是对现有土地利用的再分配。这自然也意味着农业用地的减少。因此,荷兰以外的大片土地被用来生产农作物,供应粮食给荷兰当地居民并满足部分以出口为导向的荷兰农庄的需求。人口密度高造成的对土地的大量需求也从某种程度上解释了荷兰政府——准确地说是市政府——密切参与用地规范和土地开发的原因。荷兰土地使用方式见表6-1。

二、土地产权制度

荷兰是土地私有制国家,大部分土地归私人所有,私有土地财产在法律上得到很好的保护。但荷兰首都阿姆斯特丹是一个例外,因为阿姆特丹市约80%的土地归市政府而非个人

---

① 数据来源于中华人民共和国外交部网站(https://www.fmprc.gov.cn/web/)。

表 6-1　2019 年荷兰土地使用方式划分情况

	总用地中所占比例（%）	干地中占的比例（%）
住房	5.0	6.5
工业	2.0	2.5
其他城市用途	0.4	0.5
交通	3.0	3.5
总建成	10.0	13.0
未完全建成	1.0	1.5
娱乐	2.0	2.5
农业	56.0	69.0
林业和自然	12.0	14.5
农业总用地	70.0	85.5
内陆水域	9.0	—
荷兰沿海水域	10.0	—
总面积	100.0	100.0

所有。因此阿姆斯特丹市的土地所有制可以说是政府土地所有制。[①] 在市场经济条件下，土地产权清晰、人格化以后，在制度设计上就减少了由于土地产权不清所带来的产权确认。依据荷兰法，一块土地的所有人对他的土地享有排他性的权利。土地所有人对他的土地拥有最为全面的权利，这一点在法律上已经为人所熟知。在其权利未受法律限制的范围内，他有权在自己的土地上做任何想做的事。但是对私有财产的保护并没有到神圣不可侵犯的地步，因此它就能够有效地被使用和顺利地被交易。土地所有者随心所欲地改变土地用途的想法是不会被允许的。一般情况下，假如土地所有者不愿加入到开发进程中，他可以自愿地出售土地，或者被土地交换等其他具有吸引力的发展机会所打动而参与合作。如果这些都不行的话，他的土地将被强制征收，但这种情况很少发生。大多数土地所有者对他们的土地采取务实的态度，而不是持以意识形态的立场或者受制于情感上的因素。

（一）所有权[②]

在大陆法系国家中，土地上最重要的物权就是所有权。荷兰的每一片土地都被某人所有。这里的"某人"可以是个人，也可以是几个人，还可以是公司或政府。对于所有人自身或他所能拥有的土地数量并不存在限制。无主的不动产属于国家所有。

所有权都包含什么？一个人可以在何种程度上行使所有人的权利？垂直附加权规则是荷兰土地法的一项主要原则。土地的所有人拥有附着其上的事物。例外只在法律——民法典或

---

① 孟星.荷兰土地租赁制度对我国住宅土地使用权期满续期问题的启示[J].上海房地,2016(12):41-44.

② Wilbert D. Kolkman, Leon C. A. Verstappen, Fokke Jan Vonck. 土地征收规划荷兰视角[C]//城乡规划、土地征收与农民权利保障学术研讨会暨第二届世界宪政论坛论文集,2011:484-504.

特别法——规定之处可能存在,后者的例子有电信法(电信网络归建造者所有,且可转让给新的操作者)和矿业法(特许权持有者是土地中矿产的所有人,在矿产开采之前也是如此)。

在荷兰民法典中,只有两条地上权规则的例外是可能的。首先是水平附加权规则,即土地所有权包含构成土地永久性部分的建筑和工事,既可以是直接构成,也可以是与其他建筑或工事共同构成,但以不属于其他人所拥有的不动产的一部分为限。

民法典允许的第二项例外是地上物权。地上权是指拥有或获取在其他人所拥有的不动产之中、之上或上方的建筑、工作物或植物的权利。地上权是一项物权,它的完整性弱于所有权。一个地方的所有人授予地上权获得者以在该地方进行建设所需的一切权利。如果该土地的所有人未这样做,那么在该土地上的建筑将增加为他的所有物。自 1992 年起,这一权利同样被用来处理土地所有人允许电缆和管道穿过其土地的情形。

(二)土地上的物权

土地的所有人可以通过法律行为来减少他们对土地的权利和权力。比如,通过设立新物权,如向他人授予土地使用权的租赁权,或强制施加不作为义务或容忍他人特定行为的义务的地役权。大多数欧洲国家认可认物权和对人权的二分法。物权是一项伴随物的权利("追及权"),一项优先于后生对物权的权利("优先权",时间在先,权利在先),一项一般优先于对人权的权利。

物权的数量是有限的。不可能设立不符合现有物权名单的新型物权。在荷兰,法典编纂之前存在大量不同的物权。这些年以来,其中大多数已经被废止。

通过合同为自己设立有关不动产的义务同样是可能的。如果这不被解释为一项物权,第三人原则上就不受由合同而来的这些权利和义务的约束。所有这些事例都说明了人们有权依自己的意志自由地减少他们与不动产的使用相关的权利。

根据荷兰法,私人不得滥用来于所有权或物权的权利。比如一个人不能以单纯损害他人的目的来使用其土地。例如,在花园里建造一大而无用的建筑,不为别的,只为阻挡邻居的视线,这是被禁止的。类似这样的规则减少了所有人以其喜好的方式使用土地的权利。

在这些一般规则之外,政府有权为空间规划的目的而对特定某片土地制定规则。在所有权之外,荷兰的物权种类包含:

(1)地役权:这是一项完整性弱于所有权的物权,它赋予需役人以对抗供役人的权利,一个为人所熟知的例子是通行权。

(2)租赁权或永佃权:赋予权利人以占有并使用他人土地的权利。事实上,这一权利非常接近所有权。

(3)地上权:赋予权利人以与土地所有权相分离的,建筑和工作物的所有权。地上权提供了一项"垂直附加权"规则的例外。

(4)用益权:这是一项使用、享有他人之物并获得其收益的物权。用益权人是这些收益的所有人。这项权利在受益人死亡时终结,尽管用益权仍可以转让,附随着出让人早于受让人死亡的风险。在荷兰,用益权并不被看作是地役权种属的一部分。这项权利的一个变种是使用和居住的权利,主要区别在于该物权是严格人身专属的,不可转让。

(5)抵押权:这是一项在已登记财产上的担保物权。如果抵押人未履行其义务,抵押权人可以收回该财产。抵押权人可执行下述权利:这是一项不需法官介入即可公开出售被抵押和保证的财产,并在出售过程中获得债务清偿的权利。

(6)定性义务的权利:这是一项关于已登记财产的合同性约定,它为容忍特定行为或不作为的特定个人义务提供担保,施加于后来通过特别依据获得不动产的人或获得该物上个人权利或剩余权利的人。

(7)一项特殊的共有形式必须获得特别关注:建筑物区分所有权。荷兰的建筑物区分所有权体系建立在这样的假设下,即一部公寓的所有人是整个建筑物的共有人,享有对该建筑物一个特定部分,也就是其公寓的绝对权利。

在邻居之间还存在另一个共有形式,也就是所谓的"共同所有权"。这是一项附着于相邻土地的所有权之上的,对于一块土地(例如一条共同道路)的共有形式。在这一须为该土地的共有人设立的共同所有权之旁,通常存在墙壁或树篱等物。

三、土地管理机构及其特点

土地管理部门是十分重要的政府机构。唯一有权对土地进行全面管理的政府部门为荷兰国家土地登记部。荷兰国家土地登记部的前身最早成立于 1832 年拿破仑开始征收土地税时。1994 年荷兰颁布了相关的法律,全国土地登记部门成立。从制度安排上来看,其有三大特点:

第一,对全国土地使用进行统一规划、协调和管理。登记部是属于国家管理土地的政府机构,行使国家对管理的土地职能。因此,他只服从代表国家的中央政府领导和相关法律的约束。从政府机构的设置和安排上来说,全国土地登记部总部并不在首都,而是在距首都几百公里的小城镇阿布杜尔那市,它的下属分支机构也并不是按照地方行政单位而设立,而是完全按照工作需要,在全国各主要城市设有 15 个分支机构。共有工作人员 2003 名,包括324 名临时工作人员。这些分支机构直接听命于总部的领导,不接受地方政府的双重领导,完全独立于各地方政府,地方政府无权对他的业务和人事进行干涉。从制度安排上就防止了地区、部门利益分割国家利益,避免了部门之间的官僚主义、互相不协调、规划不一致、政策不统一等问题。

第二,对土地使用进行综合服务。土地登记部除了行使土地管理职能之外,也是一个综合性的服务机构。国家土地登记部的职能包括有以下几项。

土地及房地产市场管理协调与服务。一是制定全国宏观土地保护政策;二是为政府部门提供土地信息(用途、所有者、联系方式),监督土地规划的执行情况;三是定期牵头召开有水部、房地产公司、工会、保险公司、律师、银行、政府等方面参加的协调会,协调有关土地规划或土地使用方面的问题。

土地交易的登记与认定。提供土地供求信息、进行土地交易认定与登记,颁发土地产权证书。全国凡是拥有土地的人都必须来这里进行登记,确定土地的产权所有,位置、面积大小、并由该部门的专家根据市场发展的需求划分土地的用途和价值。

土地使用规划的制订与修订。一是为中央政府、省政府、各市政府做土地利用规划,二是省级土地利用规划,三是市政府的土地利用的非常具体的规划。

土地税的征收。代替政府征收土地税收。土地税收在小城镇政府的财政收入中所占的比重并不低,一般要达到市政府税收的 40% 左右。

全国与各省市的地图的绘制。绘制各类地图,如全荷兰的地图就是该机构绘制的,有关土地使用方面的地图也是该机构绘制。

有关土地信息的中介服务。政府在交通、环保等发展计划中涉及土地使用的,进行协调与法律咨询,提供土地使用与土地交易方面的法律咨询和信息服务。为全国有关土地的法律、规划、用途、所有者、价格、研究等方面的信息中心。

涉及土地的贷款及保险担保。提供贷款证明、飞机与船只用于保险担保时,也在这里进行登记。荷兰所有与土地有关的职能与信息都统归于这个部。在所有的工作人员中,不仅有一般行政人员,还有土地、测绘、评估、规划等方面的专业技术人员和研究土地问题的专家学者和教授。显然这是一个综合性的土地管理和咨询服务机构,类似于我国的国土资源部以及下属的土地规划、咨询研究等部门之和。这样的制度安排就避免了部门利益冲突、部门之间的不协调等诸多问题。

第三,公正高效,低成本运作。土地登记部是一个独立的商业性的股份公司,政府对它没有任何财政拨款,运营没有任何经济成本。维持这样一个拥有众多职能,又如此重要部门的运转,在一般国家的政府制度安排上,比如我国的国土资源部门,一定是要有上下对口的行政机构,要有一批专门从事此项工作的公务员、部门负责人,政府的财政拨款也一定是不会少的,这也是政府部门运作的必要成本。我国的国土资源部、省市县的国土资源厅局等等,如果再加上国土系统下属的研究、规划、咨询、登记等部门,人员机构数量不少,各级政府用于维持这些人员机构的支出也不少。但荷兰国家土地登记部并不是一个行政机构,也不是一个事业单位。他是一家民办、民有、民营的股份公司,人事与财政是独立的,国家财政不给该机构经费,但所有与土地有关的事物都统归这里管理。它只接受政府的委托,代替政府行使土地管理等方面的行政职能。这种制度安排一方面大大地节约了政府成本,政府不花一分钱,就可以完成对土地的管理职能;另一方面,此机构在经济上的独立也为它与政府打交道时的执法公正提供了保证。政府制约它,它也制约政府,政府不可能永远是对的,政府也拥有土地,政府也使用土地,这样的制度安排可以有效地防止政府侵犯私人土地,从而共同对法律负责,维护国家和民众的长远利益。

第二节　土地利用规划制度[①]

一、城乡规划体系演变过程[②]

(一)第二次世界大战前规划体系

荷兰乡村规划与城市规划两者间有着不同起源和关注焦点,在历史上有交融但也各有使命,涉及空间范围、规划内容、实施机制等诸多方面的差异。荷兰乡村地区规划起源于19世纪的农业土地整理,而城市地区规划则来自于20世纪初荷兰政府对城市住房问题的关注。由此可见,现代意义的荷兰乡村规划和城市规划有着不同的起始背景条件。

20世纪初,荷兰政府为了限制具有不良影响的私人建设项目(undesirable impacts of private building initiatives),在1901年颁布的《住宅法》(Housing Act)中规定:人口在1万

---

① 张千帆.土地管理制度比较研究[M].北京:中国民主法制出版社,2013:141-164.
② 张弛,张京祥,陈眉舞.荷兰城乡规划体系中的乡村规划考察[J].城市研究,2014(4):88-94.

人以上，或者在过去 5 年中人口增加了 20% 及以上的城镇，必须编制城市发展规划（urban development plan），这成为荷兰现代城市规划的起源。荷兰乡村规划则源自 19 世纪的土地整理。土地在 19 世纪的荷兰曾是公有财产（communal property），但因为遗产分割或土地被购买以及因结婚而带来的土地合并等原因，造成了后来复杂、破碎的土地权属。为了解决这一系列问题，荷兰农业协会（Netherlands Agricultural Committee）在 20 世纪初前后编制了土地整理法的草案，并提交给荷兰政府，希望能够为重新分配土地以及更有效的生产提供政策工具。但这个法案因为对私人产权的干涉而被很多人认为是不可接受的，直到第一次世界大战后出现粮食短缺危机，才推动了《土地整理法》（Land Consolidation Act）于 1924 年被通过。

在 20 世纪 20 年代，荷兰城市规划师开始将他们的规划领域拓展到城市建成区（built-up area）以外的地区，并开始关注乡村美丽的自然风光对城市居民的休闲娱乐意义，从而在随后的一段时期，寻求与实施乡村规划的农业工程师合作，以建立覆盖全国领域的规划构架。但这样的合作实质上没有成功，因为城市规划者关注乡村的自然保护，注重乡村的休闲娱乐性功能，而农业工程师关注土地整理和农业开垦（agricultural reclamation）等农业生产性功能，双方之间有着极大的不信任和不可调和的矛盾。之后，荷兰城市地区和乡村地区的规划分别沿着各自的路径相对独立发展。

（二）第二次世界大战后规划体系

1965 年，荷兰颁布了《空间规划法》（Spatial Planning Act），确立了全新的荷兰国土规划体系：不同层级的政府具有不同的规划职责，它们在制定发展政策时需要考虑上级政府的空间规划政策，并承担相应的责任和义务。值得注意的是，由荷兰住房、空间规划和环境部（Ministry of Housing, Spatial Planning and the Environment）制订的空间规划，改变了该国传统上侧重城市的倾向，规定了省级土地整理项目必须与地区空间规划相吻合，同时规定自治市政府制订的具有法定效用的土地使用规划（land-use plan）须覆盖全部乡村地区，这体现出空间规划对乡村地域的全新关注。2008 年荷兰新的《空间规划法》出台后，土地使用规划进一步覆盖了全部城市和乡村地区。

相较于空间规划部门（相当于我国的住房与城建部门）制订的空间规划，早在 1954 年，荷兰农业、自然管理和渔业部（the Ministry of Agriculture, Nature Management and Fisheries）就已颁布新的土地整理法，更早地规范了农业部门对乡村地区规划的手段和方式。在 1965 年《空间规划法》颁布后，土地使用规划覆盖了乡村地区，乡村地区每一块土地的利用方式必须符合土地使用规划的规定。因此，尽管 1954 年荷兰《土地整理法》缺少相应的条款来协调与空间规划的关系，但 1965 年后乡村土地整理在实际操作层面已经开始遵循土地使用规划确立的原则。在 1985 年新的《土地开发法》（Land Development Act）代替了原来的《土地整理法》后，荷兰进一步从法律上明确了土地开发计划必须与土地使用规划相符。由于二战后荷兰城乡规划体系日趋完善，特别是 1985 年新的《土地开发法》所确立的全新原则和范式更为成熟，后文将分为两大部分，重点介绍土地整理与土地开发在荷兰乡村的实践，以及城乡一体理念不断融合后的空间规划对荷兰乡村地区的促进作用。

二、通过空间规划的空间政策——整体分析

（一）引言

荷兰与土地有关的程序的主要特征有三个方面：规划和建议的透明与公开，公民参与的

民主决策过程,以及为公民提供的、针对政府和民众的非法行动的法律保护。

尽管这三者看上去很理想,并且值得为之努力,但是这种方式有一个重大缺陷:决策做出的难度以及漫长且昂贵的程序。我们以荷兰的主要铁路——贝蒂沃铁路线(Betuwetrack)的建设为例,它从规划到完工花费了17年,中途历经了大量的公共讨论,以及130项公民对抗政府的程序,其中在70项程序中政府落败。项目的成本由1992年所估计的2.3亿欧元增加至最终的4.7亿欧元,这一增加的主要原因是因公众和某些政客的要求而对规划做出的额外调整。

因此,荷兰政府最近正试图在不损害为公民提供上述保护的前提下,对这些程序进行简化和加速。大致来讲,所有这一切都是为了找到一个政府利益与所涉公民利益的最佳平衡点。简而言之,这都是为了良好治理(good governance)。

(二)私法与公法

依据荷兰法,土地的所有人对他的土地享有排他性的权利。土地所有人对他的土地拥有最为全面的权利,这一点在法律上已经为人所熟知。在其权利未受法律限制的范围内,他有权在自己的土地上做任何想做的事。

当然,如果我们假设这一出发点意味着所有人任何时候都可以在土地上为所欲为,那将会导致社会的混乱。这就像在没有交通规则的道路上行车一样。我们有必要对土地所有权的获得,以及人们利用土地的方式进行规制。

在大多数欧洲国家(尤其是大陆法系国家)之中,存在着公私法的二元对立。简略地讲,私法指的是有关私人之间关系的法律,而公法指的是公民与政府之间关系的法律。请记住,这是法律上关于各主体角色的一个非常一般性的区别。有规则必有例外,政府可以被看作私人身份,私人也可能行使公权力。这种情形的具体程度是由法律决定的。在任何时候,政府、公共机构与个人和私主体一样,都要服从法律和法院的决定。

在荷兰法中,作为土地所有人的政府和私人一样,都要服从于相同的规则,但是为了追求有利于全体人民的公共目标,当政府以私人身份行动时,法官在公共利益处于危急关头时可以做出具体考量。这在一定程度上也适用于私人,他们的法律地位会受到公共利益的影响。

(三)决定与规制

为了公共利益,立法者制定了数部对土地的利用做出了某种限制的法律和地方法规。如果想在一块土地上建造房屋,你需要获得建设许可;如果想将一栋建筑作为工厂,你需要数项关于安全和环境等方面的许可。所有国家都接受这种规范体制,以影响人们利用土地的方式。对于土地利用的限制,我们首先需要区分:政府的决定既可以是特殊性的,比如关于某块特定土地的决定;也可以是普遍性的,针对不特定数量土地的规范。

如果这一限制仅仅是关于一块或几块特定的土地,那么土地所有人或占有人的利益就明显地处于危险之中。这些决定在法律基础上做出,在经过民主程序之后获得批准,这一程序同样也是由法律规定的。在大多数情况下,法律通过规定在审判中的法律程序,提供了对抗专断、滥用或违法行使权力以及错误决策的保护机制。

如果限制更多的是普遍性的,比如关于某一特定种类的活动,人们的利益就普遍地处于危险之中,这意味着在大多数情形中的决策过程是一个民主过程,牵扯可能受该规制影响的人们。一般来讲,实际上受到这些普遍适用法律的影响的人不能将这些规则诉至法院。然而,在某些情形下,挑战这些决定并要求赔偿是可能的。

如果人们不愿同意减损他们的权利,而对这一权利的减损对于其他人或社会的利益又是必需的,那么政府的干涉就可能是必要的。

(四)私有财产与公共利益

对城乡规划的规范是有必要的,因为不同土地的使用并非是孤立的。一块土地利用的方式必须与其他土地的利用相符,以达成对土地的有效利用。当然,这与人们的普遍利益一致,并从而构成一项公共利益。因此,政府在区域规划中会描述土地的预定用途。一块土地只是被允许用作住宅用途,还是也可以在那里开一家超市?或者一个地方是否打算用来作为工业区?在区域规划中,政府试图调整土地的预定用途,从而协调它们的使用,以达成对土地的有效利用。

例如,政府规定工业区要坐落在一个不打扰居民区人民生活的地方。因此,如果风通常从南方刮来,他们就会试图尽可能地将工业区设置在某个大城市的北方,这会防止工厂产生的烟尘给居住在城市里的人造成麻烦。此外,工业区大多数时候会坐落在公路旁边,以避免大型卡车在居住区的街道穿行,同时也使得工厂交通更为便利。

土地利用方法的规制不仅仅是为了普遍利益,它同时也给予了其他土地的使用者以确定性。例如,如果政府规定你邻居的土地只允许用作住宅用途,你就可以确定他不会在那里开设一家超市,从而引来人群和车辆到你所居住的街道。像这样的私人利益同样证明了规制私有土地用途的法律存在的正当性,尤其是在像荷兰和中国这样人们居住得十分拥挤的地方。

不过,土地仍然是私人拥有的,并且在以下情形时对私人所有人最为有利,即他有权以自己希望的方式利用自己的土地。若私有财产与公共利益和其他人的利益发生了冲突,那么,关于对私有土地使用方式的设置规范是一件非常困难的事。

立法者已经努力制定了程序,其中包含了尽可能多的对于所有处于危险之中的公共利益的保护措施。这些规范的制定被称为城乡规划(town and country planning)或空间规划(spatial planning),它是每个市政府的一项主要活动。

大多数时候,哪些私人利益处于危险之中是相当清晰的。如果所有权或所有人利用土地的方式受到政府法律或决定的影响,私人利益就是处于危险之中的。但是,政府法律和决定中是否包含了真正的公共利益并不总是那么清楚。什么是公共利益?有我们可以使用的检验标准或准则吗?

荷兰政府科学顾问会(Scientific Counsel of the Dutch Government)认为,公共利益是指政府就其字面含义所界定的利益。由于确定公共利益的决定出自一个民主决策过程,这些公共利益是以一种正当且合法的方式界定的,因此更易于人们接受。这是之前所述的"良好治理"的一个方面。

(五)国家、省与市

市政府是荷兰最低一级的政府。荷兰被划分为12个省,这12个省覆盖了荷兰的全部面积。每个省都被划分成市。市的总数量为418个,同样覆盖了荷兰的全部面积。

所有的市和省都有自己的议会,其成员是由居住在该市或省的人民选举产生的。此外,所有的市和省都有一个执行委员会(executive board)。在市里,这一执行委员会包括一名由内阁(national government)任命的市长,以及一些由市议会(municipal council)成员选举产生的参事(aldermen)。

在省里,执行委员会包含一名同样由内阁任命的皇家专员(royal commissioner),以及其他一些由省议会成员选举产生的省执行委员会成员。尽管这更多的是一项市政府的事务,但省和市都有权处理空间规划,它们的方式不同,如表6-2。

表6-2　荷兰各级政府在空间规划体系中的职能分工

各级政府	编制的空间规划	覆盖范围	核心内容
中央政府	全国空间规划,规划规范和政策(Planning Core Decision)	全国	广泛的全国性规划指导政策
12个省政府	省域结构规划(Regional Structure Plan)	全省或省内部分地区	全省或省内次区域规划政策导则
500个自治市政府	市域结构规划(Municipal Structure Plan)	一个自治市或几个自治市的组合	城市规划政策导则
	土地使用规划(法定)	全部乡村地区,城市地区为非强制性(2008年以前);全部城市和乡村地区(2008年以后)	控制性的规划图纸和规定

三、区域规制

(一)概述

市政府被授权做出关于空间规划的最重要的决策,即所谓的"区域规划"。区域规划描述了一个地区的预定用途,并且至少包含一幅该区域的地图以及一些条款。可以这样说,城镇地图划清了区域规划的最重要的轮廓,而这些条款则明确了所有细节。区域规划既可以是非常详尽的,也可以是相当概括的。这取决于市政府在该区域的空间规划方面想要进行掌控的程度。

区域规划的重要性可以通过建筑许可来说明。如果有人想要在他的土地上建一栋建筑,他需要市政府的建筑许可。市政府是否会授予许可取决于区域规划中做出的规定。如果这个区域规划不允许新的建筑,许可就不能授予。然而,如果规划允许新的建筑,只要申请人满足了所有其他相关要求,市政府就必须颁发许可。

(二)一个"有效的空间规划"

区域规划的具体内容在很大程度上取决于市议会。这种议会由该市的居民每四年选举一次产生。他们在决定自己的意志方面有极大的自主权,他们可以决定是要一个新的居民区还是一个工业区。法律所规定的最重要的规则,是区域规划的制订必须符合"有效的空间规划"。简单地讲,这是指如果市政府想变更区域规划,他们必须提供对不同功能的有效配置。例如,如果市政府想要发展一个新商业区,它应当选择一个靠近公路,而不是在森林中的地点。为了达成一个关于地点的决定,相关利益之间必须得到适当的平衡。

(三)省和内阁的决定

除此之外,各市会受到内阁决定的约束。尽管空间规划是市政府的主要活动之一,但有时省政府或内阁也会涉入。例如,一条从国家一头到另一头的高速公路的建设就会由内阁来决定。同时,作用范围超出一个市的建筑物的建造可能会由省政府来组织。在这些情况下,国家或省政府被授权决定他们自己的规划,并约束市政府。如果内阁规划在市的某处建设一条高速公路,则市里就不能在那里建设住宅区,因为国家规划具有优先权。

当市政府制作一个新的区域规划时,他们受两条基本规则的约束。第一条规则是,他们必须以有效的空间规划为目的而规划,这迫使政府要带着适当的审慎注意而行动。第二条规则是,他们必须尊重省政府和内阁做出的规划。

(四)区域规划的功能

尽管政府在区域规划基础上可以采取的行动是受限制的,但规划有重要的意义。首先,它们明确了关于土地用途的预期空间发展。政府想要做什么,以及如果你想改变你使用自己土地的方式,他们会怎么做,这些明确的信息是很关键的。比如,对于想购买一块土地的人来讲,区域规划告诉他们关于这一特定地块以及周边地区的未来城市规划是什么。这些信息明显影响土地的价值。

除了这一功能,区域规划还可能有一种程序功能,这与前一功能联系十分密切。程序功能是指市政府需要一个区域规划作为他们自身关于土地用途活动的基础。如果市政府想改变土地用途,在他们获得允许,比如征收土地之前,他们需要一个区域规划。

另外,区域规划还有一种规范功能,这是指区域规划为市政府的其他决定提供了一个评估框架。关于征收已经提到:市政府为空间目的而征收土地时,需要一个区域规划。此外,想在他们土地上进行建设的人需要一个由市政府授予的建设许可。如果有人申请这一许可,而他的建设方案不与区域规划相冲突,那么只要申请人满足了关于建设许可的其他要求,政府就必须授予他建设许可。同时,如果这一建设方案与区域规划相冲突,并且没有适当的豁免情形,政府就必须拒绝授予许可。这种规范功能说明,市政府和公民都受到区域规划的约束。

(五)制订及变更区域规划的程序

变更一个地区的区域规划,或制订一个地区的首个区域规划不是一件容易的工作。区域规划的内容影响到土地的利用方式。因此,荷兰法中规定了相当多的程序,以确保在区域规划生效之前,所有涉及的利益都能尽可能地获得平衡。区域规划的变更以新区域规划的准备阶段为开端。在程序的这一阶段,市执行委员会即市长和参事,调查有关机构和人们的特别愿望。

他们主要提供一些公众评论的机会,例如聚集到一个相邻地区的社区中心,这是为了与在此地居住或经营的人们讨论这一地区的发展。市长和参事不只征求在这一地区的人和公司的意见,他们也征求省政府的意见,因为省政府有可能已经为相关地区制订了规划。同这些人和机构咨询之后,市长和参事将做出新区域规划的构想。他们不必听从前述的建议,但是他们必须阐明他们听从了哪些建议和不考虑哪些建议以及这样做的原因。

此外,这一构想必须通过大量测试来检查新规划对环境问题、噪声等的影响。荷兰法中规定了一些关于这些问题的标准,区域规划不能超越它们。测试的结果可能会迫使市政府改变他们的概念性规划(concept plan)。

在这一咨询过程之后,将设计一个符合环境、噪声等要求的新的概念性方案。这一概念性规划必须被存放在市政府办公室中 6 周,以供公众查看。市长和参事会在一期当地报纸上发出通告,说明概念性规划已经被存放,并且每个人在规划被存放期间都有权提出对该规划的异议。

在这一阶段,每个人都有权提出异议。不仅仅是将因新规划而被征收的人、居住在新规划中地区的人或居住得离该地区很近的人,居住在离该地区很远的人或压力团体(pressure groups)也有权来到市政府办公室,并提出他们关于该概念性规划的异议。

在概念性规划已经在市政府办公室存满 6 周之后,市议会必须做出决定。

他们被授权接受这一概念性规划,它之后将变为一个确定性方案;但他们也可以驳回或变更它。他们没有义务听从上一阶段中人们提出的异议,但他们必须对这些异议加以考虑。如果他们不听从任何异议,或是不遵循市长和参事所制订的概念性规划的某些部分,则他们必须给出这样做的目的。

（六）省政府/内阁的地位

根据新规则,省政府不再必须批准区域规划,但他们有权给市政府指示,市政府必须服从这些指示。内阁同样有权下发有约束力的指示。

（七）司法诉讼

在上一阶段程序中,与区域规划的变更有特殊利益的人有权在法院挑战市议会的决定。因此,在这一阶段,并非所有人都有权提出对区域规划的异议。只有由于居住在或非常接近有关的地区有特殊利益的人等原因,才有权在法院挑战区域规划。

法官将评估市议会是否依照法律行事。他们有没有制订符合有效空间规划的区域规划?他们有没有对现阶段早期中人们提出的异议给予充分重视?法官可以判决区域规划无效,或者在轻微瑕疵的情形下向市政府提供指导,使其变更该区域规划。

（八）区域规划变更造成的损失

不过,即使是合法的区域规划变更也会造成负面影响。区域规划规定了特定的土地被允许用作哪种用途,因此区域规划的变更将改变人们可能利用他们土地的方式。如前所述,人们不能被区域规划强制改变他们的行为。新规划会影响土地的价格。

此外,区域规划的变更会改变其他土地,比如家附近的一个公共花园的预定用途。例如,想象一下市政府将公共花园的预定用途改成了住宅区。这样一个决定将减少周边地区地产的价格。

然而,这样的决定可能获得许可,如果它是按照有效空间规划制订出来的,而且市政府恰当地平衡了相关利益。不过,如果变更区域规划的决定给居住在被改成新住宅区、商业区的公共花园附近的人造成了损失,市政当局有责任支付全部损失。如果必要的话,他们可能被法院要求强制支付。

四、建设许可

除了相当小型的建筑,没有市长和参事颁发的建设许可,建设是不被允许的。为了获得这种建设许可,需要向市长和参事提交一个申请表,其中包括对明确的建设规划的描述。这一申请表必须明确该建筑的大量细节。

（一）建设许可之申请

申请建设许可的确切要求取决于建筑的类型。在大多数情况下，申请者必须提交至少一份该建筑的每一楼层和截面的草图。这份草图必须明确建筑中各个房间的表层以及各个房间的预定用途。它说明哪一房间想要用作客厅、卧室、厕所、浴室等。

此外，建设许可申请还必须满足许多其他条件。荷兰政府制作了一份 15 页的清单，记载了这些要求。根据建筑的类型，申请人遵守在这一清单中提出的明确要求。例如，它要求一份关于建筑外部可见部分的相当详尽的草图，大多数情况下至少包括建筑表面及现在的情况，也就是该地区尚无建筑时的照片。同时，申请人将要使用的材料类型，以及它的颜色也必须在申请表中说明。另外，申请人必须提供关于所规划建筑的牢固性、消防安全、预防老鼠和其他害虫而采取的措施等信息。

申请人必须满足所有这些要求，以使市长和参事能审查他们是否符合授予许可的要求。如果规划的建筑满足以下 4 种不同要求：建筑法令（building decree）、建筑条例（building code）、建筑外观和区域规划，则许可必定获得授予。

（二）建设许可的授予：建筑法令

第一种要求规定于所谓的建筑法令之中。这是内阁的一道法令，规定了关于安全、健康、实用性和环境方面的要求。根据这一法令，住宅中的每个房间必须有最低限度的新鲜空气、隔音装置和日光照射。

此外，每个住宅都必须有一个厕所、一个洗涤间和一个储存间。各种规定都涉及了建筑的建设，例如要使用的地基和绝缘材料。建筑法令还包含了防止害虫进入建筑的要求，关于消防安全、健康方面的要求，等等。建筑法令中的全部要求都集中在关于规划建筑建设的技术问题上，而且所有要求都表明了对于安全、健康、实用性或环境方面的态度。

（三）建设许可的授予：建筑条例

第二种要求是由市政府自己制定的。这一决定被称为建筑条例。这一条例并不像建筑法令那样集中在建筑的技术性要求上，而是集中在土地的利用上。例如，该条例设置了关于建筑与公共道路之间最小间距的规则，同时它也可以规定禁止在被污染的土地上进行建设。

建筑条例也可以规定一个房屋可以居住的最多人数，或者建设过程在开始后几周内必须完成。市政府显然不希望建筑工地的混乱状态持续太久。

建筑条例在每个城市均可不同。不过，有一个全国性的组织提供了一份标准建筑条例。大多数城市接受了这一标准，只作了一些小的改动。建筑法令和建筑条例都对建筑物的建设或建筑物及其紧邻地区的用途做出了十分详细的规定。

（四）建设许可的授予：建筑外观

第三种要求很难掌握：建筑外观方面的要求。简单地讲，这是指不允许建造未拥有悦目的外观的建筑。为了评估一个建筑是否有悦目的外观，各市议会设立了一个独立委员会。这一委员会的工作是执行关于建筑外观方面的规定。

这些规定相当模糊，因而在每一起实例中，委员会必须非常详细地解释为什么规划的建筑不符合要求。他们怎样评估一个建筑物是否够好看呢？他们工作中最重要的部分是评估新建筑是否与其他建筑以及临近的公用空间相搭配。举个例子，委员会必须防止在一条古香古色的盖满了小房子的街道上建造一栋庞大、崭新且华丽的建筑。由于是否授予许可的决定是由市长和参事做出，委员会只对是否应当授予许可提出建议。

然而，如果市长和参事无视其给出的建议，他们就必须长篇大论地解释自己的决定。不过，如果有其他非常重要的原因，有时候即使建筑物不符合有关外观方面的要求，市长和参事也会授予许可，这是可能的。例如，想象一下一个要在古老的城市的中心区建造一个看起来像防空洞的大型建筑的规划。

一般来讲，这样一栋建筑并不符合外观方面的要求。然而，如果这个建筑是为了给一个重要国家的大使馆提供住所，或者是一个重要的博物馆，如格罗宁根美术馆（Groningen Museum），市长和参事就可能会授予许可，尽管这栋建筑并不符合规划要求。

除了这种豁免情形之外，如果建筑方案不符合外观方面的模糊要求，市长和参事就必须拒绝授予许可。为了评估建筑是否满足这种豁免，每个市议会都设置了一个前文所述的为市长和参事提供建议的特别委员会。

（五）建设许可的授予：区域规划

每个建设方案所要符合的最后一种要求，是区域规划中提出的要求。除了下文中阐释的豁免条件外，如果建设方案与区域规划相冲突，市长和参事就必须拒绝授予许可。例如，该规划的建筑高于区域规划所允许的高度，或者它想将其用作允许之外的用途。原则上，如果建设方案不符合建筑法令、建筑条例、区域规划或外观要求其中之一的要求，市长和参事就必须拒绝授予建设许可。而另一方面，如果所有这些要求都得到满足，他们就有义务授予许可。

变更区域规划只在满足了一道极其完备的程序之后才有可能，这一程序要花费大量时间。不过在大多数情况下，在这一程序开始时，新区域规划的内容会是什么已经相当清楚了。因此，有人想要建造可能将与下一区域规划相冲突的建筑，就可能会尝试在新区域规划付诸实施之前申请建设许可。为防止这样一种关于即将实施的区域规划信息的滥用，如果申请人申请的建设许可符合现行区域规划，但与新区域规划冲突，市长和参事必须推迟做出授予或拒绝建设许可的决定。

（六）政府的建设

当政府自己想要建设，例如一栋新的市政府办公楼，它也同样要申请建设许可，并且要遵守和公民完全相同的要求。市长和参事的审慎决策在这种情况下十分重要，因为正如我们将在下文阐述的，已授予的建设许可可在法院被挑战。

（七）与区域规划冲突时的豁免

如果建设方案与区域规划中的规定相冲突，市长和参事原则上必须拒绝授予建设许可。然而，有时可能会做出豁免。首先，一些区域规划自身就为一些特殊情形提供了做出豁免的可能性。这大多发生在区域规划的条款非常特定的情况下。

例如，一个区域规划规定不允许在某些街道建造高于 7 米的建筑物。该区域规划也规定了，如果有人想要建造一栋高达 8 米的建筑物，且满足其他一些附加性要求的情况下，市长和参事可以做出豁免。

这样一个轻微豁免（slight exemptions）是第一种豁免，其是否能被做出，取决于其所涉及的利益。市长和参事必须平衡这些利益。此外，大多数市政府已经制定了关于如何处理轻微豁免申请的政策。

如果豁免可以基于区域规划的规定,这就会当然地减损该规划的清晰性。因此,只有极其轻微的豁免才允许被做出。因此,例如前面提到的例子是可以的,但如果有人想建一个工厂而非房屋就不行了。如果市长和参事愿意授予一个如此重大的豁免,且不想让法官推翻他们的决定的话,他们必须从其他类别中选择一项豁免。

(八)临时性豁免

第二种豁免是临时性豁免(temporary exemptions)。要授予这样一项豁免,必须可以合理地期待规划的建筑将在 5 年内被移除。只有这样,市长和参事才被允许授予关于区域规划要求的临时性豁免。下述情形不允许授予豁免:如果可以合理地期待建设方案 5 年内将不再与区域规划冲突,因为到那时可能会有新的规划。临时性豁免并不意味着寄希望于规划变更之上。只有当可以合理地期待规划的建筑将在 5 年内被移除时,临时性豁免才能被授予。

如果 5 年已经过去,建筑的所有人就有义务移除它,只要该建筑不符合新的区域规划。因此,临时性豁免并不意味着一项寄希望于区域规划变更之上的举措,但区域规划在豁免授予起 5 年之内的这段时间内确实可能发生变更。

如果特定的建筑打算只存在 5 年,市长和参事也并不必须做出豁免。这时,相关利益的平衡再次成为必须。同时,大多数市政府同样已经制定了关于如何处理临时性豁免申请的政策。

(九)永久性豁免

最后一种豁免是最重要的一种。这是对区域规划的永久性豁免(Permanent exemptions),它不能基于区域规划的规定本身。事实上,这样一项豁免的效果与区域规划变更的效果区别不大。由于这样一项豁免的影响是如此之大,授予这种豁免的程序几乎与变更区域规划的程序完全相同。

首先,市长和参事会制定一个做出豁免的构想性决定(concept decision)。随后,它将被放置在市政府办公室,并在当地的报纸的某一期上发出通告。然后,每个人都可以提出异议。最后,市议会将做出豁免是否应当被授予的决定。

(十)法律保障的司法程序

如何挑战一个授予许可或做出对区域规划的豁免的决定,以及如何挑战一个拒绝授予许可或做出豁免的决定?关于永久性豁免,前面已经提到过了。

如果有人申请建设许可或是对区域规划的豁免,这一申请将在当地报纸的某一期上通告。每个人都可以去市政府办公室查询申请的内容。在申请后 12 周内,市长和参事必须决定他们是否授予建设许可。

如果建设规划与区域规划冲突,建设许可就只可能与对规划的豁免一同被授予。在申请之后 8 周内,市长和参事必须决定他们是否开始授予豁免的程序。因此,如果有人申请建设许可,市长和参事将必须在 8 周内评估该建设规划是否与区域规划相冲突。如果冲突,他们可以决定是否想要做出对区域规划的豁免。如果他们想授予豁免,豁免程序将启动;如果他们不想授予豁免,他们将拒绝授予建设许可。如果建设规划不与区域规划相冲突,就将用 4 周时间来评估建设规划是否符合建筑法令、建筑条例以及建筑外观方面的要求。如果建设规划符合所有这些要求,市长和参事就有义务授予建设许可。如果建设规划不符合一项或多项要求,且不能做出豁免的话,他们就必须拒绝授予许可。

所有决定都可以被任何对于授予或拒绝授予的许可,或何时做出豁免有利益关系的人所挑战。重要的是,任何想要挑战该决定的人都能获知申请的内容。因此,每份申请都将在一期当地报纸上进行通告,每起授予对区域规划的豁免或授予建设许可的决定也是如此。

每个人都可以联系市政府办公室,以安排时间来查询申请或许可的内容。一旦建设许可被授予,或者对区域规划的豁免被做出,与之有特殊利益,例如他们是居住得十分靠近或居住在此地区的人,均可在6周内挑战已做出的决定。

首先,他们可以向市长和参事提出异议。由于市长和参事有义务在建设规划符合全部要求时授予许可,异议人只有在他们能够证明市长和参事在评估规划是否确实符合全部规则方面存在错误时才能获胜。如果对已授予的豁免提出异议,他们必须证明市长和参事没有能够审慎地平衡相关利益。市长和参事必须在8周内做出决定来回应该异议。然后,要求做出新决定的人和建设许可或豁免的申请人,都可以在法院挑战新决定。法院的决定可以在上级法院被挑战。如果拒绝授予许可或对区域规划的豁免,申请人可以挑战该拒绝决定,首先是通过向市长和参事提出异议,然后是在法院提出挑战。

(十一)区域规划的影响及其与征收的比较

制订区域规划是一个相当消极的规制土地用途的方式。人们不能将他们利用土地的方式改变为与区域规划规定相违背的用途。而且,人们也不能被强制将土地改变为与区域规划规定相似的用途。因此,区域规划的影响力是相当有限的。有时候,政府希望以一种更加积极的方式来实现规划。他们不想一直等到土地所有人自行实现区域规划。依据荷兰法律,不可能强制人们实现区域规划中规定的预定用途。在缺少房产所有人合作的情况下,实现这样一个规划的唯一方法,就是政府通过征收获得他们的土地。

第三节 土地征收制度[①]

一、城市土地征收

(一)引言

政府的土地征收是指政府获取其他人拥有的土地财产权。这可以被看作是政府对于人民做出的对于他们土地的最大限度的干预。因此,征收在未完成一个相当完备的程序之前不得实施。

不只是土地所有权可以被征收,各种其他权利都可以被征收,比如租赁权、地上权、地役权等也可以被征收。因此,征收决定同样可以意味着政府获取一项租赁权或取消一项地役权。大多数时候,他们在征收中获取关于特定土地的全部权利。

---

① Wilbert D. Kolkman, Leon C. A. Verstappen, Fokke Jan Vonck. 土地征收规划荷兰视角[C]//城乡规划、土地征收与农民权利保障学术研讨会暨第二届世界宪政论坛论文集,2011:484-504.

荷兰宪法规定,原则上土地不得被征收。同样依据荷兰宪法,对这一普遍规则的豁免只在下述情形成为可能:征收是整体利益的需要,以及实施征收的政府完整赔偿因征收造成的损失。征收程序规定于《荷兰征收法》(Dutch Expropriation Act)之中。

土地征收的决定必须满足这两项要求(整体利益和赔偿)以及征收法中规定的其他要求方可有效。这些要求主要集中于荷兰宪法规定的第二项要求上,即所有征收活动必须为整体利益所必需。

如前所述,另一项要求是,征收只在丧失权利的人将获完整赔偿时才合法。依据荷兰法的规定,人们获得的是金钱赔偿。荷兰政府必须赔偿征收造成的全部损失。这不仅仅是被征收土地的价值,而且例如搬迁至其他地方的费用也必须得到赔偿。接下来的部分将重点介绍市政府为空间规划目的而进行的土地征收。

1. 程序:行政和司法部分

征收法将征收的程序划分为两个不同部分。第一部分程序是行政部分,集中于保护征收只在整体利益必需时才能做出;第二部分程序是司法部分,集中于同样的保护措施。不过,除此以外,该部分程序同样集中于另一项要求,即财产所有人在征收中必须获得完整的赔偿。

2. 整体利益与私人利益

每起征收必须为整体利益所必需是什么意思?这句的意思是如果征收的主要原因不能被看作是一项整体利益,则征收不能被允许。区域规划作为征收决定做出的基础,必须为了良好的空间规划而做出。这样一项良好的空间规划当然要有利于公共利益。不过,有可能区域规划中的一些规定没有真正地集中关注那些明确的公共利益。有时候,私人当事人要求对区域规划做出变更,比如为了能扩大他们的花园。如果没有公共利益会因允许这样一个申请而受到损害,市政府可能会愿意基于这样的要求而变更区域规划。当然,这样一个准许并没有错,只要公共利益没有被这一决定所损害。然而,并不存在公共利益来实现区域规划的这种情形,因为它只是为私人事务做出的。如果需要通过土地征收来实现这样的规划,那将是不被允许的。只有当存在合理的公共利益时,征收才可以进行。

在一些情况下,在证明征收的正当性时,很难评定究竟是存在一个公共利益,还是只存在私人利益,因为私人和公共的利益通常合为一体。例如,工厂主想要扩大工厂规模,这一扩大会提供额外的就业,这是不是公共利益?这里涉及的主要利益可能是工厂主扩大工厂的利益,但是,这里同样涉及了公共利益。这是可实施征收的充分的公共利益吗?可能不是,因为私人利益已经遮蔽了公共利益。不过,在每起具体案件中,必须由法官来最终评定是否存在允许进行征收的整体利益。

这里是一个关于这种情况的例子:如果一家工厂坐落在一个会导致诸多不便的地点,市政府想将这家工厂搬到其他地方。也许在这种情况下,存在一个整体利益来对其他地段进行征收,以迁徙这一工厂。同样,在每起具体案件中,必须由法官来最终评定是否存在为土地征收提供理由的重要公共利益。

如果市政府想建造新的住宅区呢?当然,这里也涉及私人利益,也就是想要居住在这一新住宅区中的人们的利益。不过,在大多数情况下,这种情况中存在足够的公共利益,因为荷兰在征收法中明确规定了为公共住房目的的征收。

3. 征收应当是紧迫的

征收法中设置的第二项要求是:征收应当是紧迫的。这一要求是指,市政府只有在实现区域规划的需求极其紧迫的情况下才被允许进行征收。这不是一项十分硬性的规定。征收法设置的关于这一要求的唯一条件，就是必须存在一个可以被迅速实现的明确的规划。此外，市政府必须在征收之后马上开始实施其规划。如果他们不符合该要求，征收随后就会被法官推翻。

4.征收应当是必需的

在实践中，征收法设置的最重要的要求是每起征收应当就会为实现市政府的特定规划所必需。因为它说明了如果目前的土地所有人愿意按照市政府所希望的方式自行实现这些规划，征收就不合法。如果还有其他方式能够实现市政府的规划，征收就不是实现区域规划中预定用途所必需的方式，因此就不允许进行征收。

在许多情形下，征收因为这一原因而不能成立。现实情况是，受到征收威胁的土地所有人在征收程序尚未开始，或至少是尚未完成时，就将他们的房产卖给了房地产开发商。对于房产所有人来讲，这是一种极其吸引人的失去土地所有权的方式。如果他们将房产卖给房地产开发商，他们就不必自己来完成征收程序。更重要的是，房地产开发商在大多数情况下将付给他们一大笔钱来获取他们的房产。

如果房地产开发商可以在市政府能够征收之前买下土地，征收就不再被允许，因为新的所有人愿意且能够自行实现市政府的全部规划。在这种情况下，获得土地的房地产开发商确信，没有其他竞争者会得到实现新住宅区的工作。他可以建造市政府所想要的小区，出售房屋并获得收益。这种行为对于市政府来讲很棘手，因为新住宅小区的建设会花掉他们相当一笔费用。

让我们就前面已经提到过的区域规划解释这个问题。正如我们在讨论区域规划时说明的那样，市政府有义务赔偿由于区域规划中预定用途的改变所造成的损失。

5.解决措施

可以想象，这对于市政府来讲很棘手。因此，荷兰法律提供了应对这一问题的两项不同的可能措施。第一项措施是市政府的优先购买权（municipal preemption right）。在一些情况下，市政府在他们想要拥有的土地上建立这一权利是被允许的。如果在一块土地上建立这样一个优先购买权，所有人若想出售土地，就必须优先将他的土地供市政府购买。这样一来，所有人就很难将土地出售给房地产开发商。

应对上述问题的第二项措施是通过命令来索回成本。如果一个新住宅区将部分地或全部地由私人土地所有人来建造，市政府有权制定一道命令，这一命令写明了他们所付出的确有利于新小区的成本数额。

在这一命令中，那些成本会分摊在新小区的所有土地之上。新小区的每块土地上都分担一部分成本。如果土地所有人想要将这一住宅区建成，他当然必须在土地上实现。因此，他需要一个建设许可。如果市政府制定了这一命令，如果许可申请人不支付分配在他打算建设的土地上的全款的话，市长和参事可以拒绝授予建设许可。通过这种费用支付，市政府能够将它关于新小区的成本转移给房地产开发商，他们能将成本转移给在新小区中购买房屋的人。

（二）征收：（行政）程序

每起征收程序都以市政府与房屋所有人之间的协商开始。原则上，如果市政府未做合理努力来通过常规方式购买该房屋，程序的下一部分就不能开展。如果市政府的努力未能成功,则真正的征收程序即将开始。正如前面所提到的,该程序被划分为两个不同部分,即行政部分和司法部分。

1.行政部分

程序以行政部分为开始。在开始这一部分程序之前,不必等待区域规划的变更。不过,当然不可能在新区域规划做好之前就完成这一程序。

征收程序的行政部分以制订征收计划开始。这是一份征收决定的概念性规划,由市议会制定。议会也将做出确定性的征收决定。在这份概念性规划中,他们极其精确地阐述了他们想以什么原因征收哪块土地。概念性规划必须相当详细,从而使土地所有人评估他们是否愿意自行实现规划。

在区域规划的例子中,可以看到当市议会制订区域规划时,他们已经制订了这样一个特别规划。在这种情况下,区域规划已经被改变,因为市议会想要使这一新区域成为现实。因此,事实上,区域规划也已经被变更以使得征收成为可能。在这种情况下,比起首先制订一个完整规划,立即制订这样一个特别的区域规划要容易一些。

此外,概念性规划详细地指出了哪块土地拟被征收,以及谁是土地的权利人。当然,这一信息可以在公共记录上被查到。被征收人也将收到市政府的信件,向他们通知预计的征收。征收同时也会通告在当地报纸的某一期上。

然后,概念性征收决定将被存放在市政府办公室中以供调查。在那里,每个人都可以查询规划。不过,只有与征收有特殊利益的人才可以提出他们的异议。之后,市议会将带着对调查期间提出的异议适当考虑,做出一个最终的决定。他们不必听从所有异议,但是至少应当在促成自己做出征收决定时对这些异议加以考虑。市议会将送达它的决定给在调查期间提出异议的人。他们同时也会在当地报纸上安排一次通告。

2.批准

市议会同时也会将它的决定提交给荷兰内阁。在早先的调查期间提出异议的人,现在有权再次向内阁提出异议。征收在没有内阁批准的情况下不可能进行。他们将依据征收法和荷兰宪法来评估市议会是否履行了他们的职责。

在内阁决定他们是否将批准征收决定之前,他们必须获取最重要的咨询机构,即国务委员会(Council of State)的建议。国务委员会同样将评估市政府是否履行了他们的职责。

(三)征收的司法程序

当内阁批准征收决定时,程序的司法部分就启动了。在这部分程序中,一名独立法官将再次评估已做出的征收决定是否符合征收法的要求,事实上,这名法官所要做的工作,与内阁和国务委员会已经做过的工作别无二致。

1.以非正式途径获得房产

在开始程序的司法部分之前,市政府必须再度尝试以常规方式购买房屋。这意味着他们必须开始价格上的协商。如果不能达成协议,程序的司法部分就开始了。法官同样将评估市政府是否履行了征收法上的职责。此外,赔偿的数额也会在这一部分程序中设置。

如前所述,市政府必须赔偿征收造成的全部损失。在这方面,法官将指派一个专家小组——大多数时候是三名估价师,他们将评估征收会造成的损失。然后,法官将会确定赔偿的数额。所有损失都必须在征收进行之前予以完整赔偿。在支付赔偿之后,市政府被允许在公共记录中登记征收。

2.征收终止全部物权

作为这一登记的结果,该土地相关的全部物权都将被终止,包括那些不为市政府所知的权利和征收程序未涉及的权利。此时,政府拥有了土地。当征收程序开始时,市政府必须将征收计划以个人信件的方式通知每一个根据公共记录拥有关于该土地物权的人。不过,并不是每个享有关于该土地物权的人都记载在公共记录里。例如,如果土地是依据时效取得的,就不要求登记。当然,市政府有义务尽其所能来获知谁是土地的权利人,但是仍然有可能找不全所有的人。

不过,一旦征收被登记在了公共记录中,这些权利将同样被终止。因此,确保享有的物权被登记在这些公共记录中是十分重要的。如果没有登记,就必须非常仔细地阅读报纸,以确定个人的房产是否会被征收。

二、市政府的优先购买权

荷兰关于空间规划的法律体系中一个相当明显的瑕疵,即受到征收危险的人倾向于事先将他们的房产卖给房地产开发商。由于这些房地产开发商能够且愿意自行实现市政府的空间规划,因而他们购买的房产不能被征收。在这种情况下,市政府就不能将他们的成本转移给因该成本而获益的人,即新小区中房屋的购买人。正如前面所提到的那样,一项可能的措施是市长和参事被允许在房地产开发商申请建设许可时向他们收费。第二项措施就是所谓的市政府的优先购买权。

(一)市政府的优先购买权

一项市政府的优先购买权可被市政府设立于土地之上。在该权利设立之后,对土地享有物权的人想出售它的话,则有义务首先向市政府报价。因此,他们并不是必须将它出售给政府,但如果他们想出售,就有义务首先将其让政府购买。只有在市政府不购买该土地时,他们才有权将它卖给别人。

这样一个市政府的优先购买权可以在区域规划开始生效之前就建立在不动产之上。不过,如果这种情况发生,已建立的优先购买权的有效期不得长于两年。此外,这种市政府的优先购买权早于区域规划变更而设立的,必须附有一份详细地图,描述该地区的具体规划。市政府的优先购买权也可以基于现行的区域规划而设立。在这种情况下,市政府优先购买权可以设立更长一段时间。原则上,市政府优先购买权直到区域规划被实现之前都将有效。

(二)优先购买权的功能

市政府优先购买权的功能是什么?它的首要目标是在避免不必要地影响土地上权利人利益的情况下协助空间规划的实现。所有人并不是必须出售自己的房产,但如果他们想出售,就必须首先将其让政府购买。这并不是一个像征收那样严厉的措施,但是它对于实现市政府的空间规划来讲同样很有效。

它也是当征收不可能进行时获得土地的一种手段。例如,如果征收由于政府不打算立即实施区域规划而尚不紧迫,在这种情况下,市政府的优先购买权对于以比较容易的方式购买不动产来讲非常有用。这阻止了之后的征收成为必需的情形。

然而,设立市政府优先购买权的最重要原因,是在征收程序中获得保障。市政府想防止人们在市政府能够完成征收程序之前就将不动产出售给房地产开发商。大多数市政府将这种交易看作是自行实现区域规划权利的滥用。他们想防止这种情况发生。

在早先,市政府优先购买权是确保市政府能将它的成本转移给土地使用人的唯一方法。根据现行法,设立和行使市政府优先购买权仍很容易。这比制定一则将成本转移给申请建设许可的人所需的法令要更容易。

市政府优先购买权可设立在各种财产权之上,不仅仅是土地所有人在被允许将土地转让给其他人之前有义务将他的土地让政府购买。例如,承租人和地上权人也必须这样做。

优先购买权在两种特殊情形下不得设立。首先,土地的预定用途必须是非农业性的;其次,如果设立一项优先购买权所基于的规划已经获得实现,就不可能再设立市政府的优先购买权。当然,那时已经没有必要设立优先购买权了。

(三)优先购买权的设立

尽管市政府优先购买权的设立并不像征收那样严厉,但它仍然会导致对于拥有土地上物权的人们权利的限制。因此,要实现一项优先购买权,同样必须完成一道极其完备的程序。市政府有义务审慎地权衡所有相关利益。因此,如果他们关于购买相关不动产的利益几乎完全不存在,而优先购买权的设立如果只是为了保险起见,市政府就不能设立优先购买权。他们必须审慎地平衡他们的利益和土地权利人的利益,同时,在最后,法官将可以评估他们这项工作是否做得足够好。

设立优先购买权的程序并不那么复杂。复杂的程序会耗费大量时间,在这段时间内,不动产的权利人可能早就已经将土地卖出。一个复杂的程序将使他们能够规避市政府的优先购买权。因此,优先购买权的设立程序开始于市长和参事的预备性决定。这部分程序不会涉及相关不动产的所有人。这一决定已经设立了一个优先购买权,但它最多只能在8周内有效。市政府有义务确保每一个在相关土地上享有物权的人都会立即收到一份所作决定的通知。他们也可以在公共记录上找到相关的信息,市政府优先购买权的设立也必须在那里登记,这是为了确保每个人都能知道优先购买权已经存在。市长和参事的决定可以在法院中被挑战。然而,大多数情况下这并不会发生,因为决定有效期只有8周。一旦市长和参事做出他们的预备性决定,市议会就会启动程序来创制一个确定性决定。这一决定直到相关区域规划中所规定的规划被实现之前都将有效。如果相关的区域规划尚未生效,那么它的有效期最多只有两年。

在他们做出决定之前,相关土地的权利人有权针对已做出的市政府优先购买权的设立提出异议。之后,市议会做出是否设立市政府优先购买权的决定。这一决定必须带着对被提交的异议的适当考虑来做出。当然,这一决定将在市长和参事的预备性决定到期之前做出。相关土地的权利人这时将再次收到一份通知,同时,这一确定性的优先购买权将被登记在公共记录中。相关土地的权利人同样有权在法院挑战这一决定。

(四)优先购买权的行使

优先购买权的行使只在土地所有人想要出售不动产时才可能进行。如前所述,土地所有人从来没有义务将他的土地出售给市政府。但是,如果他想要出售它,他就有义务首先让市政府将它购买。这里有一些豁免,例如,如果你将土地拿去拍卖,或者当一个出售的义务已经存在时。如果想要出售不动产的人确将其让市政府购买,市长和参事必须决定市政府是否想要购买它,而且必须在8周内做出决定。如果在这部分程序中,市政府不想购买该不动产,那么就应当允许不动产所有人将它出售给其他人。如果不动产所有人在市政府决定不购买其不动产之后3年内出售该土地,他就不必再次将他的不动产供与市政府购买。也就是说,市政府不允许在3年之内收回其不购买的决定。不过,如果市长和参事愿意购买这块土地,价格方面的协商将开始。如果双方达成了协议,不动产就将以这一价格转让给市政府。然而,如果他们不能达成协议,双方都有权请求法官来确定一个合理的价格。

在这一程序中,法官将指定3名专家,他们将有责任鉴定不动产的价值。市政府和不动产所有人这时都可以决定他们是否愿意以评估的价格来购买和出售该不动产。如果市政府决定不以该价格购买土地,土地所有人就被允许将他的不动产出售给其他人。同样的,市政府将不允许在3年之内收回其决定。然而,如果不动产所有人决定不以该价格将其不动产出售给市政府,那他也不允许将它出售给其他人。

(五)规避市政府的优先购买权

有时候,不动产的权利人不愿意将他们的土地转让给政府。他们想规避市政府的优先购买权,例如因为他们能将土地出售给开发商以获取更高的价款。确保人们不能以这种方式转让土地的最重要措施,是公共记录中的市政府优先购买权登记。一旦公证人被请求转让不动产,他将总是检查在不动产上是否已经设立了市政府的优先购买权。如果是,他将不会在对除市政府以外的任何人的转让中予以协助,除非出售人能够出示市长和参事所作出的拒绝购买土地的决定。然而,不动产所有人有时候试图在不牵涉公证人的情况下转让他们的土地,将所拥有土地的全部权益通过普通合同转让给其他人是可能的。这时,在法律上所有者并未失去所有权,但是实际的情况与之非常接近。由于这一合同,法律上的所有人只是有其名而无其实了。这些类型的协议可被市政府在法院中提出挑战。如果并没有真正的土地转让,而只有一个包含几乎完全相同含义的协议,法官将裁决该协议无效。

第四节　土地整理制度[①]

一、发展历程

在全世界范围内,荷兰属于较早开展土地整理的国家之一。20世纪初,荷兰开始开展较低层次的土地整理,主要是将散乱的土地合并重新调整规划,便于农业机械化生产和规模种植,促进农业的发展。可见,在荷兰,土地整理很少算作孤立的行为,从其产生时,就是与土地复垦以及水资源管理这些活动紧密相连的。可以说,土地整理贯穿了荷兰农业的发展历程。荷兰于1924年颁布第一部《土地整理法》,旨在将土地集中管理,便于农业机械化生产,提升农业生产水平。1938年出台第二部《土地整理法》,目的与第一部一致,变化的是土地整理的手续得到了简化。20世纪40年代开始,荷兰土地整理向更为深层次的土地利用发展。特别是1954年颁布的《土地整理法》具有极大的转折意义,最明显的改变是引进了乡村

---

①　廖蓉,杜官印.荷兰土地整理对我国土地整理发展的启示[J].中国国土资源经济,2004(9):25-27.

景观规划。风景园林师相对于过去土木建筑工程师,对乡村景观的布局设计重塑了荷兰乡村景观生态美学,全面挖掘了乡村美学潜力。第二次世界大战以后,特别是 20 世纪 60 年代和 70 年代早期,荷兰的土地整理作为农业结构调整和扩大农用地面积的一种手段,被政府所重视和推广。

第二次世界大战刚结束时期,土地整理作为一项劳动密集型的活动为失业者提供了许多的就业机会。但是,由于失业问题在 20 世纪 50 年代中期基本得到解决,国家对土地整理的投入开始持谨慎的态度,逐渐把其对国家经济的回报率作为是否投资的一个标准。对 1958 年以来进行的土地整理项目以及相关工作计划的分析表明,国家逐步开始以经济回报率作为一个主要的衡量标准,对一个地区优先开展的项目进行排序,政府首先实施经济回报率较高的项目。

尽管土地整理在这一时期显示了它的成功,但是在 20 世纪 60 年代后期,许多人就对其实施目的的单一性表示了怀疑,特别是对传统乡村的土地景观所造成的负面影响更成为人们非议的焦点,即便国家在 1954 年的土地整理法中,已经明确土地景观规划必须作为土地整理规划的一个组成部分。20 世纪 70 年代以后,人们对此进行了更深入的思考,开始寻求土地整理项目新的发展方向。议论的焦点集中在:土地整理项目以及农村发展项目中怎样处理农业、土地景观、自然资源保护以及户外休闲娱乐区域之间的关系。这场讨论的最终结果是国家出台了两个重要的法律文件:第一个是 1975 年颁布的《关系备忘录》(Relation Memorandum),在该文件中规定了农村地区相关利益部门的关系;第二个文件是 1981 年由农业与渔业部颁布的《农村发展的布局安排》(Structure For Rural Area Development)。特别是后一个法案与《户外娱乐法》(Outdoor Recreation)、《自然和景观保护法》(Nature And Landscape Preservation)组成了 1980 年到 1990 年之间有关农村发展的主要法律。除了上述提及的法案,1985 年颁布实施的并且至今仍然使用的《农村地区开发法》(Rural Area Development Act)也是在土地整理过程中应用较为广泛的法案。它的意义在于减少了土地整理在空间上的限制,使得土地整理的地区延伸到了城市化的地区,特别是在一些大城市的周边。

二、荷兰土地整理的法律保障

伴随着土地整理在荷兰的发展,与其相关的法律文献也随之逐步建立。1924 年颁布首部《土地整理法》,第一次在法律意义上明确了土地整理。随着 1935 年土地整理服务局(Land and Consolidation Service)的建立,国家在 1938 年出台了第二部土地整理法案,在这个法案中,对土地整理项目的批准程序做了简化。伴随着土地整理的目的由单一的促进农业生产发展逐渐演变为更深层次、复杂的综合土地整理,荷兰《土地整理法》也不断地修订。

由于第二次世界大战以后,土地整理逐渐变成了一种对农村地区进行结构调整的手段。1954 年国家出台了新的土地整理法案,充分体现了土地整理主导思想的转移。1954 年的法案中指出:土地整理就是为了促进农业、园艺、林业以及养殖业的生产力。然而,在后来的相关法案中,国家又提出:把农用地转变成非农用地的面积要达到项目区总面积的 5%。在这样的大前提下,土地整理项目与其空间规划之间的关系变得非常敏感。1965 年国家颁布了空间设计规划法案(Spacial-planning Act),在法案中规定:省级土地整理项目必须与地区空间规划相吻合。

1954 年的法案还提出了一个重要的内容,即选举制度,其主要思想是:由项目区的居民代表组成的土地整理委员会编制的土地整理项目设计最终方案,在实施之前,必须获得项目区大多数土地所有者和使用者的赞成。它有两层含义:一是指项目区的大多数土地所有者,自 1977 年法案修订后,也包括项目区的土地租赁者,表示同意;二是指拥有项目区绝大多数土地的土地所有者以及土地租赁者表示同意。

由于存在"逐渐淡化以提高土地生产力(特别是农业生产力)为主要目的的土地整理和逐渐加强以综合土地利用为目的的农村开发"这一趋势,1985 年,国家又一次颁布了新的土地整理法律,即:农村地区土地开发法。这个法律的主要特点是:根据项目区的不同特点和项目的主要目的,设计与之相适应的土地整理的手段和方式,也就是说,提供了多种可选择的实施方案,同时也保留了 1954 年法案中土地所有者和土地租赁者的投票表决制度。在 1985 年的法律中,还对"土地重新开发项目"进行了新的定义和规定,明确了在此类项目的实施中,虽然来自农业方面的股东是项目所涉及的一个利益集团,但是,省政府对项目有最终的决定权。

有了完善的法律作为土地整理的保证,荷兰进行土地整理过程更加顺畅,规划也更加科学,整理的结果更受公众认同。

三、土地整理的功能与实施

(一)功能

现在,荷兰的法律要求土地整理项目所涉及的每个农户都要参与其中,不能回避。不论是否愿意,农户在土地整理中都要履行应尽的义务。但法律同时也要保证土地整理后土地的价值和效应不会降低(或受损)。通过土地整理和地块归并、重划,3%的土地有了新的户主。例如:荷兰阿姆斯特丹的一个土地整理项目地块,原来没有公路,所有的运输都靠水运解决,致使该地块的现代化农业生产受到影响;此外,在该地附近还有两个农场和一些零散的地块。最后土地整理实施者决定将这两个项目进行整合,使之成为一个地块。通过归并整理,不仅土地质量得到了修复和提升,周边基础设施,如道路、水电设施等都得以建设,与地块相关的村庄也都得到了整治,环境得到了明显改善。

土地整理的效果是很明显的,如阿姆斯特丹附近的农场,由原来的 1100 个降到了 520 个;地块数量由原来的 4000 多块,降到了 701 块;每个农场的地块数由过去的平均 3.5 块降到了平均 1.8 块。每块地由过去的 1.6 公顷扩大到了 6.3 公顷以上。地块合并不是数量扣减,也不是对地块进行征用,而是一种消除细碎化的土地整合。但在进行基础设施建设时,还是需要占用一些土地的,如每户需要拿出 5%的土地用来修路。不过由于是每户均摊,大家损失一样,所以农户很容易达成共识。此外,由于在土地整理中需要开挖新的河道,以减少农田的积水浸泡,有时还需要修筑堤坝挡住洪水,这就需要一些临时征地计划。同时土地整理中还要修建一些农村休闲场所,如对一些有数百年历史的沟渠,通过土地整理把它变成了休闲场所,这都需要建立在农户充分意愿的基础上。

土地整理过程中,还有一些项目是保护生态多样性的土地景观,这些景观往往处在两个或几个城市之间,并受法律保护。因此,在这个范围内不允许城市发展或扩张。

显然,在荷兰,土地整理的功能越来越多元化。因此,在管理中需要综合运用多种工具。一般来说,首要是先完善相应的法律制度。从 20 世纪 80 年代农业与渔业部颁布《乡村发展的布局安排》开始，逐步有了《户外娱乐法》《自然和景观保护法》《土地开发法》等，这些成为荷兰乡村发展的主要法律体系，农业发展不再是土地整理的唯一内容，土地景观和生态平衡等逐步上升为土地整理的重要内容；其次是"土地购买资源分配"方案，对一些土地资源先期有偿征用或购买，土地整理后再行分配。这需要一个准备期，以往都是 10 年或 15 年，现在一般都是 3～5 年的准备期。1991 年，荷兰进行了全国的生态区规划。共有 15 万公顷自然生态景观用地，占农地总量的 10%。这些景观都是模拟自然生态设计的，包括水量规划、动物迁徙通道、廊道、历史建筑的保存等。这些都需要依靠土地整理来完成。但这些项目使水资源能够得以保护，农村人口也得以保留，从而也进一步促进了农村的发展。

(二)实施办法

(1)土地整合的办法。土地整理过程中，农业、自然、河流、历史文化、户外娱乐、公路机场、管道运输等都要统筹考虑；然后是自然水系的土地整理，会涉及很多农地或地块，这是个大工程。荷兰计划要在西部打造全新的水系，这就要有一套切实可行的土地整合办法。

荷兰有个"快速重新分配法"，目前德国也在采用这个办法。就是对一些小块土地的"小农"而言，由于他们对自己的区域非常了解，可以自行解决许多事情，土地整理中必须借助这个力量。现在，荷兰政府不再充当专家的角色，而只是一个推进者，剩下的事情通过农户自己的智慧解决，让农户和社区自愿加入进来，允许参与者在土地整理中实现自己的目标。当项目实施和农户的目标利益一致时，就会加快项目进度，而且能够节约整理成本。

与中国按土地质量等级划分地块不同，荷兰是按农户的收益来划分地块的，即用土地分割所获得的收益为标准划分，农户可在土地分割中获得很好的收益。如一个 35 公顷的奶牛场，经过土地整理后每年的投入由 1 万欧元降至 300 欧元。但前提是必须说服农户：想降低成本，就请加入进来。

从荷兰土地整理演变的轨迹中，不难发现：与土地整理利益分配切实相关的当地的个人和团体是决定土地整理项目的启动、规划和实施最为重要的力量。在 1954 年法案颁布之前，很多土地整理项目的实施是由当地的相关利益团体以及个人来决策的。1954 年法案颁布之后，从法律上明确了"土地整理委员会"这一形式，同时要求委员会的成员应当包括：当地农户的代表，水资源管理委员会的代表，市政府的代表以及其他相关利益集团的代表。20世纪 60 年代以后，国家对于当地土地整理项目的投资决策侧重于对整个区域经济的总体考虑，但是，一旦项目的申请被批准，当地的"土地整理委员会"将通过严格的选举而立即产生，负责项目管理的一些事务。

具体来讲，土地整理委员会负责项目的规划和设计、组织公众听证会和投票表决，同时负责和监督项目的工程施工和检验。在技术方面的决策上，土地整理服务局和地籍部门的技术人员将向委员会提供帮助。随着土地整理项目越来越注重"农村地区综合发展"，毫无疑问，将来一个土地整理项目所要涉及的利益群体将更多，不过，"土地整理项目必须获得当地大多数人的支持"，这项原则将不会改变。

荷兰参与土地整理的风景园林设计师不仅是做乡村的景观布局、绿化设计等传统业务，也参与到基础设施的路线设计布局、区域种植规划、生态网络设计、当地历史纹理的延续中。土木建筑工程师对基础设施的路线选址考虑得更多的是快捷便利、实用、成本预算，而风景园林设计师更善于考虑基础设施与沿途风景的融合、协调、线性的衬托。对于生态网络的规划，风景园林设计师会关注当地自然的发展进程，参考景观生态学的设计，兼顾农业发展、户外休闲、生态自然保护区等的利用布局。[1]

（2）房屋（宅基地）的土地整理，包括城市周边的休闲用地。这是一个很有意义的项目，能够改善环境。土地整理过程中，对每一个水道都会做一个剖面图，并对水道进行详细分析，使之与土地的有效利用相适应。

（3）如何应对碳排放，也是土地整理要考虑的重要内容。荷兰的办法是通过高位沼泽把二氧化碳储存起来，这也是荷兰土地整理的特点。

四、荷兰土地整理的机构建设

荷兰土地整理的管理机构也是不断变化的。大体说来，在20世纪的大多数时间里，是由1935年成立的跨部门的中央土地整理委员会（Central Consolidation Committee）和土地整理项目的执行单位（土地整理服务局）来共同管理土地整理项目的。最近十几年，随着政治上"权力下放"的趋势，土地整理的管理也逐渐下放到了区域政府或省一级政府，同时省一级政府还接管了土地整理项目实施的部分权利。现在，土地整理项目的实施部门叫农村地区水资源和土地资源管理局（DLG）。在日常工作中，DLG负责土地整理以及农村开发项目实施过程的管理。另外，每一个土地整理项目都成立了一个代表各方利益集团的土地整理委员会，负责地方项目的具体决策，委员会中的秘书长由DLG的官员担任。同时，土地整理项目实施中的田块划分这一工作，移交到了地籍管理部门。另外一个部门是，1946年成立的土地管理基金（Foundation of Land Management），这个机构的职能就是为计划实施和正在实施的土地整理项目收购土地，因为有些土地整理项目需要政府购买土地作为赔偿或置换的手段。

第五节　土地开发政策[2]

一、土地政策的目标

土地政策是市政府干预土地市场的重要手段。荷兰负责土地开发工作的机构有两个。一个是中央土地开发委员会，它负责国家土地开发政策咨询和土地开发项目的指导工作。中央土地开发委员会不超过20人，由各级政府不同部门和代表不同方面利益的人员组成；另一个机构是水土利用局，它具有执行土地开发政策的职能。水土利用局隶属于荷兰农渔部，在各省都有分支机构，有700名工作人员，大都是与水土资源开发工作有关的专家和技术人员。在中央土地开发委员会的工作和土地开发项目的执行中，水土利用局发挥着决定性作用。荷兰政府每年用于土地开发项目的资金全部划归该局统一管理使用。水土利用局兼有行政管理、规划设计和工程咨询几种职能，包揽荷兰土地开发项目准备和执行全部工

①　朱鹏飞，华璀.国外土地整理经验对我国的启示——以德国、荷兰为例[J].安徽农业科学.2017(7)：176-178,204.

②　赫尔曼·德沃尔夫.荷兰土地政策解释[J].贺璟寰，译.国际城市规划,2011(3)：9-14.

作。它还辖有一国际土地开垦与改良研究所,专门从事土地开发项目咨询服务、研究和培训工作。①

我们可以通过不同视角来解读市政府在土地市场的角色和利益。

首先,从福利或制度经济学的角度剖析,政府对土地市场的干预是合理的。因为土地市场也有失效,也需要一定的干预使其调节到理想的状态。在荷兰,由于土地弥足珍贵,每一寸土地的使用都影响着毗邻土地的功能。除了一些消极的土地开发,大多数的土地利用还是对城市有积极意义的。比如,农业用地的保护,不但可以提升景观质量,更为城市人提供了休闲娱乐的去处。福利经济学家认为政府的干预可以纠正市场的纰漏。例如,对于以牺牲开放空间为代价的消极土地开发,政府将征收补偿税来开发新的城市区域。其次是公共行政的观点。此观点认为政府通过对土地市场的干预能达到一定的政策目标。荷兰政府对土地市场的干预达到的目标可大致分为3种类型。

(一)土地利用的目标

政府对土地市场的干预能有效地实现理想的空间结构和质量,防止土地的无序开发和控制部分城市地区的衰落。具体而言,政府对土地市场的干预能协调住房需求和住房建设的平衡以提高居住区的生活质量;使供商业用途的存量土地更具竞争力和可持续发展(比如低能耗的耐用建筑);以及提高政府的投资效率(比如公共交通设施的建设)。

(二)财政目标

土地开发同样可以被视为一种需要成本并能收回效益的经济活动。市政府通常需要对一块土地先投入一定成本,政府干预再使得政府可能收回成本,比如对该地块或地块周围的公共设施的投入。此外,在荷兰,政府的干预通常期待通过资金的补贴达到同一地块项目投资成本和收益的平衡。土地开发项目获得的收益(商业住宅和商业空间)被用作补贴其他可能亏损的项目(社会住宅和社会服务设施)。土地原有的价值差异因此被分散,不会影响土地发展规划的布局。市政府期待通过对土地开发的干预获得一定的收益。这部分的收益又可用来投资其他的空间开发项目(比如新的工业用地开发获得的收益可以用做宗地的改造)和其他政府开支(比如投资于经济效益较低的游泳池)。

(三)推动项目及时启动

除了上述重要的干预目标外,政府对土地开发的干预另有一个程序上的目标。某些时候,需要政府来启动一个项目。当参与其中的土地所有者并没有根据原来的土地开发计划按时启动时,政府将及时干预。当然不启动土地开发的理由多种多样:比如开发有较大风险,土地不适合城市用途或者启动资金不足。有时由于缺乏组织性而造成僵局,政府就有必要来进行干预。

市政府有权决定土地开发中最重要的目标及其使用的干预手段。通常来说,荷兰的市政府因为人稠地稀的原因,在城市发展中施加更大的影响。

二、市政府的土地开发目标:3个荷兰城市的实践

为了诠释荷兰土地开发的做法,以恩斯赫德、阿纳姆和哈勒姆3个荷兰的中等城市(人

---

① 郎文聚.荷兰的土地开发[J].世界农业,1992(4):14-16.

口 10 万～15 万)的土地政策为例。下文的引述源自市政府的土地开发法规及文件。

恩斯赫德在 2010—2013 年的土地开发政策中指出:市政府将通过一系列法规和财政手段,改善符合空间规划和其他政策领域的土地利用:(1)满足预期的空间质量;(2)合理的性价比;(3)及时的开发时间;(4)高效的开发模式;(5)优化的财政结果。尽管恩斯赫德在 2010 年后将改变以往积极型的土地政策,但目前仍对积极型土地政策偏爱有加。2010 年后的新政策考虑更加周密,每一个新启动的市政项目,都需要市政府的实施策略甚至制定正式文案。该文案需要阐述其策略的选择,解释该策略选择的意义和选择该策略的成本与风险。项目实施策略的选择取决于市政府在土地开发过程中的目标。图 6-1 阐释了恩斯赫德市政府对土地开发策略选择的评估框架。

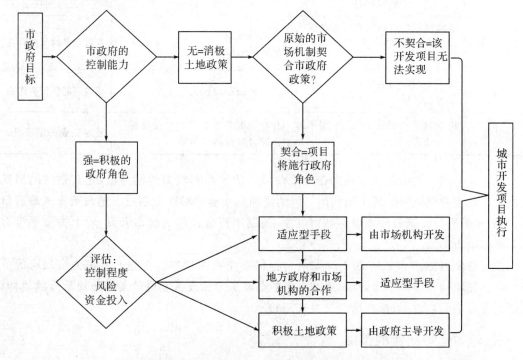

图 6-1　恩斯赫德市政府对土地开发策略选择的评估框架

阿纳姆在 2005 年公布的土地开发政策中提到:"阿纳姆土地开发的首要任务是实现空间规划的目标和缓冲财政压力。为了达到第一种目标,政府期待得到最多的开发发言权甚至起到领头作用。"阿纳姆的政策文件明确规定:为了达到既定的政策目标,积极型土地政策是最好的选择。作为被开发的土地的所有者或部分所有者,市政府对土地未来利用的影响最大,并能从土地开发中获取利益。该利益将被保留,为其后开发过程中遇到的不测备用。为了施行市政府在土地开发中的积极角色,市政府同时采用了积极的土地征用战略。

哈勒姆在 2006 年公布的土地政策中分清了两个目标:(1)推动理想的城市开发,遏制不理想的城市开发,及时启动城市开发项目。(2)调查、监测以促进该规划的财政可行性,分享土地开发获得的财政收益,通过要求开发商注入与收益比例成正比的投资来与政府共担公共设施开发的成本。增加全市财政储备也是土地政策的一项目标。哈勒姆虽然重视城市空间开发,但并未采用积极的土地政策。它试图为每一个项目选择可能的空间开发模式,并称该种模式为鼓励和支持型土地政策。通常来讲,哈勒姆市政府并不赞成积极型土地开发政策,除非该项目要求迅速启动并保证其开发质量。

以上3个案例显示了荷兰土地开发中的不同实践。哈勒姆相较恩斯赫德和阿纳姆没有那么大的雄心。而对于恩斯赫德和阿纳姆来讲,土地开发中土地利用的目标至关重要,风险也因此变大。恩斯赫德在2010年对土地政策的细微调整,部分原因是市政府土地发展机构的财政状况下滑。哈勒姆选择较为保守的土地开发政策,则是由于其市政府曾经有土地开发失败的经历。总之,荷兰的市政府都比较倾向于采用积极的土地政策以最优化土地开发过程和最大化影响其开发过程。将3个城市的土地开发政策进行分类比较,如表6-3所示。

表6-3　3个城市的土地开发政策分类

	土地利用目标	财政目标	开发时间控制
恩斯赫德	空间规划和其他政策目标的实现 预期的空间质量 合理的性价比	高效的开发方式 最佳的财政结果	在设定的时间内开发
阿纳姆	实现空间规划目标 最大发言权	缓冲全市财政压力	市政府起到带头作用
哈勒姆	推动理想的城市开发,遏制不理想的城市开发	分享土地开发获得的财政收益 公摊公共设施开发成本	及时完成开发项目

以上3个案例显示了荷兰城市在土地政策上的雄心和较高的期待值,尤其是阿纳姆试图通过土地政策以最优化其土地利用。阿纳姆和恩斯赫德都期待通过土地政策实现政府目标,只有哈勒姆仅谈到鼓励理想的城市开发,遏制不符合条件的城市开发,看上去似乎没有那么大的雄心。

说到财政目标,3个城市的土地发展目标都不止收回成本。土地开发成为市政府的业务。阿纳姆和哈勒姆都明确表示,缓冲全市的财政压力和改善金融储备是土地政策的目标。其他研究也表明,这一目标在荷兰是很普遍的。

三、地方土地政策的策略

什么样的土地市场策略能满足市政府的巨大抱负呢?对于土地市场的干预可采用3种类型的实施战略:积极型土地政策、公私合作模式和促进型土地政策。

(一)积极型土地政策

通过积极的土地政策,政府试图获得土地所有权。政府可以自行开发土地或者指定开发商开发。由于政府是土地所有者,因此能对该地块未来的土地使用功能和该地块的建筑以及设施的设计施加更多的影响。根据私营法案,政府作为土地所有者可以行使上述权利。而且,作为土地所有者和开发商,市政府在获得该片土地开发的全部利益时也承担了全部的风险。

(二)公私合作模式

第二个战略是合作:在土地开发中建立公私合作模式。政府依然是土地所有者之一,它和私人开发商签约,并按照合同来开发该地块。合作的原因各有不同:自20世纪90年代住房政策改变以后,私人开发商拥有开发地块存量土地而使得市政府必须合作的模式十分普遍。而对于私人开发商来说,平稳、顺利的土地开发也可能是他们和市政府合作的动机。出于以上两种动机的合作,都能为双方减少开发投资的风险。

合作方式也可以有以下几种表现形式。

1.通过土地的转让获得住房建设权

私营企业低价(低于它的买进价)让地给市政府,获得在新城区建房的权利且无须承受开发风险。作为交换,该私营公司通常在该地区空间发展规划上施加一定的影响。这种合作方式常常受到民营企业的青睐,因为它们只需要买下土地就有权与政府共同开发建设以减小投资风险,而市政府依然可以对该地块开发施加一定的影响。但是在这种合作方式中,市政府选择私人开发商的自由较小,而只能与拥有该地的私营企业合作,因为建设权早就被分配了。这种合作方式将在一定程度上影响建成房屋的性价比。

2.合资

在公私合作当中,土地开发由一家合资公司负责进行。政府或私营机构所拥有的土地交给合资公司开发,其风险也由它们的利益相关者均分承担。土地的规划布局也由双方共同制订;私营公司被授权在该地区建造很多房屋。从市政府的角度讲,由于市政府无法承担全部开发风险,而开发本身又需要很长周期,这种合作方式就具有吸引力。当然,前提是私营公司不仅仅是建筑公司,而是有意愿影响整块地区的开发,并能部分承担该土地的开发风险。

3.合同/合约

私营机构基于和市政府签订的合约负责开发该地区。合约对开发条件做出较为详细的规定和限制。合约签订之前,政府对于项目的控制强度大。合约签订之后,由于项目的实施由私营开发商负责,调整的可能性就很小了。私营开发商也背负了所有的开发风险:为了能开发这块土地,私营开发商必须想办法获得这块土地的所有权。

如果市政府在项目开发之前就能明确定义开发目标,那么这种合作就比较合适。这种合作方式的开发周期也不会太长。

(三)促进型或消极型土地政策

在促进型或消极型土地策略中,政府通过使用公共法规影响土地开发。市政府规定开发的先决条件并予以执行。在这种策略中,政府并不试图收购土地:该地区的开发都由私营机构承担。只有公共设施的建设(道路、绿地、市政管道系统等)由市政府维护。

1.促进型策略

市政府积极尝试用公共法规来发起和控制私营开发项目。比如,市政府和私营开发商协商关于土地规划变更的事宜。这种策略更接近公私合作模式,特别是签订合同的策略。

2.消极型策略

市政府通过公共法规手段(结合土地用地规划和土地服务计划)设定开发范围并根据已有的政策判定私营开发商提交的开发方案的可行性。

四、土地政策:积极手段

一般来讲,市政府具有自由购买土地和房地产项目的权利。许多市政府都有自己的土地开发机构。该机构可以在市议会和财政规则内进行业务运作。有了这种机构,在某种程度上市政府在土地市场中与私营开发商类似,可以依据私营公司法规买卖土地和房地产。除了这种手段,市政府同样可以依据公法买卖土地和房地产。其中扩大市政府权利的一项最重要的工具是对土地的优先购置权和征收权。这两种手段都是市政府在土地开发实践中常用的。

(一)优先购置权

优先购置权使市政府总是在土地市场中占有优势。优先购置权由市政府设立,并规定当土地所有者准备出售其财产时,市政府有优先与其洽谈的权力。通过这种手段,市政府能有效防止土地出让给私营开发者,并有可能成为即将开发的土地的所有者。

该项权利的设置与规划过程的进展息息相关。土地项目的(再)开发必须制订绑定式的土地利用规划或对现有规划进行调整。在规划的地区当中,如果提议中的土地利用与现有土地利用相左,便可设立优先购置权。而当优先购置权在土地利用规划被制订后确立,市政府将面临土地已被出让给第三方的风险。因此,优先购置权法案还赋予其改变土地利用规划的权利。在新的土地利用规划制订前最长达 6 年零 3 个月期间,可确立优先购置权并赋予所有类型的土地利用:比如住宅开发、商业开发、公共设施开发和娱乐设施的开发。当土地主想出售土地的时候,他必须先和市政府洽谈。如果土地主和市政府不能就土地转让价格达成一致,法院可以裁决最后的价格。不过,其仍有不出售土地给市政府的权利。土地优先购置权在城市开发过程中广泛应用,并帮助市政府获得土地。但土地优先购置权并非大批土地所有者主动向市政府出售土地,而是提供市政府优先与土地所有者谈判、收购土地的权利,使得土地市场相对平稳。考虑到市政府的土地开发目标,这种优先购置权仍有其缺陷:市政府优先购置的土地意味其即将被开发而价格上涨(因为根据正式的程序,土地价格须根据市场价值和其未来的用途来划定),并增加市政府收购土地的成本。

(二)土地征用权

土地征用权是对土地市场最深远的干预措施。市政府接管土地所有权的做法只适用于特殊情况,并必须遵守相应的实施程序。土地只有被用作公共利益的建设项目或者土地所有者被完全补偿的时候,土地征用权才有效。大多数与城市开发相关的征地案例涉及与城市开发有关和与市政府的住房政策相符的空间建设发展。此外,土地征用还需通过以下标准检验:

(1)土地主是否做好土地开发的准备。

(2)土地主是否具有独立开发该项目的能力。

(3)土地主是否能按照市政府的开发纲要开发土地。

开发纲要必须符合该地块空间开发和住宅发展的目标,甚至有时能够超越已有的具有法律效力的土地利用方案。比如,要开发的住宅类型和价格以及项目开发时段都可以在开发纲要下被强制执行。如同优先购置权,土地征用权的运用与规划实施过程紧密相连。土地征用只有在土地利用规划确立和生效后才能被实施。此外,土地征收程序中,市政府通过法律程序进行征收的措施只有在中央政府批准征用计划后才能进行。而土地征收并不局限于公共设施或作娱乐用途的土地而适用于一切新开发的用地,比如新建房屋和商业用地开发。土地征用在城市开放过程中并未被广泛应用,但其作为一种可能的解决方案还是很重要的。考虑到市政府的土地开发目标,土地征用有一些局限性。前面已经提到,如果土地主设想的用地计划与市政府的目标不完全一样时,土地仍不能被征收,除此之外财政目标也不一定能实现。尽管土地征用基于土地市场价值这点意味着土地服务费用(把生地变为熟地)也将被考虑到土地定价方案中去,市政府仍难从这种土地开发中获取利益。

五、土地政策:促进型途径

如果市政府决定采用促进型土地开发策略,那么公共法规将成为达成政府目标的重要手段。最近,土地开发法作为新的空间规划法的一部分将开始生效。为此,土地开发过程中涉及财政效益的法律要素将被改变。而这种改变主要体现在两方面:一是在成本收回和价值回馈方面达成一致的可能性增加;二是促进私营开发商为土地开发做出贡献的可能性增加。

(一)财政贡献

新体系增加了成本回收的可能性。市政府要求的财政贡献不再局限于开发该地区土地所用的成本,同样也可以从其他空间开发项目中获得。但它有一个重要的限制:该财政贡献必须基于已被批准的战略规划。例如,将被城市化的土地,其所有者可以投资政府战略规划内的其他保护区的开发项目;同样,市政府可以延后城市化建设的开发,直到该土地所有者投资保护区项目为止。考虑到政府土地开发目标,自由谈判阶段极为重要。它不但为市政府和土地所有者的谈判提供了一个平台,更使得财政贡献外的其他目标在谈判中得以实现。在自愿谈判阶段达成的共识使得促进型战略更接近于相互让步、协调的公私合作战略模式。

(二)强制执行

强制执行所带来的收益的可能性增大。建筑许可证的发放是保证土地开发顺利进行的关键,但其前提是,市政府建立了一套土地开发规划并预估了成本和利润以及各地块的成本分配。土地所有者只有在履行了对土地开发的义务后才能获得项目建造许可证。财政贡献一般基于对公共项目投资的成本回收。为了分配这些成本,开发土地的原始价值(标准土地获取价格)和未来的价值(基于提供服务的建设地块的可能用途)将进入考虑范围:比如原本作为灌溉用地的土地所有者可以比原本用作草地的所有者付出更少的代价,用作社会住宅开发的土地所有者可以比用作商业联排住宅开发的土地主付出更少成本。所以土地开发计划包含了对土地开发成本和开发利润的评估。能被回收的成本其实是有限的,这些都在新的空间规划法案的执行过程中涉及。除了能被回收的成本类型有限制外,另一个限制在于成本能回收多少。新法案介绍了3个衡量标准:

(1)收益:只有在该地区产生效益的成本才能被回收。比如通过该区的地铁在附近没有停靠站,则成本无法回收。

(2)因果联系:只有当被评估的效益真正与该项目有关时,成本才能回收。比如该地区的老项目,其成本无法回收。

(3)比例:如果该项目的利益同样惠及其他使用者,则成本只能部分被回收。例如新的城市区域修建的公园如果同样为周边地区人群使用的话,则此成本只能部分被回收。

除了这3个标准,还有第四个标准可以考虑。成本回收局限于项目可能的财政范围内。如果政府期待的回收成本超过了开发商在该项目中获得的利润,则成本的回收有限。政府在土地开发中选用的战略手段帮助政府实现部分财政目标,收回投资成本并交叉补贴区域范围内的不同开发项目。但是该手段的使用对于实现其他的政府目标效果有限。

总之,荷兰的土地政策是市政府控制空间发展的有效手段。在空间开发过程中,市政府的目标是非常明确而又全面的。这些目标试图让该地块土地利用按照土地规划执行,并从土地开发中获益。为了达成目标,市政府可利用各种手段。新的土地策略比如公私合作模式和促进型土地策略相继出现的同时,积极的土地策略仍然非常流行。对于所有的土地干预策略而言,公共法规显得尤为重要,尤其在谈判过程中。虽然随着《土地开发法案》的执行,促进型的土地策略的应用日渐广泛,积极的土地政策仍将在荷兰的土地开发中占有主导地位。

六、土地开发机构及其职能[①]

20世纪以来荷兰执行具体土地整理项目和土地开发项目的机构虽然有所变化,但总体来说在不同政府层级的核心部门分别为:国家政府层面的中央土地开发委员会(Central Land Development Committee);地方层面为各地方的乡村土地开发委员会(Rural Land Development Committee)以及3个专业的政府服务机构,分别为乡村地区土地和水资源管理部(The Government Service for Land and Water Use,荷兰语的缩写为DLG)、地籍管理部(The Cadastral Service)和农业土地管理局(The Bureau for Agricultural Land Management),它们的具体职能和人员构成如表6-4所示。

表6-4　荷兰土地开发项目的相关机构与职能

部门	职能	人员构成
中央土地开发委员会	对国家的土地开发政策提出建议并监管各地的土地开发项目	最多拥有20名成员,分别代表各部门、省级政府、自治市、农业组织、林业组织、自然保护组织、户外休闲组织等的利益
乡村土地开发委员会	负责当地土地开发项目的规划并负责监督项目的工程施工和验收	主席由当地有经验的行政官担任,秘书长由DLG的官员担任,委员会成员由农户的代表、水资源管理委员会的代表、自治市政府的代表,以及自然保护组织、旅游委员会和其他相关利益集团的代表构成
乡村地区土地和水资源管理部(DLG)	执行土地开发项目并负责土地开发过程的管理	专业人员
地籍管理部	为实施土地开发项目准备土地再分配计划(land reallocation plan)	专业人员
农业土地管理局	为实施土地开发项目收购土地(因为有些土地整理项目需要政府购买土地作为赔偿或置换的手段)	专业人员

荷兰乡村地区土地开发的实施机制也在逐步做出调整和完善。以1985年《土地开发法》为主要依据,并不断修正沿用至今的荷兰乡村土地开发过程的原则如下:首先,如果要在一个地区实行土地整理或土地开发,必须先由当地的组织或个人提出土地整理或开发的申请,在中央土地开发委员会认可该项目具有价值后,省级政府会检查该项目是否与省域空间结构规划一致。通过评估后,项目被列入省级政府的可能执行项目清单中。在省政府决定执行该项目后,当地的乡村土地开发委员会被委任负责该项目,委员会吸收各种利益集团的

---

① 张驰,张京祥,陈眉舞.荷兰乡村地区规划演变历程与启示[J].国际城市规划,2016(1):81-86.

代表为成员。其后,省政府会给出针对当地土地开发的指导性意见,当地乡村土地开发委员会制作规划草案并付诸公众评议,在基于公众意见的修改完成之后,委员会最终确定规划。在省级政府批准通过之后,土地开发项目方可正式得到实施(如果是土地整理项目,还需要通过当地土地所有者的投票)。

第七章　日本土地制度

第一节　土地产权及管理机构

一、概述

日本是亚洲大陆东部的群岛国家,由本州、北海道、四国、九州四大岛和3900多个小岛组成,四个大岛的合计面积约占全国总面积的96%。日本国土面积为37.8万平方千米,其中山地面积占土地面积的75%,平原面积占25%[①],耕地面积516万公顷,仅占13.6%。[②] 日本全国总人口12616万人(截至2019年11月),人均耕地面积约0.04公顷[③]。日本的土地主要分为农地、森林、原野、水域、道路、宅地和其他用地。牧草地包括在原野里;水域包括水面、河川、水路等;道路包括一般道路、农道以及林道;宅地包括住宅地、工业用地和其他宅地。据日本2016年统计年鉴,2013年日本农地占全国总面积12.0%,森林占66.3%,原野占0.9%,水域占3.5%,道路占3.6%,宅地占5.1%,其他用地占8.6%。土地利用结构以林地为主,占土地总面积的67%,农地占12%,建设用地占9%。[④] 日本是人多地少,土地资源相当短缺的国家。

2019年日本的总人口约为1.26亿人,城市化水平为93.9%。日本行政区划实行都道府县制,全国共设一都、一道、两府、43个县(日本的县相当于我国的省级,市町村相当于我国的县级)。日本不仅人均耕地少,而且人口密度高。日本有80%的人口密集地分布在太平洋沿岸狭窄的平原上,尤其大中城市的人口十分拥挤,仅东京、横滨、大阪、名古屋四大城市,就约占全国总人口的20%。全国90%的人口集中在城市,只有10%的人口在农村。[⑤]

日本国土交通省把日本分为三大都市圈和地方圈。三大都市圈分别为东京圈(埼玉县、千叶县、东京都、神奈川县)、名古屋圈(岐阜县、爱知县、三重县)和大阪圈(京都府、大阪府、兵库县、奈良县),地方圈就是除了东京圈、名古屋圈、大阪圈以外的地域。在这三大都市圈里,农地面积占10.7%,森林面积占58.6%,原野面积占0.1%,水域面积占3.6%,道路面积占5.2%,宅地面积占11.8%,其他用地面积占10.1%。在地方圈里,农地面积占12.2%,

---

① 张娟锋,贺生华.中日农地制度变迁的特征及其差异分析[J].资源导刊,2008(5):44-45.

② 张宁宁.日本土地资源管理一瞥[J].中国土地科学,1999(1):45-47.

③ 数据来源于中华人民共和国外交部网站(https://www.fmprc.gov.cn/web/)。

④ 赵文琪.日本城市土地集约利用的规划路径及其借鉴意义[J].上海国土资源,2017(4):56-42,92.

⑤ 朱道林.土地管理学[M].2版.北京:中国农业出版社,2016:318.

森林面积占 67.6％,原野面积占 1.0％,水域面积占 3.5％,道路面积占 3.5％,宅地面积占 4.0％,其他用地占 8.3％。都市圈的道路和住宅面积高于地方圈,而地方圈的森林和农地面积略高于都市圈,但在各自的占比上差异并不大。日本是一个森林资源极其丰富的国家,而由于大部分土地都是山地和丘陵,农地面积和宅地面积相当少。即便在东京都等大城市,市内的丘陵和斜坡也相当多,可见农地的保护和土地的节约集约利用在日本的重要性。从 2005—2013 年各类土地面积对比可知,八年中各类用地面积变化甚微,农地仅下降 0.4％,森林和原野分别下降 0.10％和 0.05％,道路和宅地分别增加 0.13％和 0.19％,其他用地增加 0.26％,说明日本的土地利用规划执行、土地集约利用与农地的保护制度非常严格。①

二、产权制度

日本现行土地私有制,所谓私有制,是一种法律上承认个人或私人可以占有土地的制度,但并不意味着全部土地都为私人所有。在日本,除个人或股份(有限)公司等法人占有土地外,国家和都、道、府、县、市、町、村等地方公共团体也占有土地。日本的国有和共有土地大部分是山林、河川、海滨地,占土地资源比例很小,因而国有土地使用权制度并不很发达,且国有土地和公共土地主要是为了国家及国民的利益而使用的,更强调生态保护。日本的非土地所有人利用土地主要体现在其民法的地上权和永佃权中。

日本是高度发达的资本主义国家,实行土地私有制。日本宪法规定“土地属私有财产,归私人所有”,第 29 条明确规定私有财产不受侵犯。同时又规定,“土地尽管私有,但用于国家福利事业的,个人要提供方便”“国家给予个人正当补偿后,可以进行公共设施建设。”法律规定,山川、木林等属国家所有。凡是国家投资建设的公路、公园、有关公共设施等亦属国家所有。②

日本民法中的物指有体物。不动产指土地及其定着物。除此之外的物都是动产。《不动产登记法》中第一章总则第二条规定不动产指土地及建筑。

地上权是指由于在他人土地上有工作物或树木而有权使用该土地的权利。租赁权,当事人一方约定将某物的使用和收益让与对方,对方对此支付租金,租赁发生效力。地上权和租赁权都是土地所有者的用益权。日本有专门法律保护承租者的利益,如《借地借家法》。作为私人财产的一种,土地同样可以按照法律规定买卖、赠予和继承。《不动产登记法》对不动产的表示以及与不动产有关权利的公开做了规定:当不动产标示或所有权、地上权、永佃权、地役权、优先取得权、质权、抵押权、租赁权和采石权这些与不动产有关的权利发生保有、设定、转移、变更、处分限制或消灭时,需要按照《不动产登记法》进行登记。

征用的对象既可以是不动产的所有权,也可以是不动产的地役权、永佃权、质权、抵押权、租赁权等权利;既可以是土地本身,也可以是土地上附着物,如建筑、砂石等。即为了将土地提供给事业发起人,必须取消或者限制这些附着物除所有权以外的权利,并在相当于该种情况时,事业发起人有权对除所有权之外的这些权利进行征收,可以依据本法的规定征用或者使用这些权利。土地征用的主体称为事业发起人。事业发起人既可以是政府机关,也可以是企业。

众所周知,日本是承认土地私有的国家,法律制度上允许私人就土地和房屋分别拥有所有权。也就是说,土地和房屋的所有权是相对独立的。国民为了生计而在土地上建造房屋

---

①　赵文琪.日本城市土地集约利用的规划路径及其借鉴意义[J].上海国土资源,2017(4):56-62,92.

②　张宁宁.日本土地资源管理一瞥[J].中国土地科学,1999(1):45-47.

时,可采取两种方式:一是直接购买土地,即从他人手里购买获得土地的所有权;二是因各种原因无法购买时,可采取土地租借的方式获得土地使用权,而土地的所有权不发生变动。[①]

在日本,如果把主体从普通国民换成国家或企业,当为开展公共和公益事业需要使用土地时,一般来讲,供公共和公益事业使用的土地,原则上是需要通过签订买卖契约来直接获得所有权。这是因为公共和公益设施作为长期永续性的存在,法理上要求其尽可能地避免以不稳定的租借权等方式获得土地的使用权。在双方由于各种原因无法达成买卖合意而无法缔结买卖契约的情况下,就需要依赖一套土地征收的法律制度,即适用《土地征收法》的规定,强制获得用地的所有权并给予补偿。

三、土地管理机构[②]

(一)机构设置

日本经济发展迅速,而土地资源有限,为了满足社会经济发展的要求,1974年成立了国土厅,从此日本土地问题都划归国土厅土地局管理。目前国土厅土地局是日本土地的唯一管理机构,行使统一的垂直的全国土地管理职能。

日本政府土地行政主管部门的设置是与其联邦自治的管理体制相一致的。分为相互制约、相互衔接的两个体系。一是自上而下的,担负决策、计划、控制、监督等宏观职能的行政管理部门;二是以科技手段,提供技术标准,进行实际操作的土地科技服务部门。

在政府行政管理部门中分为3个层次,实行国家、都道府县、市町村3级管理。国家土地行政主管部门国土厅(除土地管理外,还担负水资源管理),其职能是土地法规的制定、调查、监督。国土厅土地局下设土地政策、土地利用、地价调整、国土调查4个科。其主要职责是:制定土地管理政策、编制和实施全国土地利用计划、限制土地交易、管理全国休闲土地、管理地价、组织地籍调查,以及编制国土利用形态分布图表。

都道府县土地行政主管部门,一般设在政企划部(局)内,名称有的叫土地对策科,或土地水对策科。其职能是在国家法律范围内,提出本地的具体办法。

市町村一级,是日本的基层权力机构。在企划局内独立的或联合的土地对策部门。市町村依据国家法律、都道府县的地方土地法规制定本地的法规,引导国民,组织法规的具体实施,日本还有11个政令指定城市,类似我国的计划单列市,享受都道府县级权限。全国在政府土地行政主管部门工作的3000余人。

日本土地由5个部门进行管理,即住宅都市部,负责实施都市计划法,管理都市地域;农牧部,管理农业地域;土木部,负责实施道路法,河流法,管理其相应地域;林务部,负责实施森林法,管理森林地域;保健环境部,负责实施自然公园法,管理自然公园地域和自然保全地域。

国土厅成立前,由农林水产省、建设省、通商产业省分别管理各自有关的土地。1974年成立国土厅以后,全国城乡土地问题,都划归国土厅统一管理,在国土厅内,主要由土地局负责。地方在企划振兴部内设土地对策课,实施国土利用计划法,进行土地管理。在土地水对策课内,按上述五个地域设五个系(科),进行协调。国土厅的主要任务,是保证城乡土地合理利用和稳定地价。

---

① 平松弘光.从日本法视角看中国土地征收法律制度[J].杨官鹏,译.科学发展,2016(8):83-91.
② 朱道林.土地管理学[M].北京:中国农业出版社,2016:318.

日本国土厅土地局的内设机构及职能如下。

1.土地政策课

调整和协调土地局内部事务;规划、起草和实施地价及其他有关土地的基本政策;编制城乡土地利用白皮书,向国会报告有关国土政策和国土利用情况;实施农用地与居住地组合法;控制农村耕地与非耕地的利用方向;制订和指导国土利用转换计划,如耕地转用于城市用地等;国土利用审议会的总务工作。

2.土地利用调整课

指导与调整土地利用基本计划;根据国土利用计划法限制土地交易;其他有关的国土利用计划法的实施。

3.地价调整课

调整全国地价,并以法律形式向全国公示各类地价,制定不动产的鉴定评价标准,执行不动产的鉴定评价法律;负责土地鉴定委员会的总务工作;实施国土利用计划法,如有关土地价格等。

4.国土调查课

规划和起草国土调查约有关基本政策;制定和实施国土调查法;促进国土调查特别措施的实施。

(二)国土厅土地局的主要工作

1.土地利用计划

这是土地局的核心工作,主要有以下几项。

一是国土利用计划。该计划属长期计划,以未来设想为主,其目的在于综合地、有计划地利用国土。有全国计划和地方计划两种。

二是土地利用基本计划。以国土利用计划为基础,以地方(都、道、府、县)为单位编制以便对城市、农业、森林、自然公园与自然保护区等5种土地利用类型进行管理,并逐步调整其利用方向。

2.土地交易

虽然日本的土地制度为土地私有制,但是《国土利用计划法》中还是规定了严格限制土地交易,把土地交易控制在土地局管理的范围内。其主要做法有:

一是监视土地交易的动向。对需要特别加强监督的地域,对每项土地交易都要进行实地调查,而且监督其发展方向。

二是规定限制区域和实行许可证制度。对投资交易集中的地区,或者地价暴涨的地区,各地方政府有权采取紧急措施,并实行严格的许可证制度。

三是实行呈报劝告制度,由地方政府审查,并确定是否可以进行交易。如发现不符合政府要求者,要劝告交易者停止交易。

3.土地监控

为了掌握国土利用形态的变化,尤其是土地利用的转化,对国土利用形态要进行分类,并编制有关图表。其项目包括农地、林地、荒地、水域和水路、道路、宅基地、其他用地等。而且每年还要统计各类土地利用的变化,了解土地的转用情况。

4.地价管理

各级政府要严格控制土地交易,严格限制地价的变动,主要工作为:(1)调查地价。调查地价动向,并采取有力措施控制地价。(2)实行土地交易许可制和土地交易申报制。(3)政府公布公示地价。根据《地价公布法》,从 1970 年第一次公布地价后,每年 4 月份都要公布土地交易价格。全国土地价格由国土厅的土地鉴定委员会确定标准地价,然后再评价土地,以确定各类土地的交易价格,由政府统一公布,作为土地交易的依据。

5. 土地调查

根据《国土调查法》以及《促进国土调查特别措施法》的规定,要对国土的实际情况科学地、综合地调查,精确掌握国土情况。调查项目分地籍调查、土地分类调查、水域调查 3 种。这种调查,有计划地分区进行。从 1980 年起,实行第三次国土调查 10 年计划。

国土厅土地局不掌握土地权属管理,土地权属由司法部门负责。具体是日本的不动产登记在属于日本法务省的不动产登记所进行。

四、土地管理的主要特点[①]

日本在管理城乡土地方面,经验丰富。第一,科学地编制土地利用计划以其为准绳,严格控制土地利用方向,从整体利益出发,限制不合理的土地利用和开发。第二,由国家控制土地交易,实行许可证与劝告制度,而且国家公布和控制地价。第三,重视土地资源调查,科学地、详尽地掌握国土资源。第四,日本的土地管理完全纳入法制轨道,一切重大的问题都制定有专门的法律。第五,日本土地管理的中心环节是教育全体人民重视国土问题,并且大量培训国土管理人才。

1. 重视土地调查工作

为了科学地、综合地了解城乡土地利用的实际情况,日本于 1951 年颁布了《国土调查法》,1962 年又颁发了《国土调查促进特别措施法》,并从 1963 年分别制订了 3 个国土调查的十年计划。这一史实说明,政策决策机关对城乡土地资源的利用与管理工作十分重视。

2. 科学地制订国土利用计划

日本于 1974 年公布了《国土利用计划》,以加强对国土资源利用的监督。该法明确规定:“鉴于国土是现在及将来国民的有限资源,也是整个生活及生产活动的共同基础,因此,对国土的利用应当优先考虑公共福利,谋求保护自然环境,同时照顾当地自然、社会、经济与文化方面的条件,以谋求确保健康而文明的生活环境和国土的平衡发展”。据此,日本政府制订出近期(1985 年)与远景(2050 年)的土地利用规划。土地利用计划、土地征用与土地课税,为日本政府实行土地监督的根本政策。

3. 在国土管理工作中,实行法制,而不是人治

日本在战后,所有重大国土管理工作都首先制定有关法律。以法治来约束国土管理工作的进行。日本国土管理的法律,数量之多,范围之广,要求之明确,为世界各国所公认。基本法有 40 多部,加之附属法律、施行的命令等,达 200 多项。

第二节　农村土地制度

农地制度是指在一定社会经济条件下,在农业生产中,围绕土地问题所产生的各种社会

---

① 朱道林. 土地管理学[M]. 北京:中国农业出版社,2016:318-319.

经济关系的总和,是规范人们在农业问题上相互关系的行为规范。现代农地制度的内容包括农村土地所有权制度、农村土地经营制度和农村土地国家管理制度。农地所有权制度可以概括为3个方面:一是所有权制度,目前,世界上主要存在着农地私人所有制、国家或政府所有制、集体所有制或公共所有制等3种所有制形式。二是所有权转让制度,包括所有权的完全转让和使用权转让(所有权与使用权相分离)两个方面,后者主要指土地使用权流转制度。三是农地的收益权制度,主要包括地租制度和税收制度。关于农地经营制度,主要是经营规模和农地的集中制度。在现代农地经营中,要取得好的经济效益,必须有一个适度的规模。关于农地的国家管理制度,主要是指国家通过其职能部门,对土地进行的宏观管理与控制。

一、日本农村土地制度的变迁[①]

明治维新后,日本走上了资本主义道路,但农业领域内的封建生产关系仍严重存在。这种土地所有制阻碍了农业的发展,也给国家的工业化、市场化、现代化建设带来威胁。于是,日本开始致力于土地制度的改革,日本现今的以私有制为主、小规模家庭占有、合作化经营、社会化服务、法制化和规范化管理的农地制度是经过近年来的多次改革才最终确立的。

(一)土地改革确立农民私有制和权利移动管制阶段

日本自明治维新之后走上了资本主义道路,但土地绝大部分掌握在封建地主手中,广大农民无地或少地,被迫沦为佃农,地主凭借土地收取高额的地租。这种寄生地主土地所有制日益成为日本经济和工业发展的阻碍。第二次世界大战后,佃农和寄生地主的关系日益恶化,美国占领军和日本政府被迫加快了土地改革的步伐。为了顺利推进改革,1946年9月,日本制定了《自耕农创设特别措施法》和《农地调整法修正案》。通过土地改革,日本政府强制从地主手中买取土地,然后低价卖给无地或少地的农民,建立了以土地的小规模家庭占有和经营为特点的自耕农制度,保证了农地所有权和经营权的统一。改革之后,到1950年,日本政府从全国176万户地主手里购买了174万公顷土地,并将其卖给了475万户佃农。[②] 全国耕地面积中自耕地和佃耕地的比例发生了重大变化,在"1945年是54%对46%,而到了1950年该比例是90%对10%。从自耕农与佃耕农户数上看,自耕农户数由1945年的172.9万户上升到1950年的382.2万户,从数量上看增加了120%,在总农户数中所占的比例由31%上升到62%。与此相反,佃农户数从20%减少到7%,佃农户数则从28%减少到5%"。[③]

为了巩固和保护改革成果,日本1952年制定了《农地法》。该法目的在于保护耕作者权利,确保优质农地用于农业。《农地法》对土地权利转移和用途转移实行了严格的管制,防止土地再次集中到少数人手中和农地非农化。土地改革使广大农民获得了土地,实现了耕者有其田的梦想,劳动积极性大大提高,农业生产得到较快发展,为此后日本的经济腾飞奠定了坚实的基础。

(二)鼓励土地所有权流转扩大经营规模阶段

随着日本工业化和城市化的加快发展,农业和其他行业的收入差距逐渐拉大,农业剩余

---

① 陈汉平.日本农村土地制度变迁及其经验[J].农业部管理干部学院学报,2014(14):17-19.

② 高强,孔祥智.日本农地制度改革背景、进程及手段的述评[J].现代日本经济,2013(2):81-93.

③ 关谷俊作.日本的农地制度[M].金洪云,译.上海:上海三联书店,2004:3.

劳动力开始大量向非农产业转移。《农地法》限制每户的耕作面积和地主的租佃面积,限制土地权利转移,一家一户的小规模分散经营致使劳动生产率低下,促进土地流转实现农业的规模经营成为客观需要。1961年日本制定了旨在放宽管制和促进土地流转的《农业基本法》。为了培育"自立经营农户"和推进农地所有权的转移,使从事非农产业的农民将土地转移到专业农户手中,实现农业的规模经营,从而缩小农业和其他产业的劳动生产率差距和城乡收入差距,1962年日本对《农地法》进行了第一次修改。修改后的《农地法》放宽了农户拥有土地面积的最高限制,设立了农业生产法人制度和土地信托制度,促进土地买卖和租赁业务的发展。在实践中由于很多农民不愿放弃土地所有权,靠促进土地所有权流转来扩大经营规模的政策并没有收到预期效果。

(三)促进土地经营权流转,逐步放宽经营农地的主体限制阶段

为了进一步促进土地流转实现规模经营,1970年日本对《农地法》进行了第二次大幅度的修改,取消了农户和各种农业生产组织购买或租地的最高面积限制,放宽了土地流转管制。1980年日本制定了《农用地利用增进法》,并于同年对《农地法》进行了第三次修改,进一步制定优惠措施鼓励土地买卖和租赁,积极开展农地经营委托和作业委托,放宽农业生产法人成立条件,以此来推动规模经营,培养农业后继生产者。从20世纪70年代开始,日本政府把重心从促进土地所有权流转转移到促进土地经营权的流转上来,从促进农户之间土地流转转移到促进农户和农业生产法人流转上来。以租赁为主要形式的农地规模经营战略获得了成功,农地出租面积由1970年的7.6%上升到1985年的20.5%,经营面积在2公顷以上的农户占的比例由1970年的5.9%提高到1980年的7.3%。到2001年底,认定农业生产者的数量达到了178000户,经营规模在5公顷以上的农户增加到45800户。[①]

二、农地管理的法律制度体系

从土地的国家宏观管理制度来看,日本的农地管理是法制化和规范化的管理。日本的可耕地资源都很少,政府不断制定各种法律以保护农地。目前日本颁布的有关土地管理方面的法律共有130部之多。日本农地法律制度的核心主要由4部法律构成,分别是《农地法》《土地改良法》《农业振兴地域建设法》(以下简称农振法)和《农业经营基础强化促进法》(以下简称农促法)。其中《农地法》是农地制度的基础,也是最重要的法律。它规定了取得农地的资格以及对农地的所有权及利益的关系。《农业经营基础强化促进法》是建立在《农地法》基础上的,其目的在于促进农地的流动和经营规模的扩大;《农业振兴区域建设法》旨在协调农用地和非农用地利用之间的关系,规定了农业振兴地区的基本条件;《土地改良法》规定了土地改良事业的实施方法,以达到促进农业基本建设的目的。除此之外,还包括《特定农地租赁法》《构造改革特别区域法》《景观法》《市民农园整备促进法》等涉及农地管理的法律。如图7-1所示,随经济社会发展,这些法律经过多次修正、补充,现在已形成相对完善的法律制度体系。[②]

---

① 郭红东.日本扩大农地经营规模政策的演变及对浙江省的启示[J].中国农村经济,2003(8):73-80.

② 高强,孔祥智.日本农地制度改革背景、进程及手段的述评[J].现代日本经济,2013(2):81-93.

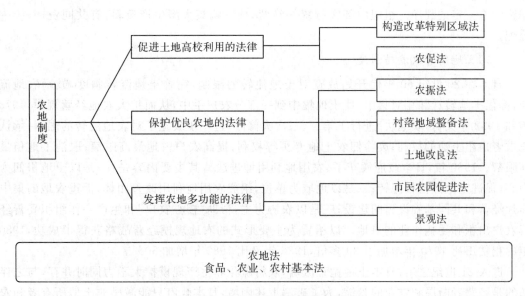

图 7-1　日本农地法律制度体系

三、农地制度体系

（一）所有权制度

从土地所有权制度来看，日本的农地是以小规模家庭私有制为基础的。1946—1950年，日本进行了第二次世界大战后第一次农地改革，消灭了封建土地所有制，确立了以土地的小规模家庭占有和经营为基础的自耕农体制，保证了农地所有权与经营权的统一。1952年日本制定了《农地法》，从法律上确立了农民所有制的永久地位。农地改革，使得转化为土地所有者的自耕农拥有了土地所有权，可以直接享有劳动成果，因而调动了农民的生产积极性，农业生产迅速增长，为 20 世纪 60 年代国民经济高速增长奠定了基础。

（二）土地经营权制度

日本的农地经营是小规模家庭协作式经营为特征的农业经营方式。第二次世界大战后，在消灭封建土地所有制、建立农民土地所有制的同时，基本上形成了小规模家庭经营为特征的农业经营方式，在农地小规模家庭占有的基础上发展协作企业，扩大经营规模，鼓励农地所有权和使用权的分离。加快了土地所有权的流转，提高了土地利用效率。随着日本工业化的发展，农业人口不断减少。20 世纪六七十年代，政府农地改革的重点开始由鼓励农地集中占有转向分散占有、集中经营和作业的新战略上来。20 世纪 60 年代开始，政府连续出台了几个有关农地改革与调整的法律法规，鼓励农田的租赁和作业委托等形式的协作生产，以避开土地集中的困难和分散的土地占有给农业发展带来的障碍因素，采取的措施主要有：(1)废弃限制农地租佃关系的法规来促进农地所有权和经营权分离，倡导以租赁为主要方式的规模经营。(2)扶持和发展各种农业协作组织，扩大土地作业规模。(3)经营委托和作业委托。农户把土地的全部经营管理(经营委托)或生产过程中的某项或若干项作业委托给农协、中心农户或其他合作、协作组织，委托农户可以完成自己力所能及的农活作业，保持了与土地的联系。(4)成立农业合作组织。这是一种更高层次的合作，加入和退出农业合作组织有一定的程序。组织内部实行统一经营,统一购买大型生产资料,有共同资产,统一分配。

(三)土地所有权流转制度

日本在 20 世纪 60 年代开始放宽对土地流转的限制,完善土地流转制度,鼓励农地流转,提倡土地转让和相对集中,使土地集中到一部分农户手中,从而扩大农地经营规模,1970 年和 1982 年又对《农地法》进行了第二、三次大修改,进一步放宽了对农地流转的限制;承认离农者出租土地的权利;废除佃农土地专买等权利;提高农户占地最高限额;取消了地租最高限额。1980 年,日本政府颁布了《农用地利用增进法》,其主要内容是:一是以土地租佃为中心,促进土地经营权流转;二是以地域为单位,组成农用地利用改善团体,促进农地的集中连片经营和共同基础设施的建设;三是以农协为主,帮助"核心农户"和生产合作组织妥善经营农户出租和委托作业的耕地。以租赁为主要形式的农地规模经营战略获得了成功,1980 年的租赁田比 1970 年增加了 30 多倍,1986 年又比 1980 年增加 50%。

进入 21 世纪之后,日本土地抛荒激增,农村疏化和生产规模扩大不力同时并存,与之伴随的是经营者断层和农业的萎缩,为了破解上述困境,日本政府只能激励非土地所有者和农业法人以外的主体进入农业经营,2009 年 6 月新《农地法》正式实施。进一步解决"人与地"的关系问题,是这次土地制度和政策调整的主要目标。

《农地法》修改的主要目标,在于通过建立新型的"人与地"关系提高土地的利用效率。由于日本农业劳动者的高龄化和农业劳动者代际传递出现断层,导致了原本土地资源稀缺的日本出现耕地弃耕抛荒的低效利用模式。为此,新《农地法》放宽了对农地租赁主体的管制条件,调整与农地租赁相关的政策,改变了以往仅允许农村土地所有者或者农业生产法人利用农地从事生产活动的规定,从而推动农业生产法人以外的企业法人直接参与到农业生产经营活动中来。农业生产者的多元化,减缓甚至消除了重要的优良耕作区弃耕抛荒现象。对农地租赁主体的限制放松,实质上降低了进入农业经营的法律门槛。除了放宽进入农地利用的主体资格的限制,日本政府还对土地流转实施补贴,如给予土地流转转出户补贴以推动"不在地主"名下的土地进入生产领域。日本的农业补贴门类和额度繁多,但是都是基于农产品价格直接支持和农业生产投入补贴,而涉及土地流转的补贴,这是首次。一些土地持有者,因为已经在城市扎根,完全离开了农业产业,但是又从父母手中继承了土地,成为不愿意亲自从事农业生产的"不在地主"。同时,由于日本工业化和城市化的巨大成功,土地一旦有机会改变用途,将获得高额利润和潜在的巨大收益,这也使土地所有者对于转出土地态度谨慎。对于农业的长期发展来说,地力投资是重要的且投资周期较长。土地改良的时间有可能长达 10 年或者数十年,对于职业农民来说,长期地力投资意味着对土地使用权的长期稳定预期,而土地所有者则面临改变土地用途的潜在诱惑,因此参与农地流转的激励不足。改革后的政策采取给予一定补贴的方式鼓励这一类土地所有者转出自己的土地,目的在于鼓励土地集中,扩大职业农民的经营规模,提高土地利用的效率。享受了补贴的所有者应该让出土地的经营权给予中介机构,通过中介机构转给租入者,土地所有者无权选择出租对象。这些土地出租补贴政策激励了兼业化、小型化的农业经营模式转向专业化和规模化的经营模式,并通过一系列制度性调整,使土地集中到具有企业家精神的专职农民手中。除此之外,日本政府还对土地连片经营的耕作方式给予补贴,激励土地所有者或者产权使用者扩大土地经营规模。这些措施在实施两到三年后收到了较好成效,根据日本农林水产省的统计,这些措施大大减缓了耕地抛荒的增速,稳定了耕地面积。

（四）农地利用管制制度

它是国家层面国土利用体系的一个至关重要的组成部分,日本依托完善的土地规划体系、严格的农地保障制度和高效的土地开发复垦效率,在经济发展的不同历史阶段,能适应人地关系的动态变迁,满足由于经济发展带来的各种生产要素报酬递增的内在要求,通过不断地调整和完善土地管理政策,间接调控了农业经营主体的主体范围和土地经营规模,取得了促进农业乃至整体经济的发展、集约利用土地的良好的效果。在经济高速发展的背景下,日本政府通过国土综合开发规划、利用规划和城市规划等成熟完善的规划体系,以及特殊的土地利用区划等管理方式,采取不同手段、不同力度的政策引导土地合理、高效利用,实现了土地利用集约化、合理化的宏观目标。此外,土地信息数据库的建立、地价公示、税收、补贴等多样的经济手段与土地法律体系的配合,也实现了对土地利用方式和模式的有效政策引导。当前,中国经济高速发展,在城市化、工业化快速推进的过程中,在培育新型农业经营主体,提高农业经营规模以提高农业竞争力的宏观背景下,对政府土地管理目标的多元化和土地管理的科学性提出了更高的要求。借鉴日本土地管理的经验,运用经济、行政、法律、技术等多重政策手段和工具,因地制宜、因时制宜,逐步规范和完善土地立法,制订详细的土地规划,严格执行农地保护政策,夯实农业发展的资源基础,引导合理的农业用地规模和集约的利用水平,配合中国宏观经济发展的整体趋势,就能避免市场机制下土地资源利用的盲目性,实现土地资源高效利用和生态、经济双重可持续的农业现代化。

第三节　土地利用规划制度[①]

一、概述

明治维新开启了日本经济发展的引擎,使其成为世界上高度发达的国家,与此相适应的土地利用规划体系也成为东亚模式的典型代表。日本的国土规划及开发相关的规划体系通常分为3种,分别是经济规划、国土规划、土地利用规划（包括依据不同业务主管部门法律编制的规划,如城市、农业、林业等）。其中经济规划体系主要包括公共投资基本计划（内阁府负责）和社会资本发展长期计划（各部门负责）。国土规划源于为保障经济发展而编制的综合性和基础性规划。土地利用规划是主要针对土地不合理利用导致的无序开发、价格上涨、环境退化问题而编制的综合性规划,包括土地利用规划和土地利用总体规划、城市总体规划及城市规划等。这3个规划体系相互关联:国土规划与经济规划相互协调,土地利用规划是土地利用领域的权威规划,土地利用总体规划整合协调各部门空间规划。显然,土地利用规划体系是为控制土地利用转换并协调不同类型土地利用之间关系而编制的,由不同类型和层级的规划所构成的具有一定结构和功能的规划系统。主要规划体系通常包括作为载体的

---

①　蔡玉梅,刘畅,苗强,等.日本土地利用规划体系特征及其对我国的借鉴[J].中国国土资源经济,2018(9):19-24.

行政体系、作为主体的运行体系以及作为依据的法律体系。

日本的土地利用规划体系非常完善。日本土地规划体系由国土综合开发规划、国土利用规划、土地利用基本规划和城市规划等构成。日本土地规划按层次分为全国规划,都、道、府、县规划和市、镇、村规划 3 级,每级规划都是对各自区域内国土利用合理组织所应采取的措施和设想。国土综合开发规划又分为全国国土综合开发规划、大都市圈整治建设规划、地方开发促进规划和特定地域发展规划等。到目前为止,日本已完成了 5 次国土综合开发规划,根据各项公共事业的性质、建设地点以及计划的实施程度,对国土利用进行综合调整。为确保公共事业建设所需的土地,日本还制订整备计划,确保土地开发的顺利进行。为了缓和土地供需矛盾,日本鼓励建设高层公共住宅。同时,为充分利用土地资源,合理开发地下空间,有效扩展城市容量,提高土地利用率,日本大力开发地下交通,发展地铁体系,努力扩展土地经济供给能力。

二、日本土地利用规划的法规体系

日本政府在制订、实施土地利用规划时,十分重视以法律手段保障规划工作的顺利开展和规划内容的具体实施。各种规划分工明确,重视部门协调、专家审议和公众参与。任何土地未经规划不得开发,使用土地必须按照规定的用途,未经规划盲目开发以及违反规划规定的用途皆属违法,规划的修改也必须按照原制订规划的程序等。日本土地利用规划的法规体系以《宪法》为基础,包括主干法、专项法和相关法。

（一）宪法

日本《宪法》自 1947 年起实施。《宪法》规定以立法权、司法权和行政权三权分立为基础的议会内阁制,明确地方政府的自治准则,并在《地方自治法》(1999)中对中央和地方关系作了具体规定,成为土地利用规划法规体系的重要依据。

（二）主干法

主干法包括《土地利用规划法》(1974)和《城市规划法》(1992)。《土地利用规划法》(1974)源于战后经济高速增长下的土地投机和地价飞涨等问题,规定了土地利用规划的目的、基本原则(确保健康丰富的生活环境和均衡发展,有效考虑公共福利和自然环境保护优先,并重视自然、社会、经济和文化条件)、土地利用规划体系、规划主要内容和实施措施。《城市规划法》(1992)明确城市规划的主体包括以土地利用控制为核心的开发控制、城市设施的规划建设以及城市开发实施项目等方面的任务。

（三）专项法

专项法包括城市用地以外不同类型土地利用的法律,包括《农业促进法》《森林法》《自然环境保护法》《自然公园法》等。《农业促进法》(1980)对农地的集中连片经营和基础设施建设等提出有关规定;《森林法》(最早 1897 年颁布)明确森林相关政策与措施的基本方针等事项;《自然环境保护法》(1972)旨在保全优美的自然环境,保全现在已经形成优美的自然环境地域的良好条件,并将该地域指定为保全地域,对该地域内的一定的开发行为实行控制;《自然公园法》(1957)针对被指定成为国立、国定和都、道、府、县立自然公园的风景地,做出制订公园计划和管理计划的有关规定。

（四）相关法

相关法主要指与土地利用规划直接相关的空间规划法、土地利用以及城市规划的延伸或细化的相关法。其中，《国土空间规划法》（2005）对规划的目的、国家空间规划和区域空间规划的内容和机构，以及规划实施措施等作了相关规定。《土地利用规划法》需要与此协调。《建筑法》则是《城市规划法》的进一步细化。《土地利用规划法》延伸的法律如《土地改良法》（1949）、《国土调查法》（1951）、《土地征用法》（1952）、《地价公示法》（1969）、《土地基本法》（1989/1999）。

《城市规划法》延伸或细化的法律与城市建设和更新改造有关，如《都市公园法》（1956年）、《都市再生特别措施法》（2002年）、《灾害市区重建特别措施法》（2002年）、景观法（2004年）等。

三、土地利用规划的行政体系

日本行政机构由中央行政机构（内阁）和地方行政机构组成。内阁包括内阁机构、总理府及其所属机构和16个内阁部门。国土基础设施和交通旅游部是16个内阁部门之一。地方政府采取地方自治形式，有1都（东京都）、1道（北海道）、2府（大阪府、京都府）和43个县。每个都、道、府、县下设市、町、村。截至2016年，共有1741个市镇村单位（包括791个市、744个镇、183个村以及东京都的23个行政区）。日本各级行政机构关于土地利用相关规划的职责和具体承担机构如下。

（一）内阁的职责和机构

内阁负责制订国家土地利用规划，审批都道府县的土地利用规划并为下级规划提供政策指导、管制要求和技术导则。负责规划的机构是为国土基础设施和交通旅游部下设的国土政策局和城市局等规划相关处室。其中，国土政策局下设的综合规划处负责土地利用规划工作。城市局下设的城市规划处则负责城市规划工作。

（二）都道府县的职责和机构

都道府县负责地方性土地利用规划的法规和规定，编制土地利用及城市规划，审批市町村土地利用计划并给市町村提供指导和咨询。各都道府县的规划机构略有差别。如位于东北地区的宫城县由灾后复兴与规划部区域恢复支持科负责土地利用规划，土木部负责城市规划。

（三）市町村的职责和机构

市町村是基础的地方自治体，负责与本地区利益直接相关的规划事务，包括编制土地利用规划、城市总体规划和城市规划。跨越行政范围的规划事务则由都道府县进行协调。规划机构设置略有差别，如宫城县的名取市，负责土地利用规划的部门为总务部政策规划科，负责城市规划的部门为建设部（下设土木处、都市规划处和给排水处）。

四、土地利用规划的运行体系

为应对20世纪70年代初实行宽松的货币政策之后的土地问题，日本1974年颁布了《土地利用规划法》，要求编制土地利用规划并制定土地交易管制制度。规划的运行体系与行政体系相对应，包括中央政府负责的国家土地利用规划，省（都道府县）编制的土地利用总体规划、城市规划,市(市町村)编制的土地利用规划和城市规划(见图 7-2)。

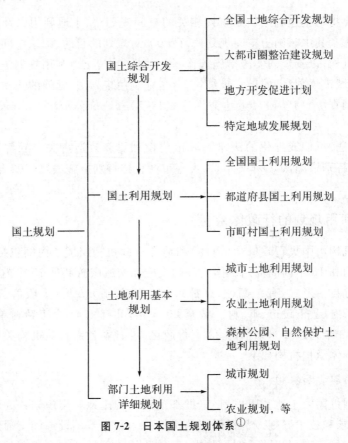

图 7-2　日本国土规划体系[①]

(一)国家土地利用规划

日本国家土地利用规划是国家土地利用的长期愿景,是对国家土地利用进行公共管理的指南。主要内容包括 3 部分:一是国土利用相关的基本构想;二是确定农地、森林、原野、水域、道路、住宅用地、工业用地、其他建设用地、公用及公共设施用地、游憩用地、低度或未利用地及沿岸地等土地利用类型的规模和目标;三是提出保障目标实施的措施。日本国家土地利用规划编制以来历经 5 轮,分别是第一次(1976)、第二次(1985)、第三次(1996)、第四次(2008)和第五次(2015)。其中第五次规划主要针对人口减少和老龄化、土地多功能发挥与土地可持续利用、国土安全问题,实现土地的适度利用,自然环境和美丽风景的保护、恢复与使用,将安全和安心作为土地利用的基本方针。

(二)都道府县土地利用规划和城市总体规划

都道府县土地利用相关规划包括土地利用规划、土地利用总体规划和城市规划区的城市总体规划。土地利用规划承接国家土地利用规划,包括土地利用构想、不同类型土地利用目标和规模、实施措施三部分。土地利用总体规划将全域划分为城市规划、农业、林业、自然公园和自然保护五个区,分别编制城市总体规划(《城市规划法》,国土基

---

① 孙强,蔡运龙.日本耕地保护与土地管理的历史经验及其对中国的启示[J].北京大学学报(自然科学版),2008(2):249-256.

础设施、交通和旅游省负责)、农业规划(《农业促进法》,农林渔业省负责)、森林规划(《森林法》,农林渔业省负责)、公园规划(《自然公园法》,环境省负责)和保护规划(《环境保护法》,环境省负责),并制定相应的区域转换规则。以农业用地区为例,划分依据是土地利用类型以农用地为主导,旨在谋求全面振兴的地区,具体相当于《有关农业振兴与区域建设的法律》指定的范围。同时在城市规划区编制《城市总体规划》,主要内容是提出规划区的总体发展目标和城市土地利用、改善和保护的政策,规划图的比例尺为1:30000~1:10000。

都道府县城市规划通过"划线"和"分区"两种办法对城市土地利用进行管理。《城市规划法》(1919)提出了城市规划区的概念。"划线"指依据未来10年城市化趋势和人口分布预测,将城市规划区划分为城市化促进地区和城市化控制地域,防止城市蔓延,提高公共设施投资效率,促进协调发展。"分区"就是将城市化促进地区划分为12种土地用途分区,包括7类居住地区、2类商业地区和3类工业地区,确保城市环境的底线。此外有些分区以专项法为依据,根据需要划定但并不覆盖整个城市化促进地区,如高度控制区、火灾设防区和历史保护区等。规划图比例尺为1:50000~1:10000。

(三)市町村土地利用规划和城市规划

市町村土地利用相关规划作为上级规划的实施手段,与上级规划一脉相承,包括土地利用规划和城市规划。土地利用规划同样包括土地利用的基本构想、目标和规模,以及实施措施。

城市规划包括城市总体规划和城市规划两个尺度。《城市规划法》(1993)明确了城市总体规划制度,从战略层面对城市前景和政策做出安排,并紧密结合城市形态设计和具体的空间环境建设引导。规划图比例尺为1:50000~1:25000。城市规划主要包括用途分区、公共设施建设以及城市开发项目,规划图的比例尺通常为1:2500~1:1000。

在审批体系上,建立各级规划委员会,负责规划的审议职责。为确保规划的协调作用,各级土地利用规划均成立由不同部门、层级和专业类型人员组成的审议会,负责有关规划研究、咨询、审议和建议等事项。如各级土地审议会、地方城市规划审议会等。以福冈市为例,城市规划审议会根据《地方自治法》设置,就市长有关城市规划咨询事项开展调查研究和审议工作,对市町村及都道府县决定的城市规划内容提出审议意见,并可向有关行政机构提出建议。审议会由27名成员组成,分别是9名专家学者、11名本市议会议员、5名上级政府机构职员和2名市民代表,会长由专家学者担任。

五、土地利用规划体系的主要特点

(一)以总体规划和分类实施为框架,构建分级分类的土地利用规划体系

与行政组织层级一致,土地利用规划体系在层级上分为国家、都道府县和市町村3级,类型上包括土地利用规划和城市规划两类。土地利用规划分为综合性的土地利用规划和实施性的土地利用总体规划,土地利用总体规划分为城市区、农区、森林区、自然环境保护区等专项规划。城市规划分为战略性的城市总体规划和实施性的城市规划。城市规划将城市划分为居住、工业和商业等不同用途管制区。因此,土地利用规划和城市规划都是按照总体设计和专项落实的思路,形成层级清晰,联系密切的规划体系。

（二）土地利用规划体系为中央政府控制主导类型

日本的单一制政体和政府主导性市场经济体制对土地利用规划体系起到基础性作用。土地利用规划包括中央政府、地方的都道府县政府、市町村 3 级，上级对下级具有审批等权利。城市规划体系包括城市总体规划和城市规划两个级别，城市总体规划具有纲领作用，对具体的城市规划具有控制作用。两个控制型为主导的规划相互衔接，共同构成统一协调的土地利用规划体系。与欧美国家的中央指导型、地方自治型等有所不同，在管控模式上为属于控制型主导的体系。

（三）建立不同尺度的土地利用分类分区体系与标准

土地利用规划是对土地利用的全面管理，城市规划是对城市土地的管理。不同层级规划所管理的土地面积不同，采用的分类分区方法各异。日本土地利用管理分类分区一共有 3 个层级：第一级是全国土地利用规划，将土地利用分为 9 类；第二级是在都道府县土地利用总体规划，将土地分为 5 个区，并将其中的城市地区划分为城市改善和城市控制 2 个区；第三级是在城市改善区内将土地用途划分为 12 区。同时，为解决城镇化稳定发展阶段个别地区规划的特殊需要，还可编制更为详细的街区规划，土地利用分类更为详细。

（四）明确不同层级空间规划图形的精度，并实现有效的空间传导

都道府县的土地利用总体规划分为 5 种不同的土地主导用途区，规划图比例尺为 1：50000。都道府县在土地利用总体规划划定的城市规划区范围内制订城市总体规划，比例尺通常为 1：30000～1：10000，划分城市促进区和城市限制区。市域城市规划以确定土地使用规则为主，比例尺为 1：2500～1：1000，划分居住、商业、工业等不同土地用途管制分区。通过不同分区之间关联，形成土地利用总体规划到城市规划区的城市总体规划，市城市总体规划到市城市规划的逐级空间传导体系。

（五）以不同发展阶段的土地利用问题为导向适时调整规划体系

早在 1919 年，日本城市人口和城市经济有了一定的发展，颁布了首个《城市规划法》，建立了城市规划区及上地用途分区等制度。第二次世界大战以后，日本进入经济高速增长期，带来了环境退化、城市公共服务设施不配套以及交通拥挤产生的城市功能降低问题，1968 年《城市规划法》修改中引入区分城市改善区和控制区的"划线"概念，建立了土地开发许可制度，明确政府和私人共同承担公共设施的费用。同时，经济发展也带来了地价的高涨和投机行为，当时基本以发展为导向的国土综合开发、以建设为导向的城市规划体系无法满足土地利用统一管理的需求，1974 年《土地利用规划法》催生了综合协调和控制为主的土地利用规划。伴随规划需求日益精致和灵活的需要，1980 年《城市规划法》增加了地区规划，针对一定类型局部地区开展详细规划。进入 21 世纪，日本出现人口减少和老龄化问题，经济进入高质量发展阶段，景观、污染、防灾、中心区改造、生活环境改善以及东亚经济一体化程度加深等时代背景对规划提出新要求，促进了土地利用规划体系走向精细化以及注重人文关怀等方面。

第四节　土地集约利用制度

一、概述[①]

日本是当今世界循环型城市和集约型城市建设的引领者之一。日本政府通过土地利用计划、城市设施计划和交通计划的配套实施来实现城市结构的改变和土地集约利用。通过郊区开发政策控制城市规模向郊外无序扩张，引导市中心和交通轴沿线的土地利用，注意提高衰退中心街区的居住密度和人口密度；推行大中小城市配套的都市圈式的城市空间布局和交通网络建设，形成多中心、网络化的紧凑型都市圈发展格局；充分利用地上地下空间，并特别注重地下空间的开发与利用，将地下空间的开发利用纳入城市总体规划和土地利用总体规划之中统筹考虑，以提升城市空间容量，解决城市土地短缺和城市可持续发展问题，构建了土地集约利用的空间结构体系，形成了"立体城市"发展模式，使日本成为全世界土地利用效率最高的国家之一，而东京都市圈又是日本土地利用集约程度最高的区域，也是日本60年来6次"全综"规划推动经济社会发展和土地集约利用的缩影。

二、城市土地集约利用的法律与理念[②]

(一)《土地基本法》的有关规定

这是1989年颁布的一部关于日本土地管理的最根本的法律。其目的是规定关于土地的基本理念，明确国家、地方公共团体、建设者和国民的关系及基本责任，同时确定关于土地政策的基本事项。在此基础上，为了确保适当的土地利用、正常的供需关系及正当的土地价格的形成而综合性地推进土地政策，以此为国民生活的安定向上和国民经济的健全发展做出贡献。

该法规定土地管理的宗旨是优先考虑公共的福祉。为此，该法律规定政府必须每年向国会报告有关地价、土地利用、土地买卖以及其他有关土地的动向和政府所制订的关于土地的基本政策，并在此基础上每年向国会提交明确的基本政策的文件。这样，不仅提高政府行政的透明度，也使国民能及时了解国家的土地情况与政策。

该法指出国家及地方政府为了适当且合理地利用土地，要对人口、产业发展、土地利用的动向及其他自然、社会、经济和文化等各种条件进行考察，并确定必要的土地利用计划。在制订土地利用计划时必须考虑到地域特征、注意良好环境的土地高度利用、土地利用的适当的转换或者是形成或保全，在认为有必要时要制订详细的土地利用规划。不仅如此，国家及地方政府在制订土地利用规划时必须反映居民及其他相关人员的意见，在条件发生变化时土地利用计划也要进行变更。

---

① 赵文琪.日本城市土地集约利用的规划路径及其借鉴意义[J].上海国土资源,2017(4):56-62,92.
② 俞慰刚.日本城市土地的集约利用及其对我国的启示[J].上海城市管理,2010(5):28-31.

（二）《都市计画法》的有关规定

该法的目的是"通过对都市规划的内容、决定手续、都市设计限制、都市计划事业以及其他与都市规划相关的必须事项的基础上，谋求都市的健康发展及有序的整顿，以此促进国土的均衡发展和公共福祉的增进"。其基本理念是"推进农林渔业间的健康协调发展，确保健康的有文化的都市生活及活泼的都市活动，要在适当限制的基础上谋划土地的合理利用"。

《都市计画法》强调以土地利用计划为中心的城市规划，认为项目设施是可以改变的，而土地是不能再生的。明确"在规定了都市计划中必要事项的基础上，要重视都市的健康发展和有秩序的整顿，以此对国土的均衡发展和增进公共福利做出贡献"。该法还涉及创设市街化区域和市街化调整区域的区域区分、导入与区域区分相关的开发许可制度、细化用途地域制与全面采用容积率的限制等3个重要内容。其中后两条直接与土地的集约利用相关联。

（三）《建筑基准法》的有关规定

该法颁布于1950年，1963年加以修改，将容积地区制确定成为一种制度，其中第二章中对建设用地与建筑物的关系作了十分详细的规定。1965年1月，东京市区部分率先进行了规定，如第十种（容积率1000％）135公顷，第九种（900％）114公顷，第八种（800％）303公顷等几个等级，为土地的集约、高效利用起到了积极的作用。上世纪末完成的东京都新宿副中心的改造建设就是得益于这一容积地区规定的。

该法不仅仅对高效利用土地做出规定，还对一些环境良好建筑优雅地区的建筑高度加以限制，即使是私有的土地也不能随心所欲地建造高层建筑或低层建筑。该法规定建筑必须严格按照城市规划的要求来建造，建造以前必须将高度、容积率等方案公开接受公众，尤其是利益相关者的监督。

（四）《新都市基盘整备法》的有关规定

该法颁布于1972年，此时处于日本经济高度增长的后期，人口向城市集中，为了能更好地解决城市人口集中所带来的住宅及城市秩序问题而制定了该法律，这是一部明文规定土地集约利用问题的法律。

该法所说的"土地整理"，是指对新城市区域内开发商所取得的全部土地，或是作为公共设施建设的土地，或是作为开发诱导地区的土地进行集约，以及为了集约新城市区域内其他土地而依法进行土地区划的形状与性质的变更，以及公共设施的变更。也就是说，为了土地的集约利用，土地的形状、性质、公共设施的内容等都可以进行变更和整理。

该法第24条中指出，为了集约土地，认为新的公共设施的用地必须与主要公共设施及开发诱导区域的土地面积等形成一个适当的比率。此外，第24条第2款还规定计划施行时，为了确保土地整理，必须适当地计划好公共设施及住宅用地。这些都是为了保证新城市土地的集约利用与及时利用，以确保土地的高效利用。

上述这些法律与理念支配着日本的土地利用，2001年日本国土交通省的《国土交通白皮书》指出，在都市规划法理念的基础上，根据各地的特殊情况采取适当的措施，重点是要细致地应对土地的有效高度利用、低利用及未利用土地的活用、有计划地推进再开发、更新都市机能及保全良好的环境。

除了开放容积率的限制，诱导开发商到市中心建设住宅，以提高土地的集约利用效益以外，他们还强调加强防灾避难区域和避难道路的建设，这说明土地利用不能只强调其经济价值,更重要的是关注其社会效益、防灾与安全。

在土地有效利用集约利用方面,日本政府要求将废弃的工厂遗址及填埋形成的土地都列入城市开发用地范围,促进居住与工作接近的住宅提供方式,促进土地的流动;积极推进城市中心闲置土地的转换利用,与低利用及未利用地的集约相结合,引导公益设施及市中心住宅的建设;将建筑用地的集约化作为重点,推进整齐有序型土地区划整理事业;对有一定条件的闲置土地要提出方案和劝告,促进闲置地的利用;在调查的基础上全面系统地把握低利用及未利用土地的分布情况,进行适当引导,推进土地利用转换计划的制订;推进"低利用及未利用地银行"网站的建设,制定有关这些土地的整顿构想与调查,并且登记、公开上述这些土地的情况,提供土地活用的智慧等。

而在促进城市地区土地有效且高度利用时,一方面要求推进中心地的活性化,加强土地区划整理,道路、公园、停车场等的整顿,重点推进为强化铁路、物流、港湾等机能而进行的城市中心地区的整顿与改善;另一方面是促进对现有城市街道土地的有效、高度利用,政府要求在基础设施及开放式空间整顿的同时,对"优良计划"的容积率等特殊制度进行活用,并通过以下几种政策加以推进:(1)推进不同容积型、诱导容积星级一般的街道诱导型地区计划制度的活用;(2)推进根据特殊街区、特殊容积率适用地区制度对未利用容积率的活用;(3)在市中心推进城市改造区划整理事业;(4)推进准备对市中心街区土地高度利用及对城市机能在构建的市中心地区再开发事业;(5)为了从大视野角度进行城市构造的重建,各建设主体相互携手,推进在特定区域重点且集中的结合城市整顿的城市再生综合事业;(6)推进市区住宅地区整顿综合支援事业及优良建筑物等的整体事业;(7)促进和扩充在对旧建筑的拆除、重建及区域设施的重建等过程中的密集型住宅地区的整备促进事业。这些政策都为城市土地的高度利用和集约利用起到了积极的作用。

三、城市土地集约利用的实施[①]

多中心网络化的紧凑型都市圈和"立体城市"发展模式是东京都市圈土地集约利用主要方式。东京都属于日本一级行政区,辖区包含东京都区部、市部和岛部,面积 2106 平方千米,截至 2019 年 10 月年人口 1392 万,是世界上最大的城市之一。英国杂志 *Monocle* 在2015 年 6 月对世界主要城市进行的以"生活质量"为主题的调查结果显示,东京居于"世界上最适宜生活的城市"榜首,理由竟然是"虽然是人口众多的巨大都市,但是治安好,很安静,令人惊讶"。而在排名前 20 位的城市里,日本就占了 3 个,其余两个是排在第 12 位的福冈和第 14 位的京都。中国的城市只有香港挤进了前 20 位排名第 19。东京为何能排在世界城市之首,这和它的土地利用方式是密切相关的。

(一)多中心城市结构是城市土地集约利用的有效手段

在城市发展的早期阶段,城市规模和需求水平较低,单中心城市形态一般是合理的。由单中心逐步向多中心发展,是大城市社会经济发展到一定水平的客观要求,而城市中心商务办公用房出现短缺是日本形成多中心城市结构的催化剂,东京正是在这样的背景下逐渐从单一中心向多中心发展而来。

---

① 赵文琪.日本城市土地集约利用的规划路径及其借鉴意义[J].上海国土资源,2017(4):56-62,92.

1. 东京都市圈的发展与规划路径

东京以前被称为"江户"。作为延续了 260 余年的德川政权的立足点,又由于有着"参勤交代"的制度,大量诸侯云集江户,江户的人口迅速增加,使得江户在 18 世纪初就成为人口百万人以上的大城市。1868 年明治维新开始后,日本皇室从京都前往江户,并将江户改名为东京,东京开始成为日本的首都。德川幕府瓦解后,大批武士离开东京,接着爆发的幕府派与维新派之间的内战,导致东京城市人口在明治初期一度减少到 50 万左右。然而在明治时期的迅猛发展导致明治末期东京人口爆炸性地增长到了 200 万左右。19 世纪日本明治维新以后,东京的城市结构逐渐从江户幕府时代的武家屋敷(武士住宅)为中心的结构转向了街屋(商业住宅)为中心的结构。明治时期(1868—1911)的东京市区,主要由住宅构成,中心城区的土地利用,就如同以前皇宫以外的城下街,功能较单一。自从轨道交通的出现,东京的格局出现了明显变化。

1909 年,从鸟森(现新桥)—品川—池袋—田端—上野之间的"C"字形山手线开始通车,至 1919 年成为中野—新宿—东京—品川—涩谷—池袋—上野的"の"字形线路,直至 1925 年,基本成了现在环线的雏形。环绕东京区部的山手线实施通车,初步形成了环状加放射状的道路体系,基本奠定了东京多中心城市结构基础。然而进入 20 世纪的东京,在还没有足够时间完善城市空间的情况下,又遭遇了两次大规模的灾害。第一次为 1923 年的关东大地震,第二次为第二次世界大战末期的美军空袭,使得城市发展受挫。

第二次世界大战结束后,随着日本经济的恢复与发展,人口和产业进一步向太平洋沿岸的城市集聚,逐渐形成了以东京为中心的首都地区,以大阪和神户为中心的阪神地区,以名古屋为中心的中京地区的三大都市圈。在首都地区,人口急速向东京涌入,并且政府部门、公司、商业街全部聚集在东京的核心区,即千代田区、港区和中央区。为了缓解东京都心的压力,1950 年东京成立了首都圈建设委员会,1956 年出台了《首都圈整备法》,1958 年首都圈整备委员会提出了东京的第一个发展规划,即"第一次首都圈整备基本规划",以绿带加卫星城的模式控制城市的扩张。

规划的绿带位于距市中心 16 千米处,宽约 5~10 千米,在距离都心区 10~15 千米处建设新宿、池袋和涩谷 3 个副都心。这个规划是模仿英国伦敦的城市规划设计的,希望以绿带限制城市的发展,在绿带外围建设卫星城镇,形成绿带加卫星城镇的都市圈模式。然而之后的事实证明,在日本经济高度发展的 20 世纪 60 年代,由于人口大量涌入城市,用绿带限制城市扩张并不符合实际情况,"第一次首都圈整备基本规划"难以实现。因为日本的土地为私人所有,私人土地所有者在土地高价的诱惑下并没有按照规划的要求建设绿带,而是变成了建设用地,东京的建成区面积逐渐扩张,绿带的预留地被逐渐蚕食。由于第一次首都圈整备基本规划的失败,人口和功能过密,1968 年修订了"第二次首都圈基本规划",废除绿化隔离带,将建设高效率、功能互补、一体化的巨大都市复合体为主要目标,重构都市空间,重点建设新宿、池袋、涩谷 3 个副都心,并且把距离东京火车站 50 千米以内的区域全部列入东京发展区域,也将关东各县一起纳入东京圈,作为整体规划发展。1964 年东京由于举办了第 18 届奥运会,在东京地区的干线道路、地铁新线及路外停车场的建设得到了很大的发展,连接东京和大阪间的东海道新干线通车,东京的拥堵得到了很大改善。

进入 20 世纪 70 年代,石油危机爆发,日本从经济高速增长期开始转入平稳增长的转换期。日本政府逐渐意识到了东京一极集中的不利现状,1974 年,国土交通省成立,首都圈整备委员会以及各地方都市圈整备委员会归并到了国土交通省,该机构在 1976 年出台了第三次规划,在规划中特别强调要促进地方都市的发展,在副都心之外,发展横滨和川崎(神奈川县)两座卫星城,以减少对东京都心的依赖。1986 年的第四次规划,将核心区建设成为国际金融与高层管理中心,其余副都心和新城分担东京的教育、政治和文化娱乐等不同功能,每个地方具有相对完善的商业、工业、教育与居住功能,摆脱了只有单一居住功能的"睡城"的状态。1999 年第五次规划时,已经明确了"都心区—副都心—周边新城"的多核多圈层的结构。而由于东京都心地区已经开始有人口空洞化问题的出现,同时第五次规划也大力推动东京都市圈的空间重组。

2.多中心和各中心的不同功能定位成为城市土地集约利用有效方式

如今的东京都为典型的"多核多圈层"的多中心城市结构,由绕行一周 59 分钟的长 34.5千米的山手线环绕,构成了东京都市圈的核心区域,其余放射状分布的轨道交通与环线的交叉点上,分布着若干的副都心和新城。东京的副都心和新城的特点在于每个地方都有着不同的功能分工(见表 7-1),相互支撑着整个首都圈的运营,做到了人口并不过度集中,既相互独立又相互联系集约型城市。东京都的多中心和各中心的不同功能定位,充分考虑功能的聚集与设施的共享,是城市土地集约利用最佳途径之一。

表 7-1　东京核心区和主要副都心与新城的功能分区

位置		主要城市(区)	与都心距离(千米)	主要功能
核心区		千代田区、港区与中央区	都心	高端金融,行政管理中心
区部		新宿	紧邻	金融、商业与娱乐中心
		池袋	紧邻	交通枢纽和商业中心
		涩谷	紧邻	文化、娱乐与购物中心
		临海副都心	紧邻	文化,休闲娱乐
市部(近郊)		多摩新城	20~35	生物、电子产业
		多摩田园都市	15~35	居住区
		八王子市	40	研发和教育
		立川市	30	商务和金融、保险
周边县	神奈川县	横滨	30	日本第二大城市,港务、重工业与商务中心
		川崎	20	重工业与研发中心
	千叶县	千叶新城	20~40	居住
		幕张	30	国际会议与会展中心
	茨城县	筑波	50	科研与教育中心
	玉县	玉新都心	30	行政与商务中心

（二）发达而快速便捷的轨道交通网络是多中心都市圈土地集约利用的重要保障

交通便捷程度是城市功能和效率能否充分发挥的重要因素。必须构筑以发达的轨道交通体系为骨架的都市圈模式，同时优化城市空间结构，才能使得城市交通走向可持续发展的道路。

东京是全世界轨道交通最为发达的城市，换乘站各条轨道发车时间相互吻合，到站时间精确到秒，人们出行完全可以按照计划，工作和生活效率得到大大提高。

1. 轨道交通种类多

从投资主体上，包括国家投资兴建的 JR 系统，城市政府投资的地铁系统以及私人财团修建的私铁系统。从轨道类型上，有地面的电气轨道，置于地下的地铁，高架的单轨铁道（包括跨座式和悬挂式）和无人驾驶的新交通系统（如东京台场的百合海鸥号），以及时速超过 300 千米的新干线。JR 是 Japan Railways 的简称，最初为国有铁路，后来分为 JR 东日本、JR 东海、JR 西日本、JR 四国、JR 北海道和 JR 九州，东京属于关东地区，因此归属 JR 东日本运营。

东京都城市轨道交通系统主要由环线山手线和东西向的中央线形成一个"日"字形格局，山手线的顺时针方向品川到田端段（约半圈），2014 年度（2014 年 4 月—2015 年 3 月）每天平均的客流量超过了 100 万人次，而中央线每天平均客流量也接近 90 万人次。根据针对东京的轨道交通与土地利用的关联度分析可以得知，在东京容积率超过 1 的区域中，线网密度除了目黑区以外，其余区域线网密度都超过了 1.0 千米/平方千米，其中千代田区、中央区、港区、新宿区、台东区和文京区的线网密度在 2.0 千米/平方千米以上，且线网密度和容积率呈正相关。也就是说，东京的轨道交通线网密度远远高于上海的轨道交通线网密度。另外，东京主要的商业区和工业区的线网密度，比单纯住宅区的线网密度要高，并且随着区域容积率的增大，区域内城市轨道交通地下段比例也相应增大。在中心城区以外的地区，一般采用地上线的方式，发展市郊铁路。

2. 人车分离

东京交通的另一大特点就是人车分离。新宿是东京客流量最多的车站之一，是地铁新宿线、地铁大江户线、地铁丸之内线、JR 山手线、JR 中央线、西武铁道新宿线、小田急电铁小田原线、京王电铁京王线的换乘中心。新宿副都心地面层为城市道路，包括车行道和人行道，地下或地上均有步行系统。新宿副都心东区采用地下步行街系统，将整个地区车站、商场、文化、娱乐等设施连为一体，新宿西区根据地势将地下和地上高架步行街有机连接，并设置了多条自动人步行道，行人可以方便快速地从车站到达东京都政府、各商务办公设施及中央公园。2013 年度（2013 年 4 月—2014 年 3 月）新宿站客流量超过 10 亿人次，平均每天客流量达到 277 万人次。

3. 便利的换乘及过站结算

东京有如此复杂的轨道交通，并且有 10 多个运营公司，要保持出行的高效，必须有完善的换乘和结算方式。在这种情况下，市政府会从城市整体发展出发，来有效协调各方利益，对换乘站点进行整体设计，将经过同一地点所有线路的站台综合设置在一幢大楼内，所有线路间换乘均可在大楼内实现。并且与城市空间总体布局相结合，在周边地区开发为城市副中心或者某一类型功能集中区，通过轨道交通将城市功能系统连接起来。东京的池袋、新宿、涩谷等各个副都心，均是大型换乘枢纽。在这些换乘枢纽中，不同运营公司线路的换乘，设置了换乘通道,在结算上一条线路票价的同时,也成了下一条线路的检票口。另外,在临时更改目的地,或者在乘车卡金额不够而又来不及充值的情况下,乘客依旧能够乘坐电车,只要在出站时自行结算便可,大大地节省了出行的时间,提高了出行效率。

(三)地上地下空间充分利用的"立体城市"建设是土地高度集约利用的重要途径

随着农村人口逐渐向城市涌入,城市人口的不断增加,城市的有限空间资源并不能满足过快增长的人口需求,城市出现了蔓延与扩张。这种所谓的"摊大饼",就是指"平面过密,立体过疏"的城市布局。这种布局会带来许多问题,例如平面式发展所能提供的住宅空间有限,人口的剧增导致城市房价不断上涨,于是很多人迫于房价的压力搬离市中心,到离工作单位更远的地方去居住,导致上下班时间过长,工作效率降低。而平面布局的分散也导致城市内部交通流量增大,造成了不同时段的交通拥堵。此外,很多中小型城市的最初并没有按大城市的人口数量来规划,导致公共交通等基础设施薄弱,各项资源紧缺,城市环境污染加重,交通拥堵。公共交通的不可依靠性导致更多的市民选择私家车出行,更加造成了交通拥堵和环境污染。"摊大饼"式的城市建设导致了一系列的恶性循环,导致城市资源的低效利用和浪费,而且城市的无限扩张也占用了生态和耕地资源。"摊大饼"是城市规划不着眼于长远和不完善的体现,如同亡羊补牢,规划永远处于被动状态。城市规划应当从被动转为主动,从长远的利益考虑。

和世界上别的大都市一样,东京也面临着和其他都市相似的问题,如地震隐患、绿地丧失、通勤拥堵、房价高涨、文化丧失等等。在工业化社会背景下,工作地离住宅过远,导致生活和工作极不方便,人们大量时间消耗在生活和工作地之间往返路途上,不能安居乐业。东京也曾经经历过"摊大饼"的时代。东京在 1964 年奥运会之后,特别是 1967—1979 年,东京都知事美浓部亮吉颁布了一系列不利于城市发展的政策,尤其是规定日照遮挡限制法的出台,加快了城市平面发展与扩张。东京就是在这样的背景下开始进行大胆的"都市再生"。日本东京近年在建造中心商业街的时候,喜欢把大型复合设施取名为"Hills"。如得益于 1964 年奥运会的举办,在奥运会会场和奥运村附近建造的"表参道 Hills"和"六本木 Hills"。

这里所谓的"Hills",就是城市功能综合体的体现。在不扩展城市用地边界,不疏散城市核心功能和人口的前提下,将居住、就业、娱乐和文化等功能在城市中心区实现立体式整合,且地上地下空间充分利用,是东京城市规划的土地集约利用之核心。东京的"立体城市"发展模式,六本木新城(六本木 Hills)便是一个很好的例子。六本木 Hills 占地面积约 110000平方米,是以"文化都心"为主题,集合了写字楼、住宅、商业设施、文化设施、酒店、电影院、电视台、摄影棚、寺院、储备仓库、历史公园、地铁车站的多功能复合街区(居住、工作、娱乐、休息、学习、创造)。主要高层建筑"森 Tower"的最上层,还设有美术馆、展望台、会员制俱乐部、学术会议会场等设施。由于世界各国的人群在此进行贸易和交流,六本木 Hills 也成了跨文化交流中的新文化发源地。

(四)"集约＋网络"模式成为日本新型集约城市建设的主要趋势

根据 2015 年国势调查资料,在 2010—2015 年的 5 年间,8 个都县的人口增加,分别为东京圈的 4 都县(东京都、神奈川县、玉县、千叶县)、名古屋市所属的爱知县、关西的滋贺县、九州岛的福冈县,以及冲绳县。人口增加率最高的为冲绳县,其余 39 道府县在 5 年间人口减少,其中大阪府从以前的人口增加趋势也变成了人口减少趋势。东京圈的人口为 3613 万人,占了全国人口的 28.4%。由于日本没有户籍制度,可以随意向任何城市迁移定居。

统计资料显示,日本的人口依旧属于往东京圈迁移的趋势,中小型城市的人口在逐渐减少。在全国 1719 个市町村中,1416 个市町村(82.4%)的人口在减少,其中人口减少率超过 5% 的市町村占了约半数(48.2%)。于是,日本的中小型城市逐渐出现了中心市街地人口空洞化的趋势,中小型城市的中心地段需要再整合,形成新的集约型城市。

由于日本的人口减少和老龄化问题的逐渐加剧,特别是距离首都圈偏远的人口数在 50000~150000 的中小型城市更甚,连维持必要的城市正常运转都显得困难起来。从人口的迁移倾向来看,今后依旧会是大城市人口继续呈流入状态,小城市人口急剧减少。地方中小型城市由于年轻人大多奔赴首都圈,老龄化继续加剧,预计今后适龄的劳动人口将会大幅减少。因此,今后应该向雇佣更少的劳动人口、完成同样的城市工作的目标努力。另外,在过去人口增加的 40 年里,中小城镇人口也急速地向郊外转移,县政府所在地的城市从 1970 年到 2010 年的人口增加了约二成,密度超过 5000 人/平方千米的人口集中地区(densely inhabited districts,DID)面积却扩大了 2 倍以上。在这种中小型城市扩张的状况下,如果人口持续减少,中心城市的低密度化会导致支持市民日常生活的城市功能的崩溃,城市系统将逐渐衰退。

根据国土交通省的国民意识调查,市民均希望将公共福利设施和商业设施建在"公共交通方便的中心"而非"同是郊外的自己家附近"或者"自己开车方便去的中心"。

可见,市民的意识也逐渐向城市功能的集约化和与此连接公共交通网络的完善这方面转化。与此同时,实际上市民的出行交通方式也在发生着变化。从 2008 年和 2014 年的不同目的交通方式调查来看,通勤、上学、购物、看病以及去银行、邮局、市政府的目的占多数,交通方式选择徒步的人增加了,选择私家车的减少了。然而选择公共交通的人依旧很少。这是因为地域之间存在着较大的差异,在偏远的中小型城市公共交通的地位还相对很低。例如,很多条公交车线路因为没有人坐或者缺少司机,导致线路被废止,司乘人员的服务水平也在下降。

根据以上的状况,国土交通省在《国土的大设计 2050》中提出了"集约+网络"的想法。这里的"集约"是指在空间上高密度聚集的意思,网络是指地域和地域之间的联系。也就是说,将行政、医疗、护理、公共福利、商业、金融、能源供给等生活上需要的各种服务在一定区域内集中,高效提供,然后通过交通和信息网络等将人们和这些聚集的地方相互联系起来。随着人口的减少、老龄化的加剧,中小城市"集约+网络"发展模式将越来越显示出优越性,这种高度集中的公共服务设施、便捷的交通和新型服务网络建设成为中小型城市的发展方向。

富山县富山市和新潟县长冈市分别是改善交通规划形成集约型城市和充分利用公有不动产,充实城市功能形成集约型城市的典型代表,东京都大冈山站则把医院和车站完美结合,既充分体现人性化规划设计理念,又是土地集约利用最有效的模式之一。富山县富山市制订了"在公共交通沿线建立住宅区"的"冰糖葫芦"计划,将公共服务、医疗、社会福利、商业等城市功能都聚集到公共交通的轨道交通站半径 500 米之内或者公交车站的半径 300 米之内。

长冈市采取的政策是将市政府变成市民中心。长冈市的市政府从距离中心城区2千米，搬移到和JR长冈站接邻的一个拟建公园内，将市政府的功能从"庄严"建筑里分离，与市中心的开发结合起来。社会福利、教育援助等城市服务设施也均设置在JR长冈站附近，将政府功能、市民互动和公共服务有机结合，变成了"市民集聚的市政府"，并修改建立了"Aore长冈"的商业复合设施，集合了非营利组织市民交流中心、市政府窗口、体育馆、会议室、电影院等各项市民活动设施，促进了土地的集约利用，也增进了市民的交流。而东京都大冈山，把车站和医院结合，既充分体现人性化规划设计的理念，方便了患者，又成为土地集约利用有效的模式之一。

第五节　土地登记制度①

日本对"不动产"的界定和中国台湾地区极为相似：《日本民法典》第86条明确规定：土地及其定着物为不动产。同时，在日本《不动产登记法施行令》第3条规定：土地种类，依土地主要用途，划分水田、旱田、宅地、盐田、矿泉地、池沼、山林、牧场、原野、墓地、寺院地、运河用地、水道用地、污水沟、储水池、堤坝、井沟、保安林、共用道路、公园及其他杂地。由此可以推论出日本对"不动产"外延之界定亦十分广泛，"土地"一词涵盖包括林地和草地在内的各种自然资源。

一、房地分离原则及相关制度

日本的房地分离原则体现在日本法将房屋与土地分别视为独立的物权客体。但是在现实生活中难免出现需要利用他人土地的情况。对他人之物的利用的权利即用益权，在日本民法中表现为物权属性的用益物权和债权属性的租借权、借用权两种形态。《日本民法典》制定之初，日本社会中租借土地建造房屋的现象十分普遍，当时起草民法典的法律家们认为可以依据地上权的相关制度规范，但是，实务中在解决租赁土地等法律关系时基本都引用有关租赁的规定加以规范。这种现象产生的原因，是因为租赁权相比具有物权属性的地上权而言，更有利于维护出租人的利益，而当租赁市场处于卖方市场的情况下，出租人具有对土地利用形式的选择权。面对这种情况，日本先后颁布了《建筑物保护法》《借地法》《借房法》，并根据社会现状及时调整并最终确定了借地权的物权化。终于，日本于1991年颁布《借地借房法》以取代上述3部法律，专门用以调整以建筑物所有为目的地上权或土地承租权。将以建筑物所有为目的的权利单独设定为借地权之后，地上权的适用范围就变得十分有限，仅限于所有在他人土地上的工作物或竹木为目的而使用该土地的权利，"工作物"指房屋、桥梁、水渠、水池、高尔夫球场、电线杆、铜像、井、隧道、地铁设施等地上、地下的一切建造物。《借地借房法》中规定了借地权的存续期间为30年，契约规定更长时间的从其规定。一般情形下，在借地契约存续期间届满时，如果建筑物仍然存在，借地权人请求更新契约时借地人一般不得提出异议。借地权转租或转让须获得借地人同意，这是租赁法的基本规则，但是借

---

① 赵莹.中日不动产登记制度比较研究[D].上海：华东政法大学，2012.

地权转让或转租的特殊之处在于法院的介入和裁决。这体现在《借地借房法》第 19 条,该条规定:"借地权人欲将承租权标的土地上的建筑物转让与第三人,如该第三人取得或转租承租权对借地人并无不利之虞,但借地人仍不承诺承租权的转让或转租时,法院可以依借地权人的申请,以许可代替借地人的承诺。于此情形,为平衡当事人的利益,法院可以命令变更以承租权转让或转租为条件的借地条件,或伴随许可命令为财产给付。"

二、土地登记的类型

(一)设定登记

设定登记相当于日本的标示登记,日本《不动产登记法》对标示登记的规定包括第 27 条:"所谓标示登记,是表示土地与建筑物相关事项的登记,包括:(1)登记原因及日期;(2)登记的年、月、日;(3)非所有权登记的不动产(共用部分指区分所有法第 4 条第 2 款规定的共用部分及住宅共用部分指区分所有法第 67 条第 1 款规定的住宅共用部分中的建筑物除外)的部分,所有人姓名、名称、住址及两人以上共有时各自所持比例等;(4)除前三项外,法务省规定的识别不动产所必要事项。"具体程序要求有如第 36 条规定:"取得没有进行过标示登记的新产生的土地时,所有权人应于 1 个月之内申请标示登记。"第 47 条规定:"取得没有进行过区分建筑以外的其他标示登记的新建建筑物时,所有权人应于 1 个月之内申请标示登记。"

(二)变更登记

不动产登记后,不动产之状态发生变化时,权利人就变更的不动产申请的登记称为不动产变更登记。不动产物权变更有广、狭义之分。狭义的变更登记指不动产物权主体不变,而因物权的内容、客体等变化所为的登记。广义的变更登记则包括转移登记和狭义的变更登记。日本《不动产登记法》第 4 章第 2 节对不动产变更进行了规定,内容涵盖:土地种类,面积,地的分割、合并,建筑物种类、构造及面积,建筑物的分割、区分、合并等。例如,日本《不动产登记法》第 37 条规定:"地目和土地面积发生变化时,表题部记录的所有人或所有权登记名义人在变更事项发生后 1 个月内,必须对该土地情况或面积变化申请变更登记。因土地种类或土地面积的变更而成为表题部所有权人或者所有权登记名义人的,应在与表题部所有人相关的更正登记或所有权登记发生 1 个月内,就该土地种类或土地面积的变化提出变更申请。"

(三)注销登记

注销登记,是指因法定或约定之原因使已登记的不动产物权归于消灭或因自然的、人为的原因使不动产本身灭失时进行的一种登记。日本《不动产登记法》第 68 条至 72 条对注销登记作了专门规定,例如第 68 条规定:"权利登记的注销,如果有与登记存在利害关系的第三人(与该权利登记注销有利害关系的按揭证券持有人或背书人)的情况,只有经过该第三人的承诺,申请方可进行。"第 69 条规定了权利因权利人死亡而消灭的情况:"因权利人死亡或法人解散而注销登记,在该权利因权利人死亡或法人解散而消灭的情况下,登记权利人可不依照第 60 条有关规定,而直接申请注销与该权利相关的权利登记。"日本《不动产登记法》中还详细规定了信托登记的注销、假登记的注销、预告登记的注销等等具体情况。对土地和建筑物的灭失及灭失登记,也分别作了规定。

（四）更正登记

更正登记,是指当不动产登记簿存在错误时,登记机构依当事人之申请或依职权消除该错误而进行的登记。日本《不动产登记法》中也对更正登记进行了详细规定,如第 67 条规定:登记官于权利登记结束后,(1)如果发现其登记有错误或遗漏时,应尽快将其通知登记权利人及登记义务人。但是,如果登记权利人或登记义务人是数人的情况,则通知一人即可。(2)如果该错误及遗漏是因登记官的失误造成的,登记官必须尽快得到监督该登记官的法务局或地方法务局局长的许可对登记内容进行更正。但是,有与登记存在利害关系的第三人(与该权利登记注销有利害关系的按揭证券持有人或背书人)的情况,只有经过该第三人的承诺,申请方可进行。(3)登记官在更正前项登记时,必须通知登记权利人及登记义务人。此时,亦适用第一项中但书的规定。(4)第一项及前项的通知,也必须通知代位人。此时,亦适用第一项中但书的规定。

（五）预告登记

所谓预告登记,就是为保全不动产物权的请求权而将此权利进行的登记。日本民法中所谓的预告登记其实是通常理解的异议登记。而我们所指的预告登记在日本却被称为假登记。日本法中的假登记包含两种:一种是为保全物权的假登记。这种情况一般发生在应登记的物权变动,已经产生物权变动的效力,但是欠缺申请登记必需的手续要件时。另一种是为保全请求权的假登记,物权变动尚未发生物权效力时进行的暂时处分。日本《不动产登记法》为防备将来之登记而将此类请求权预先保全于登记簿上的登记行为,称为保全请求权的假登记。关于假登记实施过程中产生的相关问题,日本法学界也进行了诸多探讨。例如对于所有权之外的权利在假登记后发生所有权转移的情况时,假登记的申请义务人到底是最初设立假登记的义务人(前所有权登记名义人),还是现在所有权的登记义务人。日本判例和学说大多赞成前一选择。但是,实务中及一部分学说亦认为两者皆可。日本《不动产登记法》第 6 款中从第 105 条到第 110 条对假登记的相关内容作了详细规定。例如:第 105 条规定了可以进行预告登记的情况:(1)为保全第三条列举的各项权利时,因无法向登记所提供法务省规定要求提供的与该权利保存相关的登记申请的资料以及第 25 条第 9 款规定的申请资料的情况。(2)为了保全第三条所述各项权利的设定、转移、变更及消灭相关的请求权时(包括附期限和附条件合同中将来可以预见的情况)。即如同依据买卖预约合同所产生的预约完结权那样,与不动产相关的合同也产生了在权利发生变动时的登记请求权。同时,这样的权利也可以附期限或附条件。

（六）异议登记

所谓异议登记,或者异议抗辩登记,就是对事实上的权利人以及利害关系人对于现时登记的权利的异议的登记。日本的预告登记其实是我们通常意义上的异议登记。日本旧《不动产登记法》第 3 条规定了异议登记的实质要件:"异议登记是在登记原因无效或被撤销的情况下,提起涂销或恢复登记之诉进行的。但是,因登记原因被撤销而提起的诉讼,以其撤销可对抗善意第三人为限。"因为,可能因诉讼之结果而颠覆原有之权利关系,故以警示第三人为目的及依据受诉法院之嘱托而进行的登记是预告登记。日本采用的是"登记对抗主义"模式,物权变动不以公示为要件,公示的存在只能产生对抗力,而非公信力。因此,第三人无法因信赖登记簿而主张要求获得保护。由此可知,日本的物权变动模式比较利于对真正权利人的保护,但是对第三人的保护则存在制度上的缺陷。而不动产的异议登记恰好起到了保护第三人的作用。异议登记的效力即针对可能与涉及被提起诉讼不动产存在交易关系之善意第三人所起到的,警示其知晓诉讼事由存在的作用。但是,因为该制度在实践中被作为妨害执行的手段而滥用,所以在 2004 年修订的《不动产登记法》中已经废除了关于异议登记的规定。

三、日本不动产登记簿

日本的登记簿分为土地登记簿和建筑物登记簿两种。根据日本《不动产登记法》第 15 条的规定,登记采用物的编成主义,指不动产按单位编入登记簿的做法。

登记簿中的一宗土地或者一个建筑物备一用纸,即所谓的一不动产一用纸主义。但对于区分一栋建筑物的建筑物,就属于该建筑物的全部建筑物备用一纸。日本不动产登记簿由标示部、甲部和乙部三部分构成。

1. 标示部

标示部作为记录土地及建筑物物理现状的登记用纸,主要记录与土地相关地理位置、地号、地目、面积,建筑物相关的家庭编号、构造、面积等相关内容,如表 7-2 所示。

表 7-2　标示部

标示部（土地的标示）						页数
所有者	号	号	号	①地号	地址	
				②地类		
				ha 镇	土地面积	
				匹		
				a 亩		
				m 亩		
				（坪）		
				原因及日期		
				登记日期		

2.甲部

甲部是记载所有权转移登记等事项的登记用纸,如表 7-3 所示。

表 7-3　甲部

地号区域	
土地号码 房屋号码	

甲部(所有权)		
贰付记	壹	顺位号码
		事项栏
贰付记壹号		顺位号码
		事项栏
叁		顺位号码

3.乙部

乙部是用来设定地上权或抵押权登记等除所有权外的其他登记事项的登记用纸,如表 7-4 所示。

表 7-4　乙部

地号区域	
土地号码 房屋号码	

乙部(所有权以外的权利)	
壹	顺位号码
	事项栏
	顺位号码
	事项栏
	顺位号码
	事项栏

四、不动产登记机关

日本的不动产登记机关是由法务省内部的民事局设立,通称为登记所。具体分为法务局、地方法务局、支局、派出所 4 种形式。日本的法务省实行中央垂直领导结构,地方政府无权设置法务机构。法务局及其下属机构都是法务省根据需要设置的,并且各级法务机关的设置与管辖区域、行政区划并不是一致的。法务省依据不动产登记法及其他相关法律独立进行不动产登记,不受任何行政部门干涉。法务机关不仅负责土地等不动产登记,还负责如户籍管理、刑事管理、商业登记等相关登记。

日本全国共设立东京、大阪、名古屋、广岛、福冈、仙台、札幌、高松 8 个法务局。另外还设有 42 个地方法务局、278 个支局、886 个派出所,总计 1090 个登记所。

第六节 土地征收制度[①]

一、土地征收制度的发展历程[②]

1868 年明治维新后,日本从 1871 年开始在全国范围内推行"地租改正事业",使得历史上长期存在的土地"领主支配体制"转变为"个人所有制"。1889 年旧宪法和 1896 年民法的相继制定,使日本逐渐形成了真正近代意义上的土地私有制。

日本的土地征收制度,在明治初期曾一度采用过法国式的"强制买卖"模式(1875 年《公用土地买入规则》)。此后,又借鉴德国的土地征收模式,在 1889 年制定了第一部《土地征收法》。到 1900 年又重新制定第二部《土地征收法》,因为影响深远,一般被称作"旧土地征收法"。旧土地征收法在第二次世界大战后虽然部分条文失去效力,但整体仍一直沿用到 1951 年。此部法律受到了学者的严厉批判。

1947 年,日本开始推行现行宪法。宪法第 29 条第 1 项做了原则性规定"财产权不受侵害",第 3 项"私有财产在正当补偿下可以为公共目的之使用"。宪法第 31 条还规定了正当程序保障原则。这一原则就如同刑法中的罪行法定主义一样,需要由具体的法律授权,但是却旗帜鲜明体现了这一法理:国家通过行使公权力给国民的利益带来损失的时候,必须经由正当程序来保障实行。可以说,宪法相关规定的宗旨在于,土地征收这一极为强势的国家权力行使形式,其实现必须存在两个前提:一是正当的补偿,二是合理的程序。1951 年,日本为实现上述宪法之宗旨,废止了旧土地征收法,制定新的也就是现行的《土地征收法》。

二、土地征收的条件和种类

世界上大多数国家(地区)都以法律形式规定土地征用权是政府的特有权力,土地征用的主体只能是国家。虽然有的国家(地区)根据具体情况有时可将土地征用权授予某些公用事业团体或公司,如日本土地征用除可由国家实施外,也可由地方的公共团体、各种法律确定的事业主体实施。但是,既然土地征用是转移土地所有权的一种强制性的行政处理,其效力涉及被征用土地的所有一切权利关系,故土地征用权是国家行使土地最高所有权的结果,

---

① 汪东升.日本和中国台湾地区的土地征收制度立法研究[J].世界农业,2016(2):86-90.
② 平松弘光.从日本法视角看中国土地征收法律制度[J].杨官鹏,译.科学发展,2016(8):83-90.

对被征地土地所有者来说,是一种义务,而创办事业人因为兴办公共事业,根据法律规定需征用土地,只能求助国家行使土地征用权,经国家核准后,才能征用土地,由国家执行土地征用,方可避免滥用征地权与不必要的侵害。因此,土地征用权只能由国家行使,不宜授予需用土地者或他人。

国家必须是因"公共目的"实施土地征用。日本土地制度规定,国家只有为"公共目的"才能行使土地征用权。由于土地征用权的核心在于不需要土地所有人的同意而强制取得其土地,因而,土地征用权法律规则同土地所有权受法律保护规则的冲突,引起土地征用权是否合宪及是否滥用的长期的理论争论。土地征用权的"公共目的",不仅在这场争论中使土地征用权合宪性得以成立,而且它也成为评判一项具体土地征用权是否合法行使的唯一标准,以及防止土地征用权滥用的重要措施。日本《土地征收法》第3条列举了35项事业属于"公共利益"的范围,可以进行土地征收。主要包括:公共设施,道路交通设施,水利设施,防灾减灾设施,港湾、石油管道设施,气象、消防、邮政、通信、广播、电力、煤气、供水设施,学校、科研、教育设施,社会福利、国立医疗保健、防疫、火葬场、屠宰场、死亡兽畜处理场、公厕、废弃物处理设施,中央、地方批发市场、自然环境保护、国家与地方公共团体用地,航空航天用地等。一项事业是否属于以上"公共利益"的范围,日本土地征收法规定由都道府县的知事来判断,当用地为跨县项目,或者国家、都道府县为用地人时,则由国土交通大臣来判定是否为公共利益。

日本制定了专门的土地征收法,土地法律法规比较健全,在《国土交通六法》中,有150余部与土地有关的法律法规,形成了十分完善的法律体系;对土地征收的前提条件——公共利益范围的界定采用了完全列举法,界定清晰、具体,在实践中容易操作,发生歧义的概率较低,有利于行政效率的提高。1951年日本《土地征收法》制定时规定举办事业是否属于公共利益由国土交通大臣审核或者都道府县知事审核,2001年日本《土地征收法》大修时,设立公益事业认定厅,作为专门审核土地征收公益性的组织。

三、土地征收的程序

日本的土地征收程序经过100多年的不断修订,已日臻完善。日本的土地征收征用程序主要分为两个阶段,一是公益事业认定阶段,二是收用委员会裁决阶段。公益事业认定是指,国土交通大臣和都道府县知事对实施公共事业的主体所实施的事业是否具有对私人所有土地进行征收的必要,即对事业的公共性和公益性进行认定,进而决定是否发动强制征收权。程序上一般需要由公共征收事业的拟实施者向国土交通大臣和都道府县知事递交认定申请(《土地征收法》第16条)。[①] 即先由事业发起人提出公益事业认定申请,获得批准后再向征收委员会申请裁决。公益事业认定,实质就是审查申请人所举办的事业是否属于公共利益的需要,由国土交通大臣或者都道府县知事进行审核。当国家、都道府县为用地人时,或者拟征收土地涉及两个以上都道府县所辖区域时,或者所举办的事业影响到都道府县域外或其他利害关系人时,由国土交通大臣负责核准,其他情况均由都道府县知事核准。核准认定的标准要件有4个:一是申请人所举办的事业属于《土地征收法》第三条所列举公益事业的范围;二是申请人有完成申请举办事业的能力;

---

① 平松弘光.从日本法视角看中国土地征收法律制度[J].杨官鹏,译.科学发展,2016(8):83-91.

三是所举办的事业有利于土地的合理利用。四是土地的征收或征用是基于公共利益的需要。

事业发起人的公益事业申请被确认后，进入征收委员会的裁决程序。事业的拟实施者向设立在都道府县的征收委员会递交征收裁决申请，以确定正当补偿的金额等以及公用征收权的生效日期（《土地征收法》第39条）。征收委员会是独立于都道府县的第三人，由7名委员组成，独立行使职权。在任命程序上，征收委员会成员需要经过都道府县知事的提名以及同级议会的确认这两道程序才能被正式委任。在权力架构上，征收委员会不隶属于政府或立法机关（知事或议会），可独立行使职权。事业发起人应当自事业被认定公告之日起一年内向征收委员会提出裁决申请，被征收人或者被征用人也可向征收委员会提出让事业发起人启动收用裁决的申请。征收委员会收到裁决申请以后，需将相关文书送达市町村长，并通知土地所有人和利害关系人，在两周内向征收委员会提交意见书。在审理过程中，征收委员会应努力促成收用双方达成和解，制作和解协议书，并将和解协议书视为出让裁决和权利取得裁决。如果不能达成和解协议，征收委员会必须及时裁决，做出驳回裁决或者收用裁决，征收裁决又包括权利取得裁决和出让裁决两部分。根据裁决，起业者向被征收人支付补偿金，被征收人出让土地，征收即告结束。若被征收人拒不履行出让裁决，起业者可向都道府县知事申请强制执行。

日本土地征收征用程序最大的特点是将公益事业认定和征收征用补偿分为两个阶段，分别由行政机关和事业部门进行裁决，既保障了土地征收的正当性（公益目的），又保障了土地补偿等权利置换的公平性。第二个立法经验是征收程序的透明性、群众参与的广泛性。日本的土地收用法规定了在事业公益性认定阶段和收用裁决阶段相关权利人的参与程序，征收人和被征收人都有充分的发言权，例如，日本土地征收法关于在公益性认定程序中举办事业说明会、公听会、听取第三者专业机构的意见的规定，充分体现了公民的平等和行政程序的民主。

四、土地征收的补偿

土地征用必须给予一定补偿。在有限的土地上，日本不仅保证了居民的居住需求，而且耕地得到很大保护，城市土地得到持续发展，成为全球土地利用最为合理的国家之一。虽然土地征用带有一定强制性，但它给原土地权利人造成了事实上的损失，为公平起见，世界各国（地区）都规定土地征用后必须给原土地权利人一定的经济补偿。它与民法上基于侵权行为的赔偿性质不同，不是由于违法行为所引起而是基于合法的公法上的原因所致，且民法上损害赔偿是损害在先，赔偿在后。因此土地征用补偿可解释为"需用土地人就征用取得土地后对权利人的损失的补偿，是对国家所履行的公法上的经济负担"。

征收裁决下达后，公共事业的拟实施者则根据裁决内容支付相应的补偿金。依照《土地征收法》第101条规定，自裁决下达之日起，事业实施者开始取得该征收土地的所有权，土地原所有人的所有权则随之灭失。日本土地征收中的补偿原则有完全补偿和相当补偿两种观点，二者的共同点都是以被征收标的物的市场价格为准计算补偿额，区别在于后者是"计算出合理数额"，而不是全部数额。从日本历年征收的实践来看，已倾向于完全补偿。损失补偿的构成要素有3个：(1)被征收权利人发生了损失；(2)这种损失是合法的征收征用行为导致的；(3)征收征用的目的是为了满足公共利益的需要。损失的计算，以举办事业的公益性被认定后公告时为时间节点,以被征收征用标的物的市场价格为标准进行计算。由于认定公告后到收用裁决时还有一段时间,最后裁决的补偿额等于事业认定时被征收征用标的物的价格乘以物价变动指数所得到的数额。补偿的主要内容包括:(1)土地及其之上的房屋、设施的价值,以临近的类似标的物的市场价格为参考确定。(2)土地征收导致的通常损失,如歇业费、搬迁费、停业失业损失、租金损失、营业规模缩小损失等。(3)残地和残存者的损失。当同一地块的一部分被征收时,剩余部分因面积缩小等原因导致贬值,对此损失应予补偿。当大型用地项目导致生活共同体的多数人搬离,造成未搬离者生活、生产不便,对此损失也应予补偿。(4)其他损害补偿。项目开发后如有噪声、水质、废气等环境污染,需在项目用地之外建设管线、道路等,造成的损失应予补偿。补偿的方式以金钱补偿为原则,可以附带土地置换、建造住宅等方式。

事业实施者依照《不动产登记法》第118条规定,对已取得该土地的所有权进行登记。土地的所有权发生转移,但是土地上的房屋等建筑物仍然存在。在法律上,建筑物并非征收的对象,而是被视为在该土地上实施建设公共事业的障碍物。土地的原所有人,也就是目前建筑物的所有人,就负有将该建筑物转移或拆除的义务(《土地征收法》第102条)。

依照《土地征收法》第102条规定,在征收裁决规定的日期以内,建筑物所有人仍未将建筑物自行转移或拆除的情况下,经事业实施者申请,都道府县知事可行使行政强制,就建筑物进行代为转移或拆除。

征收委员会裁决的所谓正当补偿,包括被征收土地的价格和建筑物移转或拆除等的相关费用。损失补偿的种类和数额的算定原则由《土地征收法》规定,数额的计算方法由政令规定(如《平成11年248号政令——有关土地征收法88条第2款细则的政令》),具体的计算则是由征收委员会进行判断。

第七节　土地税收制度

一、第二次世界大战后日本土地税制的改革历程[①]

从明治维新前后土地税形成雏形,到夏普税制后现代土地税收制度确立,再到第二次世界大战后的多次土地税制改革,日本土地税制经历了长期的探索和完善,目前形成了税种设置合理、税负分布平衡、登记评价体系完善、征管系统完备的土地税制体系。

(一)日本现行土地税制体系

日本现行的土地税制是包含众多税种的复杂体系,具体分为土地取得类征税、土地持有类征税和土地转让类征税,详见表7-5、表7-6。

---

① 裴桂芬,刘继荣,王曼.战后日本土地税制改革及其效应[J].日本学刊,2016(3):115-133.

表 7-5　日本现行的土地取得类和持有类征税要素

	税目	纳税义务者	征税对象	征税标准	税率
土地取得类征税	登记许可税（国税）	登记者	所有权保存、转让等	登记时价值（固定资产评估额）	转让:2%保存、信托:0.4%
	不动产取得税（都道府县）	取得不动产的个人或法人	土地及房屋	取得时价值（固定资产评估额）	4%
	特别土地取得税（市町村）	取得土地的个人或法人	土地	土地取得价格	3%
	遗产税(国税)	获得遗产或赠予财产的个人	包含土地在内的所有继承财产	遗产税评估额	10%～55%（累进税率）
土地持有类征税	固定资产税（市町村）	固定资产所有者	土地、房屋及折旧资产	固定资产评估额	标准税率1.4%
	城市规划税（市町村）	土地房屋所有者	土地、房屋	固定资产评估额	最高税率0.3%
	特别土地保有税(市町村)	土地所有者	土地	土地取得价格	1.4%

资料来源:根据日本国土交通省土地和不动产综合信息中心的资料整理[EB/OL].(2019-12-30)[2020-10-15].http://tochi.mlit.go.jp/seido－shisaku/tochi－zeisei.

表 7-6　日本现行的土地转让类征税及税率

持有时间 税目		短期(五年内)税率	长期(超过五年)税率
个人	转让所得税（共享税）	转让收入的 30%（＋9%的居民税）	分类征税税率 15%（＋5%的居民税）
	事业所得或其他所得税（共享税）	①转让收入的 40%（＋12%的居民税）;②扣除其他收入累进税额之后的土地转让收入×110%。二者择其高者	综合征税
法人（共享税）		通常法人税基础上加征 10%	通常法人税基础上加征 5%

资料来源:根据日本国土交通省土地和不动产综合信息中心的资料整理[EB/OL].(2019-12-30)[2020-10-15].http://tochi.mlit.go.jp/seido－shisaku/tochi－zeisei.

　　(二)第二次世界大战后日本土地税制的改革历程

　　第二次世界大战后日本对土地税制进行了多次改革,每次改革的背景和主要内容各异,改革效果较之预期也有一定偏差。但总体来讲,21 世纪之前,日本土地税制改革围绕地价的升降而展开,即经济萧条、地价下降时期弱化土地税,经济过热、地价上升时期强化土地税,有时候还是强弱交替,进入 21 世纪,日本土地税制改革的基本理念开始转变。

1. 第一阶段:泡沫经济之前强弱交替的土地税制改革

经历了第二次世界大战后经济恢复期,20世纪60年代后期日本经济开始进入高速发展时期,70年代受到两次石油危机的影响,经济增长速度降低,发展缓慢。因此,在该阶段,日本的土地税制主要呈现出逐步规范、不断加强与相对缓和交替的趋势和特点。

1969年的改革是日本战后第一次土地税制改革。20世纪60年代,日本人口开始向三大城市圈集中,导致土地供给紧张,快速发展的工业也对土地形成了巨大需求,两方面的压力造成土地供给不足,土地价格持续、快速上涨。根据日本不动产研究所公布的地价指数计算,1961—1965年,日本地价的年上涨率分别为42.5%、27.1%、17.2%、14.0%和13.4%。1967年,日本政府专门在其税制调查会中设置"土地税制部会",开始对土地税制进行全面、深入的探讨,并于1968年7月发布了《关于土地税制应有态势的报告》。以此为基础,形成了1969年的土地税制改革,呈现出逐步规范的特征。第一,改变过去综合所得征税方式,对土地转让收益实施分类征税,以降低税收成本。第二,对个人土地转让收入根据持有土地时间的长短进行差别税率征税。划分长短期的时间节点是5年,超过5年的转让收益税率较低,旨在鼓励长期持有土地,预防投机行为。

受布雷顿森林体系崩溃的影响,20世纪70年代初日元开始升值,对日本出口造成重大影响,再加上第一次石油危机的影响,日本经济陷入低迷。为了刺激经济,日本政府提出了"列岛改造"的国土开发计划,目的在于解决大城市和农村地区人口分布不均衡问题,但由于土地政策准备不充分,导致全国范围内地价暴涨,法人土地投机交易尤为严重。1971—1973年,全国地价指数年增长率依次为15.7%、13.2%和25.1%。

日本政府于1973年发布了《关于今后土地税制应有态势的报告》,开始实施新一轮土地税制改革。这次改革体现出逐渐强化的特征,主要涉及两个方面:一是设置了对法人短期持有的土地转让收益加重征税的制度,规定1969年以后购入的土地进行转让时,除征收例行的土地转让所得税外,追加征收20%的法人税。二是创设了特别土地保有税制度,对1969年1月后取得、超过一定面积的土地及1973年7月后取得的土地,分别以取得金额和新购置土地价格为基础,征收特别土地保有税。

20世纪70年代中期后,日本的地价上涨问题开始缓和,因此日本政府在土地税制改革中采取了一些缓和措施。1978年,日本政府放松对土地交易的规则和限制,降低法人转让土地所得税负和特别土地保有税,同时增加税收减免政策。1979年,为鼓励建造优良住宅,日本政府减轻了法人长期持有土地转让所得税负,低税率(15%)的征税范围从原来的2000万日元扩大到4000万日元。1981年,对个人长期持有土地转让收入实施20%的低税率,征税范围由2000万日元上升为4000万日元。而且,原来对超过2000万日元以上部分是采取75%累进税率的综合征税,此次改革调整为把收入划分为不同等级实施差别征收,4000万日元到8000万日元部分按50%的税率综合征税,8000万日元以上部分按75%的税率综合征税。为了保障土地长期供给,1982年日本又进行了税收制度改革。主要内容为:将土地长期持有的年限由5年延长到10年,超过10年的、转让收入在4000万日元以下的征收20%的转让所得税;恢复居住用资产置换制度,规定出售持有期超过十年的居住用宅地,高价购入新建住宅时可以延期缴纳资本收益税;取消农业用地的税收优惠,对城市郊区农地与住宅用地采取相同的税收政策。

2.第二阶段:泡沫经济时期强化的土地税制改革

20世纪80年代前期较宽松的土地税政策,加大了日本国民对土地的需求,促进了土地市场的繁荣,80年代中期形成的泡沫经济更带来了地价的狂热飙升,促使日本政府强化土地税制,《土地基本法》的出台更促成了超强的土地税制。

1985年9月达成的"广场协议"使得日元迅速升值,大量资金为了规避汇率的风险而进入日本国内资产市场。同时,缓和的金融政策致使资金流动性泛滥,掀起了狂热的资产投机浪潮,尤其在土地交易市场上,以转卖为目的的土地交易量增加,地价开始不断飙升。企业或个人以不断升值的土地作为担保向银行申请贷款,大量贷款流向处于上升通道的房地产领域,带来地价的螺旋式上升。1986年和1987年,日本每平方米的宅地价格涨幅分别高达26.4%和34.2%,至1988年,东京都每平方米地价已经是1971年的12.55倍。

面对土地价格的飙升,日本政府于1987年实施强化的土地税制,主要内容包括:第一,调整土地长短期持有的划分年限,由原来的十年恢复为五年,加重对短期及超短期持有土地转让收益征税,例如对法人出售持有期在两年内的土地,追加征收30%的土地转让所得税,对出售持有期为2~5年的土地,追加征收20%的土地转让所得税。对个人超短期持有土地转让收益征收土地转让收入额50%(加15%的居民税)的所得税。第二,设置监视土地交易区域制度,对土地利用不合理的地区实施必要的管制或监视。一方面是限制区域制度,把投机过度、地价上涨过快的地区设定为土地限制区,在该区域内所发生的土地交易实行事前许可制度;另一方面是监视区域制度,在管制区域外地价飞涨或有可能飞涨的区域,超过一定面积的土地交易必须进行事前申报,申报面积的下限由都道府县规定,一般为300平方米或500平方米。1988年,日本政府考虑到居住用资产置换制度可能加速城市周边地价上涨,原则上废除了该制度。

1989年日本出台《土地基本法》,开始实施超强化的土地税制。《土地基本法》的基本理念是,土地应该被置于公共福利最优先的地位,不应成为投机性交易的对象,土地所有者应承担与其土地价格上升所带来的收益相应的税收负担等。基于《土地基本法》,日本于1991年1月出台了《综合土地政策推进纲要》,提出要打破土地神话,实现土地价格的回归,确保土地的合理利用。另外,日本税制调查会还发表了题为《土地税制改革的基本方案》的咨询报告,指出"土地税制改革是解决土地问题极为重要的手段之一"。

因此,这一时期日本土地税制改革的核心仍然是通过增加土地税负来抑制土地价格。(1)开征地价税,纳税人为每年1月1日拥有土地所有权和土地租赁权的法人和个人,按照土地评估价值的0.3%征收,居民自住的一套住宅可以免税,但面积超过1000平方米的仍然需要交税。(2)强化特别土地保有税,将持有期10年以上的土地纳入征税对象,且降低了城市区域的起征点。(3)强化对城市内的农地征税,减少农地的免征优惠。(4)从整体上强化土地转让所得税,提高了短期持有土地转让收益的税率,继续执行法人短期持有土地的高税率制度,对长期持有土地转让收益在通常的法人税之外加征10%的特别税。(5)提高土地价格评估标准,强化固定资产税及遗产税,固定资产税的征税标准(评估价格)提高到公示价格的70%,遗产税的征税标准提高为公示价格的80%。

3.第三阶段:20世纪90年代长期萧条时期弱化的土地税制改革

伴随着日本房地产市场泡沫的破裂,20世纪90年代日本经济进入长期萧条时期,土地价格也步入下降通道。1992年,日本全国地价指数比上年下跌1.8%,开启了地价负增长的时代。这一时期,日本仍基于原来的改革思路对土地税制进行调整,表现为税制整体弱化。1994 年的税制改革减轻了住宅用地税负,采取了一系列降低和调整征税标准的特别扣除措施。1997 年底废止了法人超短期持有土地转让收益的追加税。1998 年,为了减轻土地取得、持有和转让环节的税负,日本又进行了一次税改,内容包括:停征地价税,提高长期持有土地转让收益的起征点,个人短期持有土地转让收益不再适用 40%或者税额 110%的追加税。

4. 第四阶段:21 世纪以来的土地税制改革

进入 21 世纪,日本地价指数仍持续走低,跌幅不断增大。2000－2004 年,全国地价指数年下跌率分别为 5.8%、6.3%、6.7%、7.1%和 8.4%,2005 年后地价下滑才开始趋缓。

这一时期,日本政府调整了土地税制改革的思路。实际上,日本在 1997 年就颁布了《新综合土地政策推进纲要》,试图将土地税制的调控重点由平抑地价转向土地资源的优化配置。1998 年日本出台了第五次国土综合开发计划,以 2010－2015 年为规划期,旨在通过多轴型国土规划,达到分散东京功能和国土均衡发展的目的。2009 年出台的《土地政策的中长期展望》,提及完善房地产市场的税制、法制及地价公开发布制度,完善土地取得、持有和转让等相关法律法规,强化了土地市场与国家宏观调控的关联性,确保土地市场的平稳运行。总体而言,这一阶段,日本重构了土地政策框架,“实现合理的土地使用”和“形成透明、高效的土地市场”成为土地政策的基本理念。对于土地的认识也发生了转变,土地不是持有的“不动”资产而是可灵活运用资产,不动产市场是以提高土地的利用价值为核心的市场,而不是一个逐利的市场。在土地价格下滑趋缓的背景下,日本政府停征了一些税种,出台了很多优惠措施。比如,2003 年,日本政府大幅度减轻了土地交易环节的征税,停征了特别土地保有税;2009 年的土地税制改革,将住房有关的税收抵免延长 5 年;2012 年的土地税制改革提出,事业资产更新优惠税制延长 2 年。

二、现行土地税制[①]

日本的土地税,主要作为一种地方税由地方政府征收,在整个税制体系中占很大分量。日本地方政府在土地取得、土地持有及土地转让 3 个阶段征收土地税。日本政府对土地的取得征收继承税或赠予税(国税,无偿取得资产时课征)和不动产取得税(省级地方税,有偿取得资产时课征);对土地的保有者征收固定资产税(市级地方税)、地价税(国税,1991 年设立,1998 年停征)和特别土地保有税(市级地方税,1973 年设立,2003 年停征);对土地的转让征收资产收益税(国税)。

(一)土地取得阶段的税收

1. 遗产税

日本的遗产税(也称为继承税),是对死者遗嘱中指明的资产继承人征收的税赋。另外,遗产税也对继承死者死亡后生效的赠予资产的纳税人征税。日本民法中设定的法定继承人的继承顺序为配偶,子女,直系长辈,兄弟姊妹等。遗产税的纳税额是以纳税人获得的资产总价值为基础计算的。评估遗产价值时,日本民法中除对保险合同及地上权等有特殊法则规定外,其他资产一律按“时价”评估。

---

① 苏畅.日本土地税及其效应分析[D].保定:河北大学,2013.

日本现行遗产税的起征点为(5000 万日元＋1000 万日元×法定继承人数)。设定起征点的目的在于保障低收入群体的生活水平,从而调节贫富差距。随着社会生产力的发展及物价水平的提高,在 1968 年到 1994 年的 27 年间,遗产税的起征点调整了 10 次。

"遗产税依继承人个人情况设定赠予税税额扣除,配偶减税,未成年人扣除和残疾人扣除,以及连续继承扣除和国外税额扣除,也存在遗产税加算的情况。法定继承人如果是死者的配偶、父母或子女以外的人,税额要加算 20％。"①

2.赠予税

赠予税的课税对象为纳税人得到的赠予财产,是为防止被赠予人将其生前财产赠予他人而逃避税责设立的一种税收。赠予税的优惠政策表现在:配偶及双亲与子女之间,因负担教育费、生活费等进行的赠予;社交礼品赠予;对宗教、慈善机构、社会福利等公益事业的一定财产赠予;特别残疾人作为受益人的 6000 万日元以内的信托。被赠予人在 1 个年度内得到价值超过 60 万日元以上的部分将被课征赠予税。

一对夫妇如果结婚超过 20 年,对于配偶赠予的用于居住的土地,房屋等物权收益,对接受赠予的配偶连续居住的情况,接受赠予的配偶可享有 2000 万日元的扣除。这种情况叫作配偶扣除,一对夫妇一生只能享受一次。

3.不动产取得税

日本政府对取得土地,房产等不动产的个人和法人征收不动产取得税,中央及地方政府不纳税。"不动产"的课税对象为土地,房屋及通过改建增加的房屋价值。不动产取得税的计税依据为不动产的价值金额。不动产取得税的起征点为,土地 10 万日元,新建房屋 23 万日元,其他房屋 12 万日元。不动产取得税的标准税率为 4％,住宅取得为 3％。如果土地取得者在取得土地前的 2 年内住在该土地上,或取得土地日前的 1 年内已取得该土地上的住宅,土地取得者可享受 1/4 的税额扣减。

(二)土地保有阶段的税收

1.固定资产税

固定资产税是在日本房地产保有环节按照价值课征的税种。固定资产税属于一般税。

(1)征管部门。日本政府层级分中央政府、都道府县和市町村级三级。税种相应按照收入权属分中央税、都道府县税和市町村税。固定资产税与城市规划税均属市町村级税收。

(2)纳税人与课税对象。日本税法中"固定资产"指土地、建筑物以及折旧资产。土地指稻田、农场、住宅用地、矿泉、池塘、沼泽、森林、畜牧场、荒野和用作其他用途的土地。建筑物指住宅楼宇、商场、工厂(包括发电厂和变电站)、仓库和其他用途的建筑物。折旧资产指除土地、建筑物以外可供使用的固定资产,如机器、设备、船舶、飞机、工具、仪器仪表、灯具,但不包括征收汽车税或轻型汽车税的固定资产。固定资产税纳税人是每年 1 月 1 日登记在册的固定资产所有人,但不局限于登记,如土地与房产的实际所有者,即使未登记在册也具有相关纳税义务。即使有可能实际上固定资产税的负担会在当事人之间分配,比如根据销售合同中的比例或所有权期间的长短等,但法律规定的纳税义务人不发生变化。此外,长期抵押(抵押期限 100 年以上)的土地,其土地使用者与地权所有人也具有纳税义务。

---

① 财政部税收制度国际比较课题组.日本税制[M].北京:中国财政经济出版社,2000:170.

（3）计税依据与评估。日本的税基是应税土地清册上的评估价值。固定资产的价格，以内务部"固定资产标准评估准则"为基础，由都道府县或市町村政府确定，并将评估价格登记在册。固定资产每3年进行一次重新评估，但当发生新建、更新时，均需重新评估。日本设置固定资产计税起征点，低于起征点不征税。如对土地起征点为30万日元，住宅建筑为20万日元，折旧资产为150万日元。针对住宅用地采用特别税收优惠，以减轻纳税人税收负担。

（4）税率与税额计算。日本固定资产税率为1.4%。然而，根据日本地方自治的相关法律，市町村政府可以根据政府支出需要超过该标准税率进行征收，但需报备上级政府或基层议会通过。为避免纳税人承担的固定资产税或城市规划税因房价或公共服务提升而变化太多，日本采用"负担水平"这一指标对税额进行周期平滑。之前曾经有一定的税率上限，目前这一上限已经取消。在日本1719个市町村政府中，有153个超出标准税率。固定资产的价格由都道府县或者市町村的政府部门主管确定，以日本内务部（Ministry of Internal Affairs and Communications）制定的"固定资产标准评估准则"为基础，然后将确定的评估价格记录于固定资产登记册。每3年对固定资产进行一次全面的重新评估，确定新的价格。重新评估的会计年度被称为基本纳税年度，比如2012年是基本纳税年度之一，在基本纳税年度之后的第二个（2013年）和第三个（2014年）财政年度内，继续使用基本纳税年度的评估价格。但固定资产发生新建、更新等变化时，应对其进行重新评估，确定新的价格。对于折旧资产，其评估价格以最初的价格为基础，再考虑折旧之后计算出的评估价格。当由同一人在同一市町村内拥有固定资产计税依据总额低于起征点时，不征收固定资产税。[①]

（5）税收豁免。日本税法规定政府、皇室、邮政部门、宗教土地、墓地、公路、水路、国立公园、国家风景保护区、国家重点文化历史名胜、重点传统建筑群保存区、学校、社会福利及公益设施等，属于固定资产税免征范围。纳税人有特殊情况时，如低收入人群或灾害发生时，可向所在地税务所提交必要的减免申请书，申请税收减免。[②]

2. 地价税

地价税于1991年设立，旨在抑制土地投机，削弱土地作为资产的保有优势，遏制飞涨的地价，对土地所有者加强课税以促进土地流动，提高土地的利用效率。然而，征收地价税时经济泡沫已然破裂，日本进入十年的萧条期，地价急剧下跌，地价税增大了土地所有者的负担，并于1998年被停征。地价税对保有土地及租地权等土地权利的个人与法人征税，对公益性土地利用实行非课税。地价税的计税依据为纳税人课税期间其所有的土地等的合计金额。

地价税的起征点为按金额和按面积比例设定的两者中金额较大者。定额起征点根据资本金规模大小设定为：资本金10亿日元以上的法人起征点5亿日元；资本金1亿至10亿日元的法人起征点为8亿日元；资本金1亿日元以下的法人和个人起征点15亿日元。面积比例起征点计算为：每平方米估价超过3万日元的土地（非课税土地除外）面积（平方米）×3万日元。1991年地价税税率为0.3%，1995年调整为0.15%。

---

① 任强，杨华，马海涛.对日本房地产保有环节税收政策实践的思考和借鉴[J].国际税收，2018(5)：29-34.

② 马敏，土地使用税的国内外比较[J].科学发展，2019(2)：88-96.

3.特别土地保有税

特别土地保有税的纳税人为保有土地及购置土地的个人和法人,中央和地方政府为非纳税人,设立于 1973 年并于 2003 年被停征。土地保有以当年 1 月 1 日的保有为准,土地购置以课税期间的购置为准。特别土地保有税的课税对象为保有和购置的土地。保有期超过10 年的土地,住宅、学校、医院及公益事业等占地,免除特别土地保有税。建筑物和工厂设施等占地,经市町村政府批准后,可免征特别土地保有税。购置土地过程中,因继承、合并、信托等发生的土地转让也免税。

特别土地保有税按土地面积设定起征点:东京的特别区和指定城市特别区为 2000 平方米;有城市区域的市町村为 5000 平方米;其他市町村为 10000 平方米。特别土地保有税实行固定税率,土地所有的税率为 1.4%,土地购置的税率为 3%。向土地保有者征收特别土地保有税时,扣除同年固定资产税的纳税额;向土地购置者征收特别土地保有税时,扣除购置土地时已缴的不动产购置税额。

4.城市规划税

城市规划税也是在房地产保有环节按照价值课征的税种,属于特定目的税,税收专项用于支付城市维护开发,仅在个别区域征收,目的在于提高和加强城市的发展。税收收入用来支付与城市污水处理、公园、社区道路、学校、医院、中小型河流治理等相关工作的支出。原则上在《城市规划法》指定的城市化地区拥有土地或住宅建筑的个人,都应该缴纳城市规划税。与固定资产税类似,城市规划税属于市町村级的税收。

城市规划税的纳税人是每年 1 月 1 日登记在固定资产登记册上的土地或建筑物的所有人。市町村政府可在不超过 0.3% 的限制下依照程序确定税率。制定过程中综合考虑财政年度的城市规划和来自上级政府的转移支付来确定。

城市规划税应与固定资产税一起缴纳,原则上根据第一个纳税日期发放的纳税通知,纳税人应在每个纳税年度分 4 次缴纳税款。各市町村级政府可自行设置具体的纳税截止日期。在不征收固定资产税的情况下,同样不征收城市规划税。原则上是《城市规划法》指定的城市化地区拥有土地或住宅建筑的个人,都应缴纳城市规划税。[①]

(三)土地转让阶段的税收

日本政府对土地转让阶段课征所得税,是对土地、房屋等可转让资产的转让收益课税。征税目的为抑制土地投机,稳定土地价格。保有期超过 5 年的土地转让收益所得税税率为15%,并加征 5% 的居民税;保有期少于 5 年的土地转让收益所得税税率为 30%,并加征 9%的居民税。同时,日本政府在土地转让所得课税中设立了税收减免措施。日本政府已在土地的取得、保有和转让阶段设立了完善的征税体制,不仅为地方政府财政筹融资,还调控了土地价格,维持了土地市场的稳定。

---

① 马敏.土地使用税的国内外比较[J].科学发展,2019(2):88-96.

第八章　新加坡土地制度

第一节　土地产权及管理机构

一、土地产权

新加坡的土地所有制主要有国有和私人所有两种形式。新加坡是一个国有土地占主体的国家,这可能会出乎很多国人的意料。但事实确实如此,资本主义的新加坡,实行的确是土地国有与私有并行、所有权与使用权分离的混合产权制度。从所有权看,大约90%的土地属于国家所有,10%的土地属于私人所有。国有土地的来源有两个:一是从私人业主手中征收,二是填海造地。在国家所有的土地中,大约有67%由土地局代表国家持有,其余33%根据用途不同分别由陆路交通局、建屋发展局、国家公园局等法定机构代为持有并维护经营。[①]

新加坡独立以前是属英国统治的马来西亚共和国的属地,因此,新加坡土地的所有制和使用制基本上是由英国政府规定的,即在国土中,除私人开发、利用并按批准手续拥有土地保有权外,其他土地一律归政府所有,任何个人或集体不准擅自占用。

新加坡的国有土地严格地说又可分成两种形式,形成两个管理系统,即国有土地和公有土地,前者由作为政府部门律政部所属的土地局掌握和管理。后者由作为半官方机构的法定局,如建屋发展局、港湾局、民航局以及其他宗教社会团体所掌握和使用。两者的共同点是,其土地主要用于公共目的,都可以出售或长期出租;两者的区别主要在于国有土地的所有权属于国家,由土地局代表国家行使所有权,它包括尚未开发利用的土地,如暂时闲置的土地、围海造地增加的土地等;公有土地的所有权虽然仍属于国家,但已经归属法定局或其他社会团体,因此,一般是正在使用的土地。新加坡国土面积中,国有土地约占53%,公有土地约占27%,私有土地只占20%左右。新加坡国有土地交易基本与香港类似,除极少数土地有历史遗留的私人的永业权以外,绝大多数实行年期制。政府采用拍卖、招标、有价划拨和临时出租等方式,将一定年期的土地使用权出售给使用者。使用者在得到政府规定使用年期的土地后,可以自由转让、买卖和出租,但年期不变。使用年期届满,政府即收回土地,地上建筑物也无偿归政府所有。到期后如要继续使用,可向政府申请。经批准者可以再获

得一个规定年限的使用期,但必须按当时的市价重付地价,等于第二次买地。①

　　新加坡绝大部分土地都属国有,居民与社会法人大多只有土地使用权,政府在土地规划、土地利用、土地经营上具有绝对权威。如欲使用土地(包括国有土地、私人永久使用的土地和为数少量的集体性公有土地),必须向政府提出申请,经土地管理机关审查批准后,方能依法使用。新加坡独立以前,国有土地的数量约占国土总面积的60%,私人保有各公用的土地约占国土总面积的40%,独立以后,在经济建设发展的地区,通过强行征用的办法,从私人占有者那里陆续征用了不少土地,作为建设用地。最近20多年间,国家向私人占用土地者征用的土地,已达国土总面积的20%左右。因此,目前全国私人占用的土地面积正在逐年下降。

　　新加坡政府为经济建设提供必需的用地,根据产权种类,国家可以将土地通过一定方式转让给私人。对国有土地,由国家土地行政主管部门采取划拨的方式办理用地手续;对私人占用的土地,由国家土地行政主管部门依法征用,而后根据用途的性质,按照法律规定不同的使用年限,例如娱乐场所用的,使用年限一般为15～30年,到期后,必须续办用地手续;厂矿等生产用地,使用年限一般为60～90年;文化教学用地,一般为30年;住宅用地一般为99年,期满后确需续用的,可续办用地手续。新加坡独立以前的住宅用地,通常规定999年,期满后确需续用的,还可办理续用手续。独立以后,这方面的法规做了修改,最长的使用年限为99年,期满后确需续用的,可办理续用手续。

　　从使用权看,主要分为3种类型:一是永久使用权,数量很少,这部分业主大多数是当地的土豪加土著,岛上的原住民,盘踞在城市核心地带的周边,以豪华小别墅的形式存在。二是999年的土地使用权,此类土地因历史原因形成,数量也极少。此类土地属于英联邦传统,在历史上土地的名义所有者是英国女皇,而目前其产权已继受给新加坡政府。三是面向社会出让的土地使用权,按照不同用途分为不同使用年期。②

　　新加坡政府规定,私人保有的土地可以买卖,但必须报经国家土地行政主管部门审查,如不涉及有关问题的,即可办理登记、发证手续。如出卖的土地涉及购买者用于建设用地的,土地行政主管部门即会同城市建设规划部门审查是否违反建设规划的具体规定,如有违反的行为,土地行政主管部门不予办理登记、发证手续。同时规定国有土地的所有权不准出卖,但是土地使用权可定期出租,租方除按法律规定交付相应的土地租金外,还应根据法律规定向国家按期缴纳比较低微的土地使用费,借此象征性地体现国家的土地所有权。基于上述规定,新加坡的土地权概分为3种,土地局发放3种契。第一种为自由保有权地契,即私人一次交清地价后,保有永久使用权。第二种为法定转让的地契,也为永久使用权,但在1936年通过的法律规定,得到这种地契者除了在购买土地时要一次交清地价外,每年还要向国家交纳地租,并受国家法律有关条款的约束。发放这种地契的地租每30年调整一次,最近一次调整为2005年。第三种地契是规定使用年限的土地租契,期限有999年、99年或30年,除了购买土地时要交清房价,每年还要纳地租。租契的地租按用途不同确定不同的租额。如用于建房的土地,年租为地价的0.5%,商业工业用地年租为地价的1%。国家规定年租可按租期年限的1/3时间调整一次,每次调整部分不超过现有年租的50%。征收这

---

①　马永平.土地权利与登记制度选择[D].南京:南京农业大学,2002.

②　谢潇波.地权归公地利留民——新加坡土地产权制度简述[J].国土资源导刊,2014(12):71-72.

种象征性的年租,一是表明国家土地具有法定利益,二是国家通过收取年租适当收回土地增值费。

新加坡于1826年发出第一批地契,租契的期限为99年。自由保有权地契,于1945年发出。第一批法定转让证书于1886年发出。目前土地局发出的地契,大部分是期限99年或更短的租契。土地使用者租到土地后,在政府规定的年期内可以自由转让,年期届满政府即收回土地,地上建筑物原则上无偿收归国家所有,由土地局负责管理,采取招标办法出让给新的使用者。到期后,如用地者要继续使用,必须向政府申请。经批准后,可以再获得一个规定年限的使用期。但要有估价师对土地重新估价,按新价购买。

法定的土地转让证书和土地租契中均列有限制土地用途特别条件,如限于农业用途或居住用途。用地者如果违反特征条件,土地局限其在一定时间内恢复土地的原定用途,否则收回其土地。

用地者如果要改变土地用途,可以向土地局申请,经审查并征得规划局同意,土地局割让署则会批准其申请,取消原来地权限制,但需用地者交纳溢价差额(因土地用途不同的地价差额和增加年限的差额),另外发给期限不超过99年的新地契后,让其进行新的发展计划。①

二、管理机构②

(一)机构设置

新加坡土地局是个有权威的行政管理机构,它代表政府对全国土地实行统一管理。该机构既通过制定政策、法规、计划、规划从宏观上对土地进行管理,通过出让国有土地,征用私人土地,监督和处理违法占地和用地以及征收地税等微观手段管理土地,是对土地一统到底实施全面管理的综合性的管理机构。

1.新加坡土地局的主要职责

(1)保护和管理国家土地,巡回检查和处理违法占地和非法建筑;(2)代表国家出让或临时出租国有土地,发放地契或临时土地使用证;(3)根据建设需要强制征用私人土地;(4)代表国家征收土地税;(5)负责管理和分配空闲的国家建筑;(6)负责填海造地的计划、规划和审批工作;(7)负责土地管理业务需要的测量、制图和地籍档案管理工作。

2.土地局下设署级机构

土地局下设4个署级机构,其中包括土地割让署、土地征用署、国家土地管理署和综合服务署。

(1)土地割让署——负责审查和出售国有土地使用权的工作(包括地契的登记、发放工作),同时负责处理取消地权限制、放弃地权的申请,以及认真做好围海造地和海岸建设的计划编制工作。

(2)土地征用署——负责制订强制征用土地的计划;举办与征用土地有关的各种听证会,主管土地征用的实施工作,负责土地征用后地籍的变更和赔偿费的发放工作。

(3)国家土地管理署——负责对全国34个地区30个镇区土地进行定期巡察;主管违法

---

①　朱道林.土地管理学[M].2版.北京:中国农业出版社,2016:323-324.

②　朱道林.土地管理学[M].2版.北京:中国农业出版社,2016:342-325,328-329.

用地后的查处工作,包括对非法建筑物的拆除工作;负责发放和转让临时住户的土地准用证;负责国有土地和地上国有产业的招标、投标工作;主管政府闲置建筑物的分配工作。

(4)综合服务署——负责人事调配、财务收支、存储土地档案和承办制图任务;搞好土地税、费的征收工作,其中包括土地产业税金、土地临时使用费、土地税、土地租金,以及土地溢价等税、费的征收工作;负责全系统的土地信息处理、研究工作,其中包括土地局各办公室的电脑化工作的筹备工作等。

上述 4 个业务工作署根据具体的工作职责,设置相应的处、室配置适当的工作人员。为了有计划地开展工作,新加坡律政部土地局还对 34 个地区和 30 个镇区派有土地管理稽查员,承办该地区的土地管理稽查任务。新加坡政府在较长时期的实践中,认识到搞好土地管理工作,除直接抓好专管职能机构的建设,积极发挥专管职能机构的作用外,还十分重视组织发挥与土地管理有关力量的作用。例如,为了切实做好对临时用地的管理,及时组织有关部门的有关力量成立了由 7 人组成的土地批准委员会,委员会的主要负责人由律政部长行文任命,为研究审定临时性的建设用地提供了更具广泛性和代表性的仲裁依据;为了认真搞好私有土地的征用工作,首先让有关的开发部门必须征得城市建设发展总蓝图委员会对于那块拟议中发展用途是否适宜的意见;为了合理征收土地税、费工作,通过商议,委请财政部富于物业估价经验的专家,承担土地估价任务;为了认真做好旧城区土地的出让工作,主动商请城市发展部的建屋发展局,委托办理土地的招标、投标工作。律政部土地局的官员们认为,所有这些类似做法,都是为提高土地管理的工作质量采取的辅助措施,在实际效果中,都发挥了一定的作用。

(二)与有关部门的关系

新加坡实行的是"主从型"土地管理制度,土地由土地局为主进行管理,其他部门配合。

1.土地局与地契注册局的关系

地契注册局是承办地契保存和证件发放的部门,在土地管理上没有其他职能。

国家规定购买国有土地者的地契由土地局发放,经地契注册局检核后,由地契注册局向购买者发放地契证书。凡是买卖私人土地,则必须向地契注册局登记;如果在私人土地上建成多层公寓出售,则每单元的购买者只有若干分之一地权,在向地契注册局登记后,由地契注册局发放地契证书。

2.土地局与规划局的关系

土地局与规划局的关系也是律政部和发展部的关系。规划局负责土地的规划利用,其主要职责是:草拟国家发展的总体规划图,每年审查一次;审核及批准每一小区或地段的建设发展的蓝图;通过总体规划委员会分配和协调,为各业发展安排合理的土地利用条件。

规划局不仅管理国有土地的规划利用,而且还管理私人土地的规划利用,私人土地利用由设在规划局内的发展管制委员会负责,规划局长(总规划师)任委员会主席。

规划局和土地局的职责分工非常明确,概括地讲,规划局管土地的用途,土地局决定土地的使用对象。单位、企业或个人需要建设用地,在向土地局申请后,都要由规划局审查其土地用途是否符合规划,然后再由土地局承办征地或售地手续。所有使用国有土地的单位如果原用途中止,而规划上又不许改变用途,该土地则由土地局收回,另行安排用户。

新加坡对土地管理很重视,土地局原设在总理署,1963 年划归律政部,国家发展部一度曾想把土地局划入该部,内阁和国会都不同意,认为用地部门管地,易出现滥用权力使用土地的现象。为此,国会曾做出决定,凡是土地工作一律归口由土地局管。

3.土地局与财政部的关系

财政部设有不动产业总估价师,数十个副估价师,对土地房产进行估价。在价格问题上,土地局重视财政部的意见。凡是出售土地,其地价都由估价师进行估价。

新加坡的所有地段都有价格,每年8月都要公布一次,私人的房地产交易,政府要收印花税(根据交易额按印花税率向买方收),为了防止偷税,总估价师对私人房地产也进行估价。印花税按估价师估价数收取。凡是土地交易,土地局都要及时通知财政部估价师。

土地局还是政府的主要税收机关之一,负责征收土地税、费,包括产业税(又称门牌税)、临时住用准证费、地权税、地租(年租)和土地溢价。产业税为财政部第二大税收(第一大税收为所得税),征收的标准是,按土地价格的5%,乘以23%的税率计征。土地局所收的一切税费全部交财政部。

4.土地局与市区重建局、建房发展部、裕廊工业局、港务局等的关系

市区重建局、建房发展局、裕廊工业局、港务局都是新加坡国营用地大户。他们申请国有土地,由土地局批准租给他们,并发放地契。在批租期限内,裕廊工业局、港务局还可以把土地再批租给用地户,土地局不干预;如果申请占用私人土地,经总统批准后,由土地局按《强制征用法》征用。

上述法定机构都不能代表政府进行围海造地。如造地面积少于8公顷的,由律政部报国会批准。地造好后国家发展部公共工程局审查是否合乎标准,然后由律政部测量局测定面积,交给土地局。如果这些机构要用这些土地,须向土地局申请购买。

另外,市区重建局还代土地局招标出售国有土地。市区重建局、裕廊工业局、港务局等部门都尊重土地局的意见,支持土地局的工作。

三、土地管理体制[①]

新加坡土地管理的体制,是根据共和国政府关于国家对于辖境土地实行统一管理和有效管理的指示建立的。在新加坡独立以前,国家设置了土地统管的机构,即新加坡土地局,直属国家总理领导。新加坡独立以后,新加坡土地管理以新加坡土地局为主,有关部门密切配合的"主从型"的土地管理体制,土地局从属于律政部管辖,与土地局业务紧密相关的地契登记局,以及测量局也归属律政部领导。律政部以外,与土地管理有关的部门主要是财政部和国家发展部。

新加坡土地管理体制,是根据政府关于国家土地实行统管和有效管理的指示建立的。在独立以前,国家已设置了土地统管机构,即新加坡土地局,直属国家总理领导。独立以后,在精兵简政和高效服务总原则指导下,国家对行政管理机构设置做了统一调整。基于土地管理本身的职能具有直接为国家利益服务的明显特点,以及政策性、科技性和综合性都比较强的实际情况,决定土地管理以土地局为主,有关部门密切配合的"主从型"土地管理体制。土地局从属于律政部管辖,与土地局业务紧密相关的地契登记局、测量局也归属律政部领导。

新加坡土地局是个有权威的行政管理机构,它代表政府对全国土地实行统一管理。该

---

① 朱道林.土地管理学[M].2版.北京:中国农业出版社,2016:324-325.

机构既通过制定政策、法规、计划、规划从宏观上对土地进行管理,又通过出让国有土地、征用私人土地、监督和处理违法占地和用地以及征收地税等微观手段管理土地,是对土地统一到底,实施全面管理的综合性管理机构。

主要的管理职能任务包括:保护和管理国家土地,巡回检查和处理违法占地和非法建筑;代表国家出让或临时出租国有土地,发放地契或临时土地使用证;根据建设需要强制征用私人土地;代表国家征收土地税;负责管理和分配空闲的国家建筑;负责填海造地的计划、规划和审批工作;负责土地管理业务需要的测量、制图和地籍档案管理工作。

根据上述规定的职能任务,国家进一步研究审定了律政部土地局下属机构的设置方案。即土地局下设土地割让署、土地征用署、国家土地管理与监督署以及综合服务署4个署级机构。对上述4个署的工作职责,土地局也作了明确规定。

为了有计划地开展工作,土地局还对34个地区和30个镇区派有土地管理稽查员,承办该地区的土地管理稽查任务。

四、土地管理的特征[①]

(一)建设用地的单位及其主管部门不行使政府土地管理的职能

新加坡土地管理的一个指导原则,就是凡属建设用地的单位及其上级主管部门都不行使政府管理土地的职能。这是因为新加坡人多地少,土地资源十分紧缺,必须实行严格管理,审批土地必须秉公处理,依法办事。如果用地单位或其上级主管部门插手乱管土地,各自为政,乱占滥用土地将成必然现象,势必难以控制,后患无穷。

(二)土地出让搞国际招标,国内外投标一视同仁,倡导平等竞争

新加坡各地开展土地使用权的出租与转让,不分国外、国内,只要符合招标条件要求的,都准许投标,不搞特殊性的照顾,而是一视同仁,实行平等竞争。因此,近十多年来,国外一些投标公司到新加坡投标开发比较踊跃,平等竞争逐渐形成了风气,有力地吸引了国际开发集团。目前新加坡各地的土地出让与房地产的开发,属于国际开发集团中标开发建设的,约占项目招标数额的一半左右。

(三)土地税、费征收后,一律上缴国库

新加坡土地局根据法律规定负责收取土地税款、土地租金、临时用地使用费,以及土地溢价等业务,其所收款额一律依法上缴国家财政,本单位分文不留,形成了制度。

(四)土地管理超脱部门管理

新加坡律政部土地局的土地管理具有涉及面广、政策性、科技性和综合性都比较强的特点,因此,政府设置的土地管理机构是超脱各个业务部门,以利于土地管理的依法办事,避免从属某个部门容易弄权行事弊端的机构。这是新加坡土地局之所以设置于律政部的一个重要依据。

(五)土地使用单位拥有上诉、控告权

新加坡政府认真执行法律规定,允许土地使用单位对于土地行政主管部门仲裁不公的

---

① 朱道林.土地管理学[M].北京:中国农业出版社,2016:329-330.

案件,拥有上诉、控告权。土地行政主管部门全体官员都不得打击报复,如有打击报复,一经查此国家将予严肃处理。因此,新加坡各级土地行政主管部门的各类官员基本上都能奉公守法,依法办事。他们一致认为,这是提高办事效率,减少土地管理错案率的重要措施。

第二节　土地征收制度[①]

征收土地是新加坡政府为了发展公共、公益建设事业(有的是政府机关有关部门主办的,有的是属于半官方机构,通常称法定机构主办的)需要使用一定数量的私有土地,采取强制性征收的办法把它们收归国有,然后分配给申请用地的主办单位使用的行为。征收土地是法律规定政府的专有行为,任何个人和集团都无权出面行使这个属于政府的专有行为。新加坡土地征收法律制度由《土地征收法》《规划法》《土地管理局法》《土地财税征收法》以及土地征收纠纷调处机制等构成。《土地征收法》是该制度框架内的基本法,涵括了涉及土地征收低补偿的所有规则。

一、土地征收制度的演变历程

新加坡政府对于土地的强制收购权可以追溯到1857年印度立法委员会通过的《印第安法案(六)》。该法案适用于英属海峡殖民地以及东印度公司所管辖的地区。但是,1857年的《印第安法案(六)》没有关于补偿金数额的规定,也没有规定如何确定被征收土地的价值。因此,土地所有者能够获得的土地征收补偿的权利在当时是不确定的。1870年,《印第安法案(六)》纳入了确定赔偿金额时必须考虑的几个因素,这些因素成了1890年《海峡殖民地条例(六)》的实施基础。随后,1890年《海峡殖民地条例(六)》取代了1857年的《印第安法案(六)》。《海峡殖民地条例》的序言写明了该条例的目的:"巩固和修订法律,以获取公共用途所需的土地,并确定因此类收购而可获得的赔偿金额。"

1955年通过的土地征收条例,使政府能够获得新城镇的土地以建立组屋[②],且被征收土地上的房地产的补偿金额与法定日期(即1955年4月22日)的房地产价值挂钩。1965年,原是英国殖民地的新加坡获得独立后,政府急需足够的土地以实行其发展项目,尤其是在工业和移民安置方面。尽管私人所有权具有神圣不可侵犯性,但由于土地资源的稀缺,新加坡政府积极推动土地国有化的进程、继续完善相关法律以使土地征收合法化。1955年的条例被修改为1959年《新加坡土地征用条例》,之后,该条例又被1966年的《新加坡土地征收法》所替代,以给予政府基于公共发展的目的而强制征收土地的权力。1966年《新加坡土地征收法》还规定了被征收土地的当事人可从政府获得补偿额的计算方法。《土地征收法》的设立,为新加坡的城市化建设以及为基于社会及经济目的而发展的基础设施建设起到了关键性的推动作用。

① 熊欣叶.新加坡土地征收法律制度研究[J].内江师范学院学报,2019(3):108-114.
② 英文为improvement trust flats。组屋是由新加坡建屋发展局承担建筑的公共房屋,为大部分新加坡人的住所。

《新加坡土地征收法》于 1966 年 10 月 26 日在议会通过，于 1967 年 6 月 17 日正式生效。为了通过征收土地从而进一步加快政府的发展项目，该法案于 1973 年进行了修订，以遏制土地投机现象并限制土地征收的成本。1973 年《新加坡土地征收法（修正案）》将被征收土地的补偿金额定为 1973 年 11 月 30 日的市场价值或公报公告日的市场价值，以两者中的较低者为准。《新加坡土地征收法》的制定加速了土地国有化的进程：在 1959 年至 1984 年间，政府共收购了 43713 英亩（17690 公顷或 177 平方千米）的土地，在当时已经占了新加坡土地总面积的 1/3。随着被征收土地的增加，政府在 1985 年成为了新加坡最大的土地所有者。在当时，政府已拥有新加坡 76.2% 的土地，而在 1949 年，政府仅拥有 31% 的土地。新加坡政府通过强制征收土地、不断扩大国有土地的做法，有效地维持了房屋建造和工业厂房建造的低成本。

在 1985 年，《新加坡土地征收法》得到了再一次的修订，并于 1987 年 5 月 30 日正式施行。《土地征收法》成了新加坡发展的关键因素之一。该法案促进了道路、铁路基础设施、学校、医院、工业园区和公共住房的建设，进一步促进了公共利益的实现。然而，新加坡政府也同时认识到被征收土地的当事人因此所遭受的影响。正是考虑到这一点，新加坡政府一直在更新《土地征收法》中的补偿框架，并积极改善征地程序。

在 1986 年至 1995 年期间，有关确定赔偿额的法定日期的规定得到了 3 次修订，反映了新加坡房地产价格随时间的上涨趋势。最终，2007 年的修正案规定，应"根据所购土地的市场价值提供补偿"，从而废除了有关确定赔偿额的法定日期的规定。2012 年的修正案废除了"在公报上公布征地时，需在物业上粘贴实物公告"的规定。2014 年的修正案规定"受分批收购影响的土地所有者，将获得所收购土地的市场价值补偿的全部收益"，同时进一步做出了精简土地征收过程的相关规定。该修正案同时赋予了上诉委员会与法院类似的权力：可以对不必要地或不合理地延长了诉讼程序或增加了诉讼成本的非当事人收取相应的法律费用。

二、土地征收中的公共利益

公益征收是不动产所有权的原始取得方式之一。新加坡将"公共利益"解释为"公益建设事业、实施国家经济政策、国家国防安全的需要"。1985 年修订的《新加坡土地征收法》没有对公共利益下定义，而是采用概括式的方法，在第 5 条规定了征地的范围："当某一土地需要用于以下目的时，总统可以在公报上发布通知，宣布该土地需要按通告中所说明的用途加以征用：（1）基于任何公共目的；（2）因任何个人、公司或法定机构之任何工作或事业所需要，且内阁部长认为此项工作或事业有利于公共福祉、公共效用或者公共利益；或者（3）用于住宅、商业或工业之目的。"在新加坡，将住宅、商业或工业区用地也纳入了征地范围的情况，在世界上是比较罕见的。对公共利益采取如此宽泛的界定，实质上赋予了政府强大的征地权，比如采取"低进高出"的方式，低价征收私人土地再以更高价格将土地使用权转售给私人开发商。此外，新加坡将对公益事业的认证放在了对征收申请的审核里面，法律中没有单独地规定土地征收公益目的的认定程序。新加坡土地征收法还规定了因公共目的可临时占用土地的条款。如果总统觉得临时占用任何非国有土地是为公共目的所需，总统可指示地税官临时占用和使用该土地。但是，占用的期限通常不超过从最初占用起的连续 3 年。

新加坡采用如此强硬的土地收用制度有这样几点好处：（1）土地迅速转变为国有或公

有,基本上消灭了凭借土地占取社会利益和土地投机问题;(2)政府对土地的补偿较少,减轻了政府在土地方面的经济负担;(3)对住宅发展、公共设施建设起到了促进作用。土地投机现象的减少,让新加坡的经济更加健康地发展;政府在土地方面的经济负担减少,让政府有经济能力促进其他行业的发展;住宅发展和公共设施的建设,减缓了土地资源稀缺所带来的诸多不利,也促进了新加坡经济的发展。

三、土地征收的程序

在新加坡,土地征收的启动条件是在征地申请得到批准后,直接进入征地程序,由政府实行征收。没有涉及土地需用者与土地所有者之间关于土地所有权转换的协商。在总统发布公告,述明被征收土地的具体情况后,相关的政府官员会对被征收土地进行初步调查。在通知了土地利益关系人之后,地税官便开始制订收购土地的计划并且收购土地。在征收完成后,地税官应通知契约登记处以及所有权登记处将土地登记为国有且免于产权负担。

（一）发布声明

当政府决定征收某一区域的地段时,总统会在公报上发布征收某一土地的通知,并且会在公告中述明土地所在的城镇分区或所在的乡,以及该土地的地段编号、大致面积及其他所有确定该土地用途所需的详情。如果已经制订了土地计划,应在公告中写明该计划会在何时何地被检查。

（二）初步调查

在总统发布了征收某一土地的公告后,地税官应在当地方便民众知悉的地方发出通知,公布被征收土地用途的实质内容。之后,经部长一般或特别授权的任何官员以及由该官员书面授权的任何人员可以:进入、调查或取走该地区任何地层的土地;挖或钻入土地;做一切必要的其他行为来确定土地是否适合此种用途;设立被提议土地的界限以及拟议工作线;通过放置标记和切割地带来标记这些地层、边界和拟议工作线;在不砍伐或不清除便无法完成对所采用的地层或标记的工作界限调查的情况下,砍伐和清除任何常规作物、围栏或丛林。

（三）地税官开始收购土地并制订收购土地的计划

在发出公告宣布某一块土地被用于公告中的特定目的之后,部长或部长授权的官员应指示地税官按照程序开始收购土地。如果不是想要征收土地利益关系人的整块土地,并且没有充分的计划从契约登记处（Registry of Deeds）或土地所有权登记处（Land Titles Registry）的记录来确定被收购土地的具体部分,地税官应在切实可行的范围内拟定一个计划,以便根据具体情况从契约登记处或土地所有权登记处的记录中确定被征收的部分土地。但是,如果土地已经被划分出来,便不再需要制订此类计划。

（四）通知土地利益当事人

地税官应在新加坡流通的4种当地报纸上发布公告,并且,需要用4种正式语言陈述:政府有意收购土地;土地利益关系人可以向地税官提出对该土地所享有的利益的补偿。地税官所发布的公告应该述明土地的详情,还应要求所有与该土地有利益关系的人亲自出席,或由有权代表利益关系人的人,或任何其他获得书面授权的人,在公告中提及的时间和地点,在地税官面前出庭。土地利益当事人或其代表人应说明当事人各自在土地上的权益的性质、当事人对这些权益的赔偿要求的数额和详情、索赔额的估价基础或估价方式,以及对被征收土地所拟备的任何计划的评估中所持有的反对意见。

（五）占有土地

当地税官做出补偿裁决时,地税官应向土地利益当事人或当事人的代理人送达通知书,以占有这块土地。在紧急情况下,虽然地税官尚未做出补偿裁决,但根据部长的指示,地税官可在公布土地利益当事人享有获得补偿的公告刊登日期后的 7 日届满时,或将通知送达给土地利益当事人或其代理人的 7 日后,占有在总统发布的公告中所指明的用于公共目的等用途的土地。部长可根据其自由裁量权,在没有发布公告的情况下指示地税官立即占有根据相关规定拟取得的任何土地,但必须在地税官占有该土地后的 7 天内发布政府有意按照某种用途征收土地的公告。

（六）通知契约登记处并向所有权登记处递交文书

在占有土地之后,地税官须立即采取以下行动:在土地已经根据《契约登记法》(Registration of Deeds Act)第 269 章登记的情况下,通知契约登记处在登记册的条目中注明该土地占有权授予给国家。当该项条目完成后,土地收归国家并免于产权负担。或者,根据《土地所有权法》(Land Titles Act)第 157 章第 143 条第 2 款的规定,向所有权登记处提交收购文书。所有权登记处应根据地税官的请求,在土地登记册的有关内容中认可土地已经归属国家且免于产权负担,并且不再受《土地所有权法》的约束。

四、土地征收补偿制度

新加坡立法始终贯彻着"国家利益优于个人利益,经济发展先于人权保障"的价值定位。李光耀曾言"在政府利用公共资金兴建基础设施,促进经济发展和土地价值上升之际,我想不出有什么理由要让私人地主从土地的增值收益",新加坡政府认为社会发展成就不应让个人独享,基于公共利益征收土地不该给财政带来负担。因此,相较于其他国家来说,新加坡对于土地征收的补偿相对较少。私人土地所有权的正当性和"国家利益优于个人利益、经济发展先于人权保障"的价值定位是贯穿于新加坡土地征收制度的立法精神。

新加坡土地征收补偿的基本程序分为 4 个阶段。第一阶段:与土地有利益关系的当事人向地税官提出补偿要求;第二阶段:地税官对涉案土地进行调查,确定被征收土地的价值以及补偿请求人所拥有的权利;第三阶段:地税官根据《新加坡土地征收法》的补偿价格标准,确定最终的补偿裁定额,且应在合理调查确定地址后,向所有利益关系人提供补偿裁决的副本;第四阶段:向土地利益当事人支付赔偿金。

（一）土地被征收前的补偿

在土地被征收之前,由《新加坡土地征收法》第 3 条(进入和调查的权利)所授权的官员或由该官员书面授权的人员在进入土地进行调查时所造成的损害,应在损害发生之后尽快并以便利的方式做出补偿。有关补偿金数额的争议,由地税官决定。土地利益关系人可对地税官做出的补偿裁决向部长提出上诉,部长的决定为最终决定。

（二）地税官的调查与裁定,以及确定最终的补偿裁定额

地税官应根据所发布的有关土地利益关系人有权获得补偿的公告,或者送达给土地利益关系人或其代理人的通知,就土地利益关系人所陈述的反对进行调查。地税官还应调查

其所制订的征收计划、土地的价值和要求赔偿人的各自利益,并且应当在调查结束时,尽快做出补偿裁定。

地税官可随时向高等法院提出有关以下内容的任何问题:任何文书的正确解释、有效性或效力;有权享有土地权利或利益的人;该权利或利益的范围或性质;为该权利或利益而分配的赔偿或其任何部分;该补偿或其任何部分须缴付的对象;根据本法进行调查的费用以及负担该费用的人。

除《新加坡土地征收法》的其他规定外,地税官的裁决应在其办公室存档,应作为地税官和土地利益关系人之间的最终证据。存档的材料将用以证明:土地利益关系人是否已分别在地税官面前出庭;土地面积、土地价值;当事人之间补偿金的分配。地税官在合理调查、确定地址后,应向所有的土地利益关系人提供补偿裁决的副本。

为了方便进行调查,地税官在遵循当时有效的法院规则相关规定的情形下,有权召集和强制证人出庭(包括土地利益关系人或其中的任何一方),且有权以相同的方式强制出示相关文件。

(三)确定补偿裁定额时需要考虑的事项和不应考虑的事项

在确定补偿数额时,地税官应当考虑:收购土地的市场价值;土地利益当事人可能会因被收购土地使用价值的增加,而获得任何其他土地(例如邻近或毗连的土地)价值的增加;土地利益当事人因地税官将该土地从其他土地分割开而占有该土地时所遭受的损害;土地利益当事人由于地税官收购土地而对其其他财产(动产或不动产)造成的损害;如果因收购而被迫改变其居住地或营业地,该变更附带的合理费用;如果因收购而需要重新颁发所有权证书,则与调查、发行和登记所有权有关的费用、印花税以及可能产生的其他合理费用。在 2001 年之前,对于确定补偿金额时所考虑的被迫改变住所或营业地所产生的"合理费用"的标准是相当保守的,主要限于因土地被征收而需转移到新房屋时所产生的实际费用。而目前的规定显然是扩展了确定土地补偿金时所应考虑的事项,更有利于保护被征收土地所有人的利益。

在确定裁决补偿数额时,不应考虑以下问题:土地征收的紧迫程度;与被征收土地有利益关系的当事人对于离开该土地的不情愿;由私人造成的任何损害;根据本法发布将要征收的公告后,因土地用途或因使用土地导致的被征收土地可能遭受的任何损害;土地被征收后,可能从其使用中获得的被征收土地价值的增加;在根据本法发布征收公告之日后,对已收购土地进行扩建或完善所产生的任何支出(除非扩建或完善是维护处于适当修理状态的建筑物所必需,并经土地专员的批准后进行);影响被收购土地的任何运输、权利转让、土地转让或其他处置的口头或书面证据(除非该文书已在土地所有权登记处正式加盖公章并进行了登记,并在总统发布公告日期的六个月前向物业税首席评税官提交);销售可比物业的证据(除非上诉委员会确信销售是出于善意而不是出于投机目的,并且应由上诉人承担证明交易是善意的并且不是用于投机目的的义务)。

(四)确定补偿金数额的规则

如果当事人已根据所发布的有关土地利益关系人有权获得补偿的公告,或根据送达给他的通知书提出补偿申请,则判给他的款额不得超过所申请的款额或少于地税官在调查后所判决的款额。如果申请人拒绝提出此类索赔或因没有充分理由而导致补偿申请被忽略,在上诉委员会允许提出索赔的情况下,上诉委员会裁定的数额可能少于并且在任何情况下均不得超过地税官所裁定的补偿额;如果申请人有正当的理由导致补偿申请被忽略,在上诉委员会允许提出该申请的情况下,上诉委员会所授予的金额可能少于,也有可能超过地税官所裁决的补偿额。

(五)补偿的分配

当补偿金数额已经确定且对补偿金分配的数额有争议时,由上诉委员会委员独自决定各利益关系人应得补偿额的比例。当事人可将有关补偿额比例的决定上诉到上诉法院,且上诉法院的裁决为最终裁决。向上诉法院提起上诉的程序与在民事案件中向高等法院提起上诉的程序相同。

(六)补偿金的支付

地税官在就任何土地做出金钱补偿的方式之外,可以与享有有限权益的当事人进行协商,在保证当事人享有公平权益的情况下,以其他方式进行补偿。如果当事人不同意接收补偿额,或是对所获得的补偿权利或分配有争议,或者,其拥有的土地尚未被地税官占有,地税官须单方面向最高法院登记处申请存放补偿金。当事人可对补偿金的数额提出异议,但任何已收到补偿费而没有提出抗议的人,均不得向上诉委员会提起上诉。

如果地税官在占有土地之前尚未支付或存放补偿金,地税官应当从占有之日起向当事人每年支付 6% 的利息,直到补偿金已经支付或存放为止。

(七)临时占地的补偿

每一位被临时占用土地的当事人均有权就其所遭受的损失、损害或支出的费用进行索偿。对被临时占用土地的当事人所提出的索偿要求的评估,不得考虑以下内容:因在土地上进行的任何贸易或业务的中断或干扰而导致的财产损失;与土地被占用和使用目的相关的补偿所涉土地价值的增加或减少;违反任何现行成文法而建立及保存在土地上的任何建筑物、物体或构筑物;违反《建筑物管制法》(Building Control Act),在被征收土地上的已建成、修改或正在进行建筑工程的任何建筑物或部分建筑物。

五、土地征收的救济程序

《新加坡土地征收法》集实体法与程序法于一体。《新加坡土地征收法》第三章专门对"上诉委员会及其程序"做出了具体规定。作为准司法法庭的上诉委员会,是处理征收补偿纠纷的主要救济机构。法律的价值在于能够创造一个公平、正义、自由而有序的社会环境。因此,土地征收的救济程序也是《新加坡土地征收法》中至关重要的一个部分。

(一)上诉委员会的成员构成

为了听取不服地税官的补偿裁决所提起的上诉,应设立一个或多个上诉委员会,上诉委员会由上诉委员会委员或副委员组成,还可让一或两名评估员进行陪同。评估员通常是评估、建筑、数量测量和工程等相关领域的专业人士。委员和副委员自任命之日起任职两年,可连选连任。总统可随时撤销委员和副委员的任命。

如果涉案金额超过 25 万新元或以上,上诉委员会应由委员或副委员以及两名评估员组成;如果涉案金额少于 25 万新元,通常情况下,上诉委员会应由委员或副委员单独组成,如上诉委员会委员认为合适,可由委员或副委员视情况选出两名评估员一同组成。

(二)上诉委员会的权力

上诉委员会可以召集能够提供有关上诉证据的人参加听证会,以宣誓或其他方式审查该人作为证人的资格,并可要求该人出示上诉委员会认为符合上诉目的所需的文件或证书。上诉委员会和高等法院一样,拥有强制证人出庭、聆讯宣誓证据和对藐视法庭的行为进行惩罚的权力。上诉委员会还拥有接受或拒绝所提交的任何证据的权力。上诉委员会可在听取上诉后,可确认、减少、增加或取消地税官的裁决,或发布其他合适的命令。

(三)当事人提起上诉的权利

任何土地利益当事人,如因地税官所作出的裁决而感到自身权利受到了侵害,在收到地税官裁决后的 28 天内,应向上诉登记官提交一式两份的书面上诉通知书。除非地税官获得书面放弃声明,否则当事在人收到赔偿金日期后的 28 天内,需存放或授权地税官向会计主任提交一笔相当于 1/3 赔偿金数额的金额或 5000 新元(以较低者为准)。当事人在收到地税官的裁决理由后的 28 天内,应向上诉登记官提交述明了上诉理由的上诉状,且需一式两份。除经上诉委员会同意并按上诉委员会决定的条款外,上诉人不得在其上诉的听证会中提出上诉状所述理由之外的任何其他理由。

(四)上诉的听证和处理

在收到上诉通知书后,上诉登记官应立即将上诉通知书的复印件转交一份给地税官。地税官须随即向上诉登记官递交他的裁决理由,而上诉登记官须向上诉人送交裁决理由的副本,送达的方法是将该副本送交给上诉人或以挂号邮递的方式寄给上诉人。如果未在规定期限内递交上诉申请和上诉保证金,则视为上诉人撤回上诉。

收到上诉申请后,上诉登记官应立即将一份副本转发给地税官,并应尽快确定上诉听证会的时间和地点,且应提前 14 天通知上诉人和地税官。上诉人和地税官应当亲自或由律师代理,在指定的时间和地点出席上诉听证会。但如果经上诉委员会确认,上诉人或地税官或代理律师由于不在新加坡境内,或因疾病或其他合理原因而导致无法出席,必要时,上诉委员会可在其认为合理的时间范围内推迟对该上诉的审讯。

(五)对向上诉法院呈交的案件的处理

上诉委员会可随时对任何上诉案件(不管有没有做出上诉决定),或对上诉法院的意见,就案件的法律问题进行陈述。一个已经被上诉法院接收的案件应该罗列出:案件事实以及上诉委员会对事实做出的任何认定、上诉委员会的决定(如有),以及对上诉法院的意见存在的问题。上诉委员会委员应在该文件上签字。若案件述明了以上内容且经上诉委员会委员签字后,登记官应将案件转交至上诉法院,并将其副本递交给上诉人和地税官。在审理再审案件时,上诉法院应给予上诉人或其代表人以及地税官进行抗辩的机会。

上诉法院应听审并确定再审案件的任何法律问题,并可根据其决定,确认、减少、增加或废除上诉委员会做出的任何裁决,或可将案件以及上诉法院的意见一同转交给上诉委员会。上诉委员会在收到上诉法院转送的案件时,应遵循上诉法院的意见,并且通过做出上诉决定使其生效,或者根据案件情况,当先前做出的决定与上诉法院意见不一致的情形下,对先前的决定做出一定程度的修改。

(六)对临时占用及使用土地的赔偿的上诉

任何因对临时占地补偿裁定而感到权利受到侵害的当事人,在收到裁决通知后的 28 日内,可向上诉委员会的登记处送达一式两份的书面上诉通知书。在收到地税官提述的裁决理由后的 28 天内,可向上诉委员会登记处送交包括上诉理由陈述在内的一式两份的上诉呈请。

在上诉通知书提交后,必须采取以下步骤:首先,上诉委员会登记处处长须立即将上诉通知书副本转交给地税官;其次,地税官必须向委员会登记处提交裁决理由;最后,上诉委员会登记处必须向上诉人交付或提供该裁决理由的副本,或者以挂号邮递的方式将裁决理由的副本送交上诉人。上诉委员会对于因不服临时占用及使用土地的补偿裁决所提起的上诉的裁决为最终裁决。

(七)上诉法院的裁决为最终裁决

上诉委员会的决定为最终决定。但在赔偿额超过 5000 新元的情况下,上诉人或地税官可以就任何法律问题通过上诉委员会向上诉法院上诉。向上诉法院提起上诉的程序以及与上诉有关的费用应与将高等法院裁决上诉至上诉法院的程序和费用相同。

上诉法院应听审和裁定任何此类上诉,并可确认、减少、增加或废除上诉委员会的裁决;法院认为合适时,可就上诉做出进一步的或其他的命令(不论是费用还是其他方面)。上诉法院做出的裁决为最终裁决,任何人不得再对上诉法院所做出的裁决提出上诉。

第三节　土地规划制度

新加坡经济发达、人口密集、土地狭小,但有限的土地并没有成为新加坡经济社会发展的制约。主要的成功经验是在土地规划编制上,综合考虑交通、环保等因素,做到土地利用集约性,土地利用综合效益最大化;在具体项目实施中,采取各种激励措施注重开发业主用地节约性,争取土地空间利用最大化。

一、概述

新加坡的土地规划限制了土地市场消极作用的方面,使土地市场的积极作用得到了充分发挥,并与政府的干预有机结合起来。新加坡的土地规划体系包括概念规划、总体规划及规划和建筑方案。最初的总体规划是在 1958 年新加坡独立之前制订的。其后,按新加坡规划法,每隔五年修改一次。总体规划包括三大部分:土地使用图(共 84 张)、调查报告书和说明书。土地使用图已于 1960、1970、1975、1980 和 1985 年修改过。按土地使用性质,确定出 14 种类型的土地功能区,然后规定每区的建筑物用途和建设管理规则,如哪些是可以进行建设的项目,哪些是需经过特别批准方能建设的项目,以及哪些是被禁止的建设项目。

新加坡在土地规划中还规定了住宅区人口密度(如中心地区的住宅区最高限为 495～1485 人/公顷)[①],商业区每条街的具体容积率(一般在 1：3～1：10.4 范围内)。对于建筑物高度一般没有限制。因新加坡土地少,所以高层建筑较多。为了保证良好的住宅环境,新加坡对于土地分割规定了下限,在住宅区,最小区划面积(即建筑占地面积)应在 1400 平方

---

① 　1 公顷＝0.01 平方千米。

米以上。新加坡不仅有一个很好的土地使用规划,而且还采用强有力手段保证实施。开发许可证制是实现总规划的重要手段。一切建筑和开发行为,都必须经过开发许可批准。批准权属于国家开发部,具体执行单位是公共事业局开发建筑管理部。另外,也采用经济手段。如果开发超过总体规划所规定的最大人口密度和最大容积率时,应对超过部分征收50%的评价额(由国家鉴定官评价),作为开发负担基金。如果变更城市规划,提高建筑高度,也对变更后的评价额征收50%的负担金。

新加坡遵循的是"节约优先"的原则,全岛土地被细分31个小类,包括住宅、商住混合、商业、酒店、白地(即未明确用途的地块)、商务园、公共机构、医疗卫生、宗教、社区中心、交通附属设施、自然保护区等。根据《联合早报》2010年的统计数据,从大类看,新加坡国防用地约133平方千米(占19%)、住宅用地100平方千米(占14%)、工商业用地97平方千米(占13%)、陆路交通系统83平方千米(占12%)、公园与自然保护区57平方千米(占8%)、社区、机构及休闲设施54平方千米(占8%)、蓄水池37平方千米(占5%)、港口与机场22平方千米(占3%)、公用设施18.5平方千米(占3%)、其他100平方千米(占13%)。值得一说的是其特殊的白地制度。所谓白地就是在土地规划中没有确定具体用途的土地,其具体用途、容积率、建筑高程等完全交由市场确定。比如前不久,新加坡的中央商务区出让了一块白地,出价最高的竞标者没有将其竞得的土地用途设定为商务办公,而是建设了一栋高端住宅楼。

二、概念规划

城市发展需要好的规划蓝图,需要对城市问题进行缜密理性的思考和研究。概念规划描绘的是政府的战略性蓝图。编制时应考虑国家经济发展、人口增长、种族构成等因素对用地的需要。概念规划每10年检讨修改一次。第一个新加坡概念规划,始编于1971年,当时,新加坡政府为了编制好国家管长远、涉根本的第一个概念规划,除本国的规划专家外,邀请了联合国组织等外国专家参与。之后于分别1981、1991、2001、2011年进行了4次修改。[①]

新加坡概念规划过程主要包括5个步骤:

1. 确定愿景

决策者要有发展的愿望,然后需要广泛收集各路专家规划理论或理念,并进行筛选,统筹来自政府与民意两方面的愿望和需求,从而形成规划愿景。

2. 预测规划人口

一切规划都得从人口预测开始。城市决策者和规划师根据规划对象的基础资料进行分析、调查,确定人口规模、密度,用地规模并对应城市族群体系确定规划定位。

3. 量化城市零部件

城市是一个复杂的生活发生器,规划师需要根据预测人口规模量化城市构件,确定规划标准,了解城市的构造原理和所有零部件的组合方式。这个规划过程也需同时考虑社会、经济、环境、生态等各方面所需在建设中平衡的因素。

4. 明确城市规划模式

规划的普遍问题是定义不清晰,如什么是城市、新镇、小区,新加坡概念规划强调在确定人口、定位和量化部件的基础上,要明确规划项目的结构,即规划模式,体现出土地使用、功

---

① 黄志华.节约集约用地是新加坡经国之道[J].国土资源,2016(9):20-22.

能布局与交通线网的基本空间关系,避免规划的随意性。

5. 量化城市结构

按规划模式的原则,城市零部件的量化要求,结合地貌和现状,在图纸上表达城市的空间规划结构。

新加坡概念规划主要是负责为城市整体发展制定长远发展的目标和原则,其控制性内容体现在其对于城市整体形态结构的策略、对城市生态底线的控制,以及城市历史文化保护的策略的控制这几方面,并为实施性规划提供依据。①

三、总体规划

总体规划是根据概念规划的宏观架构和策略为各个地段做更详细的规划,明确该地段或地块的土地用途、地下地上空间限高和容积率等指标。总体规划(master plan)是新加坡法定土地使用规划,指导与建设新加坡城市在未来10至15年的中期城市发展。它每五年进行一次审核,并将概念计划的广泛长期战略转化为指导土地和建筑发展的详细规划。

新加坡因其人口众多且可用地稀缺,故作为法定土地使用规划的总体规划的着重点是管理土地分配和使用,更因为其具有法定规划的刚性,总体规划对于土地使用的控制极为严谨。在总体规划中严格执行的法定指标为地块用地性质与地块开发强度,而这两项法定指标若需修改则需要上报国家发展部审定并由部长核准。而90年代后总体规划在此基础上加入详细规划为更多元的城市建设提供更为详细的指导。

总体规划内容包括规划图纸和书面文件(written statement)。从1958年第一版总体规划开始,图纸部分就囊括了主岛全境规划图(1:25000)、新镇规划图(1:5000)和中央区规划图(1:2500)。其中各项用途区划的各项规定较为明确、详尽和细致。主岛全境规划图将土地用途分为居住、居民及社区机构、宗教用地、教育用地、商业、商业园、预留用地等31类规划用途。在书面文件中各类区划均附有用途界定、开发类型具体的示例和执行注释。现行的图纸部分则包括了传统规划图及特殊级详细规划图。而作为两级规划的实施层面规划其既有将概念规划转换为更为具体的实施数据管控的传统规划(zoning),又有特殊规划将上一级的概念引导细分并充实。传统规划内容,其中包括传统规划要素用地和容积率等而其特殊及详细控制规划中大部分与城市设计问题相关,它们是新加坡城市设计控制层面的主结构,在"总体规划2014"中,这些规划被归类为总体规划的"特殊及详细控制规划"部分。②

新加坡编制土地利用总体规划的科学性和合理性,在地下空间的利用和地铁站周边土地的用途以及绿化方面表现得淋漓尽致。新加坡政府规定地下30米以上空间属于土地产权人,30米以下属于国家所有,新加坡政府的土地总体规划对各个地段或地块的土地租售的"容积率"指标中,都已包含对地下空间的开发使用。因此,新加坡几乎所有的酒店、写字楼、学校等公共建筑的地下空间都得到了充分的利用。其中,新加坡裕廊工业园纬壹科技城的一幢综合办公楼地下有六层,分别用于商场、车库等,开发强度很大,真正体现了新加坡政府"寸土尺金"的理念和实践。而且,只要是地铁站周边的酒店、商场、写字楼等,规划设计都

---

① 孟修一. 控制与引导—新加坡两级城市规划体系研究[D]. 北京:中央美术学院,2019.

② 孟修一. 控制与引导—新加坡两级城市规划体系研究[D]. 北京中央美术学院,2019.

一步到位,地铁站出入口几乎都与这些公共建筑通过地下空间通道相连,既便民,又有效地缓解地铁站出入口人员的拥挤。对于地铁站周围土地大多用于政府建设公共组屋,确保实现租住政府公共组屋(户均月收入在1.2万元新币的该国公民、获永久居留权的居民可申请)的普通市民能实现步行不超半小时就能乘公共交通(公共巴士、地铁)上班、出行的规划设计理念,有效提高公共交通利用率、缓解城市交通和环境压力。目前,新加坡82%以上的家庭居住在政府的公共组屋里。另外,新加坡不但马路干净,城市绿化也做得很好,可谓"见缝插绿",几乎所有建筑体屋顶、楼层走廊过道(有些是设计时特别考虑的"绿道")、街角店前到处绿化,有垂直绿化,有套种、间植的立体绿化,全国绿化率高达近50%,这与政府倡导和领导率先示范搞绿化,政府规划强制规定绿化面积及激励垂直绿化是分不开的。

四、发展指导规划①

发展指导规划(DGP)由规划机构市区重建局及社会事务所共同制订,在新加坡全境分为五大区域的基础上再将新加坡划分为55个规划区,并制定了一个每个领域的生活、工作和休闲环境的蓝图,而后55个DGP共同形成了1998年总体规划,于1999年1月22日在宪报刊登。市区重建局于1993年颁布了第一个DGP,而最后一个的榜鹅区域的DGP在1998年颁布。

(一)意义

20世纪90年代末总体规划采用发展指导图的方法将总体规划转换为更为详细的地区规划图,根据概念规划及总体规划的指导规定了区域内各地块的区域红线、土地使用性质、开发强度、开发密度限制、开发项目的建筑限高等要求,为区域内的土地建设及管理提供法定依据、明确规定区域的发展区域及保护区域。

DGP是系统和全面审查1985年总体规划的工具。通过为新加坡各地制订DGP的新总体规划反映了思想的重大转变。DGP的制订要求城市规划者展望未来以及他们如何实现这一愿景的策略。

DGP标志总体规划向全面和积极的制度迈进,用于各种用途,如交通,住房,工业,商业,学校和开放空间。因此,这些计划规定了允许的土地利用分区和开发强度。DGP还代表了一种更加开放和透明的土地使用规划方法。他们让开发商,房主和其他利益相关方明确了解政府对新加坡特定土地的规划意图。通过DGP,社会可以发现在未来10到20年内新加坡任何地区将会发生城市建设。每个DGP设想覆盖区域范围约是原镇中心所服务约为十五万人口的范围。

(二)控制内容

DGP详细的土地使用规划在短期至中期内塑造新加坡城市发展。覆盖新加坡55个规划区的每个DGP,制订了所涵盖区域的规划目标,并规定原有总体规划中的土地利用区划(例如住宅、商业、休闲),开发强度和每个区域内单个土地允许的建筑高度。DGP使用不仅在诸如房地产顾问、开发商和建筑师等专业人士中,而且在公众中也是众所周知的。这些计划的价值在于创造一个广泛的房地产市场并促进其发展。DGP是微观总体规划,构成了新加坡土地利用控制规划框架的第二层。在战略层面,概念规划提供了总体设想和大方向以

---

① 孟修一.控制与引导—新加坡两级城市规划体系研究[D].北京:中央美术学院,2019.

指导长期发展(30年),而DGP在另一方面,提供了实际的塑造。

(三)目标

新加坡的发展指导规划旨在实现以下目标:(1)确保土地利用的最佳组合;(2)规划均衡的社区发展;(3)规划商业中心的等级;(4)建立有效的运输网络;(5)创造优质的生活和工作环境;(6)提供发展机会和控制,以创造城市形式在视觉上有趣的变化;(7)在土地使用规划和实施分期方面纳入应急储备和概念规划的灵活性。DGP通过在规划区域内识别,分配和保护不同的土地用途,将广泛的战略概念规划愿景转化为更为详细的引导策略以及可实现的建议。

五、规划的执行

严格务实地实施规划是保证科学的规划得以实现的前提条件。规划执行的严格性主要体现在:一是规划编制修改的制度化,如上述的概念规划10年自我检讨修改一次,总体规划5年自我检讨修改一次,在规定修编期间概念规划确定的土地功能或总体规划规定的各项用地指标一般不得随意变更和突破;二是申请变更规划功能和指标程序严格,尤其是对概念规划确定的土地功能更改,更改申请要获国家议会批准。务实性主要体现在对土地总体规划的实施中,土地使用者如对具体地段或地块有好的开发方案或建议,属于微调范畴的,只需得到市区重建局批准即可。有些还有政府鼓励政策,如对积极响应政府号召,实施建筑体垂直绿化达到规定面积的,可在原有规定的建筑面积基础上奖励最多增加200平方米以适当提高容积率,或获得政府最高比例是绿化总投入50%的绿化资金补助。

第四节　土地交易与登记制度

一、土地交易制度

(一)概述

新加坡土地有限,因此十分重视规划和集约使用,新加坡将所有土地划分为900多个小区,并在每一个小区内对土地使用进行详细的规划。按照功能,新加坡的土地被分为五类:工业用地、空白用地、居住用地、交通用地、中央商务区。私人可以向政府购买土地,一般情况下,商业用地的价格是居住用地价格的10倍以上,用户若改变土地的用途,则需向政府缴纳溢价费。

新加坡的土地交易采取的交易制度主要有4种:招标、有价划拨、拍卖和临时出租。购买者购得土地的使用权后,在规定的年限内可自由转让或租赁土地。土地使用期满后,土地及其附着物要无偿归新加坡政府所有。倘若需继续使用,则需向政府申请,经政府批准延长使用期。但是需要按照当时的土地价格现次向政府支付费用。[①]

国家出让土地,视不同使用对象采取不同的政策,对于政府用地和公用设施用地,基本上是无偿划拨,但也要计算价格备案。对于国家所属大的建设用地单位(法定机构、国有公

---

① 钟玲玲.新加坡住房保障制度及其对我国的启示研究[D].上海:华东政法大学,2015.

司），如建房发展局、裕廊工业局、港务和民航局等，则采取上述批租程序，由土地局将土地直接卖给他们。国家对大面积的、可供单独发展的国有土地，一般只考虑直接出让给这些法定机构和国有公司做特定的发展用途。对于私营公司和个人申请购买国有土地，则一律通过投标程序，以确保土地在公平竞争下求得合理分配。

土地局卖给建房发展局的土地，使用期在 103～115 年，主要考虑建房发展局出售房屋给私人时使用期是 99 年，而房屋建设还要一段时间。

建房发展局购买土地建成房屋后，按户发放分层地契。裕廊工业管理局购买土地后，向建厂投资者或购买通用厂房者发放地契。以上单位发放地契，不得超过土地局发放地契年限。

（二）招标出让土地的做法

国有土地采取招标办法出让，一般是由土地局委托国家发展部的法定机构——市区重建局来代办。

土地局之所以委托市区重建局代办招标出售土地，主要是市区重建局为法定机构，不像政府机构受各种约束，它可以做广告，可以经营地产，由它通过代办招标，可以提取 3％～10％ 的手续费。同时市区重建局有这方面的专门人才，在国际上也有一定的知名度。

以招标方式销售土地的程序：

（1）由土地局、规划局、市区重建局共同研究招标出售的地段。

（2）由估价师对出售地价进行估价，由标价委员会决定出售地段的底价。标价委员会由土地局长、财政部总估价师、规划局总规划师、市区重建局总经理等有关人员组成，一般由受托方市区重建局总经理任主席。

（3）由招标委员会发放标书，提出要求，规定投标截止日期。

（4）欲购者投标后，由设计委员会审查投标者的建筑设计是否符合规划。在确定中标者时，价格不是唯一原因。除了价格外，还要看是否符合规划，设计水平高低及购买土地后对建设的投入（新加坡莱福市旅馆在市中心一块土地出售时竞投中标，主要是设计出色和建设投入多，它报的地价比最高者少 2000 万新元）。

（5）招标委员会确定中标者后，要推荐上报律政部长批准，最后决定权在律政部；律政部长批准后，中标者将购地款付给市区重建局，市区重建局再交给委托人土地局，由土地局交给国库。购地者原则上要一次付清价款，经过批准也可以分 10 年还清，利息高于私人银行贷款利息，如到期还不清款者，由土地局收回土地（一般宽容几个月）。

（6）契约由土地局发，租期一般为 99 年，99 年后，连同地面建筑物一并收回。委托市区重建局第一次招标出售土地于 1967 年举行，共有 14 个地段出售。到 1987 年为止，共招标出售土地 166 个地段，158 公顷，建设项目共计 143 个，已建成项目 135 个，包括购物中心（大型商场）、办公楼、娱乐场、工厂、货仓和住房。在招标出售土地上所建的办公楼占全国办公楼的 25％，商店占 60％，酒店、旅店占 25％，住宅占 10％～12％。

（三）对独立区的土地交易管理①

1. 裕廊镇管理区

新加坡有一个独特的和建设用地有密切关系的机构，即政府贸易与工业部下属的一个

---

① 朱道林.土地管理学[M].2 版.北京：中国农业出版社，2016：328.

法定机构——裕廊镇管理局。它的主要任务即只管土地的开发经营,不负责管理企业。该局最初是在裕廊镇开发一小片工业用地,以后逐渐发展,目前已成为全国性的开发机构,在它开发的工业用地上,聚集了全国70%的工业。

裕廊镇工业管理局,按照城市规划要求,通过依法统一征用或割让的手续获得裕廊镇的全城土地,经平整加工,埋设各种管网及通信设施,修筑道路,开发成为适宜建设工业厂房的地区。为了改善环境,还修建了许多大小不等的公园绿地,建造了现代化的高尔夫球场、相应的学校、购物中心、医院以及其他一些康乐设施。此外,还在工业用地内修建了一些比较适用的单层和多层的标准厂房,供有条件办厂的单位租用或购买。他们在3000多公顷的土地上已建标准厂房1600间,利用率是88.9%,多层厂房61座,利用率为92.9%,整个裕廊镇年盈利1.6亿新元,为国家积累了资金。裕廊区内土地租期一般为30~40年,租金随行就市,一般每平方米每年10元新币左右,最高的约40元。每3个月收取一次,每年调整一次,其调整幅度不超过7.6%。

这种做法,为吸引外资办厂创造了一个非常良好的投资环境,一般企业,包括外资企业,只要投资落实、项目肯定,即可商谈。这种讲求实效的做法,有利于加快投资回转和发挥土地效益。

2.港务局的海港管辖区

新加坡海港,是新加坡的重要经济支柱。目前海港管辖区拥有土地约700万平方米,海港业务由港务局管理,港务局是政府的法定机构。为了促进转口贸易和装卸转运货物,在海港区不仅设有各种现代化的码头,还设自由贸易区,有约43万平方米的货仓供储存和加工使用。在自由贸易区内,货物一般不用报送存放,有的只需报关税后在此加工。在自由贸易区外也有40万平方米的货仓及几座十几层的大楼,以供使用者租用。这些措施是政府特许的,能发挥土地的最大效益。他们还可以租地给企业主,让他们在货场内建厂加工。企业既可以利用海港之便在此将原料加工出售赚钱,同时政府也得到了土地使用租金。这是新加坡共和国开发利用土地发展经济和有效管理土地的一个典型地区。

从新加坡国土局的报表来看,新加坡对于土地财政依赖不强,与土地出让相关的收入并不多。一方面,从土地出让金来看,新加坡私人土地出让面积远小于公共土地出让,2015年全国私人土地出让约91公顷、公共土地出让面积则达到847公顷,而公共土地出让价格偏低。政府规定土地出让收入总额不能超过政府总收入的5%,按照2014年新加坡财政收入608.4亿新元估算,土地出让金最高不能超过30.4亿新元,低于2014年新加坡房产税收入43.3亿新元。另一方面,从新加坡土地出让相关税费来看,2013—2015年土地出让的经营性收入和支出基本稳定,分别在1.4亿~1.5亿新元和1.1亿~1.2亿新元,因此总体净收入稳定在2000万~4000万新元,并且近年来还有所下降,从这些数据可以看出新加坡的土地出让相关税费占比小。[①]

二、土地登记制度

(一)登记管理

新加坡政府长期严格限制炒卖组屋的行为,很早实行了不动产登记制度。新加坡的不

---

① 陈汉芳,梅建明.房产税计税依据:新加坡的经验借鉴与启示[J]国际税收,2018(11):62-65.

动产登记制度来源于英联邦广泛采用的托伦斯登记制度。托伦斯土地登记制度实行登记生效制度,政府建立中央登记系统,登记具有绝对的公信力。新加坡政府通过设立土地登记机构,具体职能由土地局承担专门负责土地登记事宜,登记内容包括权利人、土地面积、地块位置、边界及其相关权益等,所登记的土地或不动产由政府担保,保证其产权的权威与合法,而不是以双方交易或转让契约合同为保证。已登记的土地及不动产都经过政府登记机构的审核和认定,政府保证其准确、真实。①

目前新加坡的不动产电子登记系统基本上可以做到让所有人都能查到某一张地契所在地块的详细信息,如房主姓名和国籍,以及这套房屋建好后曾经转手过多少买家、有无相关贷款等信息。如果有人愿意支付更多的信息费,甚至可以查到房屋所在地块的市政规划图,由此来判断未来地铁线路等基础设施建设是否会影响到房屋的前景等。

(二)信息查询

新加坡作为国际公认的住房问题解决非常好的国家,在登记查询方面有非常好的借鉴经验。在登记系统实行电子化之前,新加坡的任何不动产单位都有一张纸质版的登记卡片,也就是类似于我国的不动产登记簿。卡片上记录着该不动产从建成以来所有的买卖信息,这样的设置可以避免有人利用最原始的不动产权利凭证来进行诈骗的可能性。

为方便居民与企业,新加坡政府建立了较为健全的产权查询系统。新加坡推进电子化系统的建设之后,所有人都可以通过该系统查询某个地产上的所有人信息,权属变动的次数和情况,是否存在负担,抵押或者按揭情况。在新加坡,该类信息属于完全公开型,不只是相关权利人、房屋买卖的委托律师、房产中介,甚至是普通人都前往土地管理局查询特定不动产的户主信息、房屋信息、权利信息以及各类交易信息等等。同时,如果想查看这块地的规划计划,只用支付相应的费用即可。利用规划图的信息判断将来房子的周围环境情况,且所有人均可查询。② 不过即使新加坡允许所有人都能查询不动产登记信息,但是只限于能够通过某一个房产查询到业主信息,也就是"以房查人",但是出于对个人隐私的保护,如果普通民众要查询某一个人名下拥有多少房产,"以人查房"则是不可能的。不过在全国化的信息系统下,政府可以通过不动产登记系统,掌握和了解每一位公民的私人财产情况。这样的系统和查询权限对于防止腐败、违法行为的出现起到非常积极有效的作用。③

第五节　不动产税收制度

不动产税是对所有不动产如房子、建筑物和土地征收的一种税。所有的不动产所有人都应为所拥有的不动产缴纳不动产税。新加坡的非农业建设用地,都须按照国家法律规定的标准,由用地的单位或个人向国家缴纳土地税。不动产税按年缴纳,每年一月份缴纳全年的不动产税,纳税基数为不动产的年值。不动产的年值是根据不动产的年租金收入估计的,

---

① Relica. 国外不动产登记经验启示[J]. 房地产导刊,2015(4):51.
② 郭庆. 新形势下不动产统一登记相关问题研究[J]. 甘肃农业,2019(4):102-104.
③ 章晓霞. 中外不动产统一登记比较研究[D]. 北京:中国地质大学(北京),2016.

估计的租金收入不包括出租的家具、装置和服务费。

法律规定新加坡共和国的土地管理机关负责国家土地税的征收工作。由土地局系统设置地税征收官的官位,国家还规定土地局内除局长、副局长和局长助理被委任为土地税的征收官外,另行配置一定数量的土地税正职的征收官和副职的征收官。土地税征收官一律由总统委任。国家土地管理机关征收到的土地税款一律上交国库,任何部门、集团或个人都不得擅自占用。如违法占用,一经查出,将依法从重惩处。征收的土地税款是国家财政的重大收入。近年来,每年征收的土地税额值很大,一般是在 5 亿美元以上占整个国家财政收入的 $1/5 \sim 1/40$。

一、房产税

新加坡房地产税是指持有住宅不动产每年需缴纳的税费,房地产税的征税对象主要是土地、公寓、房屋等不动产。虽然在新加坡住宅分为政府组屋、私人洋房、公寓三大类,但所有住宅都必须缴纳房产税,征收范围很宽泛。

新加坡的房产税税制结构简单、合理,比较注重促进社会公平和优化资源配置。简单来说,就是有钱人多征,普通人少征,并且依据国家经济政策的不同而调整。与住宅相关税收遵循平等优惠原则,但同时坚决打击房产投机。

(一)征收办法

房产税是新加坡政府的一种传统税种,原则上是有房子就得交税,这是对土地这种稀缺资源的一种认可。具体执行中,新加坡坚持小户型、低房价原则,对购买自用房者实行税收优惠,对于富人住房,则收取高倍的土地出让金及高倍的物业费,严格控制高价商品房的比例。目前新加坡全国大约有 84％的人安居在政府组屋中,而商品房的购买者主要是收入较高的二次置业者、投资者或者外国公民。

新加坡的房产税是按照房屋的年价值来计算的,房屋年价值是以年租金衡量,计算方法是年租金减去物业管理、家具以及维修的费用。多年来,政府对自住房产的房产税率是 4％,其他类型的房产税率(如房屋出租者)是 10％。而对于小户型的业主,政府会在自住的 4％基础上再进行折扣。

2013 年 10 月新加坡国会对《房地产税(修正)法案》进行了修改,自 2014 年 1 月起,年值最高的 1％高端住宅屋主,未来得为自住的房子支付更高房地产税,其余 99％自住的屋子,房地产税反而更低。

(二)计税依据与税率

新加坡房产税属于一般财产税,由于新加坡是个城市国家,没有地方性行政机构,因此由中央政府下属的税务署负责征管,新加坡房产税怎么算也是由这个机构制定政策并执行。新加坡税务署设有电脑中心,负责所有税种的征收及资料查询,是一个高效、完整的系统。房产税税率遵循传统税制,坚持小户型、低房价原则,对购买自用房者实施税收优惠,对于富人住房则收取高倍的土地出让金及高倍物业费,在高房价商品房比较的控制上起到了重要作用。新加坡的房产税鼓励人们充分利用不动产和购买小面积的房屋,坚决打击炒房、囤房行为。

根据新加坡最新的政策,其房产税计算如下:

(1)物业年值低于 6000 新币的,免收房产税。

(2)物业年值为 6900 新币,前面 6000 免收,后面 900 按照 4% 收取,即 36 新币(约合 180 人民币)。

(3)物业年值超过 24000 新币,缴纳超过部分 6% 的房产税。

备注:所谓年值,是指出租一个房间(注意不是整套房)一年的租金,通常由新加坡政府制定。

简而言之,新加坡房产税更倾向于弱势群体,普通人少缴纳,有钱人则多征收。此外,对于超过 100 平方米的"富人住房",新加坡政府将一律征收高倍的土地出让金和物业费。而对 10% 的最困难群体,则由政府提供补贴或者廉租房。

新加坡房产税费征收比例如下。

(1)新加坡房产分为 3 种类型:政府组屋,产权 99 年;私人公寓,产权 99 年或 999 年;有地住宅,产权 999 年或永久。

(2)海外投资者印花税(ABSD)是新加坡政府针对房地产的降温政策。2011 年 12 月 8 日之前并没有 ABSD,2013 年 1 月 12 日后,外国人购买住宅的 ABSD 增加到了 15%。但并不是所有的外国人都需要支付 ABSD,5 个和新加坡有自贸协定的国家的公民购买新加坡住宅将豁免 ABSD。这 5 个国家分别是:美国、瑞士、列支敦士敦、冰岛和挪威。

(3)新加坡每年会针对房产进行年租金估值,一般会比实际年租金低。房产税征收就按照政府估值计算。如一套出租房实收年租金 72000 新币,政府估值 60000 新币,房产税 = $30000 \times 10\% + 15000 \times 12\% + 15000 \times 14\% = 6900$ 新币。

(4)关于贷款利率配套,目前马来西亚的 CIMB 银行(联昌国际)和大华银行实施的方案不同,且都有现房和期房之分。

大华银行的配套相对灵活,大华现房配套(除了两年期锁定配套二)均可以随时部分还清(还款后剩下的贷款不低于 20 万新币即可)。全部还清的话,只是在锁定期内需要给还款额的 1.5%。期房配套的话,随时做部分和全部还款均无收费。

(5)以一套 200 万新元(合人民币 962 万元,2018 年 4 月 27 日汇率 1 新元 = 4.8121 元人民币)的自住房为例,其在购置期缴纳的税费大致为 35.7 万新元,合人民币 172 万元,占总房款的 17%,比例很高。

(6)按该房产的租金年估值在 10 万新元,一年的持有成本为 5800 新元(合人民币 2.8 万元),占总房款的 0.2%。加上首付款的 20%,购置该房产的预算至少在总房款的 35%~40%。[①]

二、房产印花税

(一)征收办法

印花税是对与不动产和股份有关的书面文件征收的一种税。与不动产有关的文件包括不动产的买卖、交换、抵押、信托、出租等;与股份有关的文件包括股份的派发、转让、赠予、信托、抵押等。在新加坡境内签署的文件,应在文件签署之日起 14 日内缴纳印花税;在新加坡境外签署的文件,应在新加坡收到文件的 30 日内缴纳印花税。

---

① 新加坡房产税费怎么收[EB/OL].(2018-06-10)[2020-10-20].https://www.fanghw.com/a/70246.html.

房产印花税是指对住宅不动产转让所征收的税项,其中具体包括买方印花税、卖方印花税与买方额外印花税。买方印花税与卖方印花税按照累进税率执行,对于真正"刚需"住房的交易买卖不会产生较大的负担,卖方额外印花税则对于打击房产投机有重要意义。卖方印花税于2011年政府为使房地产市场降温而推出,同时随着私人住宅市场的房价涨幅较大后,税收征收制度两度变更并越来越严格。卖方额外印花税对公民、永久居民及外国人、非个人主体购买住宅额外税率不一致。

(二)征收依据和税率

目前新加坡正执行着超严格房产印花税制度,对公民在购买第一套不征收,第二套住宅实行12%税率,第三套及更多时实行15%;永久居民购买第一套住宅5%,第二套及更多时15%;外国人在新加坡购买住宅则实行20%税率;非个人主体购买住宅实行25%税率,同时房地产开发商需要再额外缴纳5%(见表8-1)。卖方额外印花税的推出及后续的严格化对平抑房价起到了较重要的作用,坚决打击房地产市场的过热也侧面说明了新加坡政府经济发展不依赖房地产的决心。

表8-1 住宅相关税收

税种	定义	税率原则
房地产税	对所有房产、土地征收(无论是自住、出租或空置),按照年值(年租金收入评估值)计征	屋主自居房地产实行0%~16%的累进税率;非屋主自居房地产实行10%~20%的累进税率;商业和工业地产及土地实行10%税率
房产印花税	对住宅不动产转让征收的税项	购买或获得不动产需要缴纳买方印花税,基于不动产买入价或不动产市值孰高者按累进税率征收。对于住宅不动产,前18万新元实行1%税率,再18万新元实行2%税率,再64万新元实行3%税率,剩余金额实行4%税率。对非住宅不动产前18万新元实行1%税率,再18万新元实行2%税率,剩余金额实行3%税率
		出售或转让住宅和土地需要缴纳卖方印花税,基于不动产买入价或不动产市值孰高者按累进税率征收。对于住宅不动产,根据持有年限和房龄等不同,按照房产价值实行0%~16%不等的递进税率,但只要持有住宅4年以上则免征,并另有多项豁免情形
		买住宅需要缴纳卖方额外印花税。新加坡公民购买第一套住宅不收,购买第二套住宅实行12%税率,购买第三套及更多时实行15%税率;新加坡永久居民购买第一套住宅5%,第二套及更多时15%;外国人在新购买住宅实行20%税率;非个人主体购买住宅实行25%税率,同时房地产开发商需要再额外缴纳5%

资料来源:驻新加坡使馆经商处,万和证券研究所。①

---

① 新加坡公共住房市场成功经验—土地制度、税收制[EB/OL].(2019-04-01)[2020-10-15].https://wk.askci.com/details/811f50fff9c54d9689fa33c9414535be/.

三、土地交易投机收入税

新加坡政府利用相当严格的政治、法律措施来减少不同的投机倒把行为。为了抑止新加坡土地市场的投机交易行为,1996 年新加坡政府通过发布公告的形式宣布,在进行不动产交易后的 3 年之内再进行任何其名下任何不动产交易的,其交易的收入所得,必须按照个人或企业所得税的规定进行纳税。这里所说的不动产是涵盖了新加坡国土范围内全部的土地和建筑物,以及建立在土地和建筑上的任何权利。该法令在 2001 年的时候被新加坡政府取消。但是不动产经纪人和开发商他们的交易收入都是作为普通收入。不管其持有不动产的时间多长或者多短,都要征收收入税。①

四、遗产税

新加坡遗产税是指新加坡对死亡公民应税遗产所征收的一种税。目前遗产税采取 14 级超额累进税率,最低一级税率为 5%,最高一级税率为 60%;起征点视死者在新加坡有无住宅确定,没有住宅的为 10 万新加坡元,有住宅的为 30 万新加坡元。②

---

① 李彩虹.土地财政的法律问题研究[D].广州:华南理工大学,2019.
② 蓝相洁,李迪.新加坡税制改革的成效、经验及其启示[J].税务研究,2019(4):68-71.

第九章　中外土地制度的比较与借鉴

由对国外土地制度的研究可以发现,任何一个国家的土地制度都是一个系统,各类土地制度之间相互制约,相互影响。在坚持我国土地所有制不变的前提下,对其他国家土地使用制度的优势进行分析,有助于我国土地制度的进一步完善。

第一节　土地规划制度

一、我国土地规划制度的演进

(一)计划经济体制时期与土地计划性供给

中华人民共和国成立之初,城市土地国有与私有并存。1950年《土地改革法》确定了农民的土地所有权,极大地解放了农村生产力,促进了农业经济的发展和政权的稳定。1956年城市土地全面国有化。城市建设总局扩大为城市建设部,统一管理全国的城市规划和城市建设工作;在土地利用总局的基础上成立农垦部,主管全国所有荒地和国有农场的建设工作。自此,开始了城乡土地分割、用地部门分散的管理体制。

国有土地以行政划拨方式,无期、无偿、无条件使用,导致城市土地资源浪费严重,利用效率低。国务院于1956年和1958年连续发文纠正和防止国家建设征地中的浪费现象,但在"大跃进"中,又出现了基本建设遍地开花的局面。1960年国家限制城市土地的增加,城市用地不断趋紧。在这个时期,城市规划、土地利用规划的发展都历经起伏。

1. 城市规划的初创、波动与停滞

"一五"时期,为支持城市的工业化建设,我国城市规划工作进入了第一个"春天"。城市土地利用包含在城市规划中,主要进行重大项目选址和为工业生产提供配套用地和设施,开展了西安、兰州、太原等八大重点工业城市的规划编制。此后,在强烈的政治形势下,城市规划领域也进入了"大跃进"和"人民公社规划时期",先后于1958年和1960年两次召开全国城市规划工作座谈会,加快规划编制和修订,并以工业布局、农业作业分区和居民点布局为工作重点[①]。1960年开始"三年不搞城市规划",规划工作进入波动期。"三线建设"坚持"不建集中城市"方针,自创了大庆新型工矿区和攀枝花山地城市等规划模式。同时,地域生产综合体得以推广,兴建了一批单位大院等综合居住区,但存在用地布局混乱、功能交错等问

---

① 林坚,赵冰,刘诗毅.土地管理制度视角下现代中国城乡土地利用的规划演进[J].国际城市规划,2019(4):23-30.

题。此后的 10 年动荡时期,规划工作基本处于停滞状态。

2.土地利用规划以服务农业生产为主要特征

中华人民共和国成立初期的重工业化发展方针要求"以农养工",为工业崛起积累基础,土地利用规划以提高农业生产能力为重点,主要内容包括:农村居民点和经营中心的选址,农村各种农业生产用地的配置,农村交通网、水渠网的配置,各种农业生产用地的内部规划。1954 年起,黑龙江、新疆、海南等地相继开展了国有农场的土地利用规划工作①,为社会主义农业企业创造了适宜的土地组织条件。1956 年、1957 年农业部两次发通知要求农业合作社开展土地规划工作,消除不合理的土地利用现象。同时,为了适应全国移民垦荒的要求而开展的移民新村土地规划,对生产建设起到了很好的指导作用。1958—1962 年间,根据第二个五年计划的发展要求,全国广泛开展了人民公社土地规划工作,主要任务是适应新的劳动组织和机械化、电气化的发展②。"三五"时期,积极开展土地规划试点工作,查清土地资源,为实现农村技术改革提供适宜的土地条件;1964 年"农业学大寨"及其后的发展,开展了山水林田路村的农村地区综合规划。

(二)经济体制转型时期与城市土地有偿使用改革

1978 年,农村联产承包责任制的确立和推广,极大地激发了农民的积极性,农业用地所有权和使用权的分离,为城市建设用地使用制度改革提供了有益借鉴。1979 年,《中外合资经营企业法》明确规定对外资企业征收土地使用费。

1981 年,深圳特区首先开始征收土地使用费,并在全国范围内推广,拉开了城镇土地使用制度改革的序幕。1982 年宪法修订明确了城市土地归国家所有,农村土地归集体所有。

1986 年《土地管理法》颁布,相应成立国家土地管理局,标志着我国土地管理工作由单一行政管理转向由行政、法律、经济等相结合的综合管理的新阶段。1987 年,国务院批准确定在深圳、上海、天津、广州、厦门、福州进行土地使用改革试点,改变以往无偿、无限期、无流动的土地使用制度。深圳市率先以协议、公开招标和公开拍卖的方式,出让了三宗国有土地使用权,将土地使用制度改革付诸实践。1988 年《宪法修正案》规定"土地的使用权可以依照法律的规定转让"。随即,全国人大对《土地管理法》进行了第一次修正,提出国有土地和集体所有的土地使用权可以依法转让,并规定国家依法实行国有土地有偿使用制度③。

1990 年《城镇国有土地使用权出让和转让暂行条例》对城镇土地使用权的出让、转让、出租、抵押以及划拨等做了明确规定。这些法规文件的出台为土地市场的形成和发展提供了充分、具体的法律依据④。

1.城市规划率先恢复

党的十一届三中全会以后,党和国家的工作重点转移到以经济建设为中心上来,城市规

---

① 梁学庆,吴玲,黄辉玲.新中国 50 年土地(利用)规划的回顾与展望[J].中国农业科技导报,2005(3):13-16.

② 林坚,赵冰,刘诗毅.土地管理制度视角下现代中国城乡土地利用的规划演进[J].国际城市规划,2019(4):23-30.

③ 岳晓武.我国土地市场建设回顾与展望[J].国土资源科技管理,2004(6):49-54.

④ 廖永林,雷爱先,唐健.土地市场改革:回顾与展望[J].中国土地,2008(12):14-17.

划率先得到国家层面的重视。1978年,国务院召开第三次全国城市工作会议,强调"认真抓好城市规划工作",停滞多年的城市规划工作重新恢复开展。1980年,召开全国城市规划工作会议,提出各城市都要编制和修订城市总体规划和详细规划。1990年,《城市规划法》正式施行,要求城市总体规划与土地利用总体规划、国土规划等相协调;确立了规划管理"一书两证"制度,通过对城市规划区内土地开发建设项目的审批来控制项目用地面积、性质、开发强度和其他规划技术指标。结合城市建设用地出让和转让工作,控制性详细规划的雏形开始出现,其核心内容是通过指标控制以使规划实施适应土地出让行为。控制性详细规划涉及地块边界、用地分类、开发强度、利益相关者等一系列问题[①],是与土地利用结合最紧密的城市规划类型。城市规划领域对城市建设用地标准规范的制定也做出了大量探索。1990年完成我国城市规划技术规范体系中的第一项重要文件——《城市用地分类与规划建设用地标准》的编制工作,该国家标准成为城市总体规划编制时确定用地规划最常采用的方法。住房制度改革和土地使用权市场化后,居住区开始大量建设,为适应土地有偿使用的指导要求,保证城市总体规划的实施,小区详细规划逐步得到推广。

2.土地利用总体规划初步形成

经济发展、城乡建设、招商引资等工作都把土地作为主要激励因素,导致大量耕地被占用。1981年,国家明确提出要分别制订全国和各省、县的土地利用总体规划。1982年,中央把"十分珍惜和合理利用每寸土地,切实保护耕地"确定为基本国策。1986年,国家颁布了第一部《土地管理法》,明确规定"各级人民政府要编制土地利用总体规划",相应成立国家土地管理局,试图改变以往分散、低效的土地管理方式。1987年颁发的《关于开展土地利用总体规划的通知》,将土地利用总体规划划分为全国、省、市三个层次,并于同年开始尝试编制全国土地利用总体规划。1993年,《全国土地利用总体规划纲要(1987—2000年)》获得国务院批准。到1996年底,我国大部分省、自治区、直辖市都完成了第一轮土地利用总体规划的编制工作,确立了土地利用规划体系、工作程序和方法体系,市、县、乡级土地利用总体规划也普遍开展。1997年,以"保护耕地为重点、严格控制城市规模"为指导思想,开始了第二轮土地利用总体规划的编制工作。[②]

3.国土规划大范围试验

总结新中国成立以来土地开发利用的经验教训,我国于1981年开始全面部署和开展国土规划工作。中共中央书记处第97次会议提出"搞好我国的国土整治""要搞立法,搞规划"。随后,《关于开展国土整治工作的报告》首次界定了国土整治的内涵,包括对国土资源乃至整个国土环境进行考察、开发、利用、治理和保护。

1982年,以区域规划为基础,在京津唐、湖北宜昌等10多个地区开展地区性国土规划试点。1987年,《国土规划编制办法》提出,国土规划的基本任务是根据地区优势和特点,从总体上协调国土资源开发利用和治理保护的关系,促进地域经济的综合发展,主要内容包括:确定地区自然资源开发规模和经济发展方向,统筹区域内的重大基础设施建设,合理安排人

① 林坚,吴宇翔,吴佳雨,等.论空间规划体系的构建——兼析空间规划、国土空间用途管制与自然资源监管的关系[J].城市规划,2018(5):9-17.

② 刘岩.土地利用规划与土地资源的可持续利用[J].辽宁师范大学学报(自然科学版),1999(2):82-85.

口、生产和城镇布局,保护整治环境等。1990年完成编制《全国国土总体规划纲要(草案)》,但由于缺乏明确的实施手段等各种原因,未获国务院批准,导致后续的相关工作陷入停滞状态。

(三)严格保护耕地国策确立时期与土地用途管制实施

1998年《土地管理法》修订通过,首次以法律形式明确了"促进社会经济的可持续发展""十分珍惜、合理利用土地和切实保护耕地是我国的基本国策""国家实行土地用途管制制度"等内容,正式确立了以用途管制为核心的新型土地管理制度。为进一步贯彻落实科学发展观,2006年起国务院出台了《关于加强土地调控有关问题的通知》等一系列文件,要求采取更严格的管理措施切实加强土地调控。"十一五"规划纲要提出推进形成"主体功能区",通过划定优化开发、重点开发、限制开发和禁止开发四类功能区,控制国土开发强度,加强政策协调和引导功能。

1. 城市规划公共政策作用加强

20世纪90年代,城市开发建设以资源消耗为代价,导致生态环境和文化遗产屡遭破坏。鉴于这种形势,1996年国务院《关于加强城市规划工作的通知》要求"各级人民政府要切实发挥城市规划对城市土地及空间资源的调控作用",中央政府将控制建设用地扩张和有效规范城市建设作为宏观调控的重要目标。[1]

为此,建设部相继出台了《近期建设规划工作暂行办法》《城市规划强制性内容暂行规定》,先后制定了城市绿线、紫线、黄线、蓝线管理办法,确立了禁建区、限建区、适建区管理模式,形成了"三区四线"空间管制手段。2006年修订生效的《城市规划编制办法》,强调了城市规划地位和作用方式的转变,尤其是作为法定规划的城市总体规划和控制性详细规划,已成为"政府调控城市空间资源的重要公共政策之一"。

2. 土地利用总体规划体系确立

1999年,修订后的《土地管理法》开始实施,立法也确定了土地用途管制制度。同年,国务院批准《全国土地利用总体规划纲要(1997—2010年)》;到2000年底,全国各地基本完成从国家到乡镇的五级规划,并开始正式实施。由此,建立了自上而下逐级控制、以土地供给制约引导需求、以耕地保护为基本出发点的土地利用总体规划编制体系。2004年《国务院关于深化改革严格土地管理的决定》出台,第三轮土地利用总体规划修编正式启动。此轮规划以加强土地管理的宏观调控作用、坚守耕地红线、优化土地利用结构、科学合理利用土地和保护土地生态为主要目的[2],跳出就土地论土地的局限,注重土地与经济发展、环境保护的互动关系。

3. 国土规划职能调整

1998年,国家机构改革,国土规划职能转入新成立的国土资源部,其定位、功能、内容等也需要进行新的探索。2001年,国土资源部印发《关于国土规划试点工作有关问题的通知》,重新启动了国土规划试点,相继完成深圳、天津、广东等多地的国土规划编制工作,创新性地提出以国土资源配置和国土空间开发利用管控为核心抓手的国土规划理念[3]。

① 黄鹭新,谢鹏飞,荆锋,等.中国城市规划三十年(1978—2008)纵览[J].国际城市规划,2009(1):1-8.
② 陈婉玲.我国土地资源立法的重大发展——1998年《土地管理法》评析[J].华侨大学学报(哲学社会科学版),1999(1):48-52.
③ 强海洋,兰平和,张宝龙.中国国土规划研究综述及展望[J].中国土地科学,2012(6):92-96.

4.地方开展"多规合一"试验探索

针对规划种类繁多、管制手段各异、空间冲突频现的局面,全国各地开展了多规合一试验。2003年,广西钦州首先提出了"三规合一",开展国民经济与社会发展规划、土地利用规划和城市规划统筹试点实践。2006年,浙江省按照城市规划和土地利用总体规划"两规衔接"的要求开展各县市的规划编制实施工作,综合协调城乡空间布局和各项建设活动。此后,各地从规划编制和管理的协调、职能机构整合等方面,相继开展了多规统筹探索。上海市合并了国土和规划部门,以土地利用规划编制为契机,推进与城市规划的"两规合一"。重庆市开展"四规叠合"工作,除发展规划、城市规划和土地规划外,将生态环境保护规划纳入规划协调的范畴。广州市全面启动"三规合一"工作,探索在不打破部门行政架构的条件下实现"一张图"管控。

(四)城乡土地规划管理体制变革时期与统一国土空间用途管制

1.城乡规划区域化、城乡一体化

随着经济体制和社会背景的变化,以往规范城乡规划建设的《城市规划法》和《村庄和集镇规划建设管理条例》难以适应城乡统筹发展的时代精神。2008年1月1日,酝酿10年的《城乡规划法》正式实施,确立了城乡规划包括"城镇体系规划、城市规划、镇规划、乡规划和村庄规划",不仅指导城市健康合理发展,也能规范农村地区的建设行为。2008年《城乡规划法》的实施为城市规划带来了新变革。首先,明确将"城乡规划确定的建设用地范围"作为城乡规划部门行政责任的主要范围。其次,进一步强化了区域化管理的思想,更加重视各级各类城镇的空间关系,这也是落实科学发展观、统筹城乡和区域发展的必然要求。在"一书两证"的基础上增加乡村建设规划许可,改变了以往城市规划无法触及农村建设、农村地区土地资源浪费严重的状态。最后,强化了城乡规划的公共政策属性,更加注重对规划相关利益主体的权责划分及其关系明晰。[①]

2.土地利用规划强化建设用地空间管制

《土地管理法》明确规定:城市总体规划、镇总体规划以及乡规划和村庄规划的编制,应当与土地利用总体规划相衔接,突出了土地利用总体规划的基础引导作用,也是对土地利用规划中农村土地规划管理的强大支持和实现耕地保护的法律补充。随着市场经济体制的逐步完善,土地利用规划的目标逐步由保护耕地转向注重社会经济生态综合效益的可持续发展。2008年,国务院批准颁布了《全国土地利用总体规划纲要(2006—2020年)》,提出将土地用途管制的思路进一步延展到建设空间与非建设空间的管制上,通过"落实城乡建设用地空间管制制度",划定规模边界、扩展边界和禁止建设边界,形成允许建设区、有条件建设区、限制建设区、禁止建设区四类空间管制区。当前,我国的土地利用规划采取指标管理、用途管制和建设用地空间管制的调控手段,通过年度计划、农转用制度、项目预审、督查执法来保障实施,尤其强调耕地、基本农田、建设用地规模"三线"规模控制和基本农田边界、城乡建设用地边界"两界"空间控制。

3.全国国土规划纲要出台

2011年,第二轮《全国国土规划纲要(2011—2030年)》开始编制。在新形势、新体制下,

---

① 王婷.浅析《城乡规划法》对土地利用规划的影响[J].广东土地科学,2009(3):14-18.

国土规划的着眼点从以生产力布局为主转向以资源合理开发保护为主。2017年获批的《全国国土规划纲要(2016—2030年)》提出,国土规划"对国土空间开发、资源环境保护、国土综合整治和保障体系建设等做出总体部署与统筹安排,对涉及国土空间开发、保护、整治的各类活动具有指导和管控作用,对相关国土空间专项规划具有引领和协调作用,是战略性、综合性、基础性规划"。目前的国土规划以资源环境承载力为基础,是实现我国国土空间开发保护格局优化的顶层性的空间综合规划。

4."多规合一"国家试点推行,国家决定统一构建空间规划体系

继2013年《中共中央关于全面深化改革若干重大问题的决定》明确提出"建立空间规划体系"后,中央多次强调推进"多规合一"。2014年《关于开展市县"多规合一"试点工作的通知》,将全国28个试点市县列入试点名单,分部门探索多种空间规划的融合。不同牵头部门的试点表现出不同的多规协同模式:住建部门负责的试点依托城乡总体规划,充分衔接土地利用总体规划,建立城乡全域空间管控体系;国土部门负责的试点以土地利用总体规划为底盘,立足于国土空间用途管制的落实,编制全域国土空间规划;由发改委、环保部门负责的试点,主张以经济社会五年规划统领其他单项规划。基于市县"多规合一"的试点经验,2016年中央深改办开始部署省级空间规划试点,海南和宁夏率先开展了空间规划体系的实践探索。2016年,中共中央、国务院印发《关于进一步加强城市规划建设管理工作的若干意见》,要求"一张蓝图干到底",推进城市总体规划和土地利用总体规划"两图合一"。2018年,为了统一行使全民所有自然资源资产所有者职责,统一行使所有国土空间用途管制和生态保护修复职责,组建自然资源部,履行国土空间用途管制、建立空间规划体系并监督实施、组织实施最严格的耕地保护制度等职责。[①] 2019年,中共中央、国务院发布《关于建立国土空间规划体系并监督实施的若干意见》,明确提出:到2020年,基本建立国土空间规划体系,逐步建立"多规合一"的规划编制审批体系、实施监督体系、法规政策体系和技术标准体系;基本完成市县以上各级国土空间总体规划编制,初步形成全国国土空间开发保护"一张图"。到2025年,健全国土空间规划法规政策和技术标准体系;全面实施国土空间监测预警和绩效考核机制;形成以国土空间规划为基础,以统一用途管制为手段的国土空间开发保护制度。到2035年,全面提升国土空间治理体系和治理能力现代化水平,基本形成生产空间集约高效、生活空间宜居适度、生态空间山清水秀,安全和谐、富有竞争力和可持续发展的国土空间格局。

二、国土空间规划的类型

(一)按规划详略程度划分

按规划详略程度的不同,可以将国土空间规划分为国土空间总体规划、国土空间专项规划和国土空间详细规划。3种类型的规划在战略意义、规划作用和实际指导功能上都有较大的差异。

1.国土空间总体规划

国土空间总体规划是对国土空间结构和功能的整体性安排,具有战略性、整体性、约束

---

① 林坚,赵冰,刘诗毅.土地管理制度视角下现代中国城乡土地利用的规划演进[J].国际城市规划,2019(4):23-30

性、引导性等基本特性,是其他各类空间性规划的上位规划,是国土空间进行各类开发建设活动、实施国土空间用途管制和制订其他规划的基本依据。区域发展规划、城乡总体规划、土地利用总体规划、主体功能区规划等各类涉及空间要素的其他总体规划都应纳入或整合到国土空间总体规划,不再单独进行编制。

2.国土空间专项规划

国土空间专项规划是在国土空间总体规划的框架控制下,针对国土空间的某一方面或某一个特定问题而制订的规划,如生态保育规划、交通港口规划、水利工程规划、国土整治规划、风景旅游规划等。专项规划必须符合总体规划的要求,与总体规划相衔接,同时又是总体规划在某一特定领域的细化,是对总体规划的某个重点领域所做的补充和深化,具有针对性、专一性和从属性。它具体可以区分为区域性专项规划和行业专项规划。区域性专项规划包括海岸带规划、以国家公园为主体的自然保护地规划、城市群和都市圈规划,以及跨行政区域或流域的国土空间规划等;行业专项规划是以空间利用为主的某一领域专项规划,包括交通、能源、水利、信息等基础设施,公共服务设施,军事设施,国防安全设施,以及生态环境保护、文物保护等专项规划。

3.国土空间详细规划

国土空间详细规划以总体规划或专项规划为依据,对一定时期内局部地区具体地块用途、强度、空间环境和各项工程建设所做的实施性安排,是开展国土空间开发保护活动、实施国土空间用途管制、进行各项建设等的法定依据。详细规划具有微观性和地方性,范围一般比较小,直接服务于具体项目。一般来说,详细规划具有明确的区域范围,明确的建设目标和内容,明确的各类用地指标调整方案,明确的工程布置或综合措施方案,明确的工程投资概算和资金保障。其内容应当包括:土地使用性质及其兼容性等用地功能控制要求;容积率、建筑高度、建筑密度、绿地率等用地指标;基础设施、公共服务设施、公共安全设施的用地规模、范围及具体控制要求,地下管线控制要求;基础设施用地的控制界线即黄线、各类绿地范围的控制线即绿线、历史文化街区和历史建筑的保护范围界线即紫线、地表水体保护和控制的地域界线即蓝线等"四线"及控制要求。详细规划确定的各地块的主要用途、建筑密度、建筑高度、容积率、绿地率、基础设施和公共服务设施配套规定应当作为强制性内容。

城市地区的详细规划可分为控制性详细规划和修建性详细规划。控制性详细规划确定建设地区的土地使用性质和使用强度的控制指标、道路和工程管线控制位置以及空间环境的规划要求;修建性详细规划确定当前开发修建地区制定的各项建筑和工程设施的设计以及施工的规划设计。乡村地区的详细规划可以分为乡村建设详细规划、农业用地详细规划和特别功能区详细规划等类型。乡村建设详细规划主要包括乡村基础设施、乡村交通与道路系统、乡村公共服务设施、乡村历史环境和传统风貌保护、乡村综合防灾减灾、乡村历史文化遗产保护、乡村社区建设等详细规划;农业用地详细规划主要包括耕地、园地、林地、牧草地、水产用地等详细规划;特别功能区详细规划主要包括国家公园、旅游区、风景名胜区、生态保育区、自然保护区、小流域整治、大江大河整治、退化土地整治等详细规划。控制性详细规划应该由政府来管控,但修建性详细规划应该更多地发挥市场的作用。

(二)按规划区域功能划分

国土空间的重要特性是具有地域分异,在不同地域或区域,国土空间的结构和功能有很大差别,甚至存在根本性不同。例如城市地区和乡村地区,区域结构和功能都有根本性的不同。如果按照区域功能的差异进行划分,可分为城市地区空间规划、乡村地区空间规划、海洋地区空间规划和特别地区空间规划。由于陆地城市地区和乡村地区的规划,主要是为人服务的,与海洋地区空间规划有着很大的不同,所以也可以将海洋地区空间规划纳入特别地区空间规划。无论城市地区空间规划、乡村地区空间规划还是特别地区空间规划,其性质都属于专项规划。

1. 城市地区空间规划

城市地区的国土空间规划,不是传统意义上的城市总体规划,而是根据国土空间总体规划在已经明确城镇体系、城市发展战略、城市发展目标、城市功能定位、城市发展规模、城市布局形态的基础上,对城市基础设施、城市公共设施、城市生态景观、城市社会文化、城市居住用地、城市产业用地及城市地下空间等的规划。

2. 乡村地区空间规划

制订乡村地区国土空间规划,需要依据国土空间总体规划,在分析乡村发展要素和尊重乡村空间多样性的基础上,深化发掘乡村发展的新动力,优化乡村空间布局和重点项目配置,合理规划乡村基础设施,保护乡村生态环境,传承乡村历史文化,并着力推动城乡统筹和均等化。规划的主要内容应包括:乡村基础设施规划、乡村社区布局规划、乡村产业发展规划、乡村服务设施规划、乡村生态景观保护规划、乡村历史文化保护规划、耕地和其他农用地整治规划等。

3. 特别地区空间规划

除了城市地区和乡村地区规划以外,某些具有特别功能和意义的重点区域,也需要进行专门的国土空间规划,例如流域空间规划、海洋空间规划、城市群空间规划等。流域空间规划旨在对流域的治理及开发利用进行综合指导和管理保护,内容包括综合防洪规划、治理规划、灌溉规划、城乡供水规划、主要支流及重要湖泊开发保护规划等内容。海洋空间规划则旨在提高海洋空间资源开发利用的质量和效益,是人类为了更好地对海洋活动进行管理,提高海洋空间治理能力而制订的一项空间规划。[①] 城市群或都市圈空间规划着重强调城市群体或都市圈而非单个城市的区域内部空间协调与区域协调发展,旨在优化城市群或都市圈内部功能结构,提高城市群或都市圈整体发展水平和辐射带动作用。[②]

三、国外国土空间规划对我国的启示

(一)完善空间规划的法律体系

制定法律并依法编制和实施规划是做好规划工作的重要保证,也是国外一些国家的成熟经验。依法编制、审批并实施规划是市场经济国家土地利用规划管理的基本原则。国外有一系列的空间规划法案,完善的法律法规保证了国土空间规划的制定与执行。如荷兰在空间规划编制的程序方面十分严谨,区域规划就规定了 4 年修订一次、征求意见两次,每次不少于 8 个星期以及多个送审环节。这样既保证了各方利益的尽可能一致,也为规划实施提供了良好的基础。日本依法编制和实施各级各类土地利用规划,并与相关规划相互协调,实现土地合理利用和可持续利用的目标。"三级"土地利用规划严格依据《土地利用规划法》

---

① 方春洪,刘堃,滕欣,等.海洋发达国家海洋空间规划体系概述[J].海洋开发与管理,2018(4):51-55.
② 吴次芳,叶艳妹,吴宇哲,等.国土空间规划[M].地质出版社,2019:67-68.

编制、审批并实施,并与《国土空间规划法》和《地方政府组织法》保持协调一致。"两类"城市规划依据《城市规划法》编制、审批并实施,并与《地方政府组织法》保持协调一致。城市规划中制定不同用途分区的管制依据《建筑标准法》①。尽管我国《宪法》明确"必须合理地利用土地",并出台有《土地管理法》《土地管理法实施条例》《闲置土地处置办法》等法律法规,对土地集约利用和农地的保护都有明确的要求,并初步形成了我国的耕地保护制度,规定了生态保护、城市建设扩展边界和耕地保护"三条红线"。但在实际实施过程中却存在土地利用和城市规划随意变更等现象。要按照"多规合一"的要求,强化城乡建设、土地利用、环境保护、文物保护、林地保护、综合交通、水资源、文化旅游、社会事业等各类规划的衔接,做到保护性空间、开发边界、城市规模等重要空间布局相一致,并在统一的空间信息平台上建立控制线体系,以实现优化空间布局、有效配置土地资源、提高政府空间管控水平和治理能力。应合理完善《土地管理法》《土地管理法实施条例》《城乡规划法》等法规内容,完善土地利用规划、农地保护、城市规划、地下空间利用相关法律体系和有关实施细则,提高法律的可操作性,限制人为干预行为,避免由于追求"政绩"而随意调整土地利用方向的行为②。

(二)注重土地的集约利用

土地是不可再生的资源,对于任何一个国家来说,集约高效利用土地保护土地,是提高人民生活水平、造福子孙后代的重要途径。一方面,要严格落实城市边界,防止无序扩张;另一方面,要消除"空心村",减少农村土地资源的浪费。日本国土面积狭小,城市高度集约,其做法主要是:强化编制城市规划,严格执行规划;合理控制城市发展规模,做到大中小城市(镇)配套和合理布局,优化路网结构,优先发展轨道交通;做到基础设施集中共建,公共服务设施集中布局,城市功能区划分和交通网络配套,地上地下空间充分利用,"地下综合管廊"有序建设,坚守城市建设扩展边界红线,推动城市集约发展。由此可见,通过国土空间规划,政府要强化土地集约利用和政策引导,不能一味地追求市场经济,把土地作为重要的财政收入来源,将土地推向市场,放任市场去操纵运作,忽视了土地集约利用。2016年2月,国家发布了《关于进一步加强城市规划建设管理工作的若干意见》,对城市规划前瞻性、严肃性、强制性和公开性不够,城市建设盲目追求规模扩张,节约集约程度不高,公共产品和服务供给不足,环境污染、交通拥堵等"城市病"蔓延加重的情况,提出要依法规划、建设和管理城市,贯彻"适用、经济、绿色、美观"的建筑方针,着力转变城市发展方式,着力塑造城市特色风貌,着力提升城市环境质量,着力创新城市管理服务的要求。我国人口众多,城镇化进程进一步加快,城市化程度继续提高,要高度重视城市人员集中、城市用地无限制扩展问题。

应根据国务院对我国新型城镇化建设要求,加强适应我国国情的城市规划体系建设,加强城市地下空间的规划和开发利用,完善政府公共服务设施的集聚,充分集约城市土地利用。随着城市化进程和新型城镇建设的进一步加快,农村人员逐渐向城镇流动,要结合新农村建设,完善中小城市和村镇的规划与建设,引导农村建设用地向中心村、镇集中,逐步消除农村居住地分散和基础设施不能配套或集中共享。

---

① 蔡玉梅,刘畅,苗强,等.日本土地利用规划体系特征及其对我国的借鉴[J].中国国土资源经济,2018,31(9):19-24.

② 赵文琪.日本城市土地集约利用的规划路径及其借鉴意义[J].上海国土资源,2017(4):56-62,92.

（三）注重空间规划的系统性和协调性

城市与乡村是"命运共同体"关系，在空间规划的过程中，应当注重空间规划的系统性与协调性，以促进城市规划与乡村规划的共生和一体。由于人口密度高、土地资源相对稀缺，荷兰极为重视国土规划，被称为"规划的国家"（planned country）。但纵观其发展演变，荷兰城市规划与乡村规划的关系也经历了由隔离、对立到穿插、融合的历史转向。同时，与我国城建部门及土地、农业部门等开始尝试的规划合作与衔接类似的管理方式，在荷兰早已成为体系。[①]

德国在均衡城乡空间布局和建设城镇化上，更注重土地利用的合理性和节约性，并按照主城区、副城区和周边子城镇的模式进行布局。一个大城市周围有多个副中心，集居住、办公、教育、医疗、餐饮、休闲等功能为一体，呈网状分布于大城市周边，以高速公路相连接，是一个设置比较完整、混合型的区域布局。

相较而言，我国在城镇化建设工作中，往往过于关注区域中心城市的发展，使其具备各种功能（如教育、医疗、金融、商业等），城市之间无功能差别、无互补。在规划上沿用"摊大饼"的方式，向周围无限扩展，造成城市内功能复杂，城市之间功能重复，形成了恶性竞争。

而我国《城乡规划法》的出台，说明城乡发展一体化正成为主流趋势。当前，我国乡村规划编制技术体系依然不足，城乡二元对立尚未全面破解。可喜的是，国内学界和相关部门已经注意到并在积极探索城市层面的"多规融合"问题，笔者期待后续更深入的乡村和城乡统筹两个层面的多规融合问题的解决。尤其是因为在乡村空间管理上我国存在不同职能部门"九龙治水"式的多头治理，有很多工作需要打破部门利益壁垒，较之城市层面更需要理念突破和制度创新。多中心和各中心的不同功能定位，充分考虑功能的聚集与设施的共享，快速便捷的轨道交通网络是土地集约利用的较有效的模式。在城市规划建设中尽可能提供多样化的城市功能分区，合理布局和建设卫星城镇，优化城市空间结构，如商业、办公、文化、居住等，集中居住、集中配置城市功能设施和公共服务，为居民提供良好的居住环境和交流空间，使市民更乐于聚集于此。加强公共交通体系的建设，不应仅在道路更新的层面，而要因地制宜发展轨道交通体系，建设包括便利的交通设施和宽敞的枢纽站点、立体化和人性化的交通系统，为人们提供一个安全便捷安心舒适的城市空间。

（四）拓展公众参与的广度和深度

进一步明确规划制订的程序和规则，规范各级政府在规划中的权限和责任，要求规划编制、修改应反复听取意见，重大问题应召开多次听证会，通过充分交流、协商，取得广泛的共识。除为国家利益和社会公益而修建的道路、能源基础设施等法定事由可以修改土地利用总体规划外，非法定事由修改土地利用总体规划，须经本级人大批准同意后，才能向上级主管部门申报，增加中间的监督环节。特别是对于规划改变用途的，应取得土地使用权人的理解和认可，或者建立相应的补偿机制，给予公平补偿。

（五）土地规划补偿的制度化

在土地规划补偿方面，我国法律体系中，有关土地利用规划的法律主要是《土地管理法》和《城乡规划法》，应完善土地利用规划体系，制定专门的《土地利用规划法》，指导土地利用

---

① 张驰，张京祥，陈眉舞.荷兰乡村地区规划演变历程与启示[J].国际城市规划，2016(1)：81-86.

总体规划、土地利用中期规划及土地利用年度计划的编制工作并可以将编制土地利用规划所应遵循的科学性、严谨性等基本原则和引入编制过程的公众参与机制、听证程序制度以及补偿制度在该法律中加以规定。

在德国,土地开发建设的规制大致来自于两个方面,一是以联邦颁布的《建设法典》为核心规范来源的土地使用规制,二是来自于联邦各州制定的《建设秩序法》为主体所确定的建筑物规制。

《建设秩序法》源自于传统的《建设警察法》,最基本的功能是防御对于公共安全或者秩序的危险,特别是保护人身、健康和自然生活环境不受威胁。除了危险防御的功能外,《建设秩序法》还规定了建筑物的社会性和生态性标准,同时还赋予了对建筑物外观是否损害了街道、地方风景和自然风景的审查权力。为了实现上述的目的,《建设秩序法》对于建筑物所在土地上的出入口、建筑间距进行了规定,然后对建筑物本身的牢固性、防火、保温、防噪音、防震动和交通安全,建筑物具体局部(比如墙、顶)、配备设施(比如消费设备、残障设施)以及建筑材料、建筑方式加以规范,并且还针对建筑物建造中的业主、设计者、开发企业、具体承担建设者的相关义务进行了设定。[①]

第二节　土地开发整理制度

一、我国土地整治的发展历程

我国是世界上最早进行土地整治活动的国家,全国范围内大规模开展土地整治工作与土地整治相关研究始于 1949 年中华人民共和国成立。自中华人民共和国成立以来,土地整治的形式、内涵和发展要求等都发生了深刻的变化。在整治形式上由细碎、单一的工程项目建设(尤其是水利工程建设)走向规模、集中连片的土地整治工程,到目前田、水、路、林、村综合化土地整治项目的转变。土地整治内涵已由数量为主向"数量、质量、生态、人文"四位一体统筹发展转变。在发展要求上由保障粮食增产、稳产向促进新型农业现代化和统筹城乡区域发展转变[②]。

(一)土地整治起始期

该时期(1949—1977)是以农田水利建设为主要内容的土地整治起始期。新中国成立初期,我国农业生产逐步恢复,但由于江河堤防的溃决和泛滥,农业生产面临前所未有的挑战。1950 年,《中央人民政府政务院关于一九五〇年水利春修工程的指示》提出,全国农田水利建设仍以防洪、排水和灌溉为首要任务,拉开了我国农田水利建设快速推进的序幕。当时土地整治主要围绕农田水利建设如何促进粮食生产,保障农业产量的增加、农田水利建设对于经济发展的影响等方面展开。在 20 世纪 60 年代,我国在继续进行农田水利工程建设的同

---

① 李泠烨.土地使用的行政规制及其宪法解释——以德国建设许可制为例[J].华东政法大学学报,2015(3):147-159.

② 冯应斌,孔令桑,郭元元.我国土地整治的发展历程及展望[J].贵州农业科学,2018(6):135-139.

时,土地整治也围绕高产稳产农田建设展开。

1966—1976 年,由于各种因素的影响,我国农田水利建设工程戛然而止,土地整治发展停滞不前。这一时期我国土地整治主要围绕农田水利建设展开,促进了粮食生产,人民生计得以维持。虽然以农田水利建设为主要内容的土地整治取得了预期效果,但受到理论指导、工程技术的限制,而处于较低水平。

(二)土地整治探索期

该时期(1978—1985)是以适应农田基本建设为主要目标的土地整治探索期。随着农业现代化建设的提出,农田基本建设成为该时期重要的研究内容。因地制宜地开展农田基本建设,改良农田基本建设过程中土方挖掘铲运、土地平整、开沟筑埂等采用的各种器械与工具。1982 年中共中央 1 号文件《全国农村工作会议纪要》中指出:"小型农田水利建设要继续积极量力进行,讲求实效。要总结推广先进的灌溉技术和耕作措施,切实做到科学用水、计划用水、节约用水。城乡工农业用水应重新核定收费制度。无灌溉条件或暂时无力兴修水利的旱地,要因地制宜,搞好旱作"。改革开放以来第一个涉农中央 1 号文件中首次提出农田水利建设。这一时期,我国土地整治主要围绕土地平整和农田基本建设展开,在全国范围内开展了土地整治工程实践,土地整治仍主要集中在农田水利建设方面。土地整治形式单一,缺乏相关标准或规程,虽在促进农业生产方面取得一定成效,但有关土地整治理论研究进展缓慢。

(三)土地整治框架体系构建期

该时期(1986—1998)是以借鉴国外经验为主要标志的土地整治框架体系构建期。1986 年,《中华人民共和国土地管理法》第二十条规定,"各级人民政府应当采取措施,保护耕地,维护排灌工程设施,改良土壤,提高地力,防治土地沙化、盐渍化、水土流失,制止荒废、破坏耕地的行为"。标志着我国土地整治工作进入法制轨道的新阶段,在相关法律法规、政策引导下,我国土地整治工作得到极大发展。

随着世界农业发展进程加快,国外土地整治建立起相对科学的框架体系,联邦德国较早展开土地整治工作,设置较完整的土地整理机构;苏联历经 70 余年土地工作的经验和教训,建立了完整的土地管理体系;日本土地区划整理被称为日本城市规划之母。同时期波兰的农业区划、俄罗斯的土地制度变革等都对我国该时期土地整治框架体系构建影响深远。这一时期我国土地整治主要借鉴境外经验,结合本国国情从土地整理的经验交流、概念内涵、整治模式等方面进行了借鉴与探索。

(四)土地整治全面推进期

该时期(1999—2007)是以基本农田建设为主要抓手的土地整治全面推进期。1999 年,《土地管理法》第 41 条提出"国家鼓励土地整理",并且提出占用耕地补偿制度,规定开征新增建设用地土地有偿使用费、耕地开垦费和土地复垦费等,从法律上解决了土地整治资金来源。2003 年 3 月,国土资源部发布了《全国土地开发整理规划(2001—2010)》,并相继出台了涉及项目管理、资金管理、实施管理、权属管理、竣工验收等 30 多项政策,颁布了土地开发整理规划编制规程、设计规范、项目验收规程等多个行业标准。从此,土地整治逐步实现了从自发、无序、无稳定投入到有组织、有规范、有比较稳定投入的转变,基本农田建设成为 21 世纪初期土地整治风向标,土地整治全面推进。随着基本农田建设开展及国家政策发展,基本农田的保护与建设得到极大发展,从 GIS 角度探讨基本农田的规划、管理成为研究热点;同时,建立相对科学的基本农田指标体系,为耕地入选基本农田提供思路成为焦点。另外,2006 年和 2007 年的中央 1 号文件均提出农田水利基础设施的建设应该与新农村建设相结合,由此,我国开始探索农地整治与新农村建设相结合的实施途径。这一时期,土地整治以基本农田建设为主要内容,多角度分析,将耕地入选基本农田实施永久保护,以增加耕地面积、提高耕地质量为主要目标并开始探索农地整治与村庄土地整治相结合的道路,土地整治全面推进。

经过多年的探索与实践,各级国土资源部门逐步认识到土地开发整理是一个开放行业,土地开发整理工作涉及农业、水利、林业、交通等多个部门,需要各部门的支持与配合,国土资源部门不能"关起门"来搞土地开发整理,应当充分发挥地方各级政府在土地开发整理工作中的主导作用。因此在这一阶段对土地开发整理运作方式进行了调整,完成了国家放权、地方承担主要责任的改革历程。一是项目法人下移。2001 年,首批国家投资土地开发整理项目法人为国土资源部土地整理中心(以下简称部中心),2003 年将项目法人和项目实施管理工作逐步移交给项目所在地的省、市、县土地整理机构(以下分别简称省、市、县中心)承担,目前全国项目法人绝大多数为县中心。二是项目验收权下放。2005 年 2 月,国土资源部《关于加强和改进土地开发整理工作的通知》,明确规定省级国土资源部门负责"开展项目竣工验收"。三是项目审批权下放。2006 年 11 月以后,国家不再负责项目立项审批,由省级国土和财政部门负责项目审批和预算下达。四是资金支付方式逐步统一。为了保障中央新增费的使用规范,国家将多渠道、多部门支付资金方式逐步调整为县级财政集中支付。[①] 并于 2006 年 11 月,改变了中央分成新增建设用地土地有偿使用费(以下简称新增费)的分配方式,将资金和项目管理责任落到了省级国土和财政部门,以调动地方政府的积极性。2007 年 6 月,在第 15 期国土资源管理市长研究班上,国土资源部副部长王世元提出了"国家监管、省级负总责"的土地开发整理管理思路。

(五)土地整治综合化建设期

该时期(2008—2012)是以统筹协调发展为主要导向的土地整治综合化建设期。随着土地整治不断发展,政府部门及社会各界人士开始重点关注并且广泛参与到土地整治工程项目中,尤其是政府主导下的基本农田保护区划定工作、土地整理项目的开发等,土地整治趋于多元化,但未实现综合化发展,土地整治项目间碎片化,缺乏统筹安排。在此背景下,2008 年召开的党的十七届三中全会提出"大规模实施土地整治,搞好规划、统筹安排、连片推进",土地整治首次在中央层面得以正式提出。[②] 2008 年 9 月,国土资源部下发了《关于进一步加强土地整理复垦开发工作的通知》,明确提出"纵向上实行部级监管、省级负总责、市县人民政府组织实施的管理制度;横向上实行政府主导、国土资源部门牵头、相关部门配合、企业竞争介入、农民参与的管理制度,落实共同责任"。这些政策的出台表明国家行政主管部门对土地开发整理规律认识逐步深化,新型土地开发整理管理模式逐步确立。这一时期土地整治从多元化走向综合化,具有综合性、社会化特点,发展前景广阔。土地整治主要围绕永久基本农田的保护与建设,城乡建设用地增减挂钩展开。2012 年 3 月,国土资源部发布《全国

---

① 高世昌.推进中国土地开发整理工作对策研究[J].中国土地科学 2010(4):45-50.

② 陆剑.我国农地使用权流转法律制度建构的前提追问与路径规划[J].私法研究,2014(1):125-156.

土地整治规划(2011—2015)》，提出到 2015 年再建成 4 亿亩旱涝保收的高标准基本农田，通过农田整治、宜耕后备土地开发和损毁土地复垦补充耕地 2400 万亩[1]，进一步夯实农业现代化基础；积极稳妥推进村庄土地整治，严格规范城乡建设用地增减挂钩试点，整治农村散乱、废弃、闲置和低效建设用地 450 万亩，优化城乡建设用地布局和结构。规划还首次提出"全域"土地整治概念，整治范围涵盖了农用地、建设用地、未利用地等，实施手段扩充为土地整治分区、重点区域、土地整治工程、示范省和示范县建设和探索试点等，更加重视工程和政策相结合的土地整治措施，并对土地生态整治进行了初步安排。[2]

(六)土地整治深化发展期

该时期(2013 年至今)是以生态环境建设为主要方针的绿色化土地整治深化发展期。随着生态环境保护观念的提出，绿色发展成为指导土地整治的核心理念，土地整治进一步发展。2013 年党的十八届三中全会《中共中央关于全面深化改革若干重大问题的决定》提出"山水林田湖是一个生命共同体"，土地整治目标任务更加多元化，土地整治内涵更加科学，土地整治更加趋于绿色化，生态建设成为土地整治的重要环节。这一时期土地整治趋向于数量、质量、生态三位一体共同发展。土地整治内涵更加丰富，质量保护、生态效益成为土地整治的根本要求，土地整治在此阶段紧紧围绕高标准基本农田的建设与保护、建设美丽乡村、建设生态农田等展开积极探索。2016 年，国务院批复实施《全国土地整治规划(2016—2020 年)》，各地坚持"山水林田湖草"生命共同体理念，以土地整治为抓手，助力实施生态文明战略、乡村振兴战略和脱贫攻坚战略，并在促进耕地保护和节约用地、推动城乡融合发展和改善生态环境中发挥了重要作用。[3]

二、国外土地整治的经验

(一)健全土地整治法律

土地整治既是繁杂的技术系统工程，也是复杂的社会治理工程，涉及国家、地方政府、中介机构，以及土地权利人等不同利益主体及其关系重构，新时期要更好地统筹政府与市场力量、平衡不同权利人利益、调节农村和城镇关系，以及规范实施主体的行为等。这些利益仅靠政策、行政法规去调整是不够的，必须进一步树立法治思维，必须要有完备的法律来调解相关者的利益，以便更好发挥法治对土地整治的引领和规范作用。我国在推进土地整治工作中主要依据原国土资源部出台的相关规范性政策文件，尚无专门针对土地整治的法律法规。虽然一些地方相继出台了地方性规章制度，但土地整治工作法治基础薄弱，土地整治规划权威性不足，实施中规划衔接、政策组合、资金聚合和实施监管存在许多困难。根据德国土地整治法，德国土地整治由参加者联合会(类似于合作社)来组织实施，参加者联合会在土地整治局(农村发展局)的支持下工作。土地整治过程中出现的矛盾首先由政府、土地所有者代表组成的理事会来调解，解决不了的可以提交由行政官员、法律专家和土地专家组成的仲裁机构仲裁，仍然解决不了的可以上诉到行政法院。我国当前应借鉴德国土地整治的法

---

① 1 亩 = 666.67 平方米。
② 郧宛琪,朱道林,汤怀志.中国土地整治战略重塑与创新[J].农业工程学报,2016(4):1-8.
③ 梁梦茵,孔凡婕,梁宜."十三五"土地整治规划的回顾与反思[J].中国土地,2021(1):36-38.

治建设经验,抓紧制定专门的土地整治法,从促进农村改革发展,服务社会经济大局的角度,明确土地整治的战略地位和作用;明确土地整治的原则、主管部门、工作程序、权属调整和资金保障等内容;明确不同部门、不同机构之间协作配合的机制;明确农民和农村集体经济组织参与的机制和方式等。①

(二)以生态建设和可持续发展为核心

土地整治是对土地资源及其利用方式的再组织和再优化过程,土地整治过程改变了地表生态系统,必然对生态环境造成影响,从而影响土地的可持续利用。我国"十三五整治规划"中仅对高标准农田建设和补充耕地两项控制性指标进行分解,且缺乏生态类指标设定,多数地方土地整治活动仍以高标准农田建设和补充耕地为重点,目标单一、手段简单,整体性和系统性不足;规划中落实生态文明建设更多停留在原则要求和理念上,缺乏具体引领,导致服务绿色发展、推动生态修复和综合治理动力不足。

德国土地整治充分体现了尊重自然、顺应自然和保护自然的理念,把土地整治当作实现自然保护的有效工具。在土地整治过程中,包括在其他建设过程中,都严格实行生态补偿机制。这种理念和机制使得德国乡村地区景观优美、空气清新,成为人们居住、旅游的最佳选择。日本依据地域可持续发展的战略目标,从生态技术、公众参与生态维护、生态教育等方面大力推行生态型土地整理。生态水域规划、生物资源开发与利用技术、生态型农业机械运用较为广泛。通过生态水域规划,洄游鱼类可利用水系网络进行繁殖,非洄游鱼类通过保护池进行繁衍生息;生物资源的利用主要集中在家畜排泄物和农作物秸秆的堆肥还田,废弃食用油的生物燃料化使用;科研院校、相关企业、财团组成"联协会"形式,共同参与生物资源的合作开发与研究。设立农民组织,动员项目区农民参与生态维护,不仅强化其生态理念,更充分激发其生态保护的热情。建立学习基地,开展各类型的生态保护活动,注重生态保护文化的传承。

我国土地整治事业方兴未艾,正在由单纯的农用地整理向数量、质量、生态综合整治的方向转变。当前亟须将生态景观建设和可持续发展的理念贯穿到土地整治全过程,及时研究提出土地整治过程中要兼顾自然保护、景观保护和生态环境等方面需求的基本原则和要求。同时,在土地整治规划设计方案编制的过程中,要十分注意如何最佳地体现生态方面的要求,进而通过土地整治实现真正意义上的经济、社会、生态效益的最大化,实现土地资源可持续利用。

(三)重视村庄更新,促进乡村发展

土地整治中要关注人的需要和公平正义,构建城乡等值的生活条件。德国、日本等国土地整治以人为本,重点资助农村地区的发展,为人们构建城乡等值的生活条件。德联邦政府通过制订乡村区域发展规划,明确区域发展重点,形成村镇集聚规模效应,打造农业产业化链条,对农业生产实行区域化布局、规模化生产、企业化管理,来有效留住农村劳动力,确保农村发展生机。德国主要从空间规划、工程技术、利益协调与公众参与、拓宽融资等方面促进村庄更新活动。规划理念上,将"可持续的区域发展"作为国土空间规划中心性原则,以解

---

① 田玉福.德国土地整理经验及其对我国土地整治发展的启示[J].国土资源科技管理,2014(1):110-114.

决城市蔓延对乡村土地空间的蚕食。技术上,利用地籍测量、更新、信息化,土地评价,景观重塑,生态"占补平衡"技术对村庄更新的整个过程进行规划与实施。利益分配上,不仅考虑城乡之间的利益连接关系,还重视村庄更新过程中利益主体间的网络关系;公民有权参与村庄更新的整个过程,保障村庄更新方案兼顾公共利益与个人利益。资金上,政府加大对土地整理的资助力度,拓宽多元化的资金来源渠道,并注重不同筹资方式和渠道的适配。① 同时,全面推进村庄景观建设,打造生态观光平台,带动村镇经济发展,提升当地居民收入水平和生活质量。② 日本从法律保障、资金来源、区域选择、经营模式等方面治理农地细碎化。《土地改良法》《农地法》等法律对土地交换、分割、合并的规划、程序、权属关系调整做出了详细的规定。农地合并大部分由国家和当地政府出资扶持,小部分通过预留地、低息贷款等方式由受益农户承担。区域选取上,高山河谷地区(中山间)地势平坦,土壤肥沃,有机物丰富,适宜种植,成为耕地整理的重点区域。将原有的零散破碎的地块形成初具规模的优质地块,并通过培养专业农户、发展规模稻作农业、农协合作、农地流转等模式,促进农地规模化经营和现代化发展。

中国城市对农业产出的需求缺乏有效的传导机制,缺乏城乡要素的互动交换机制。通过多功能土地整治的平台推进城乡统筹,从城乡建设用地挂钩到城市土地的大规模整治,逐步缩小城乡差距,支撑中国经济的发展愈来愈具有全局性的战略意义。这一方面,上海市在城乡接合部做出了一系列关于城乡要素自由流动的有益探索。上海市针对建设用地瓶颈约束和郊区发展短板等问题,通过浦南、浦北的联动发展,与松江新城共同构成城乡一体化的土地整治示范区,积极推动土地整治与艺术、体育、景观风貌、自然教育等跨界融合,逐步形成"土地整治＋"框架下城乡良性互动的实施路径。

(四)强化公众参与理念

土地整治涉及多方利益相关者。公众参与土地整治,可以对各方权利起到制约作用,同时能有效维护农民权益。德国在土地整治过程中将公众参与和政府主导有机结合,努力发挥好多个主体的积极作用。土地整治目标的实现离不开公众的参与和支持。德国将公众参与土地整治以立法的形式确立下来。德国专门设立参加者联合会,由地产所有者、合法建屋权人以及各公共利益代表机构,共同参与各种事宜的协调和落实。《德国联邦土地整治法》还明确了公众参与的范围、形式和程序等具体事项。土地整治的各种重要方案积极向公众公开,鼓励公众参与决策和监督,不断提高工作透明度和民主化。在德国,广大民众积极参与各项事务来维护自身或他人的基本权益。在参与过程中,公众有权提出自身的具体权益要求并通过与自身条件相符的努力据理力争。就土地整理与村庄革新项目而言,德国通过法律规定了公众参与的内容、程序、方式等有关事项,使公众参与得到法律制度保障。③ 土地整治涉及多方利益,需要统筹协调,在公众参与的基础上政府还要发挥好主导作用。德国的土地管理局即充当这一指导和服务角色,统筹全局,把握总体发展方向。公众的广泛参

---

① 吴诗嫚,叶艳妹,林耀奔.德国、日本、中国台湾地区多功能土地整治的经验与启示[J].华中农业大学学报(社会科学版),2019(3):140-148,165-166.

② 周同.德国的土地整理模式[J].国土资源导刊,2013(8):59-60.

③ 贾文涛,桑玲玲,周同.德国土地整理的经验与启示[J].决策探索(上半月),2016(6):27.

与,减少了土地整治工作的阻力;政府的主导,则确保了土地整治工作的有序性。[1]

在我国,随着土地整治工作的宣传力度不断加大,越来越多的农民认识到土地整治的重要性,也愿意参与土地整治工作,但心有余而力不足。我国很多农民群众都不理解什么是土地整理,为什么要进行土地整理,土地整理有什么用,整理过程对自己利益的影响如何。由于文化、生活背景的约束,农民在参与土地整治过程中往往很难对工程中专业性的内容提出意见。因此,在进行土地整理前,县、乡、镇、村每一级都要开会普及介绍土地整理所涉及的各方面问题,把涉及的一系列问题向农民群众解释清楚。唯有在广泛的群众参与和监督下,土地整理过程中所涉及的问题才能得到有效的解决。[2] 建议考虑建立项目前期宣讲培训制度。即在土地整治项目规划设计前,组织行业专家、技术人员到现场就土地整治发展的趋势、必要性,在项目过程中可能会遇到的问题和需关注的重点进行讲解。同时与农民进行沟通交流,减轻农民对开展土地整治工作的顾虑,充分调动农民积极性,以便更加顺利的推进项目实施。[3]

第三节　土地税收制度

一、我国土地税收制度的发展历程

中华人民共和国成立后,我国税收体制伴随着经济体制的改革发展,经历了由建立到发展完善的过程,土地税收亦是在历次改革中不断地完善成熟。

(一)建国初期恢复性阶段

中华人民共和国成立后为了明确税收制度,统一税制,恢复经济发展,国家先后出台了一系列涉税规范性文件。与土地税收有关的主要包括《全国税政实施要则》中的地产税和房产税,以及 1950 年 4 月和 9 月先后实施的《契税暂行条例》和《新解放区农业税暂行条例》中的契税和农牧业税。鉴于当时社会经济条件,"酌量减轻民负"是考量的重要原则之一。1953 年国民经济得到恢复和发展,我国进入计划经济新时期,生产资料私有制社会主义改造顺利开展并基本完成,税收政策也进行了若干修订和完善,基本方向是合并、简化税制。具体为:停征契税,随着社会主义改造的完成,土地房屋禁止转让和买卖,契税征收工作基本处于停顿状态;统一农业税制,1958 年 6 月农业税条例公布实施,条例在坚持"稳定负担、增产不增税"的政策下,对纳税人、征税范围、税率、优惠减免政策等进行了明确规定;调整房地产税,1973 年政府将对集体企业和国有企业征收的城市房地产税并入工商税,城市房地产税的征收对象仅限于个人、房地产管理部门、外商投资企业、外国侨民和外国企业。

---

①　吕云涛,张为娟.德国土地整治的特点及对中国的启示[J].世界农业,2015(6):49-52.

②　朱鹏飞,华璀.国外土地整理经验对我国的启示——以德国、荷兰为例[J].安徽农业科学,2017(7):176-178,204.

③　周同.德国的土地整理模式[J].国土资源导刊,2013(8):59-60.

(二)改革开放初步建立阶段

改革开放以后,我国经济领域发生了深刻的变化,为充分发挥税收在市场经济中的杠杆作用,我国先后实施了一系列利改税政策。1979年,为恢复经济及适应家庭联产承包经营制的推广,国家适时调整了农牧业税减免政策和纳税方式;1983年,为调节不同农作物收益水平,保证良田用地,国家颁布了《关于对农林特产收入征收农业税的若干规定》,新开征农业特产税;1986年、1988年,国家先后颁布实施了《中华人民共和国房产税暂行条例》和《中华人民共和国城镇土地使用税暂行条例》,将原城市房地产税分为土地使用税和房产税;1987年,为进一步保护耕地,促进农业发展,国家颁布了耕地占用税暂行条例,作为规范占用耕地行为的重要法规。期间房地产税经历了一系列的简化和改革,并于1984年国家工商税改革时恢复征收。但考虑到我国城市土地属于国家所有,使用者没有土地产权的实际情况,国家将城市房地产税分为房产税和土地使用税。1986年,《中华人民共和国房产税暂行条例》正式生效实施。

(三)经济发展税制改革全面推进阶段

1992年以后,我国的社会主义市场经济逐步建立和完善,税制改革全面展开。一是增设新税种。1993年国务院公布土地增值税暂行条例,主要目的在于合理调节土地增值收益,有效规范房地产和土地市场交易秩序。二是修订完善税收政策。1997年契税暂行条例重新颁布实施;2003年至2006年连续两次修订城镇土地使用税暂行条例;2019年颁布《中华人民共和国耕地占用税法》等。主要目的是适应不断变化发展的社会经济,最大程度发挥税收职能作用。三是废除部分土地税种。为进一步优化税制结构,促进相关产业发展,国家先后废除了部分税收。如2006年,国家取消了延续千年的农业税,标志着我国农业税收政策的重大转变。2008年,国家宣布废止1951年公布的《城市房地产税暂行条例》,将外资企业和个人所涉房产税统一纳入现行条例进行规范调整,实现了新中国成立后房产税政策上的内外统一。此外,取消的土地税种还包括牧业税和农业特产税。

二、我国现有土地税收制度

根据我国现有税收法律法规,直接将房产和地产作为征税对象涉及的税种主要包括耕地占用税、城镇土地使用税、土地增值税、房产税和契税。

(一)耕地占用税

耕地占用税是政府对占用耕地建房或从事非农业建设的单位或个人所征收的一种税。按课税对象分类属于行为税范畴,有学者认为其兼具特定行为税和资源税的性质,遂将其归为资源税类。1987年4月《中华人民共和国耕地占用税暂行条例》颁布实施,主要是为了利用经济手段限制乱占滥用耕地,同时开展宜耕土地开发和改良现有耕地,促进农业生产的稳定发展;补偿占用耕地所造成的农业生产力的损失,为我国农业的全面协调发展提供必要的资金支持。

该条例生效时正值我国改革开放进入快速发展时期,条例的实施对于限制非农业建设行为,保护耕地资源起到了重要作用。但在随后的20年里,我国社会经济高速发展,各项建设用地需求激增,原条例中规定的征收标准与当时的物价、地价不相匹配,占地、用地成本越来越低,其保护耕地、资源调节的作用也日益弱化。据统计,1996—2006年我国的耕地数量从 19.51 亿亩减少到 18.27 亿亩,减少了 1.24 亿亩,人均耕地面积也由 1.59 亿亩降到 1.39 亿亩。对此,国务院于 2006 年下发《国务院关于加强土地调控有关问题的通知》,提出要提高耕地占用税征收标准,加强征管,严格控制减免税。主要修订内容为:统一内、外资企业税收负担,提高耕地占用税税额标准,严格耕地占用税减免税项目,明确耕地占用税的征收管理。

为从更高层级及以更大力度贯彻落实国家最严格的耕地保护制度,限制非农业建设无序、低效占用农业生产用地,以经济手段保护有限的土地资源,特别是耕地资源,国务院于 2019 年颁布实施了《中华人民共和国耕地占用税法》。此次立法,采取税制平移的方式将《中华人民共和国耕地占用税暂行条例》上升为法律层级,并对原条例内容做了适当调整。与原条例相比,《中华人民共和国耕地占用税法》在征税范围上新增了"园地",明确了临时占地征税的规定,并将"占用耕地建设农田水利设施"行为纳入不缴纳耕地占用税范围;在征收方式上,新法继续实行从量定额的征收方式,将具体适用税额的决定权由省级人民政府调至省级人大常委会;在减免政策上,新法将"水利工程"占用耕地列入优惠范围,对农村居民占用耕地新建住宅减免条件进行了调整,同时适当扩大了享受免税优惠公益单位的范围;在纳税申报上,新法纳税申报表允许纳税人汇总申报同一批次涉及的多个地块。此外,在发票开具方面也更加灵活,纳税人既可以按批次汇总开票,也可以按征收品目分别开票。

(二)城镇土地使用税

城镇土地使用税是指国家在城市、县城、建制镇、工矿区范围内,对使用土地的单位和个人,以其实际占用的土地面积为计税依据,按照规定的税额计算征收的一种税。

1988 年 9 月 27 日国务院发布了《中华人民共和国城镇土地使用税暂行条例》,规定从 1988 年 11 月 1 日起施行。开征土地使用税,有利于促进合理、节约使用土地,有利于调节土地级差收益,促进企业公平竞争,有利于理顺国家与土地使用者之间的分配关系,并且为建立地方税体系,实行以分税制为基础的财政体制创造了条件。城镇土地使用税是国家税收的重要组成部分,在地方财政收入中占重要地位,亦是土地保有环节唯一的税种,具有稳定性、长远性、非一次性和相对广泛性的特点。

但随着我国土地有偿使用制度的实施、经济的发展和土地需求的不断增加,原城镇土地使用税的一些规定已明显滞后于经济形势发展变化。如税额标准和税负偏低,与我国人多地少、土地资源极为紧缺的现状和日益攀升的地价水平极为不符。据统计,2005 年和 2006 年全国城镇土地使用税收入分别为 137 亿元和 177 亿元,占全国税收总收入的比重均不足 0.5%,其调节经济和组织财政收入的作用并未得到有效发挥。此外,对外商投资企业不征税,不利于内外企业共同协调发展,也与市场经济公平竞争的原则不符。对此,国家在 2006 年下半年经济工作的建议和《关于加强土地调控有关问题的通知》中明确指出要提高城镇土地使用税征收标准,并于年底重新修订了城镇土地使用税暂行条例。与旧条例相比,新条例重点修改完善了两个方面。一是提高了城镇土地使用税税额幅度。考虑到此期间我国物价上涨幅度,新修订的《城镇土地使用税暂行条例》,将税额标准提高到原来标准的 3 倍。这一规定使土地使用者的用地成本较以前大幅提高,税收对土地利用的导向作用大大增强,有利于引导土地使用者合理、节约用地,不断提高土地利用效益,也有利于进一步贯彻落实国家加强土地宏观调控的措施,促进房地产市场的健康发展,增加财政收入。二是将外资企业纳入城镇土地使用税征税范围。新修订的《城镇土地使用税暂行条例》把在城市、县城、建制镇、工矿区范围内使用土地的外商投资企业、外国企业和外籍个人也确定为城镇土地使用税的纳税人。此举,有利于公平税负,平衡内外资企业的税收负担,促进各类企业健康有序的发展。[①]

按照现行规定,城镇土地使用税以在城市、县城、建制镇、工矿区范围内使用土地的单位和个人,为城镇土地使用税的纳税人。其征税范围为在国内使用的土地。按照 2006 年《财政部国家税务总局关于集体土地城镇土地使用税有关政策的通知》要求,实际使用应税集体所有建设用地、但未办理土地使用权流转手续的,由实际使用单位和个人按规定缴纳城镇土地使用税。城镇土地使用税以纳税人实际占用的土地面积为计税依据,采用有幅度的差别定额税率,按大、中、小城市和县城、建制镇、工矿区分别规定年应纳税额。具体来说,按城市大小分为 4 个档次,每平方米的年幅度税额分别为:大城市 0.5～10.0 元,中等城市 0.4～8.0 元,小城市 0.3～6.0 元,县城、建制镇、工矿区 0.2～4.0 元。各省、自治区、直辖市人民政府,可以在条例规定的税额幅度内,根据市政建设状况、经济繁荣程度等条件,确定所辖地区的适用税额幅度。

（三）土地增值税

土地增值税是指转让国有土地使用权、地上建筑物及其附着物并取得收入的单位和个人,以转让所取得的增值额为计税依据的一种税。

为了增强对房地产开发商和房地产交易市场的调控,有效规范土地房产市场交易秩序,抑制炒买炒卖土地获取暴利的行为,国务院于 1993 年颁布了《中华人民共和国土地增值税暂行条例》,从 1994 年 1 月 1 日起施行。但因土地增值税课税对象价格构成复杂,又缺乏完善配套的成本核算办法等,其调控房地产市场,增加财政收入的作用没有得到应有发挥。对此,财政部、国家税务总局先后发布了一系列涉土地增值税政策规范。其中,以 2007 年生效的《国家税务总局关于房地产开发企业土地增值税清算管理有关问题的通知》影响最大。该通知进一步明确了土地增值税清算的时间和空间底线,提高了税务机关税款征缴的可操作性,也有效规范了房地产企业的纳税义务,有利于公平房地产企业税负。

按照现行规定,土地增值税纳税人为转让国有土地使用权及地上建筑物和其他附着物产权并取得收入的单位和个人。其征税范围为有偿转让国有土地使用权及地上建筑物及其他附着物产权的行为,对以“继承、赠予”等方式无偿转让的房地产,不予征收。根据《财政部国家税务总局关于调整房地产市场若干税收政策的通知》,对居民个人拥有的普通住宅,转让时免征土地增值税。土地增值税是以转让房地产取得的收入,减除法定扣除项目金额后的增值额作为计税依据,并按照四级超率累进税率进行征收。税率分 30%、40%、50%、60% 四级,由增值额与扣除项目金额的比例来确定适用税率。

（四）房产税

房产税是以房屋为征税对象,按房价或出租租金收入向产权所有人征收的一种税。按课税对象分类属于财产税范畴。房产税的征税对象是房产,同城镇土地使用税类似,是房产保有环节唯一的税种,其税源稳定、长远,税款也主要用于地方公共服务,是典型的地方税种。房产税的目的主要表现在,国家运用税收杠杆作用,加强对房产的调控和管理,提高房

[①]　王庆勇.我国土地税收政策对土地资源的保护利用分析[D].济南:山东农业大学,2020.

产使用效率,合理调节涉房产人员的收益,增加地方财政收入。

国务院于 1986 年颁布的《房产税暂行条例》规定:拥有房屋产权的单位和个人,都是房产税的纳税人;房屋产权属于国家所有的,则其经营管理的单位和个人为纳税人。房产税采用比例税率:一是按照房产原值减除 10%～20% 后的余额计征,税率为 1.2% 我国房地产市场日益繁荣,房价持续走高,住房两极分化严重,房产税调节资源配置,筹集财政收入的作用受到限制。为此,2011 年初国家决定在上海和重庆率先推行个人住房征收房产税改革试点活动。此次改革试点虽然在政策合法性上存在诸多争议,但瑕不掩瑜,其经验和总结为后续我国房地产税的改革提供了重要参考。

按照现有条例规定,房产税由产权所有人缴纳。产权属于全民所有的,由经营管理的单位缴纳。产权出典的,由承典人缴纳。产权所有人、承典人不在房产所在地的,或者产权未确定及租典纠纷未解决的,由房产代管人或者使用人缴纳。其征税范围为我国城市、县城、建制镇和工矿区内的非个人所有非营业用房产。房产税计税依据有从价或从租两种情况:从价计征的,其计税依据为房产原值一次减去 10%～30% 后的余值,具体减除幅度由省、自治区、直辖市人民政府确定,年税率为 1.2%;从租计征的,以房产租金收入为计税依据,年税率为 12%。在试点城市,上海地区房产税征税对象为 2011 年 1 月 28 日后试点区内新增住房,计税依据暂按房产市场交易价格的 70% 计算,其税率为 0.6% 或 0.4%。重庆地区房产税征税对象为试点区内的别墅或高档住宅等,计税依据暂按房产市场交易价格计算,其税率为 0.5%～1.2%。

(五)契税

契税是指不动产(土地、房屋)产权发生转移变动时,就当事人双方所立的契约,向土地房屋权属承受人征收的一种税。按课税对象分类契税属于财产税范畴。契税的征税对象包括土地和房屋两项内容,具有税源广泛,一次性征收,入库及时的特点,是地方财政收入的重要来源。同时,通过征税,不动产承受方获得征收机关以政府名义发给的契证,有利于及时保障自身的合法权益。这也决定了契税具有规费的性质。其作用主要表现为国家利用经济手段规范不动产市场交易行为,助力地方政府调控房地产市场,增加地方财政收入。

新中国成立后,政务院于 1950 年颁布《契税暂行条例》。社会主义改造完成以后,因土地禁止买卖和转让,契税征收工作自然停止。改革开放后,市场经济得到逐步发展,房地产市场交易也日益活跃。为了适应新形势的要求,适应发展社会主义市场经济的需要,充分发挥契税在调控房地产市场和增加地方财政收入的作用。国务院于 1997 年重新颁布实施了《中华人民共和国契税暂行条例》。按照该条例规定,在中华人民共和国境内转移土地、房屋权属,承受的单位或个人为契税的纳税人。具体征税范围包括:(1)土地使用权出让;(2)土地使用权转让,包括出售、赠予和交换;(3)房屋买卖;(4)房屋赠予;(5)房屋交换。此外,条例还明确土地使用转让不包括农村集体土地承包经营权的转移。但条例对集体土地使用权转让,特别是农村集体建设用地使用权转让未做明确规定。契税以不动产的价格为计税依据。由于不动产权属转移方式不同,定价方法亦有不同,具体为:国有土地使用权出让、土地使用权出售、房屋买卖,其计税依据为成交价格;土地使用权赠予、房屋赠予,其计税依据由税务机关按市场价格核定;土地使用权交换、房屋交换,其计税依据为所交换的土地使用权、房屋的价格差额;以划拨方式取得土地使用权,经批准转让房地产时,计税依据为补交的土地使用权出让费用或者土地收益,税款由房地产转让者补交。契税统一实行 3%～5% 的幅度比例税率。考虑到各地区不动产权属转移方式各不相同,土地房产市场存在较大差别,具体税率可由省、自治区、直辖市人民政府按照本地区的实际情况确定。

第四节　土地金融制度

土地银行与土地信托是支持土地资源合理配置与利用的重要金融手段。当前我国土地金融发展不完全,土地银行与土地信托均有待于进一步发展。因此,了解我国土地金融的发展现状,借鉴国外土地金融方面的经验,对未来中国土地市场的发展显得尤为重要。

一、我国土地银行的发展现状

一般而言,土地银行是专门用于土地及其土地附属物抵押的金融机构,在德国规范的名称为"土地抵押信用合作社",法国为"法国土地信贷银行",美国为"土地银行",日本为"农林渔业金融公库",中国台湾为"台湾土地银行",印度为"土地开发银行"等。在 1992 年的《土地科学词典》中"土地银行"的定义为以土地为抵押的办理长期放款业务的银行。可见,土地银行的功能是单一的,即土地抵押融资。[1] 而陈踔把土地银行设计为以土地开发、建设、经营为出发点所发生的资金融通活动而设立的商业性专业银行,是经营土地金融资产和负债为对象的综合性多功能的金融企业。[2] 在这个定义下,土地银行的业务极其广泛,基本可以办理商业银行的全部业务,服务的目标物可以是农地又可以是城市土地。进一步的推论是土地银行有农村土地银行和城市土地银行之分。城市土地银行在我国曾经盛行一时,1995年通过并经 2003 年修订的《商业银行法》第十一条规定"未经国务院银行业监督管理机构批准……任何单位不得在名称中使用'银行'字样"。目前规范的名称是土地储备中心。现在的土地银行就专指农村土地银行了。

2005 年后,国内农地承包经营权流转平台涌现,较早的如山东诸城 2003 年出现的"土地信托中心"、宁夏平罗 2006 年出现的"土地信用合作社"、浙江平湖 2006 年出现的"土地股份合作社"、四川彭州 2008 年出现的"农业资源经营专业合作组织"、湖北钟祥 2008 年出现的"土地存贷合作社"、北京平谷区于 2008 年出现"土地专业合作社"、河南光山 2009 年出现的"农村土地信用合作社联合社"等,类似机构遍及全国,都称为"土地银行"。杨扬[3]和程志强[4]都认为这些机构仅是一种土地流转中介机构,或是土地信托机构,不是金融机构,不办理土地抵押融资业务,也不承担土地开发整理与储备任务,出于其在土地存贷过程中发挥的作用类似于一般金融机构在资金存贷过程中发挥的作用,和对未来在金融创新作铺垫的需要,而将之冠名为"土地银行"。农村土地银行自此成为流行。郭骊等则将这种以促进土地

---

①　刘正山.关于"土地银行"的商榷[J].中国土地,2000(4):41-42.

②　陈踔.土地银行学[M].上海:三联书店上海分店,1996:23-25.

③　杨扬.在社会主义新农村建设中稳步推进土地适度规模经营——宁夏石嘴山市平罗县农村"土地信用合作社"考察与启示[J].中国农村经济,2007(3):58-64.

④　程志强.对我国土地信用合作社实践的思考——以宁夏平罗为例[J].管理世界,2008(11):1-8.

流转为核心的机构看作是农村土地银行的雏形,如果赋予其土地抵押贷款的职能,改造成政策性金融机构,那将是中国特色的农村土地银行。① 邵传林等则将农村土地银行界定为政策性金融机构,兼具土地流转和农地金融服务职能,是土地流转的创新形式。② 至此也形成目前国内较为认可的定义:农村土地银行是经营农村土地存贷及与土地有关的长期信用业务的金融机构,履行农地流转中介和与农地相关的金融服务双重功能。而左停、周智炜把土地银行定义为在土地集体所有制框架下,促进国家农地政策目标实现的关于农村土地存取的非金融性的土地管理制度。③

由于农村土地银行在我国演化出了多种定义,从农地融资机构到农地流转平台,乃至农地管理制度,金融属性在降低,土地流转属性在增加。因此其内涵也出现了不同的表述。国外土地银行的一般内涵是:土地银行是一种特殊金融机构,以一系列为土地开发利用事业服务的金融制度、法律体系为支撑,主要业务是提供土地抵押贷款和发行土地债券,主要服务目标物为农地。我国农村土地银行的基本任务是办理农地信用,配合推行土地及农业政策。除了农地使用权抵押融资外,也特别提出土地银行可以接受逾期抵押的农地使用权,充当农地使用权交易的中介组织,还向农户提供保险服务,为离土农民提供就业培训费和养老金等。④ 看得出,从一开始我国农村土地银行的内涵就与国外有显著不同:作为抵押物的是农地使用权,不是农地所有权,这符合我国实际;鉴于农地流转在我国的特殊重要性,农地使用权流转成为土地银行的内涵和功能之一。

此后,农村土地银行的内涵界定进一步演化,目前形成 3 种代表性观点:一是土地流转中介论。认为建立农村土地银行是为了促进农地承包经营权的顺利流转,农户自愿土地存入,经农村土地银行对土地进行开发、整理后转贷给土地借入者。这种观点正是把农地流转平台称之为土地银行的根源所在。不可否认的是,农村土地银行在实现农地金融功能的过程中的确会促进农地流转,把农村土地银行理解为农村土地制度深层次改革的必要举措和重要内容本没有错,但是,把农村土地银行等同于农地流转平台,而忽略其农地金融的本质属性,显然是一种误解。二是土地金融机构论。认为农村土地银行是一个金融中介机构,具有农地流转和农地抵押融资双重功能。这种观点与上文提出的执行双重功能的定义相呼应。这一观点满足了农业产业化发展对农地规模经营和多渠道融通资金的需要。但是对两种功能孰先孰后、孰主孰次、孰为基本功能孰为引致功能缺乏明确界定,能否通过一个机构同时实现更无深究。从现实需要出发认为土地流转功能居首而抵押融资功能次之,实际上是对农村土地银行的曲解。三是土地储备机构论。认为农村土地银行既不同于土地流转中介组织机构,也不同于一般的政策性金融机构,而是一种土地储备机构,代表政府集中进行土地的征购、整理、储备、供应和开发的专门土地机构,把农村土地银行理解为把农地转变为城市(镇)用地的中介机构,类似于城市土地银行(土地储备中心)。由于农村土地和城市土地属性不同,这一观点偏离了既定目标,认同度有限。

---

① 郭骊,陈少强,孙艳丽.论建立中国特色农村土地银行[J].中央财经大学学报,2010(4):36-42.

② 邵传林,霍丽.农村土地银行的运作机理与政策测度[J].改革,2009(7):83-88.

③ 左停,周智炜.建立国家农村土地银行实现农地公共政策目标——多架构"国家农村土地银行"的政策思路[J].北京社会科学,2014(1):4-9.

④ 尹云松.论以农地使用权抵押为特征的农地金融制[J].中国农村经济,1995(6):36-40.

农村土地银行概念的泛化和内涵的异化，与我国农村土地制度改革关联密切，是基于现实需要从不同角度做出的解读。基于农地流转平台之"形似"而使用农村土地银行的名称，反映出对农地金融政策悬空的焦虑和对合适农地金融平台的迫切需要；而农地承包经营权抵押、担保权能的赋予，为农村土地银行创新发展提供了新的空间。值得注意的是，国内对农村土地银行的认识，在遵从"农地流转中介——农地流转中介＋农地抵押融资——农地抵押融资"的脉络，处于逐步提高的过程之中。[①]

二、其他国家土地银行发展对我国的启示

（一）信用合作是开展农地抵押的可靠依托

德、法、美的土地银行均是以合作社为基础建立的，日本劝业银行虽不是合作社，但日本有完善的合作金融体系——农业协同组合系统，后来的农林渔业金融公库主要依托农协系统发放农地抵押贷款。土地银行之所以要以合作社为基础，主要是因为农村地域广阔，农民居住相对分散，信息不对称特征明显，银行机构对农户做贷款尽职调查的成本较高，而合作社内部成员间相互比较熟悉，且要经常打交道，违约的声誉风险较高，在这里，内部规则的约束显然要强于外部制度的约束。银行通过合作社担保发放贷款，既减少甄别客户的成本，同时也提高对客户的约束力，增加了贷款的安全性。

（二）国家信用支持是土地银行顺利运转的重要保障

银行的要义是信用，土地银行运作的关键是增信。个体农民的信用是很小的，由多个农民组成的合作社信用会高一些，但也是有限的，而国家的信用级别通常是最高的。各国土地银行无论出资人是谁，也不论建立的方式如何，成立初期无一例外都有政府的保证，不管是德国自下而上建立的土地抵押信用合作社，还是日本由政府出资建立的劝业银行，都有政府的担保。联邦土地银行虽然没有政府的明示担保，但建立时主要由政府出资，且本身就是政府支持特许经营的企业，在受到危机冲击面临困境时，都会有政府出手援助，其实仍是有政府隐性的信用支持在里面。

（三）要建立完善的金融风险分担机制

金融机构的健康运转离不开完善的风险管控。农业经营的特殊性决定了农业贷款风险要高于工商业，更何况土地银行所经营的主要是长期信贷业务。因而建立起完善的风险分担机制就显得尤为重要。发达国家土地银行制度是一个层层嵌套、相互支持的完整体系，土地银行的运转与信用保证、农业保险、信贷保险、信贷协助、银行基金等密切配合，从而保障了土地银行的顺利运转。日本通过农业信用保证保险制度分担了土地银行的放贷风险，并通过共济制度稳定了农民收入，保障了农民的还款能力。美国农场信贷系统通过建立联邦农业信贷银行资金公司、联邦农业抵押公司、农场信贷保险公司、农业信贷协助公司等延长和扩展了农地金融服务链条，起到了共同防范和分担风险的作用。

（四）要正确处理好政府与市场的关系

经济学告诉我们，宏观调控中市场手段和政府手段二者各有所长各有所短，两者要有机

---

① 孙兆明，李新阳，李树超.农村土地银行在中国：文献回顾与研究范式反思[J].青岛农业大学学报（社会科学版），2019(2):13-22.

协调配合。政府要摆正自己的位置,调控经济要顺应市场规律,在土地银行面临经济危机冲击时给予必要支持,一旦土地银行恢复正常经营,政府就及时退出干预。这是美国联邦信贷系统经营百年仍然很有活力的重要原因。相反,日本农林渔业金融公库虽然也在推动日本农业现代化方面发挥了重要作用,但由于政府干预太多,对农协系统以至整个农村金融体系产生了挤出效应,从而造成了效率上的损失。2008 年 10 月,日本农林渔业金融公库与其他三家政策性金融机构合并成为日本政策性金融公库(JFC),贷款领域收缩,贷款结构也有所调整。

第五节　土地发展权制度

一、土地发展权制度的再认识

(一)土地发展权是一项从土地所有权中派生出来可以独立行使的财产权

土地发展权与土地所有权的分离反映了西方国家对所有权制度认识上的转变。正是由于对土地所有权的限制,才彰显了土地用途变更和提高土地利用率的价值,为土地发展权的产生提供了契机。从土地发展权在英美法三国的实践可知,土地发展权是一项可以与土地所有权相分离的权利。虽然如此,土地所有权仍是根本,土地发展权是派生的。在土地发展权归国家所有的情况下,无论是否拥有土地所有权都要向国家付费来购买土地发展权。而在土地发展权归土地所有权人所有的情况下,土地所有者无须付费就天然地拥有土地发展权。综观英、美、法各国,即使法律规定了政府可以征购私人的土地发展权,但也决不会由此改变土地所有权的归属,这与我国有明显不同。因为我国现行征地制度征购的是土地所有权,而不是发展权,土地所有者一旦丧失了土地所有权,就失去了土地发展权,自然也就无法继续保持原有土地用途。[①]

(二)土地发展权兼具一定的私权利属性与公权力属性特点

土地发展权具有独立性与可移转性的特征。其独立性,强调的是与土地所有权的相对独立。但土地发展权不是可以完全脱离土地而彻底独立存在的公权力,土地发展权必须依附一定的土地而存在。因此,土地发展权首先是一项财产权,是一项私权利。从国外实践看,美国土地发展权移转制度是比较有效地实现了效率与公平的制度。美国土地发展权及其移转制度的最大特点是尊重了土地发展权的私权利属性,并且设计制度实现了土地发展权的可移转性。法国土地发展权制度至少在法定上限密度以内尊重了原土地所有权人的土地发展权。英国土地发展权制度,实行土地发展权国有化,是在第二次世界大战后特定历史时期强调政府对土地利用管制的结果,从这一制度后续的不断更迭反复看,将土地发展权直接简单粗暴地归于国家,其制度的长期绩效难以保证。土地发展权是一项财产权利,它反映土地权利的动态变化。土地发展权虽然相对独立于土地所有权存在,但土地发展权必须是

---

① 　唐黎标.英、美、法三国土地发展权制度启示录[J].上海农村经济,2012(12):40-42.

一定土地的土地发展权。离开土地,土地发展权不可能凭空存在。所以,土地发展权首先应该是一项私权利。土地发展权的设置有国家特定政策目标的需要,但不能漠视原土地所有权人原本拥有的潜在的土地发展权。这种潜在的土地发展权,可能会因为国家政策目标需要而受到限制,但不能直接剥夺这一私权利,同时土地发展权确实有一定公权力属性的特点。土地发展权的创设,是公权力对土地利用介入的结果。土地发展权的移转,出自调整由公权力对土地利用管制带来的不公平性的需要。土地发展权移转制度充当了公权力管制土地利用的辅助制度和缓冲制度的角色。土地发展权只是具备一定公权力属性的特点,不能等价于公权力。土地发展权的创设,可以兼顾这两个特点,但权利归属应该整体上尊重私权利的本质。土地发展权,应该首先归属于土地所有权人。政府从具体政策目标出发,可以给予适度限制,并要注意平衡由此带来的利益失衡。

(三)土地发展权移转制度最大的功能是平衡利益

土地发展权移转制度,通过一系列的制度设计与安排最终实现了土地发展权在附属主体或客体之间的移转。平衡各方利益是土地发展权移转制度的最大功能。英国土地发展权收归国有,土地发展权移转只能是土地所有权人向国家购买。这样的一种制度设计,首先是平衡公共利益与土地所有权人私人利益的需要。基于公共利益,国家需要保护耕地、需要保护生态环境、需要限制土地的过度开发。基于私人利益,土地所有权人可能会倾向于变更土地用途或提高开发程度。英国土地发展权移转制度,通过土地发展税设置,一方面限制了部分开发冲动,另一面获取了部分允许开发的土地增值收益。英国制度设计的初衷是政府获取收益后再返回社会。美国土地发展权国家购买制度,基于公共利益国家需要保护特定功能用地、需要限制某部分土地变更土地用途或提高开发程度,但土地所有权人有进行土地开发获取收益的需要,政府通过财政出资购买这部分土地的土地发展权,给予原土地所有权人以补偿,原有政策目标得以实现。土地发展权市场转让制度,则通过市场交易直接实现了不同地块因为规划限制或许可而带来的收益差异,平衡了不同所有权人的私人利益,同时实现了公共利益。法国法定上限密度制度,土地所有权人如果要超过法定上限密度开发则需要向国家购买土地发展权,这个过程也是公共利益与土地所有权人私人利益的平衡。明确土地发展权移转制度的功能,对于设计本土化的土地发展权移转制度至关重要。土地发展权移转制度作为一项土地管理制度或土地政策工具,其设计的初衷必定是均衡各种利益。原先公权力的行使造成的一些利益不均衡区域,很自然地就可能会成为土地发展权移转制度中的土地发展权发送区或接收区。利益不均衡的群体,就可能成为土地发展权移转中涉及的参与主体。土地发展权移转实现方式,则是实现均衡这些利益的具体运作形式。对于新型城镇化进程中的中国而言,如何通过土地发展权移转去平衡城乡之间或区域之间的利益差异至关重要。要通过机制创新实现土地发展增值收益的共享,特别是要首先保证农民能够分享收益。

(四)土地发展权移转制度是历史的具体的本土化的制度

从国外土地发展权移转制度实践看,土地发展权移转制度是一项历史的具体的本土化的制度。土地发展权是经济社会发展到一定阶段,是对土地利用与管理发展到一定阶段出现的概念。土地发展权移转制度是一定历史时期的土地管理制度。因此,这一制度的设计,必然有时代的烙印。英美法三国土地发展权移转制度各有特点,土地发展权移转制度是一项本土化的制度。尽管各国土地发展权移转制度可以挖掘出一般性的框架内容,但其个性更不容忽视。美国探索出土地发展权国家购买和土地发展权市场转让两种具有一般意义的移转实现形式,但其移转实践在不同领域又有各自特点。如何结合特定的政策目标需要,同时立足特定时期特定领域的条件特点,是土地发展权移转制度成功运行的关键点。所以,中国的土地发展权移转制度设计,既要尊重土地发展权移转的一般规律,又要把握住中国当前经济社会发展和土地利用管理的特点。构建中国土地发展权移转制度,绝不可生搬硬套国外制度。中国现行土地制度更为复杂,中国已经出现的土地发展权移转地方试点也各有特点,构建中国土地发展权移转制度在遵循国外土地发展权移转制度一般性精神内涵的基础上,可以结合中国现实政策目标需要与制度环境,进行更为创新性的设计。[①]

二、对我国创设土地发展权制度的借鉴

英国、美国和法国等国家的土地发展权虽在权益归属、价值取向、适用范围和实现方式等方面存在差异,但其宗旨均是保护土地资源,规范土地市场,维护社会公共利益,促进经济社会的可持续发展。这与我国土地使用管制的目标基本一致。我国浙江、重庆、成都等地方所进行的土地发展权流转的探索为我国设置土地发展权提供了实践基础。因此,我们应立足中国实际,充分借鉴各国不同模式的经验做法,构建具有中国特色的土地发展权制度。

(一)以立法形式确立土地发展权制度

从土地发展权设置的国际经验来看,无论是将土地发展权归属于国家的英国、法国模式,还是将土地发展权归属于土地所有者的美国模式,均通过立法的形式明确规定土地发展权。我国应借鉴其经验,在立法中明确规定土地发展权的各项内容。首先,应在《物权法》中设专章规定土地发展权。《物权法》规定了我国的土地权利体系,应在该法中设专章,明确土地发展权的概念、性质、地位、归属,明确土地发展权各参与人的权利义务和行为界限;建立土地发展权流转机制,明确土地发展权的流转方式、流转程序、交易价格、政府角色等各项内容。其次,完善《土地管理法》中的相关规定。《土地管理法》是我国目前土地管理的基本法,应在该法中确立土地发展权补偿制度,完善土地发展权补偿程序,强化违法征地侵害农民土地发展权的责任追究机制;建立包括产权登记管理、开发限度登记管理和交易管理等内容的土地发展权的产权管理制度。最后,健全相关的配套法律法规。构建完善的土地发展权制度,还应进一步健全城乡规划法、土地承包法、房产管理法、环境保护法、公共设施法、建筑法等配套法律法规的相关规定,从而进一步促进土地发展权的良性运作。

(二)明确土地发展权的归属

明确土地发展权的归属是合理分配土地发展权权益的重要依据。英国、法国将土地发展权归属于国家,美国将土地发展权归属于土地所有者。在我国土地发展权归属问题上,学者们存在3种不同的观点。第一种观点认为土地发展权归国家所有,更有利于社会公平和土地的宏观调控。第二种观点认为土地发展权归土地所有者所有,更有利于土地资源的有效配置和农民集体参与社会利益的分配。第三种观点认为我国土地发展权的权利主体应该有两个:国家和农村集体,国家作为国有土地发展权的权利主体,农村集体(农民)作为集体

---

① 吕云涛.英美法3国土地发展权及其移转制度比较研究[J].世界农业,2016(11):98-102.

土地发展权的权利主体。

就我国目前土地所有制的形式来看,土地发展权的一元化主体,即把土地所有权简单地归为国家所有或者土地所有者所有,都是绝对的,不符合我国目前的国情。一方面,土地发展权单独归国家所有,不仅会加剧我国现行土地规划和土地使用管制制度中存在的矛盾,而且也无法平衡因土地使用性质或使用强度改变而产生的土地所有权人之间的机会权益的不均等。另一方面,土地发展权单独归土地所有者所有,这就意味着政府若想取得土地发展权,须向土地所有者购买,可能会耗费大量的建设资金,对于农民而言,因受利益的驱使难免违法私自买卖或开发土地,从而可能加速土地资源的流失和加大土地收益的不平衡。

从英国、美国、法国的实践来看,设置科学合理的土地发展权制度,应该综合考虑社会利益、国家利益和社会成员的个体利益。在确定我国土地发展权归属时,应当从我国国情出发,遵循效率与公平统一的原则,将我国土地发展权归属于国家和土地所有者共同所有。这样,在不改变中国现行的两种土地所有制形式的情况下,一方面有助于国家和农民都能分享土地增值的收益,另一方面有助于保护土地资源、生态环境等社会公共利益,实现土地市场的有效运转和土地资源的可持续发展。

(三)建立土地发展权流转机制

在土地发展权的实现方式上,综合借鉴上述 4 种运作模式,确立符合我国国情的土地发展权流转制度。实现土地发展权流转的第一步是确立土地发展权发送区和土地发展权接受区。在这一问题上,我们可以借鉴美国的经验,将保护类区域作为土地发展权发送区,将开发类区域作为土地发展权的接受区,建立区域内和区域间的土地发展权流转机制。

明确土地发展权发送区和接受区之后,需要确定土地发展权的价格。确定土地发展权的价格是实现土地发展权合理流转的关键。在土地发展权价格的计算上,我们可以分两种情况。一是确定因土地用途发生改变而形成的土地发展权的价格时,可借鉴英美模式。即一块土地发展权的价值应按照介于土地最高最佳用途时的市场价值和作为农地的市场价值的差别来计算,正常情况下这个价值应是将土地卖给开发商的价值减去土地用于农产品生产的价值。二是确定因土地使用强度或集约度改变而形成的土地发展权价格时,可借鉴法国的经验,以容积率的变化作为计算的标准。另外,土地发展权的定价要接受政府专门机构的指导,还需考虑接受区土地容积率的限制和发送区土地的自然条件等因素的影响。

为了促进土地发展权流转的有效运行,我们可以借鉴美国土地发展权移转银行制度构建我国的"土地银行"制度。与美国土地发展权移转银行不同的是,我国的"土地银行"实质上是城乡土地储备资源库,也就是通过土地储备的方式,将城市和农村可利用开发的土地,纳入统一的管理体系,通过公开竞价确定土地发展权的交易价格,完成土地发展权转让,从更广阔的范围执行土地供给调控土地市场的职能,发挥城乡土地互动后的协调作用。

综上所述,英国、美国、法国均形成了成熟的土地发展权制度,既在立法依据、设置目的、设置背景和法律性质上具有相似之处,又在权益归属、价值取向、适用范围和实现方式等方面各具特色。土地发展权的国际实践,对我国构建土地发展权制度具有重要的借鉴意义。我们应借鉴国际经验,从立法上确立土地发展权制度,规定土地发展权属于国家和土地所有者共同所有,保障土地所有者之间机会权益的均等。同时,应明确土地发展权价格,建立土地发展权流转机制,促进土地市场的良性运转和土地资源的永续利用。

图书在版编目(CIP)数据

中外土地制度比较 / 陈红霞编著. — 杭州：浙江大
学出版社，2020.12
ISBN 978-7-308-20721-8

Ⅰ．①中… Ⅱ．①陈… Ⅲ．①土地制度－对比研究－
中国、国外 Ⅳ．①F321.1②F311

中国版本图书馆 CIP 数据核字(2020)第 208422 号

中外土地制度比较

陈红霞 编著

责任编辑	李　晨	
责任校对	高士吟	
封面设计	春天书装	
出版发行	浙江大学出版社	
	（杭州市天目山路 148 号　邮政编码 310007）	
	（网址：http://www.zjupress.com）	
排　　版	杭州朝曦图文设计有限公司	
印　　刷	杭州杭新印务有限公司	
开　　本	787mm×1092mm　1/16	
印　　张	18.25	
字　　数	433 千	
版 印 次	2020 年 12 月第 1 版　2020 年 12 月第 1 次印刷	
书　　号	ISBN 978-7-308-20721-8	
定　　价	60.00 元	